MARY BEARD

POMPEJI

DAS LEBEN IN EINER RÖMISCHEN STADT

Aus dem Englischen
von Ursula Blank-Sangmeister
unter Mitarbeit von Anna Raupach

FISCHER

MIX
Papier | Fördert gute Waldnutzung
FSC® C083411
FSC
www.fsc.org

3. Auflage, 2026

Erschienen bei FISCHER Taschenbuch
Frankfurt am Main, November 2017

Die englische Originalausgabe ist 2008
unter dem Titel ›Pompeji. The Life of a Roman Town‹
bei Profile Books Ltd., London, erschienen.

Druck und Bindung: CPI books GmbH, Leck
ISBN 978-3-596-29969-0

Kontaktadresse nach EU-Produktsicherheitsverordnung:
produktsicherheit@fischerverlage.de

Inhalt

Einführung

Unterbrochenes Leben

In den frühen Morgenstunden des 25. August des Jahres 79 n. Chr. ließ der Bimssteinregen über Pompeji ein wenig nach. Anscheinend war dies ein günstiger Augenblick, um die Stadt zu verlassen und sich in Sicherheit zu bringen. Eine versprengte Gruppe von mehr als 20 Flüchtenden, die, als der entsetzliche Regen am heftigsten niederprasselte, innerhalb der Mauern Schutz gesucht hatten, strebte zu einem der östlichen Stadttore, weil sie hoffte, so dem Bombardement aus vulkanischen Gesteinsbrocken zu entkommen.

Ein paar andere hatten bereits einige Stunden zuvor versucht, diesen Weg einzuschlagen. Ein Paar hatte auf seiner Flucht nur einen kleinen Schlüssel bei sich (vermutlich in der Hoffnung, eines Tages zu dem zurückzukehren, was er verschloss – ein Haus, eine Wohnung, eine Truhe oder Kassette) sowie eine einzelne Bronzelampe (Abb. 1). Sie kann gegen die nächtliche Dunkelheit und die Schuttwolken kaum viel ausgerichtet haben, doch es handelte sich um ein teures und modisches Objekt in Gestalt des Kopfes eines Schwarzafrika-

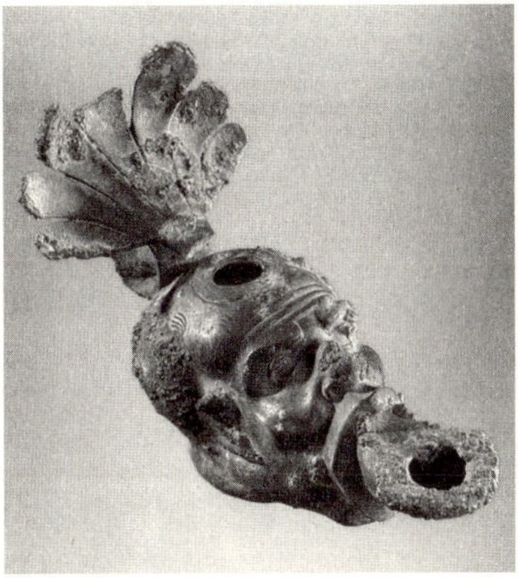

Abb. 1. Kleine Lampen in Form menschlicher Köpfe (oder Füße) waren im 1. Jahrhundert n. Chr. in Mode. Bei dieser wurde das Öl in das Loch auf der Stirn gegossen, wobei die Flamme aus dem Mund kam. Mit den Blütenblättern, die den Griff bilden, misst die Lampe nicht mehr als zwölf Zentimeter.

ners – ein Hinweis auf die (uns) irritierenden einfallsreichen Formen, denen wir in Pompeji häufig begegnen werden. Das Paar hat es nicht geschafft. Vom Bimssteinregen überwältigt, wurden die beiden 1907 dort gefunden, wo sie zu Boden gestürzt waren, in der Nähe eines der großen Grabmäler, die diese wie andere Ausfallstraßen säumten. Sie brachen neben der aufwendigen Gedenkstätte einer Frau zusammen, die vermutlich 50 Jahre früher gestorben war, Aesquillia Polla, der Frau des Numerius Herennius Celsus. Mit ihren gerade einmal 22 Jahren (wie wir auf dem Stein noch lesen können) dürfte sie kaum halb so alt wie ihr reicher Ehemann gewesen sein, der als Angehöriger einer der prominentesten Familien Pompejis als Offizier in der römischen Armee gedient hatte und zweimal in das höchste Amt der Stadtregierung gewählt worden war.

Die Bimssteinschichten hatten schon eine Höhe von mehreren Fuß erreicht, als die andere Gruppe sich entschloss, denselben Fluchtweg zu wagen. Man kam nur langsam und unter großen Schwierigkeiten voran. Die meisten dieser Flüchtenden waren junge Männer, viele trugen nichts bei sich, entweder weil sie nichts hatten oder weil sie ihre Wertsachen nicht mehr an sich nehmen konnten. Ein Mann hatte sich vorsichtshalber mit einem in einer eleganten Scheide steckenden Dolch bewaffnet (er hatte auch noch eine zweite Scheide bei sich, die aber leer war, vielleicht weil er die zugehörige Waffe verloren oder verliehen hatte). Die wenigen Frauen in der Gruppe hatten schon etwas mehr. Eine führte eine kleine Silberstatuette der – auf einem Thron sitzenden – Glücksgöttin Fortuna mit sich, außerdem eine Handvoll goldener und silberner Ringe – an einem war, wohl als Talisman, ein winziger Phallus aus Silber (ein weiterer Gegenstand, dem wir im Laufe des Buches des öfteren begegnen werden) mit einer Kette befestigt. Andere hatten ihren eigenen kleinen Bestand an Kostbarkeiten mitgenommen: einen silbernen Medizinkasten, einen kleinen Sockel für eine (nicht erhaltene) Statuette und etliche Schlüssel, alles in einer Stofftasche verstaut; ein hölzernes Schmuckkästchen mit einer Halskette, mit Ohrringen und einem silbernen Löffel – und noch mehr Schlüsseln. Sie hatten auch alles Bargeld, das sie auftreiben konnten, mitgebracht. Die einen nur etwas Kleingeld, andere alles, was sie zu Hause versteckt hatten, oder auch die Einnahmen aus ihrem Laden. Es war jedoch nicht viel. Alles in allem verfügte die Gruppe über insgesamt knapp 500 Sesterze – nach pompejanischen Verhältnissen etwa der Gegenwert eines Maultieres.

Einige aus dieser Gruppe schafften eine etwas längere Strecke als die zuvor Geflüchteten. Ungefähr 15 hatten die nächste große Gedenkstätte, 20 Meter weiter stadtauswärts, erreicht, das Grabmal des Marcus Obellius Firmus, als sie von dem, was wir jetzt als den »pyroklastischen Strom« des Vesuvs kennen, dahingerafft wurden – einem tödlich brennenden Gemisch aus Gasen, Vulkanschutt und geschmolzenem Fels, das mit riesiger Geschwindigkeit dahinraste und dem nichts standhalten konnte. Ihre Leichname wurden teils in einem Gewirr von Ästen, die sie anscheinend noch immer umklammert hielten, gefunden. Vielleicht hatten die Agileren unter ihnen bei dem aussichtslosen Versuch, sich zu retten, unter den um die Grabmäler stehenden Bäumen Zuflucht gesucht. Es ist aber wahrscheinlicher, dass der Strom, der die Flüchtenden tötete, auch die Bäume auf sie niederkrachen ließ.

Dem Grabmal des Obellius Firmus selbst erging es um einiges besser. Obellius war ebenfalls ein pompejanischer Grande, der einige Jahrzehnte zuvor gestorben war und dessen Tod so lange zurücklag, dass die Wände seines Monumentes als lokales Anschlagbrett genutzt werden konnten. Hier können wir noch die Ankündigungen der einen oder anderen Gladiatorendarbietung entziffern sowie zahlreiche Kritzeleien von Leuten, die bei den Grabstätten herumstreunten: »Hallo Issa, von Habitus«, »Hallo Occasus, von Scepsinianus« usw. (Habitus' Freunde antworteten offenbar mit einem großen Phallus samt Hoden und der Botschaft »Hallo Habitus, von deinen Kumpeln überall«). Weiter oben verkündete der Text des offiziellen Epitaphs von Obellius Firmus, dass seine Bestattung vom Rat der Stadt bezahlt worden sei und 5000 Sesterze gekostet habe – zusätzliche 1000 Sesterze hätten ein paar andere lokale Amtsträger für Weihrauch und »einen Schild« (wahrscheinlich ein Schild-Porträt, eine typisch römische Form des Gedenkens) ausgegeben. Diese Bestattungskosten überstiegen mit anderen Worten gut das Zehnfache dessen, was die gesamte

Abb. 2. Die Gipsabgüsse der Körper der Opfer sind eine bleibende Erinnerung an ihre Menschlichkeit – sie waren genauso wie wir. Dieser eindrucksvolle Abguss eines sterbenden Mannes, der die Hände vors Gesicht hält, befindet sich aus Sicherheits- und Konservierungsgründen in einem Lagerraum der Ausgrabungsstätte. Jetzt scheint er seine eigene Gefangenschaft zu beklagen.

Gruppe für ihre Flucht in die Sicherheit hatte aufbringen können. Pompeji war eine Stadt von Armen und Reichen.

Viele andere Geschichten von Fluchtversuchen lassen sich nachzeichnen. Fast 400 Leichname wurden in den Bimssteinschichten entdeckt und an die 700 in den jetzt festen Überresten der pyroklastischen Flut – viele von ihnen konnten dank einer im 19. Jahrhundert ersonnenen Technik so anschaulich dargestellt werden, dass sie wie zum Zeitpunkt ihres Todes aussehen: Bei dieser raffinierten Technik wird der Hohlraum, der sich infolge des Zerfalls von Körper und Kleidung gebildet hat, mit Gips aufgefüllt. So kann man die hochgezogenen Tuniken, die zum Schutz verhüllten Gesichter und den trostlosen Gesichtsausdruck der Opfer erkennen (Abb. 2). Eine auf einer Straße beim Forum aufgefundene Vierergruppe deutet darauf hin, dass hier eine ganze Familie zu entkommen versuchte. An der Spitze

Abb. 3. Ein wertvolles Besitztum? Diese gedrungene kleine Figurine aus rotem baltischem Bernstein wurde bei einem der gescheiterten Flüchtlinge gefunden. Sie ist acht Zentimeter hoch und sollte vielleicht einen der Standardcharaktere des römischen Mimus darstellen, einer populären Form der Unterhaltung in Pompeji (vgl. S. 351 f.).

ging der Vater, ein kräftiger Mann mit großen buschigen Augenbrauen (wie der Gipsabguss zeigt). Er hatte den Mantel über den Kopf gezogen, um sich vor den herabfallenden Asche- und Schuttmassen zu schützen, und trug etwas Goldschmuck (einen schlichten Fingerring und einige Ohrringe) bei sich sowie eine Reihe von Schlüsseln und, anders als oben, eine ordentliche Summe Bargeld, fast 400 Sesterze. Seine beiden kleinen Töchter folgten ihm, während die Mutter den Schluss bildete. Sie hatte ihr Kleid hochgezogen, um sich das Gehen zu erleichtern, und führte in einer kleinen Tasche wertvolle Haushaltsgegenstände mit sich: das Familiensilber (etliche Löffel, zwei Becher, ein Medaillon mit der Gestalt der Fortuna, einen Spiegel) und die gedrungene Figurine eines kleinen Jungen, der in einen Mantel gehüllt ist, unter dem seine nackten Füße hervorschauen (Abb. 3). Es ist ein plumpes Werkstück, gefertigt allerdings aus Bernstein, der von der nächstgelegenen Bezugsquelle im Baltikum eine Reise von vielen Hunderten von Kilometern zurückgelegt haben muss; das machte ihn so wertvoll.

Andere Funde erzählen von anderen Leben. Da gab es den Arzt, der, seinen Instrumentenkasten umklammernd, die Flucht ergriff, um dann doch nur von dem tödlichen Strom erfasst zu werden, als er auf dem Weg zu einem der südlichen Stadttore die beim Amphitheater gelegene *palaestra* (großer freier Platz oder Trainingsgelände) überquerte; es gab den Sklaven, gefunden im Garten eines großen Hauses in der Stadtmitte, dessen Bewegungsfreiheit durch die Eisenketten an seinen Fußgelenken gewiss eingeschränkt war; da war der Priester der Göttin Isis (oder vielleicht auch ein Tempeldiener), der für die Flucht einige Wertobjekte des Tempels zusammengepackt und nicht mehr als 50 Meter zurückgelegt hatte, bevor er ebenfalls umkam. Und dann gab es natürlich jene mit Juwelen reich behängte Dame, die man in einem Raum der Gladiatorenkaserne entdeckte. Dies galt oft als nette Illustration der Vorliebe von Römerinnen der Oberschicht für muskelbepackte Gladiatorenkörper. Hier scheint eine von ihnen zur falschen Zeit am falschen Ort überrascht worden zu sein, vor den Augen der Geschichte des Ehebruchs überführt. Doch in Wahrheit ist dies eine sehr viel unschuldigere Szene. Höchstwahrscheinlich war diese Frau gar nicht verabredet, sondern hatte in der Kaserne Schutz gesucht, als ihr die Flucht aus der Stadt zu beschwerlich wurde. Falls sie sich *tatsächlich* mit ihrem Gespielen getroffen hatte, dann hatten sich zu diesem Rendezvous immerhin noch 17 andere Personen und etliche Hunde eingestellt – all deren Überreste wurden in demselben kleinen Raum gefunden.

Die Leichname von Pompeji gehörten schon immer zu den eindrucksvollsten Bildern und Attraktionen der in Trümmern liegenden Stadt. Bei den frühen Ausgrabungen des 18. und 19. Jahrhunderts wurden die Skelette in Gegenwart königlicher Besucher und anderer Würdenträger in geziemender Weise »entdeckt« (Abb. 4). Romantische Reisende gerieten außer sich beim Gedanken an die grausame Katastrophe, die über die armen Seelen, deren sterbliche Überreste sie betrachteten, hereingebrochen war; darüber hinaus führte das, was sie hier erlebten, zu allgemeineren Überlegungen über die prekäre Zerbrechlichkeit der menschlichen Existenz. Nachdem sie 1786 die Ausgrabungsstätte besucht hatte, beschrieb Hester Lynch Piozzi – die

Abb. 4. Berühmte Pompeji-Besucher ließen sich die Ausgrabungen noch einmal vor Augen führen. 1769 begutachtet hier der Kaiser von Österreich ein Skelett, das in einem Haus aufgefunden wurde, das nach ihm den Namen »Haus des Kaisers Joseph II.« trägt. Die Dame in der Gruppe bekundet ein deutlich größeres Interesse.

englische Schriftstellerin, die ihren Nachnamen der Ehe mit einem italienischen Musiklehrer verdankte – diese Reaktionen (und parodierte sie ein wenig): »Wie schrecklich sind die Gedanken, die einem bei einem solchen Anblick kommen! Wie entsetzlich die Gewissheit, dass sich eine solche Szene morgen wiederholen könnte; und dass heutige Betrachter möglicherweise zu Schauobjekten für Reisende eines späteren Jahrhunderts werden, die unsere Gebeine für die von Neapolitanern halten und sie vielleicht wieder in ihre vermeintliche Heimat zurückbringen könnten.«

Eines der bekanntesten Objekte der ersten Ausgrabungsjahre war der Abdruck einer weiblichen Brust, den man in den 1770er Jahren in einem großen Haus (der sogenannten Villa des Diomedes) direkt vor der Stadtmauer entdeckt hatte. Fast ein Jahrhundert bevor die

Technik der vollständigen Gipsabgüsse der Körperhohlräume perfektioniert worden war, konnten die Ausgräber hier in den festen Ablagerungen die in der Lava abgebildete komplette Gestalt der Toten, ihre Kleidung und sogar ihre Haare erkennen. Der einzige Teil dieses Materials, das sie mit Erfolg freilegen und erhalten konnten, war diese eine Brust, die, im nahe gelegenen Museum ausgestellt, rasch zu einer Touristenattraktion wurde. Über kurz oder lang wurde sie auch zur Inspirationsquelle von Théophile Gautiers berühmter Novelle *Arria Marcella* (1852). Diese handelt (in einer verwirrenden Kombination aus Zeitreise, Wunschdenken und Fantasie) von einem jungen Franzosen, der, betört von der Brust, die er im Museum gesehen hat, in die antike Stadt zurückkehrt, um seine Geliebte zu finden oder neu zu erfinden – die Frau seiner Träume, eine der letzten römischen Bewohnerinnen der Villa des Diomedes. Traurigerweise ist die Brust selbst, trotz all ihrer Berühmtheit, schlichtweg verschwunden, und eine größere Suche nach ihr in den 1950er Jahren erbrachte keinerlei Hinweis auf ihr Schicksal. Nach einer Theorie führte die Serie invasiver Tests, die von wissbegierigen Forschern des 19. Jahrhunderts durchgeführt wurde, schließlich zu ihrem Zerfall: Asche zu Asche, könnte man sagen.

Die Macht der pompejanischen Toten ist auch in unserer Zeit noch wirksam. Primo Levis Gedicht »Das Mädchen von Pompeji« bezieht sich auf den Gipsabguss eines kleinen Mädchens, das sich an seine Mutter klammert (»… Mädchen, / Das du dich krampfhaft an die Mutter klammerst, / Als suchtest du von neuem in sie einzudringen, / Zur Mittagsstunde, als sich der Himmel schwärzte«), um über das Schicksal der Anne Frank und eines namenlosen Schulmädchens von Hiroshima nachzusinnen – Opfer eher von menschengemachten als von natürlichen Katastrophen (»Uns genügen vollauf die Leiden, die der Himmel uns schenkt. / Bevor ihr den Knopf drückt, haltet ein und sinnt nach.«). Zwei Abgüsse spielen auch in Roberto Rossellinis Film *Reise nach Italien* (1953) eine kleine Nebenrolle, einem Film, der als »das erste Werk des modernen Kinos« gefeiert wurde, aber kommerziell ein totaler Misserfolg war. In inniger Umarmung, Liebende noch im Tod, erinnern diese beiden Opfer des Vesuvs zwei moderne

Touristen (Ingrid Bergman – deren Ehe mit Rossellini damals schon auf der Kippe stand – und George Sanders) auf schmerzliche und erschütternde Weise daran, wie distanziert und leer ihre eigene Beziehung geworden ist. Doch es gibt nicht nur menschliche Opfer, die durch solche Abgüsse erhalten sind. Einer der bekanntesten und eindrucksvollsten ist der eines noch immer an seinen Pflock angeketteten Wachhundes im Hause eines wohlhabenden Walkers (Wäschers und Tuchmachers). Noch im Sterben versuchte er verzweifelt, sich von seiner Kette loszureißen.

Gewiss tragen Voyeurismus und Pathos wie auch makabre Lüsternheit allesamt zur Anziehungskraft dieser Abgüsse bei. Selbst die abgebrühtesten Archäologen ergehen sich bisweilen in reißerischen Beschreibungen ihrer Todeskämpfe oder der Auswirkungen der pyroklastischen Flut auf den menschlichen Körper (»ihre Hirne müssen gekocht haben …«). Die Besucher der Ausgrabungsstätte, wo manche der Abgüsse noch in der Nähe der Fundorte ausgestellt sind, reagieren auf sie wie auf die ägyptischen Mumien: Kleine Kinder pressen mit Schreien des Entsetzens ihre Nase an die Glaskästen, während Erwachsene zu ihren Kameras greifen – wobei auch sie ihre grimmige Faszination über diese Überreste der Toten kaum verbergen können.

Doch Lüsternheit ist nicht alles. Die Wirkung dieser Opfer (ob vollständig in Gips gegossen oder nicht) hängt nämlich auch mit dem Eindruck zusammen, dass sie uns in unmittelbaren Kontakt mit der antiken Welt treten lassen. Dank ihrer können wir menschliche Geschichten ebenso rekonstruieren wie die Alternativen, Entscheidungen und Hoffnungen wirklicher Menschen, in die wir uns über die Jahrtausende hinweg einzufühlen vermögen. Wir müssen keine Archäologen sein, um uns vorzustellen, wie es wäre, wenn wir unser Heim nur mit dem, was wir tragen können, verlassen müssten. Wir können uns in den Arzt hineinversetzen, der sich dazu entschied, die Werkzeuge seines Metiers mitzunehmen, und teilen beinahe sein Bedauern über das, was er zurückzulassen hatte. Wir sind in der Lage, den vergeblichen Optimismus derjenigen zu verstehen, die den Haustürschlüssel in die Tasche steckten, bevor sie sich auf den Weg machten. Sogar jene hässliche kleine Bernstein-Figurine bekommt eine spezielle Bedeutung, wenn wir wissen, dass jemand sie besonders mochte und sie beim endgültigen Verlassen des Hauses schnell noch an sich nahm.

Die moderne Wissenschaft kann diese individuellen Lebensgeschichten ergänzen. Besser als frühere Generationen können wir alle möglichen persönlichen Informationen von den noch erhaltenen Skeletten ableiten: angefangen bei so relativ einfachen Messungen von Größe und Körperbau (die antiken Pompejaner waren, wenn überhaupt, etwas größer als heutige Neapolitaner) über aufschlussreiche Spuren von Kinderkrankheiten und Knochenbrüchen bis hin zu Hinweisen auf Familienbeziehungen und ethnische Herkunft, die sich jetzt durch DNA- und andere biologische Analysen nachweisen lassen. Wahrscheinlich treibt man die Interpretation zu weit, wenn man, wie manche Archäologen es getan haben, behauptet, der spezielle Entwicklungsstand eines jugendlichen Skeletts liefere genügend Indizien dafür, dass der junge Mann einen großen Teil seines kurzen Lebens als Fischer verbracht habe und dass der Verschleiß seiner Zähne auf der rechten Seite dadurch verursacht worden sei, dass er auf der Angelschnur, an der sein Fang hing, herumkaute. Anderswo bewegen wir uns allerdings auf sichererem Boden.

In zwei Hinterzimmern eines herrschaftlichen Hauses wurden z.B. die Überreste von zwölf Personen entdeckt, vermutlich der Eigentümer mit seiner Familie und seinen Sklaven. Sechs Kinder und sechs Erwachsene, darunter eine knapp zwanzigjährige junge Frau, die bei ihrem Tod im neunten Monat schwanger war – die Knochen des Fötus befinden sich noch in ihrem Leib. Möglicherweise war die fortgeschrittene Schwangerschaft der Grund dafür, dass sie alle, das Beste hoffend, beschlossen, lieber im Inneren des Hauses Schutz zu suchen, als eine überstürzte Flucht zu wagen. Die Skelette sind seit ihrer Auffindung im Jahre 1975 nicht allzu sorgfältig konserviert worden (wenn, wie ein Forscher kürzlich darlegte, »die unteren vorderen Backenzähne [eines der Schädel] irrtümlicherweise in die Höhlen der oberen mittleren Schneidezähne eingesetzt wurden«, ist dies kein Beleg für eine dilettantische antike Zahnbehandlung, sondern für eine dilettantische moderne Restaurierung). Fügt man jedoch die verschiedenen anderen Hinweise zusammen – das relative Alter der Opfer, den reichen Juwelenschmuck der schwangeren Frau, die Tatsache, dass sie und ein neunjähriger Junge an derselben genetisch bedingten leichten Rückgratverkrümmung leiden –, können wir uns durchaus ein Bild von der in diesem Haus lebenden Familie machen. Ein älteres Paar, er in den 60ern, sie um die 50 mit deutlichen Zeichen einer Arthritis, waren höchstwahrscheinlich die Hauseigentümer und die Eltern oder Großeltern der jungen Schwangeren. Aufgrund des reichen Schmucks können wir einigermaßen sicher sein, dass sie keine Sklavin war, und die gemeinsamen Rückgratprobleme deuten darauf hin, dass sie eine Blutsverwandte war und nicht in die Familie hineingeheiratet hatte – der neunjährige Junge war also ihr jüngerer Bruder. Wenn dies zutrifft, dann lebte die junge Frau mit ihrem Mann (er war wahrscheinlich in den 20ern und hatte, wie das Skelett zeigt, einen ausgeprägten, entstellenden und zweifellos schmerzvollen Schiefhals nach rechts) entweder bei ihrer Familie, oder die beiden waren für die Geburt in das Elternhaus der Frau zurückgekehrt. Natürlich können sie an dem verhängnisvollen Tag auch nur zufällig zu Besuch gewesen sein. Die anderen Erwachsenen, ein Mann in der 60ern und eine Frau in den 30ern, waren entweder Sklaven oder auch Verwandte.

Ein genauer Blick auf ihre Zähne, mögen sie nun wiedereingesetzt worden sein oder nicht, offenbart weitere Details. Die meisten von ihnen weisen eine Reihe von verräterischen Ringen im Zahnschmelz auf, hervorgerufen durch wiederholte kindliche Infektionskrankheiten – ein klarer Hinweis auf die Gefahren, denen Kleinkinder in der römischen Welt ausgesetzt waren, in der die Hälfte der Neugeborenen nicht einmal zehn Jahre alt wurde. (Die gute Nachricht ist, dass man, wenn man das Alter von zehn erreicht hatte, erwarten konnte, noch 40 oder mehr Jahre zu leben.) Die klar nachweisbare Karies, auch wenn sie nicht so verbreitet war wie in den modernen westlichen Ländern, deutet auf eine zucker- und stärkereiche Ernährung. Bei den Erwachsenen waren nur beim Ehemann der schwangeren Frau keine Zeichen von Karies festzustellen. Allerdings litt er, wie sich wiederum aus seinem Zahnstatus erschließen lässt, an einer Fluoridvergiftung, weil er vermutlich außerhalb von Pompeji aufgewachsen war, in einem Gebiet mit einem ungewöhnlich hohen Anteil an natürlichen Fluoriden. Am auffälligsten ist, dass alle Skelette, selbst die der Kinder, einen starken Zahnsteinbefall aufweisen – manchmal von mehreren Millimetern. Der Grund dafür liegt auf der Hand. Es mag Zahnstocher gegeben haben, sogar die eine oder andere raffinierte Mixtur zum Polieren und Aufhellen der Zähne (in einem Buch pharmakologischer Rezepturen beschreibt der Leibarzt des Kaisers Claudius die Mischung, die angeblich der Kaiserin Messalina zu ihrem schönen Lächeln verhalf: gebranntes Hirschhorn, Harz und Steinsalz). Doch es war eine Welt ohne Zahnbürsten. Pompeji muss eine Stadt mit einem sehr üblen Mundgeruch gewesen sein.

Eine paralysierte Stadt

Frauen vor der Niederkunft, noch immer an ihre Pflöcke angekettete Hunde und eine deutliche Wolke üblen Mundgeruchs ... Das sind denkwürdige Vorstellungen vom normalen Alltag in einer römischen Stadt, der plötzlich mittendrin unterbrochen wurde. Und es gibt noch sehr viel anderes: die in einem Ofen gefundenen Brotlaibe, die man, während sie noch buken, dort zurückgelassen hatte; die Gruppe von Malern, die, als sie gerade einen Raum renovierten, das Weite suchten und ihre Farbtöpfe und einen Eimer mit frischem Gips hoch oben auf einem Gerüst stehen ließen – als dieses bei dem Vulkanausbruch einstürzte, verbreitete sich der Inhalt des Eimers über die sorgfältig präparierte Wand und hinterließ eine dicke Kruste, die man noch heute sehen kann (vgl. S. 167–172). Aber wenn man ein wenig an der Oberfläche kratzt, zeigt sich, dass die Geschichte Pompejis noch viel komplizierter und faszinierender ist. In vielerlei Hinsicht ist Pompeji nicht das antike Gegenstück der *Marie Céleste*, des im 19. Jahrhundert auf mysteriöse Weise verlassenen Schiffs, bei dem (angeblich) die gekochten Eier noch auf dem Frühstückstisch standen. Pompeji ist keine einfach nur jäh eingefrorene römische Stadt.

Zunächst einmal hatten die Menschen von Pompeji bereits Stunden, wenn nicht Tage vorher die Warnzeichen gesehen. Der einzige uns vorliegende Augenzeugenbericht des Vulkanausbruchs besteht aus zwei – 25 Jahre nach den Ereignissen verfassten – Briefen, die der Historiker Tacitus von seinem Freund Plinius, der zum Zeitpunkt der Katastrophe am Golf von Neapel weilte, erhalten hat. Diese Briefe, die erst im nachhinein geschrieben wurden und zweifellos fantasievoll ausgeschmückt sind, machen deutlich, dass eine Flucht sogar noch möglich gewesen wäre, nachdem sich die Wolke »in Form einer Schirmpinie« über dem Krater des Vesuvs gezeigt hatte. Plinius' Onkel, das berühmteste Opfer des Vulkanausbruches, kam nur um, weil er Asthmatiker war und weil er den Mut – oder die Dummheit – besaß, im Interesse der Wissenschaft einen näheren Blick auf das, was vor sich ging, zu werfen. Und wenn es, wie manche Archäologen heute meinen, mehrere Erdstöße und kleinere Beben in den Tagen oder Monaten vor der endgültigen Katastrophe gegeben habe, dann müssen diese auch den Menschen nahegelegt haben, das Gebiet zu verlassen. Denn nicht nur Pompeji selbst wurde bedroht und schließlich verschlungen, sondern auch weite Landstriche südlich des Vesuvs, einschließlich der Städte Herculaneum und Stabiae.

Viele haben tatsächlich die Flucht ergriffen, wie die Zahl der in der Stadt gefundenen Leichname beweist. Etwa 1100 wurden bei den Ausgrabungen zutage gefördert. Wir müssen aber noch diejenigen hinzurechnen, die in den bisher nicht ausgegrabenen Teilen der Stadt ums Leben kamen (etwa ein Viertel des antiken Pompeji ist noch unerforscht) sowie die menschlichen Überreste derer, die bei früheren Ausgrabungen übersehen wurden (Kinderknochen können leicht für Tierknochen gehalten und folglich aussortiert werden). Aber selbst wenn man all dies berücksichtigt, dürften nicht mehr als 2000 Bewohner der Katastrophe zum Opfer gefallen sein. Wie hoch die Einwohnerzahl auch gewesen sein mag – die Schätzungen bewegen sich zwischen 6400 und 30 000 (abhängig von der angenommenen Bevölkerungsdichte und dem gewählten modernen Vergleichsmaßstab) –, es war nur ein kleiner oder sehr kleiner Prozentsatz.

Die Menschen, die vor dem Bimssteinregen flohen, hatten wohl nur das, was sie an sich nehmen und tragen konnten, bei sich. Wer mehr Zeit hatte, konnte gewiss mehr von seinem Besitz retten. Als sich die Mehrheit der Bevölkerung auf den Weg machte, kam es, so müssen wir uns vorstellen, zu einem Massenauszug aus der Stadt mit Eseln, Wagen und Schubkarren, vollbeladen mit der größtmöglichen Menge an Hausrat. Weil sie zurückkehren wollten, wenn die Gefahr vorüber wäre, trafen manche die falsche Entscheidung und versteckten ihre wertvollsten Besitztümer. So lassen sich einige der herrlichen Schätze erklären – in Häusern in und um Pompeji hat man z.B. atemberaubende Sammlungen von Silbersachen gefunden (vgl. S. 299f.). Doch was den Archäologen heute hauptsächlich zu erforschen bleibt, ist eine Stadt *nach* dem Auszug der Bewohner, die in aller Eile ihre Sachen packten und die Flucht ergriffen. Teilweise mag dies der Grund dafür sein, wieso die Häuser von Pompeji so spärlich möbliert und so aufgeräumt zu sein scheinen. Die ästhetischen Vorlieben des 1. Jahrhunderts n.Chr. können unmöglich einer Art modernistischem Minimalismus entsprochen haben. Sehr wahrscheinlich waren ganze Wagenladungen mit Haushaltskrimskrams von den Eigentümern, die sich nicht davon trennen konnten, in großen Mengen abtransportiert worden.

Auf diesen eiligen Aufbruch könnten ebenfalls manche der Seltsamkeiten, denen wir in den Häusern der Stadt begegnen, zurückzuführen sein. Wenn man z.B. in einem Raum, der offenbar ein prächtiger Speisesaal war, auf eine Reihe von Gartengeräten stößt, könnte man annehmen – so überraschend das auch für uns sein mag –, dass sie üblicherweise dort aufbewahrt wurden. Es könnte aber auch sein, dass in der Aufregung des Abschieds, als die Habseligkeiten zusammengesucht wurden und man überlegte, was man mitnehmen solle und was nicht, der Spaten, die Hacke und die Schubkarre hier zufällig zurückgeblieben sind. Selbst wenn einige Bewohner ihren täglichen Geschäften weiter nachgingen, so als gäbe es ein Morgen, war dies keine normale Stadt mit ihrer normalen Betriebsamkeit. Es war eine Stadt auf der Flucht.

In den Wochen und Monaten nach dem Vulkanausbruch kamen auch tatsächlich viele Überlebende zurück, um die zurückgelassenen Dinge wieder an sich zu nehmen oder um wiederverwendbares Material, so wie Bronze, Blei oder Marmor, aus der verschütteten Stadt zu bergen (oder zu stehlen). Da man hoffte, sie später in Besitz zu nehmen, mag das Verstecken der Wertsachen nicht ganz so unklug gewesen zu sein, wie es heute scheint. In vielen Teilen Pompejis gibt es nämlich deutliche Hinweise auf ein erfolgreiches Eindringen in die Häuser, durch die vulkanischen Schuttmassen hindurch. Ob es nun die rechtmäßigen Eigentümer oder ob es Räuber und Schatzsucher waren, die hier ihr Glück versuchten: Sie gruben Tunnel in die Häuser der Reichen, wobei sie manchmal, da sie sich von einem verschütteten Raum zum nächsten vorarbeiteten, eine Spur von Löchern hinterließen. Einen erhellenden Einblick in ihre Aktivitäten geben zwei Wörter, die an den Haupteingang eines großen Hauses geritzt sind, das, als es von Ausgräbern des 19. Jahrhunderts gefunden wurde, fast leer war: Sie lauten: »Haus durchsucht« und können kaum von einem Eigentümer stammen. Also wollte vermutlich ein Plünderer dem Rest der Bande mitteilen, dass dieses Haus »erledigt« sei.

Wir wissen fast nichts über die Identität dieser Tunnelgräber (doch die Tatsache, dass die Nachricht zwar in lateinischer Sprache, aber in griechischen Buchstaben verfasst ist, beweist, dass sie zweisprachig waren und der griechisch-römischen Gesellschaft Süditaliens, mit der wir uns in Kapitel 1 befassen werden, angehörten). Ebenso wenig wissen wir, wann genau sie ihre Raubzüge durchführten: Römische Münzen, die nach dem Vulkanausbruch geprägt und in den Ruinen Pompejis aufgefunden wurden, datieren aus der Zeit zwischen dem ausgehenden 1. und dem Beginn des 4. Jahrhunderts n. Chr. Doch wann und warum auch immer spätere Römer den Entschluss fassten, sich einen Weg in die verschüttete Stadt zu graben – es war ein äußerst riskantes Unterfangen, getragen von der Hoffnung, größere Mengen des Familienvermögens wiederzufinden oder reiche Beute zu machen. Die Tunnel müssen gefährlich, düster und eng gewesen sein und teilweise konnten – wenn man nach der Größe der Löcher in manchen Wänden gehen kann – nur Kinder durch sie hindurchkriechen. Selbst wenn man sich in Hohlräumen, die von Vulkanschutt frei waren, einigermaßen ungehindert bewegen konnte, musste man immer mit dem plötzlichen Einsturz der Wände und Decken rechnen.

Ironischerweise sind einige der aufgefundenen Skelette mit an Sicherheit grenzender Wahrscheinlichkeit nicht die Überreste von Opfern des Vulkanausbruchs, sondern von Menschen, die in den späteren

Monaten, Jahren oder Jahrhunderten eine Rückkehr in die Stadt riskierten. So wurden z.B. in einem eleganten Raum an einem als Garten angelegten Innenhof des Hauses des Menander – ein moderner Name, abgeleitet von dem hier gefundenen Gemälde des griechischen Dramatikers Menander (vgl. Abb. 44) – die Überreste von drei – mit Pickel und Hacke ausgestatteten – Personen entdeckt, zwei Erwachsenen und einem Kind. Waren sie, wie manche Archäologen glauben, Bewohner, vielleicht Sklaven, die, als das Haus verschüttet wurde, versuchten, sich einen Weg *aus* dem Haus zu bahnen und bei dieser Aktion ums Leben kamen? Oder handelte es sich, wie andere vermuten, um eine Gruppe von Plünderern, die *in* das Haus eindringen wollten und vielleicht getötet wurden, als der unsichere Stollen über ihnen zusammenbrach?

Dieses Bild einer paralysierten Stadt ist durch eine frühere Naturkatastrophe noch komplizierter geworden. 17 Jahre vor dem Vesuvausbruch, im Jahre 62 n.Chr., wurde die Stadt durch ein Erdbeben schwer beschädigt. Nach dem Historiker Tacitus »stürzte ein großer Teil von Pompeji ein«. Und dieses Ereignis ist mit ziemlicher Sicherheit auf zwei Reliefplatten dargestellt, die im Hause eines pompejanischen Bankiers, Lucius Caecilius Iucundus, gefunden wurden. Sie zeigen zwei Örtlichkeiten der Stadt, die von dem Beben erschüttert wurden: das Forum und das Gelände um das nördliche in Richtung Vesuv gelegene Stadttor. Auf einem Relief neigt sich der Tempel des Iuppiter, der Iuno und Minerva auf beängstigende Weise nach links; die Reiterstatuen auf beiden Seiten des Tempels scheinen fast lebendig zu werden, die Reiter haben sich aus ihren Sätteln erhoben (Abb. 5). Auf dem anderen Relief schwankt die Porta Vesuviana verdächtig nach rechts und entfernt sich von dem großen Wasserturm zu ihrer Linken. Dieses Unglück wirft einige der kniffligsten Fragen in der Geschichte von Pompeji auf. Wie wirkte es sich auf das städtische Leben aus? Wie lange brauchte die Stadt, um sich wieder zu erholen? Erholte sie sich überhaupt? Oder lebten die Pompejaner im Jahre 79 noch immer in einem Trümmerhaufen, da das Forum, die Tempel und Thermen, ganz zu schweigen von zahlreichen Privathäusern, noch nicht wiederaufgebaut waren?

Abb. 5. Der Kupferstich zeigt eine von zwei fast einen Meter breiten Reliefplatten. Dargestellt ist das Erdbeben des Jahres 62 n. Chr. Auf der linken Seite sieht man den zur Seite schwankenden Tempel des Iuppiter, der Iuno und Minerva auf dem Forum. Rechts wird ein Opfer vollzogen. Ein Stier wird zum Altar gebracht, während um die Szene verschiedene Opferwerkzeuge verstreut sind – ein Messer sowie Schüsseln und Opferschalen.

Dazu gibt es jede Menge Theorien. So soll es z.B. in Pompeji nach dem Erdbeben zu einer sozialen Revolution gekommen sein. Viele der alteingesessenen Aristokraten hätten sich entschlossen, der Stadt für immer den Rücken zu kehren, höchstwahrscheinlich um sich in einem anderen Anwesen der Familie niederzulassen. Ihre Abreise habe nicht nur den Aufstieg von ehemaligen Sklaven und anderen Neureichen ermöglicht, sondern auch zum »Niedergang« von einigen der eleganteren Häuser Pompejis geführt, die umgehend in Walkereien, Bäckereien und Wirtshäuser umgewandelt oder für andere kommerzielle oder industrielle Zwecke genutzt worden seien. Tatsächlich könnten die Gartenwerkzeuge im Speisesaal auf eine solche Nutzungsänderung hindeuten: Einer einst exklusiven Villa war durch neue Bewohner, die aus ihr einen Gärtnereibetrieb gemacht hatten, ein dramatischer Abstieg beschieden.

Mag ja sein. Und hier könnte ein weiterer Grund dafür vorliegen, weshalb der Zustand der Stadt, als sie im Jahre 79 verschüttet wurde, keinesfalls als »normal« zu bezeichnen ist. Wir können jedoch nicht sicher sein, dass alle diese Veränderungen eine unmittelbare Folge des Erdbebens waren. Vermutlich wurden manche dieser Häuser bereits vor der Katastrophe einfach so zu Gewerbetrieben umfunktioniert. Einige – wenn nicht die meisten – dieser Umwidmungen sind höchstwahrscheinlich auf die üblichen Verlagerungen von Reichtum, Nutzung und Prestige zurückzuführen, die die Geschichte einer jeden

– antiken wie modernen – Stadt kennzeichnen. Ferner sollte man die etwas dünkelhaften Vorurteile bei so manchen modernen Archäologen nicht übersehen, die soziale Mobilität und den Aufstieg eines neuen Geldadels ohne große Bedenken mit Revolution oder Verfall gleichsetzen.

Es wird auch gerne die Behauptung aufgestellt, im Jahre 79 seien die langwierigen Reparaturmaßnahmen in Pompeji noch nicht abgeschlossen gewesen. Soweit uns die archäologischen Befunde darüber Auskunft geben, war Tacitus' Feststellung, dass »ein großer Teil Pompejis einstürzte«, eine ziemliche Übertreibung. Aber der Zustand etlicher öffentlicher Gebäude (79 war z.B. nur eine einzige öffentliche Thermenanlage voll betriebsfähig) und die Tatsache, dass, wie wir noch sehen werden, zum Zeitpunkt des Vulkanausbruchs in so vielen Privathäusern Dekorateure am Werk waren, deuten nicht nur auf beträchtliche Schäden, sondern auch auf ihre noch ausstehende Beseitigung. Wenn in einer römischen Stadt 17 Jahre lang die meisten öffentlichen Bäder außer Betrieb, etliche Haupttempel unbenutzbar und die Privathäuser in keinem ordnungsgemäßen Zustand sind, lässt dies entweder auf eine schwere Finanznot schließen oder auf einen beunruhigenden Grad institutioneller Unfähigkeit oder beides. Was um Himmels willen hatte der Stadtrat fast zwei Jahrzehnte lang gemacht? Hatte er sich zurückgelehnt und zugesehen, wie der Ort zerfiel?

Aber auch hier ist nicht alles so, wie es auf den ersten Blick erscheinen mag. Können wir sicher sein, dass all die Reparaturen, die zum Zeitpunkt der Katastrophe durchgeführt wurden, durch das Erdbeben verursacht worden waren? Wenn man einmal von der offenkundigen Tatsache absieht, dass es in jeder Stadt fast immer eine ausgedehnte Bautätigkeit gibt (die Instandsetzungs- und Bauindustrie bildet das Zentrum des städtischen Lebens, in der Antike ebenso wie in der Moderne), stellt sich die Frage, ob es ein oder mehrere Erdbeben gegeben hat. In diesem Punkt sind die Archäologen, die Pompeji erforschen, heftig zerstritten. Manche sind noch immer fest davon überzeugt, dass es nur im Jahre 62 ein verheerendes Beben gegeben habe und dass die Stadt in der Tat ein solcher Trümmerhaufen gewesen sei, dass viele Reparaturen auch Jahre später noch nicht abgeschlossen waren. Die

Abb. 6. Der Isis-Tempel gehörte zu den Hauptattraktionen für frühe Touristen, Schriftsteller und Musiker. Sowohl der junge Mozart als auch Edward Bulwer-Lytton, der Autor von *Die letzten Tage von Pompeji*, ließen sich von ihm inspirieren. Dieser Kupferstich zeigt in der Mitte den Haupttempel und links die kleine gemauerte Einfriedung, in der sich ein Becken mit Wasser befand, das bei den Isis-Ritualen verwendet wurde.

Mehrheit der Wissenschaftler weist jetzt darauf hin, dass es in den Tagen und vielleicht Monaten vor dem Vulkanausbruch zu etlichen Erdstößen gekommen sein müsse. Das wäre, wie uns Vulkanologen bestätigen, vor einem größeren Vulkanausbruch zu erwarten und stimmt auf jeden Fall mit der Darstellung des Plinius genau überein: »Vorangegangen waren mehrere Tage lang nicht eben beunruhigende Erdstöße.« Falls gerade so viele Malerarbeiten ausgeführt wurden, dann, so wird argumentiert, galten sie viel eher der Ausbesserung von unlängst aufgetretenen Schäden und waren kein verspäteter oder zeitlich unpassender Versuch, das Chaos von 17 Jahren endlich zu beheben.

Was den Zustand der Stadt im allgemeinen und besonders den der öffentlichen Gebäude betrifft, so wird auch hier wieder das Bild durch die späteren Plünderungen verkompliziert. Zweifellos lagen im Jahre

79 einige öffentliche Bauwerke in Trümmern. Ein mit Blick aufs Meer errichteter riesiger Tempel, nach verbreiteter Ansicht der Göttin Venus geweiht, war noch immer eine Baustelle – anscheinend sollte er in noch größerem Stile als der ursprüngliche Tempel wiederaufgebaut werden. Andere Heiligtümer waren wieder voll funktionsfähig. Im Isis-Tempel beispielsweise, der neu gebaut und mit Gemälden, die heute zu den berühmtesten der Stadt zählen, reich geschmückt worden war, nahm alles seinen gewohnten Gang (vgl. Abb. 6).

Die Beschaffenheit des Forums zur Zeit des Vesuvausbruchs stellt uns jedoch erst recht vor ein Rätsel. Nach Meinung mancher war es eine kaum restaurierte halbverlassene Ruine. Wenn dies zutrifft, würde es zumindest darauf hindeuten, dass die Prioritäten der Pompejaner, um es freundlich zu formulieren, nicht mehr dem kommunalen Leben galten. Schlimmstenfalls könnte man auf den völligen Zusammenbruch staatlicher Institutionen schließen, dem aber (wie wir noch sehen werden) andere Befunde eindeutig widersprechen. Vor nicht allzu langer Zeit hat man anklagend auf Bergungstrupps oder Plünderer verwiesen, die nach der Katastrophe hier ihr Unwesen trieben. Demnach wären große Teile des Forums wieder instandgesetzt und renoviert worden. Aber da sie von all den unlängst angebrachten teuren Marmorverkleidungen wussten, führten die Einheimischen Grabungen durch, um diese Platten kurz nach der Verschüttung der Stadt an sich zu bringen. Sie schlugen sie von den Mauern ab, die dann für alle Welt so aussahen, als seien sie nicht wieder aufgebaut worden oder einfach nur zerfallen. Die Marodeure dürften es natürlich auch auf die zahlreichen teuren Bronzestatuen, die diese Piazza schmückten, abgesehen haben.

Diese Debatten und Meinungsverschiedenheiten sorgen auf den archäologischen Kongressen weiterhin für Zündstoff. Sie führen zu Kriegen unter den Gelehrten und liefern den Studenten Stoff für ihre Referate. Aber zu welchen Ergebnissen man letztlich (wenn überhaupt) kommen mag, eines ist absolut klar: »Unser« Pompeji ist keine römische Stadt, die ihren normalen Tagesgeschäften nachging und die dann einfach »jäh eingefroren wurde«, wie so viele Reiseführer und Touristenbroschüren behaupten. Der Ort ist weitaus faszinierender

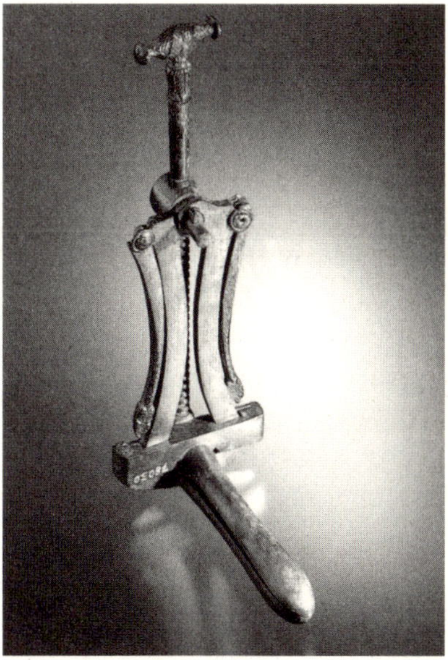

Abb. 7. Diese aus Pompeji stammende antike Version unserer gynäkologischen *specula* erscheint uns auf unheimliche Weise vertraut. Obwohl einige Teile fehlen, ist klar, dass die »Arme« des Instruments durch das Drehen des T-förmigen Griffs geöffnet wurden.

und verlangt uns sehr viel mehr ab. Paralysiert und zerstört, evakuiert und geplündert, zeigt er die Merkmale (und Narben) von allen möglichen unterschiedlichen Geschichten, die wir in diesem Buch erzählen werden und die das unterstreichen, was wir als das »Paradox von Pompeji« bezeichnen könnten: Wir wissen über das antike Leben hier unendlich viel und zugleich sehr wenig.

Selbstverständlich gibt es kaum einen anderen Ort der römischen Welt, wo uns wirkliche Personen und ihre Lebensrealität so anschaulich vor Augen geführt werden wie in Pompeji. Wir treffen auf unglücklich Verliebte (»Der Weber Successus liebt Iris, die Magd der Schankwirtin, die sich aber nichts aus ihm macht«, wie ein hingekritzeltes Graffito lautet) und auf schamlose Bettnässer. (»Wir haben ins Bett gepinkelt, Wirt, ich gestehe, wir haben etwas falsch gemacht. Wenn du fragst: Warum? Es war kein Nachttopf da«, heißt es in einem großspurigen Vers an der Schlafzimmerwand einer Herberge.) Wir können die Spuren pompejanischer Kinder nachverfolgen. Da gibt es den Knirps, dem es großen Spaß gemacht haben muss, ein paar Münzen in den frischen Putz der großen Halle, des Atriums, eines eleganten Hauses zu stecken, wobei er mehr als 70 Abdrücke genau über dem Fußboden hinterließ (damit lieferte er unbeabsichtigt auch einen schönen Beleg für die Datierung der Dekoration); ferner die gelangweilten Kinder, die am Eingang zu einer Badeanlage eine Reihe von Strichmännchen auf Kinderhöhe zeichneten, als sie, vor sich hinkritzelnd, vielleicht darauf warteten, dass ihre Mütter aus dem Dampfbad kämen. Ganz zu schweigen von den Pferdegeschirren mit ihrem Glockengeläut, den schauerlichen medizinischen Instrumenten (vgl. Abb. 7), den merkwürdigen Küchengeräten von (falls unsere Interpretation stimmt) Eierpochiertöpfen bis hin zu Mousseformen (vgl. Abb. 78) oder jenen irritierenden Darmparasiten, deren Spuren sich noch nach 2000 Jahren am Rand eines Toilettenbeckens nachweisen lassen – all dies hilft uns nachzuvollziehen, was die Pompejaner sahen, hörten und fühlten.

Obwohl Details wie diese äußerst illustrativ sind, können wir uns von der Stadt insgesamt dennoch kein Bild machen, und viele der eher grundsätzlichen Fragen lassen sich nicht beantworten. Die Einwohnerzahl stellt nicht das einzige Rätsel dar. Ein anderes betrifft die Verbindung der Stadt zum Meer. Nach allgemeiner Überzeugung lag Pompeji in der Antike viel näher am Meer als heute (jetzt sind es zwei Kilometer). Doch trotz des Know-hows moderner Geologen ist die genaue Entfernung noch immer ungeklärt. Besonders verwirrend ist ein Mauerstück direkt am westlichen Stadttor, dem heutigen Haupteingang für Besucher. Die mit Löchern versehenen Steine wirken wie Vorrichtungen für das Vertäuen von Booten – so als habe das Meer hier bis an die Stadt herangereicht (vgl. Abb. 8). Das Dumme ist nur, dass man weiter westlich, d.h. in Richtung Meer, römische Bauten entdeckt hat, die ja schlecht unter Wasser errichtet worden sein können. Die beste Erklärung dafür bieten die immer wieder auftretenden seismischen Aktivitäten. In Pompeji – wie in der nahe gelegenen Stadt Herculaneum, wo sich die Erdbewegungen eindeutig nachweisen lassen – müssen sich die Küste und die Höhe des Meeresspiegels in den letzten 100 Jahren der Geschichte der Stadt dramatisch verändert haben.

Abb. 8. Diese Steine an der Mauer in der Nähe der Porta Marina sehen aus wie Vertäuungsringe für Boote. Mit ziemlicher Sicherheit hat sich die Küste in den letzten 100 Jahren der Stadtgeschichte verändert, was dazu führte, dass diese Ringe ihre Funktion verloren.

Was noch mehr überrascht: Es gibt auch eine Debatte über die grundlegenden Daten – nicht nur über den Zeitpunkt des großen Erdbebens (das 63 oder auch 62 stattgefunden haben kann), sondern auch über den des Vulkanausbruchs selbst. In diesem Buch werde ich mich an die übliche – in Plinius' Bericht angegebene – Datierung auf den 24./25. August 79 halten. Es gibt allerdings gute Gründe für die Annahme, dass es erst später im Jahr, im Herbst oder Winter, zur Katastrophe gekommen ist. Zunächst einmal findet man in den verschiedenen mittelalterlichen Handschriften der Plinius-Briefe alle möglichen unterschiedlichen Daten für den Vulkanausbruch (römische Zeitangaben und Zahlen wurden nämlich von den mittelalterlichen Kopisten oft falsch abgeschrieben). Außerdem lässt sich eine verdächtig hohe Zahl herbstlicher Früchte in den Überresten nachweisen, und viele der Opfer tragen anscheinend schwere wollene Gewänder, kaum die passende Garderobe für einen heißen italienischen Sommer – obwohl die Wahl der Kleidung bei der Flucht durch die vulkanischen Schuttmassen nicht unbedingt über das jahreszeitliche Wetter Auskunft geben muss. Überzeugendere Hinweise liefert eine römische Münze, die in Pompeji an einer Stelle gefunden wurde, wo sie nicht von Plünderern verloren worden sein kann. Nach Auffassung von Spezialisten kann diese Münze frühestens im September 79 geprägt worden sein.

Tatsache ist, dass wir sowohl sehr viel mehr als auch sehr viel weniger über Pompeji wissen, als wir denken.

Die beiden Leben von Pompeji

Nach einem alten Scherz unter Archäologen ist Pompeji zweimal gestorben: das erste Mal einen plötzlichen Tod beim Ausbruch des Vesuvs, das zweite Mal einen langsamen Tod, der mit der Wiederentdeckung der Stadt in der Mitte des 18. Jahrhunderts begann. Ein Besuch der Stätte zeigt genau, was mit jenem zweiten Tod gemeint ist. Trotz der heroischen Anstrengungen des archäologischen Dienstes von Pompeji verfällt die Stadt, viele der für Besucher gesperrten Areale sind von Unkraut überwuchert, die einst leuchtenden Farben mancher an Ort und Stelle belassenen Malereien sind fast total verblasst. Der allmähliche Verfallsprozess wurde durch Erdbeben und den Massentourismus verstärkt und durch die rauhen Methoden der frühen Ausgräber zusätzlich beschleunigt (ehrlich gesagt, ist es jedoch vielen der herrlichen Fresken, die man von den Wänden genommen und im Museum ausgestellt hat, besser ergangen als denen, die in ihrer ursprünglichen Umgebung geblieben sind); hinzu kommen die Bombardierungen der Alliierten im Jahre 1943 (Abb. 9), die mehrere Stadtgebiete in Trümmer legten (die meisten Besucher haben keine Ahnung, dass man z.B. beträchtliche Teile des großen Theaters und des Forums ebenso wie einige der berühmtesten Häuser nach dem Krieg fast gänzlich neu aufgebaut und das Restaurant der Ausgrabungsstätte in einem Gelände errichtet hat, das besonders verheerende Bomben-

Abb. 9. Im Jahre 1943 richteten Bomben der Alliierten in Pompeji fürchterliche Schäden an und zerstörten zahlreiche größere Gebäude. Hier sieht man das Haus des Trebius Valens nach den Angriffen. Viele der zerbombten Bauten wurden nach dem Krieg so perfekt wiederaufgebaut, dass man niemals auf die Idee käme, dass sie im Grunde genommen ein zweites Mal zerstört worden waren.

schäden davongetragen hatte); weiterhin zu nennen sind die Diebe und Vandalen, für die die – wegen ihrer Größe schwer zu kontrollierende – Stätte ein verlockendes Ziel darstellt (2003 wurden mehrere frisch ausgegrabene Fresken von der Wand gebrochen und drei Tage später im nahe gelegenen Hof eines Bauunternehmers aufgefunden).

Doch die Stadt hat auch zwei *Leben*: eines in der antiken Welt, ein anderes in Form des modernen Wiederaufbaus des antiken Pompeji, das wir heute besuchen können. Diese Touristenstätte versucht noch immer, den Mythos einer »jäh eingefrorenen« Stadt aufrechtzuerhalten, einer Stadt, in die wir hineinspazieren können, als sei in der Zwischenzeit nichts passiert. Verblüffenderweise sind nämlich, obwohl das römische Pompeji viele Fuß unter dem heutigen Bodenniveau liegt, die Zuwege so angelegt, dass wir uns kaum merklich in sie *hinunter*begeben; so verschmilzt unsere eigene Welt fast nahtlos mit der der Antike. Doch bei genauerem Hinsehen erkennen wir ein seltsames Niemandsland, angesiedelt zwischen Zerstörung und Wiederaufbau, Antike und Gegenwart. Zunächst einmal sind viele Teile stark restauriert worden, und dies nicht erst nach den Bombenschäden des Krieges. Man ist geradezu schockiert, wenn man die Fotos von den Ausgrabungen der Gebäude (Abb. 10) betrachtet und sieht, in welch erbärmlichem Zustand sich die meisten von ihnen damals befanden. Manche hat man zwar so gelassen, wie sie waren, andere hingegen wurden herausgeputzt: Die Mauern wurden ausgebessert und wieder aufgebaut und die Häuser bekamen neue Dächer, die vor allem die Bausubstanz und die Innendekoration schützen sollten, von den Besuchern aber für wundersam erhaltene Relikte aus römischer Zeit gehalten werden.

Darüber hinaus hat die Stadt eine neue Geografie bekommen. Heute orientieren wir uns in Pompeji anhand einer Reihe moderner Straßennamen. Dazu gehören die Via dell'Abbondanza (die wichtigste Ost-West-Durchgangsstraße, die direkt zum Forum führt und nach der an einem der Straßenbrunnen dargestellten Göttin Abundantia benannt ist), die Via Stabiana (sie kreuzt die Via dell'Abbondanza und führt in südlicher Richtung verlaufend zur Stadt Stabiae) und der Vicolo Storto (»gewundener Weg«, aus naheliegenden Gründen so genannt). Wir haben kaum Informationen darüber, wie diese Straßen in der römischen Welt bezeichnet wurden. Eine noch erhaltene Inschrift scheint darauf hinzudeuten, dass die heutige Via Stabiana damals Via Pompeiana hieß, und sie erwähnt auch noch zwei andere Straßen (Via Iovia, d.h. Iuppiter-Straße; Via Dequviaris, vielleicht eine Assoziation mit dem Stadtrat oder den *decuriones*), die sich aber nicht lokalisieren lassen. Möglicherweise hatten viele Straßen gar keine speziellen Namen nach heutigem Muster. Mit Sicherheit gab es keine Straßenschilder, und es war auch nicht üblich, bei einer Adresse den Straßennamen oder die Hausnummer anzugeben. Stattdessen bezog man sich auf örtliche Wahrzeichen: Ein Gutsherr z.B. ließ seine Weinkrüge zustellen (wie wir noch auf dem Deckel von einem von ihnen lesen können) »An Euxinos [was sich etwa als »Herr Gastfreundschaft« übersetzen lässt], den Gastwirt, in Pompeji, in der Nähe des Amphitheaters«.

Auch die Stadttore tragen jetzt moderne Namen, je nachdem, zu

Abb. 10. Eine Ausgrabung in den 1930er Jahren. Pompejanische Häuser kommen nicht in ihrem ursprünglichen Zustand wieder ans Tageslicht, sondern sehen infolge der starken Erschütterungen so aus, als seien sie bombardiert worden. Hier ist der bemalte Putz des Obergeschosses in die unteren Räume abgesackt.

welchem Ort oder in welche Richtung sie führten: Porta di Nola, Porta Herculanea, Porta Vesuviana, Porta Marina (in Richtung Meer) usw. Hier haben wir schon eher eine Vorstellung von ihren möglichen antiken Namen. Was wir als Porta Herculanea bezeichnen, war z.B. für die römischen Bewohner die Porta Saliniensis oder Porta Salis, d.h. »Salztor« (nach den nahe gelegenen Salinen). Unsere Porta Marina könnte durchaus Forumstor geheißen haben, wie sich aus den modernen Deutungen einiger antiker Bruchstücke erschließen lässt; immerhin führte es nicht nur zum Meer, sondern lag auch dem Forum am nächsten.

In Ermangelung antiker Adressangaben verwenden heutige Stadtpläne ein im 19. Jahrhundert entwickeltes System, um einzelne Gebäude zu bezeichnen. Derselbe Archäologe, der die Technik der Gipsabgüsse der Opfer perfektionierte, Giuseppe Fiorelli (ein ehemals revolutionärer Politiker und in Pompeji der einflussreichste Ausgrabungsleiter aller Zeiten), unterteilte die Stadt in neun verschiedene Gebiete oder *regiones*; dann numerierte er alle Häuserblöcke in diesen Arealen und gab jeder Haustür ihre eigene individuelle Nummer. Nach dieser heute üblichen archäologischen Stenografie bezeichnet »VI.XV.1« die erste Tür des 15. Blocks der im Nordwesten der Stadt gelegenen Regio 6.

Für die meisten Leute ist VI.XV.1 aber das Haus der Vettier. Denn außer mit der nüchternen modernen Nummer werden zumindest die größeren Häuser, ebenso wie Gasthöfe und Kneipen, mit markanteren Namen bezeichnet. Einige gehen auf die Begleitumstände bei ihrer ersten Ausgrabung zurück: So wurde etwa das Haus der Jahrhundertfeier (Casa del centenario) genau 1800 Jahre nach der Zerstörung der Stadt freigelegt; das Haus der silbernen Hochzeit (Casa delle nozze d'argento), 1893 ausgegraben, wurde zu Ehren des im selben Jahr gefeierten 25jährigen Hochzeitstages des italienischen Königs Umberto so genannt – paradoxerweise ist das Haus heute bekannter als die königliche Hochzeit. Andere Namen verweisen auf besonders denkwürdige Funde: Das Haus des Menander ist ein Beispiel dafür, ein anderes das Haus des Fauns, benannt nach der hier gefundenen berühmten Bronzestatue eines tanzenden Satyrs oder »Fauns« (vgl. Abb. 12). (Sein früherer Name »das Haus Goethes« ging zurück auf den Sohn des Dichters, der ganz kurz vor seinem Tod einem Teil der Ausgrabung beiwohnte – aber diese traurige Geschichte erwies sich als weniger denkwürdig als die koboldartige Skulptur.) Sehr viele jedoch wurden, so wie das Haus der Vettier, nach ihren römischen Bewohnern benannt – im Rahmen jenes viel größeren Projektes, das darin bestand, die antike Stadt wieder zu bevölkern und die materiellen Überreste den realen Menschen zuzuordnen, die sie einst besaßen, nutzten oder bewohnten.

Dabei handelt es sich um eine spannende, bisweilen aber auch recht vertrackte Angelegenheit. In manchen Fällen können wir uns der richtigen Zuschreibung sicher sein. Das Haus des Bankiers Lucius Caecilius Iucundus etwa lässt sich aufgrund der Bankunterlagen, die in der Dachkammer aufbewahrt wurden, recht eindeutig identifizieren. Aulus Umbricius Scaurus, der erfolgreichste lokale Produzent von *garum* (jenem typisch römischen Gebräu aus vor sich hin faulenden Meerestieren, euphemistisch als »Fischsoße« übersetzt), gab seinem eleganten Anwesen sein Gepräge und hinterließ seinen Namen – eine Reihe von Mosaiken zeigt *garum*-Krüge, die mit Slogans wie »Fischsoße, erste Güteklasse, aus Scaurus' Fabrik« beschriftet sind (vgl. Abb. 57). Das Haus der Vettier mit seinen erlesenen Fresken wurde kurzerhand zwei (vermutlich) ehemaligen Sklaven zugeordnet, Aulus Vettius Conviva und Aulus Vettius Restitutus. Grundlage dafür waren zwei in der Vorhalle gefundene Siegelstempel und ein Siegelring mit ihren Namen, dazu etliche Wahlplakate, zumindest deren antike Gegenstücke, die auf die Außenmauer des Hauses aufgemalt waren (»Restitutus unterstützt … Sabinus bei seiner Wahl zum Ädil«) – und weil man annahm, dass ein in einem anderen Teil des Hauses entdecktes weiteres Stempelsiegel, diesmal mit dem Namen Publius Crustius Faustus, einem Mieter gehörte, der im Obergeschoss wohnte.

In vielen Fällen sind die Beweise weitaus dürftiger und stützen sich unter Umständen nur auf einen Siegelring (den ein Besucher schließlich genauso leicht verloren haben kann wie der Eigentümer), auf den Namen auf einem Weinkrug oder auf einige von derselben Person signierte Graffiti – als ob Graffiti-Künstler sich für ihre Mitteilungen immer ihre eigenen Hauswände aussuchten. Ein besonders verzweifelter Versuch, einen Namen herzuleiten, betrifft den Betreiber des städtischen Bordells, der Hauptattraktion für viele moderne wie gewiss auch antike Besucher. Der Mann heißt angeblich Africanus. Dabei verweist man vor allem auf die traurige Nachricht, die höchstwahrscheinlich von einem Kunden in der Kammer eines der Mädchen an die Wand gekritzelt wurde: »Africanus ist tot« (oder wörtlich »stirbt«). »Dies schreibt der junge Rusticus, sein Schulkamerad, der um Africanus trauert.« Natürlich kann Africanus ein Bürger der Stadt gewesen sein: Dafür spricht zumindest, dass auf einer Mauer in der

Nachbarschaft jemand dieses Namens verspricht, bei den örtlichen Wahlen Sabinus (es ist derselbe Kandidat, der Restitutus' Stimme gewonnen hatte) zu unterstützen. Aber es gibt überhaupt keinen Grund anzunehmen, dass der junge Rusticus in seiner post-koitalen Verstimmung, falls er denn in einer solchen war, überhaupt den Bordellbesitzer gemeint hat.

Das Ergebnis dieser und anderer allzu optimistischer Versuche, die antiken Pompejaner ausfindig zu machen und sie wieder ihren Häusern, Kneipen und Bordellen zuzuordnen, liegt auf der Hand: Nach moderner Vorstellung sind fürchterlich viele Pompejaner am falschen Ort umgekommen. Oder, allgemeiner gesagt: Es klafft eine tiefe Lücke zwischen »unserer« und der im Jahre 79 n. Chr. zerstörten antiken Stadt. In diesem Buch werde ich mich stets an die Wahrzeichen, Orientierungsmittel und Terminologien »unseres« Pompeji halten. Es wäre verwirrend und irritierend, die Porta Herculanea mit ihrem antiken Namen als »Porta Salis« zu bezeichnen. Dank der von Fiorelli eingeführten Numerierung können wir eine Örtlichkeit auf einem Plan rasch lokalisieren, und ich werde dieses System bei den Verweisen im Anhang verwenden. Mögen einige von ihnen auch historisch falsch sein, mit Hilfe der bekannten Namen wie Haus der Vettier oder Haus des Fauns usw. lässt sich ein spezielles Gebäude oder eine spezielle Örtlichkeit am leichtesten identifizieren. Dennoch werde ich mich auch mit jener Lücke ausführlicher befassen, indem ich mir darüber Gedanken mache, wie die antike Stadt zu »unserem« Pompeji wurde, und indem ich die Prozesse reflektiere, die unserer Deutung der zutage geförderten Überreste zugrunde liegen.

Wenn ich mich auf jene Prozesse besonders konzentriere, geschieht dies einerseits aus einer aktuellen Sicht heraus, gleichzeitig versetze ich mich in gewisser Weise in das Pompeji des 19. Jahrhunderts zurück. Natürlich genossen die Menschen, die im 19. Jahrhundert die Stadt besuchten, die Illusion einer Zeitreise in die Vergangenheit, ebenso wie sich ihre Kollegen des 21. Jahrhunderts heute daran ergötzen. Aber sie waren auch fasziniert von der Art und Weise, wie ihnen das römische Pompeji erschlossen wurde: Bei den Funden ging es sowohl um das »Wie« als auch um das »Was«. Dies können wir den üblichen Darstellungen in ihren Lieblingsreiseführern entnehmen, allen voran in Murrays *Handbook for Travellers in Southern Italy*, das, 1853 zum ersten Mal publiziert, auf den Massentourismus (weniger den Grande-Tour-Tourismus) ausgerichtet war. Die Eisenbahnlinie war 1839 eröffnet worden und der Zug wurde zum beliebtesten Transportmittel der Besucher. Gute Dienste leistete ihnen eine Taverne neben dem Bahnhof, wo sie nach der anstrengenden Besichtigung der Ruinen zu Mittag essen konnten. Dieser Ort erlebte ein ständiges Auf und Ab (im Jahre 1853 gab es dort angeblich »einen sehr höflichen und zuvorkommenden Wirt«, während 1865 den Lesern empfohlen wurde, erst zuzugreifen, wenn man sich »vorher mit dem Herrn Wirt über den Preis geeinigt habe«). Dies war der Anfang des riesigen Marktes mit Snacks, Obst und vor allem Tafelwasser, der nun das Umfeld der Stätte beherrscht.

Murrays *Handbook* lenkte die Aufmerksamkeit dieser viktorianischen Besucher immer wieder auf Interpretationsprobleme und präsentierte ihnen die verschiedenen konkurrierenden Theorien über die Zweckbestimmung etlicher großer öffentlicher Gebäude, die man ausgegraben hatte. War der Bau auf dem Forum, den wir als *macellum* (Markt) bezeichnen, wirklich ein Markt? Oder ein Tempel? Oder aber war es eine Kombination aus Heiligtum und Café? (Wie wir noch sehen werden, sind zahlreiche solcher Fragen nach der Funktion noch nicht gelöst; moderne Reiseführer tendieren jedoch dazu, ihren Lesern die Probleme und Kontroversen vorzuenthalten – sie wollen sie damit verschonen, wie sie sagen würden.) Das *Handbook* beschreibt nicht nur jedes antike Bauwerk, sondern verzeichnet auch sorgfältig die Zeit und Umstände seiner Wiederentdeckung. Jene frühen Besucher sollten anscheinend zwei unterschiedliche Chronologien gleichzeitig in ihrem Kopf speichern: zum einen die Chronologie und Entwicklung der antiken Stadt, zum anderen die Geschichte von Pompejis allmählichem Wiederauftauchen in der modernen Welt.

Wir könnten uns sogar vorstellen, dass die berühmten Reinszenierungen – wenn irgendwelche Würdenträger gerade auf der Durchreise waren, wurden Leichname oder andere bemerkenswerte Funde in geziemender Weise »entdeckt« – einen anderen Aspekt derselben Bestrebungen darstellten. Heute sind wir geneigt, über die Plumpheit dieser Farcen und die Leichtgläubigkeit des Publikums zu lachen (können königliche Besucher wirklich so naiv gewesen sein zu glauben, solch mirakulöse Entdeckungen seien zufällig genau zum Zeitpunkt ihrer Ankunft gemacht worden?). Doch wie so oft enthüllen die Tricks der Tourismusbranche die Hoffnungen und Erwartungen der Besucher und entlarven zugleich die Gerissenheit der Einheimischen. Hier wollten die Besucher nicht nur die Funde selbst betrachten, sondern auch Zeugen der Ausgrabungsprozesse sein, die die Vergangenheit wieder ans Licht brachten.

Dies sind einige der strittigen Fragen, die ich wieder ins Blickfeld rücken möchte.

Eine Stadt voller Überraschungen

Pompeji steckt voller Überraschungen. Dies veranlasst selbst die abgebrühtesten und bestens informierten Spezialisten, ihre Vorstellungen über das Leben im römischen Italien zu überdenken. Ein großer Tonkrug, dessen Etikett den Inhalt als »koscheres *garum*« ausweist, erinnert uns daran, dass Männer wie Umbricius Scaurus vielleicht die Marktnische der ortsansässigen jüdischen Gemeinde bedienen wollten (mit der Garantie, dass zu den inzwischen undefinierbaren Zutaten dieses fauligen Gebräus keine Schalentiere gehörten). Eine wunderschöne indische Statuette aus Elfenbein, 1938 in einem Haus gefunden, das jetzt nach ihr »das Haus der indischen Statuette« heißt, fordert uns auf, noch einmal über die Verbindungen Roms mit dem Fernen Osten nachzusinnen (vgl. Abb. 11). War es ein pompejanischer Händler, der sie als Reiseandenken mitgebracht hatte? Oder ist sie vielleicht den Nabatäern zuzuordnen (ihr Stammland ist das heutige Jordanien), einem Handelsvolk, das sich in der Nähe von Puteoli niedergelassen hatte? Fast ebenso unerwartet war der Fund eines Affenskeletts, dessen Teile, von früheren Ausgräbern übersehen, vor kurzem unter den Knochen im Magazin der Stätte entdeckt wurden. Möglicherweise ein exotisches Haustier – oder wohl doch eher ein dressiertes Tier,

Abb. 11. Diese indische Statuette aus Elfenbein liefert uns einen Einblick in die weit gestreuten multikulturellen Verbindungen von Pompeji. Zeigt diese – fast nur mit reichem Schmuck bekleidete – Figur (wie allgemein angenommen) Lakshmi, die Göttin der Fruchtbarkeit und Schönheit? Oder stellt sie bloß eine Tänzerin dar?

das in einem Straßentheater oder Zirkus die Menschen erheitern sollte.

Diese Stadt der Überraschungen ist uns sehr vertraut und zugleich sehr fremd. Als Stadt in der italienischen Provinz, deren Horizont am Vesuv endete, war sie gleichzeitig Teil eines Imperiums, das sich von Spanien bis nach Syrien erstreckte und die gesamte kulturelle und religiöse Vielfalt aufwies, die große Reiche so häufig mit sich bringen. Die berühmten Worte »Sodom« und »Gomorra«, in großen Buchstaben an die Esszimmerwand eines relativ bescheidenen Hauses in der Via dell'Abbondanza geschrieben, sind (vorausgesetzt, es handelt sich nicht um die düstere Bemerkung irgendeines späteren Plünderers) mehr als ein Augenzeugenkommentar – oder Scherz – über die Moral der pompejanischen Gesellschaft. Sie erinnern uns daran, dass in diesem Ort zumindest einige Bewohner mit den Worten aus dem Buch Genesis (»... ließ der Herr auf Sodom und Gomorra Schwefel und Feuer regnen, vom Herrn, vom Himmel herab«) ebenso wie mit den Werken Vergils etwas anfangen konnten.

Diese Kleinstadt zählte – wenn wir die Frauen, Kinder und Sklaven nicht mitrechnen – nur ein paar tausend Bürger; sie war nicht größer als ein Dorf oder die Studentenschaft einer kleinen Universität und hat trotzdem die gängige Darstellung der römischen Geschichte stärker beeinflusst, als wir uns vorstellen können, wie wir in Kapitel 1 sehen werden.

Kapitel 1

Das Leben in einer alten Stadt

Einblicke in die Vergangenheit

In einer ruhigen Nebenstraße Pompejis, nicht weit von der nördlichen Stadtmauer und nur ein paar Minuten Fußweg von der Porta Herculanea entfernt, steht ein kleines unscheinbares Haus, das jetzt als das »Haus der etruskischen Säule« bekannt ist. Von außen unauffällig und sowohl in der antiken wie der heutigen Welt etwas abseits gelegen, birgt es, wie der moderne Name andeutet, eine rätselhafte Sehenswürdigkeit. In die Wand zwischen zwei Haupträumen ist nämlich eine antike Säule eingelassen, die an die Architektur der Etrusker erinnert – diese gehörten im 6. und 5. Jahrhundert v. Chr., vor dem Aufstieg Roms, zu den Großmächten Italiens; ihr Einfluss und ihre Siedlungen erstreckten sich weit über ihre Heimat in Norditalien hinaus bis ins Gebiet um Pompeji. Die Säule stammt höchstwahrscheinlich aus dem 6. Jahrhundert v. Chr. und ist damit mehrere 100 Jahre älter als das Haus.

Sorgfältige Grabungen unter dem Haus haben einiges Licht in dieses Rätsel gebracht. So hat sich herausgestellt, dass sich die Säule an ihrem ursprünglichen Standort befindet und dass das Haus um sie herum gebaut ist. Als Teil eines religiösen Heiligtums des 6. Jahrhunderts hatte sie keine stützende Funktion, sondern stand frei, möglicherweise neben einem Altar, und trug einst eine Statue (ein Arrangement, das man von anderen frühen religiösen Stätten Italiens kennt). Griechische Töpferwaren des 6. Jahrhunderts, vermutlich Opfer- und Weihgaben, wurden in der unmittelbaren Umgebung gefunden, ebenso Hinweise (in Form von Pollen und Samen) auf eine beträchtliche Zahl von Buchen. Dabei handelte es sich wohl kaum um einen natürlichen Wald, da Buchen angeblich nicht von Natur aus in der süditalienischen Senke vorkommen. Deshalb war, so vermutet man, dieses

Abb. 12. Das Haus des Fauns war eines der imposantesten und im 1. Jahrhundert n. Chr. eines der altertümlichsten Häuser der Stadt, das heute aber leider verfallen ist. Hier schauen wir durch den Eingang auf das Hauptatrium mit dem tanzenden Satyr (oder Faun). Dahinter befanden sich zwei weiträumige Peristylgärten und das berühmte Alexander-Mosaik (vgl. Abb. 13).

verehrungswürdige alte Heiligtum ursprünglich durch ein weiteres jener charakteristischen Merkmale der frühitalischen Religion gekennzeichnet: Es war von einem heiligen Hain umgeben, für den man hier speziell Buchen angepflanzt hatte. Zur Bekräftigung dieser (meines Erachtens nicht sehr überzeugenden) These wird auf ein ebenso altes Heiligtum des Gottes Iuppiter in einem eigens dafür angelegten heiligen Buchenhain in Rom verwiesen, das sogenannte »Fagutal«, abgeleitet von *fagus* ›Buche‹.

Wie auch immer wir uns die Säule an ihrem ursprünglichen Standort vorstellen, umgeben von mehr oder weniger vielen Buchen, von einem natürlichen Wald oder einem künstlich angelegten Hain, die Grundzüge ihrer Geschichte sind ausreichend klar. Als das frühe Heiligtum schließlich bebaut wurde, wahrscheinlich im 3. Jahrhundert v. Chr., wurde die Säule so, wie sie dastand, in das spätere Bauwerk integriert – aus Respekt vor ihrer religiösen Bedeutung, wie wir anneh-

Abb. 13. Das komplizierteste antike Mosaik, das jemals gefunden wurde, das Alexander-Mosaik, bedeckte den Boden eines der Hauptrepräsentationsräume im Hause des Fauns. Der Kupferstich zeigt das Gesamtbild. Alexander der Große (links) bekämpft den Perserkönig Dareios. Wie man an seinen Pferden sieht (sie haben bereits kehrtgemacht) will Dareios vor dem anstürmenden jungen Makedonen die Flucht ergreifen. Man kann hier alle möglichen Formen virtuosen Künstlertums feststellen – so ist das Pferd in der Bildmitte gleichsam in Hinteransicht dargestellt (vgl. auch Tafel 15).

men dürfen. Jahrhunderte später, im Jahre 79 n. Chr., war sie in dem Haus, das nun auf dem Grundstück stand, noch zu sehen. Ob sie auch damals noch als heilig galt oder in einem ansonsten ganz gewöhnlichen Haus nur zu einem interessanten Gesprächsthema für ihre Eigentümer geworden war, wissen wir nicht.

Die kleine Geschichte dieser Säule erinnert an etwas viel Wichtigeres: Zum Zeitpunkt seiner endgültigen Zerstörung war Pompeji – unübersehbar – eine alte Stadt. Obwohl die Ruinen für die meisten heutigen Betrachter durchgängig römisch wirken und sich anscheinend zeitlich und stilistisch nicht unterscheiden lassen, ist das Gegenteil der Fall. Zunächst einmal war Pompeji, wie wir gleich sehen werden, im Jahre 79 n. Chr. streng genommen erst seit weniger als 200 Jahren eine »römische« Stadt. Es war ebenfalls, so wie die meisten antiken oder modernen Städte, ein manchmal chaotisches Amalgam aus funkelnagelneuen Gebäuden, hochgeschätzten Antiquitäten sowie

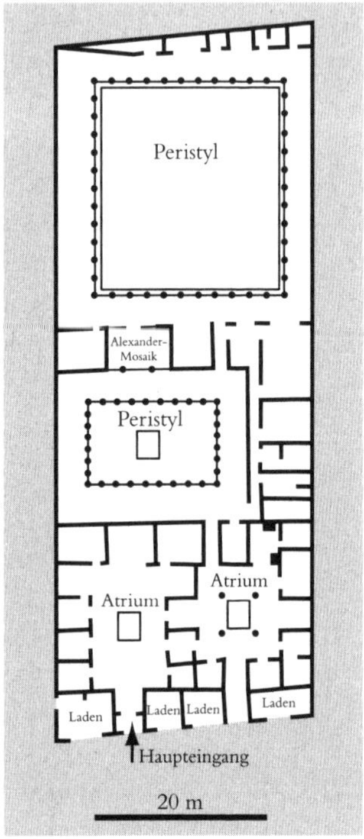

Plan 1. Das Haus des Fauns. Obwohl stark zerstört (es erstreckt sich über einen ganzen Häuserblock), zeigt das Gebäude noch viele Charakteristika auch von eher durchschnittlichen pompejanischen Häusern. An der Straßenfront sind z.B. mehrere Läden untergebracht. Diese Version des Standardgrundrisses führt den Besucher durch einen schmalen Eingang in eines der beiden Atrien. Dahinter befanden sich zwei Peristylgärten.

kunstvollen Restaurierungen; andere waren seltsam altmodisch, wieder andere verfielen still vor sich hin. Ihre Bewohner waren sich dieser Unterschiede und dieser Mischung aus alt und neu, die ihre Stadt prägte, zweifellos bewusst.

Das außergewöhnlichste Beispiel für ein »Museumsstück« ist eines der berühmtesten und heute meistbesuchten Häuser in Pompeji: Das Haus des Fauns. Dieses Haus ist sehr weitläufig, das größte in der Stadt, und weist mit seinen etwa 3000 m^2 wahrhaft königliche Dimensionen auf (es erreicht z.B. fast die Ausmaße der Paläste der makedonischen Könige im nordgriechischen Pella). Heutzutage ist es nicht nur wegen seiner Bronzestatue des tanzenden »Fauns« bekannt, sondern auch wegen seiner zahlreichen fantastischen Fußbodenmosaiken. Deren bedeutendstes ist das sogenannte »Alexander-Mosaik«

(vgl. Abb. 13), eines der Prunkstücke des Nationalmuseums von Neapel, akribisch zusammengesetzt aus unzähligen kleinen Steinen oder *tesserae*: Die Schätzungen reichen von 1,5 bis 5 Millionen, da noch niemand die Geduld aufgebracht hat, sie Stück für Stück zu zählen. Bei der ersten Ausgrabung in den 1830er Jahren führten die epischen Dimensionen und das wilde Kampfgetümmel zu der cleveren Deutung, dass hier eine Schlachtszene aus Homers *Ilias* dargestellt sei. Nach heutiger Überzeugung aber zeigt es die Niederlage des persischen Königs Dareios (rechts, in seinem Streitwagen; vgl. Tafel 15) gegen den jugendlichen Alexander den Großen (links, zu Pferde). Vielleicht war das Mosaik, so wie üblicherweise angenommen, die virtuose Kopie eines Meisterwerks der Malerei, vielleicht aber auch eine originale Schöpfung.

Nur wenige heutige Besucher, die über seine Größe staunen oder seine erlesenen Mosaiken bewundern (im Museum von Neapel gibt es noch neun weitere), sind sich bewusst, wie überaus antiquiert das Haus des Fauns zur Zeit des Vulkanausbruchs gewirkt haben muss. Im späten 2. Jahrhundert v. Chr., als die Mosaiken geschaffen und zahlreiche Wände großzügig im charakteristischen Stil der Zeit bemalt wurden, bekam das Haus seine endgültige Form und in den nächsten 200 Jahren wurden keine größeren Veränderungen mehr vorgenommen. Bei neuen Gemälden und Restaurierungen wurde sorgfältig darauf geachtet, dass sie den Gesamteindruck nicht beeinträchtigten. Wer die reichen Eigentümer dieses Hauses waren, wissen wir nicht (nach einem hübschen Vorschlag war es eine alteingesessene Familie namens Satrius – dann wäre der bronzene Faun oder »Satyr« eine visuelle Anspielung auf ihren Namen). Erst recht wissen wir nicht, was sie veranlasst (oder gezwungen) hat, es über die Jahrhunderte so zu lassen, wie es war. Ganz sicher aber haben die Menschen, die die Villa im Jahre 79 besuchten, in etwa dasselbe empfunden wie wir heute bei der Besichtigung eines historischen Hauses oder Herrensitzes. Beim Durchschreiten der Portale – ein weiteres Mosaik betretend, diesmal geschmückt mit dem lateinischen Wort *HAVE* in der Bedeutung »sei gegrüßt« (ein Wortspiel mit englisch HAVE »Besitz« kann natürlich nicht intendiert sein, auch wenn es für dieses riesige Herrenhaus

Abb. 14. Eines von mehreren Terrakotta-Reliefs (60 Zentimeter hoch), das in der Gartenmauer des Hauses des goldenen Armbands wiederverwendet worden war. Ursprünglich hatte es ein sakrales Gebäude geziert, wahrscheinlich den Apollo-Tempel auf dem Forum. Auf dieser Platte sieht man rechts die Göttin Diana (griechisch Artemis) und links eine Darstellung der Victoria.

durchaus angemessen scheint) – dürfte man sich ins 2. Jahrhundert zurückversetzt gefühlt haben.

Das Haus des Fauns stellt einen Extremfall dar. Doch alt und neu mischten sich überall in der Stadt. So wurden ausgesprochen altmodische Innendekorationen entweder liebevoll erhalten oder dem natürlichen Verfallsprozess überlassen, daneben fanden sich aber auch die neuesten dekorativen Modetrends. Die Sonnenuhr im Trainingsgelände einer der größten Thermenanlagen, die Sporttreibenden oder vielbeschäftigten Badegästen erlaubte, die Zeit im Blick zu behalten, war zum Zeitpunkt des Vesuvausbruchs nicht nur zwei Jahrhunderte alt, sondern trug auch eine Gedenkinschrift in der ursprünglichen vorrömischen Sprache dieser Gegend – in Oskisch. Im Jahre 79 konnten ihr wohl nur wenige Bewohner Pompejis entnehmen, dass der Stadtrat die Uhr aus Mitteln bezahlt hatte, die durch Bußgelder zusammengekommen waren.

Wir haben auch Einblick in andere Geschichten von erhaltenen und wiederverwendeten Objekten, die es mit der etruskischen Säule aufnehmen können. Ein kürzlich gemachter Fund gibt Auskunft über das Schicksal etlicher Terrakotta-Skulpturen, die (aufgrund ihres Sujets und ihrer Gestaltung) einst einen Tempel in Pompeji oder seiner näheren Umgebung geschmückt haben müssen, möglicherweise sogar den Apollo-Tempel auf dem Forum (vgl. Abb. 14). Irgendwann im 2. Jahrhundert v. Chr. gefertigt und vielleicht nach dem Erdbeben von

62 n.Chr. ausgemustert, landeten sie schließlich in der Gartenmauer einer prächtigen mehrstöckigen Villa (Haus des goldenen Armbands), das am westlichen Stadtrand mit Blick aufs Meer – die Aussicht muss atemberaubend gewesen sein – errichtet war. In architektonischer Hinsicht ein gelungenes Beispiel für die Wiederverwertung von Werken der Bildhauerkunst, mag sein, wenn auch himmelweit entfernt von der Erhabenheit ihres ursprünglichen Standorts.

Vor Rom

Pompeji war sogar noch älter, als seine sichtbaren Überreste vermuten lassen. Im Jahre 79 wurde kein – öffentliches oder privates – Gebäude mehr genutzt, das aus der Zeit vor dem 3.Jahrhundert v.Chr. stammte. Doch zumindest bei zwei der Haupttempel der Stadt, die immer wieder restauriert, umgebaut und modernisiert worden waren, reichte die Geschichte bis ins 6.Jahrhundert zurück: Der Apollo-Tempel auf dem Forum war der eine, der nahe gelegene Tempel der Minerva und des Herkules der andere. Letzterer lag zur Zeit des Vulkanausbruchs anscheinend in Trümmern und war vielleicht schon endgültig aufgegeben worden, doch Ausgrabungen haben einigen Skulpturenschmuck aus seinen früheren Epochen zutage gefördert, Töpferwaren aus dem 6.Jahrhundert v.Chr. sowie Hunderte von Weihgaben, darunter zahlreiche Terrakotta-Figurinen, von denen manche ganz eindeutig die Göttin Minerva (griechisch Athene) darstellen. Außerdem lassen Grabungen unterhalb der erhaltenen Bauwerke andernorts in der Stadt, wie etwa im Umfeld der etruskischen Säule, ebenfalls auf eine viel frühere Besiedlung der Stätte schließen.

In der gegenwärtigen Archäologie von Pompeji hat in der Tat die Beschäftigung mit der Frühgeschichte der Stadt Hochkonjunktur. Die Spezialisten, die im Trend sind, fragen jetzt nicht mehr »Wie war Pompeji im Jahre 79 n.Chr.?«, sondern »Wann ist die Stadt entstanden und wie hat sie sich entwickelt?« Dies führte zu zahlreichen Tiefgrabungen unterhalb des Bodenniveaus des 1.Jahrhunderts n.Chr., denn man wollte herausfinden, was sich dort vor den heute erhaltenen

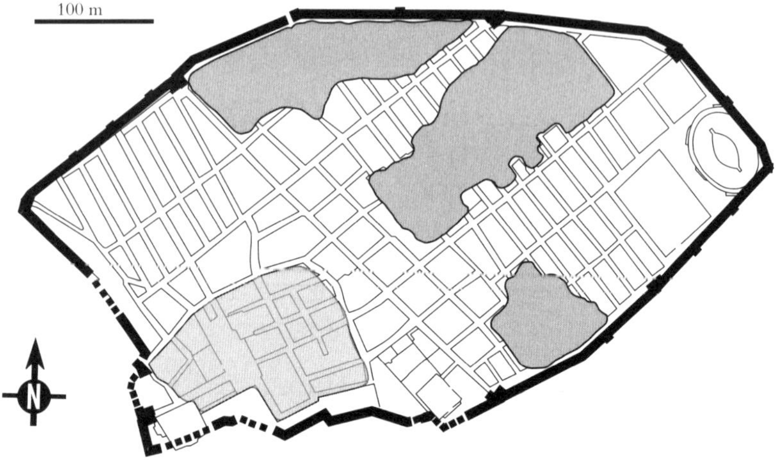

Plan 2. Die Entwicklung der Stadt, deren Chronologie sich am Stadtplan ablesen lässt. Die »Altstadt« links unten (schattiert) weist kein regelmäßiges Schema auf. Die Straßenführung ist nicht geradlinig und in Form eines Rasters angelegt.

Strukturen befand. Es ist ein ungemein schwieriges Unterfangen, nicht zuletzt deswegen, weil kaum jemand darauf erpicht ist, die erhaltenen Relikte zu zerstören, nur um zu erfahren, was sie ersetzten. So wird meist eine Art Schlüsselloch-Archäologie betrieben: Man gräbt in kleinen Arealen, wo dies mit möglichst wenig Schäden an den darüberliegenden Überresten verbunden ist und wo für die Besucher die Attraktivität Pompejis nicht leidet. Denn, seien wir ehrlich, die meisten von uns kommen, weil sie die eindrucksvollen Ruinen der vom Vesuv verschütteten Stadt sehen wollen, nicht aber die kümmerlichen Spuren irgendeiner archaischen Siedlung.

Die Herausforderung besteht darin, die so gewonnenen Einzelnachweise sowohl miteinander als auch mit den Informationen über die Stadtentwicklung, die sich aus dem Stadtplan ergeben, in Einklang zu bringen. Denn man hat seit langem erkannt, dass das Straßenmuster – unterschiedliche Areale haben unterschiedlich gestaltete »Blöcke« mit leicht voneinander abweichenden Ausrichtungen – höchstwahrscheinlich die historische Expansion der Stadt (vgl. Plan 2) mehr oder weniger genau widerspiegelt. Der andere Schlüsselfaktor ist, dass der Verlauf der heutigen Stadtmauer auf das 6. Jahrhundert v. Chr. zurückgeht – was bedeutet (so überraschend das auch scheinen mag), dass die endgültige Ausdehnung der Stadt bereits in dieser frühen Periode festgelegt wurde.

Trotz dieser schwierigen Quellenlage gibt es eine ungewöhnlich hohe Übereinstimmung hinsichtlich der großen geschichtlichen Linien, die sich aus den verschiedenen Hinweisen ergeben. Nach allgemeiner Überzeugung befand sich der ursprüngliche Kern der Siedlung, wie aus dem Stadtplan hervorgeht, im Südwesten, wo das unregelmäßige Straßenmuster auf das hindeutet, was die Archäologen etwas großspurig als »Altstadt« bezeichnen. Aber darüber hinaus hat die hohe Zahl frühzeitlicher Funde, sowohl von Keramik wie auch von Gebäudespuren überall in der Stadt, in zunehmendem Maße verdeutlicht, dass sich die Bewohner von Pompeji bereits im 6. Jahrhundert v. Chr. innerhalb der Mauern relativ weit ausgebreitet hatten. Tatsächlich gibt es in der Stadt kaum eine Stelle, wo Tiefgrabungen unter den erhaltenen Überresten kein Material aus dem 6. Jahrhundert zutage gefördert haben, wenn auch nur in Form von winzigen Bruchstücken oder manchmal nur infolge besonders eifrigen Suchens (so soll z. B. Amadeo Maiuri, der »große Überlebenskünstler«, der von 1924 bis 1961 – auch während des Faschismus und des Zweiten Weltkrieges – die Ausgrabungen leitete, seinen Arbeitern immer eine Prämie gezahlt haben, wenn sie dort, wo er es erhoffte, frühzeitliche Keramik fanden – eine archäologische Taktik, die normalerweise gute Ergebnisse zeitigt). Unbestritten ist auch, dass demgegenüber die Zahl der Funde aus dem 5. Jahrhundert dramatisch zurückgeht, Relikte aus dem 4. Jahrhundert wieder häufiger werden und dass erst im 3. Jahrhundert die heute erkennbare Stadtentwicklung einsetzt.

Sehr viel weniger Übereinstimmung herrscht hinsichtlich des exakten Alters des ursprünglichen Kerns und der Frage, ob das Material aus dem 7., 8. oder sogar 9. Jahrhundert v. Chr., das man dort oder in der näheren Umgebung gelegentlich gefunden hat, auf eine bewohnte

Siedlung als solche schließen lässt. Und es gibt erbitterte Meinungsverschiedenheiten darüber, wie im 6. Jahrhundert v.Chr. das Gebiet innerhalb der Mauern genutzt wurde. Einige sind der Meinung, dass es weitgehend umfriedetes Ackerland war und dass unsere Funde von vereinzelten landwirtschaftlichen Gebäuden, Hütten oder ländlichen Heiligtümern stammen. Das ist nicht unwahrscheinlich, abgesehen davon, dass es nach dieser Sichtweise unglaublich viele »Heiligtümer« gegeben haben müsste – manche von ihnen können längst nicht so offenkundig religiöse Stätten gewesen sein wie die der »etruskischen Säule«.

Nach jüngerer konkurrierender Auffassung war die Grundstruktur der Stadt bereits zu diesem frühen Zeitpunkt sehr viel stärker ausgebildet. Denn soweit die heute spärlichen Spuren darüber Auskunft geben, waren, so das Hauptargument, alle frühen Bauten außerhalb der »Altstadt« so angelegt, dass sie sich in das später weiterentwickelte Konzept einpassen ließen. Das bedeutet nicht, dass das Pompeji des 6. Jahrhunderts eine in unserem Sinne dichtbesiedelte Stadt war. Tatsächlich gab es sogar noch im Jahre 79 n.Chr. innerhalb der Stadtmauern große offene Flächen kultivierten Landes. Aber das heißt auch, dass das Straßenraster schon etabliert war, zumindest in rudimentärer Form. Nach dieser Interpretation war Pompeji bereits damals als Stadt »programmiert« – auch wenn es noch drei bedenklich lange Jahrhunderte dauern sollte, bis dieses »Programm« Realität wurde.

Ebenso umstritten ist die Frage, wer diese frühen Pompejaner waren. Nicht nur in den letzten Phasen hatte die Stadt – mit griechischer Kunst, jüdischen Ernährungsvorschriften, indischem Nippes, ägyptischer Religion usw. – einen eindeutig multikulturellen Anstrich. Schon im 6. Jahrhundert v.Chr. lag Pompeji im Herzen einer Region – damals wie heute als Kampanien bekannt –, in der lange vor der Herrschaft der Römer die einheimische Bevölkerung, die ursprünglich oskisch sprach, mit griechischen Siedlern auf Tuchfühlung lebte. Seit dem 8. Jahrhundert v.Chr. gab es zum Beispiel mit Cumae, 50 Kilometer von Pompeji jenseits der Bucht von Neapel gelegen, eine bedeutende griechische Stadt. Auch die Etrusker waren in großer Zahl vertreten. Sie waren seit der Mitte des 7. Jahrhunderts in diesem

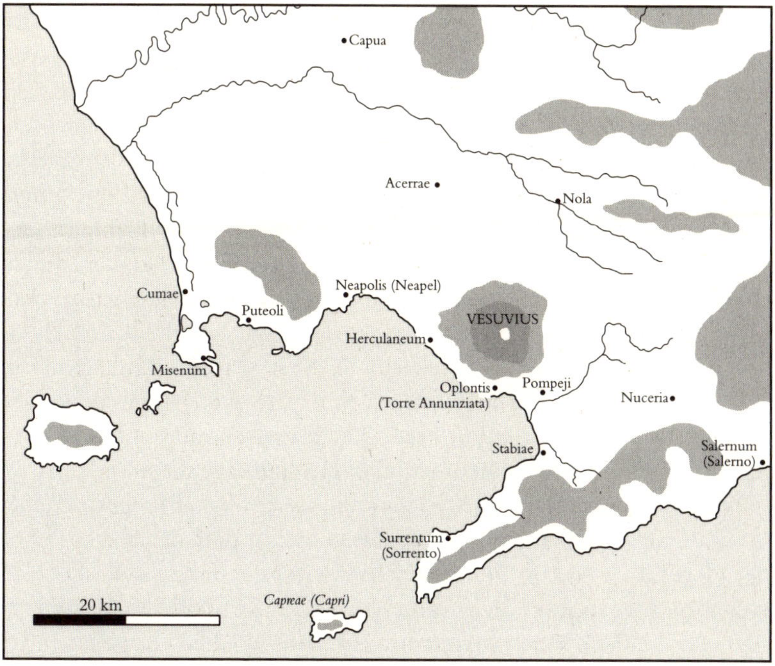

Plan 3. Karte der Umgebung Pompejis.

Gebiet ansässig und kämpften etwa 150 Jahre lang mit den griechischen Gemeinden um die Kontrolle des Landes. Welche dieser Gruppen als treibende Kraft hinter der frühen Entwicklung Pompejis stand, wissen die Götter, und auch die Archäologie hält keine Antwort bereit: So deutet etwa das Fragment eines etruskischen Gefäßes auf Kontakte zwischen den Stadtbewohnern und den etruskischen Gemeinden der Umgebung, beweist aber nicht (trotz souverän vorgebrachter gegenteiliger Behauptungen), dass Pompeji eine etruskische Stadt war.

Darüber hinaus waren sich antike Schriftsteller in der Frage bezüglich der Frühgeschichte der Stadt anscheinend ebenso unsicher wie wir. Manche stützten sich auf erstaunlich erfindungsreiche Etymologien und führten den Namen »Pompeji« auf den »Triumphzug [*pom-*

pa] des Herkules« zurück, der angeblich nach seinem Sieg über das Ungeheuer Geryon in Spanien durch diese Gegend gezogen war, oder aber auf das oskische Wort für »fünf« (*pumpe*), woraus sie folgerten, dass die Stadt aus fünf Dörfern entstanden sei. Strabon, der ins 1. Jahrhundert v. Chr. gehörende Autor eines vielbändigen Werkes mit dem Titel *Geographika*, ist nüchterner und erstellt eine Liste mit den Bewohnern der Stadt. Auf den ersten Blick passt sie erfreulich gut zu manchen unserer eigenen Theorien: »Pompaia [...] hatten die Osker in Besitz, dann die Tyrrhener und die Pelasger [d. h. die Griechen]« (Strab. 5,4,8; Übers. Stefan Radt). Aber ob Strabon Zugang zu verlässlichen chronologischen Informationen hatte, wie eher optimistische moderne Wissenschaftler hoffen, oder ob er sich, wie ich lieber annehmen möchte, angesichts der ungewissen Fakten einfach nur nach allen Seiten absichern wollte, können wir schlichtweg nicht wissen.

Strabon lässt die Geschichte jedoch nicht mit den Pelasgern enden: »[...] danach«, so schreibt er, »die Samniten; und auch diese sind aus der Gegend vertrieben worden.« Hier bezieht er sich auf die Periode zwischen dem 5. und 3. Jahrhundert v. Chr., als Pompeji allmählich seine uns bekannte Gestalt annahm. Die ebenfalls oskisch sprechenden Samniten waren Stämme aus dem Herzland Italiens, die einem späteren römischen Klischee zufolge ein zähes, kriegerisches Bergvolk gewesen sein sollen, abgebrüht und genügsam – ein Klischee, das übrigens nicht ganz zu Unrecht besteht. Im Zuge der geopolitischen Veränderungen im vorrömischen Italien zogen sie nach Kampanien, sicherten sich die Kontrolle über die Gegend und brachten 420 v. Chr. bei Cumae den Griechen eine vernichtende Niederlage bei, nur 50 Jahre nachdem es diesen gelungen war, sich von den Etruskern zu befreien.

Vielleicht führte diese Aufeinanderfolge von Konflikten zu dem offenkundigen Wandel des Schicksals Pompejis im 5. Jahrhundert. Aus der Tatsache, dass es aus dieser Zeit so gut wie keine Funde gibt, haben einige Archäologen geschlossen, dass die Stadt für eine Weile aufgegeben worden sei. Aber nur für eine Weile. Denn im 4. Jahrhundert v. Chr. gehörte Pompeji wahrscheinlich – obwohl es, abgesehen von Strabon, praktisch keinen sicheren Beleg dafür gibt – zu dem, was heute hochtrabend als »Samnitischer Bund« bezeichnet wird. Zumindest hatte die Stadt eine Schlüsselposition inne; an der Küste und an der Mündung des Flusses Sarno gelegen (dessen genauer antiker Verlauf uns kaum besser bekannt ist als die Küstenlinie), war sie der Hafen für die flussaufwärts liegenden Siedlungen. Wie Strabon, unter Verweis auf eine andere Ableitung des Stadtnamens, feststellt, lag Pompeji an einem Fluss, der »die Waren sowohl empfängt als auch wegschickt« (griechisch: *ekpempein*).

»Auch diese [= die Samniten] sind aus der Gegend vertrieben worden.« Stimmt das? Strabon hält es nicht für nötig zu erklären, wer hinter dieser Vertreibung stand. Denn dies war die Zeit, als sich die Römer in ganz Italien ausbreiteten und als aus der mittelitalischen Kleinstadt, die ihre unmittelbaren Nachbarn kontrollierte, die Großmacht wurde, die die gesamte Halbinsel und in immer stärkerem Maße auch den gesamten Mittelmeerraum beherrschte. In der zweiten Hälfte des 4. Jahrhunderts v. Chr. war Kampanien nur einer der Schauplätze in einer ganzen Serie von Kriegen, die die Römer gegen die Samniten führten. Pompeji kam dabei eine kleine Nebenrolle zu: Im Jahre 310 v. Chr. landete dort eine römische Flotte und ließ ihre Truppen von Bord gehen, die dann das Gebiet am Oberlauf des Sarno verwüsteten und plünderten.

An diesen Kriegen waren zahlreiche der alten Mächte Italiens beteiligt: nicht nur Rom und verschiedene Stämme der Samniten, sondern auch Griechen, deren Zentrum jetzt Neapel (Neapolis) war, sowie die im Norden angesiedelten Etrusker und Gallier. Und der Sieg fiel den Römern nicht leicht. Es waren die Samniten, die ihnen im Jahre 321 v. Chr. die bis dato demütigendste Niederlage beibrachten, als sie sich in den Bergen, an den sogenannten »Kaudinischen Pässen«, in einen Hinterhalt legten. Selbst die Pompejaner setzten sich den Plünderern der römischen Flotte erfolgreich zur Wehr. Nach Auskunft des römischen Historikers Livius überfielen die Einheimischen die Soldaten, die, mit Beute schwer beladen, ihre Schiffe fast schon erreicht hatten, jagten ihnen das Geraubte wieder ab und beförderten ein paar von ihnen ins Jenseits. Ein kleiner Sieg Pompejis über Rom.

Doch am Ende behielten – wie immer – die Römer die Oberhand.

Im frühen 3. Jahrhundert v. Chr. waren die Pompejaner und ihre kampanischen Nachbarn *nolens volens* zu römischen Verbündeten geworden. Als solche blieben sie in ihrer kommunalen Selbstverwaltung mehr oder weniger autonom. Es gab keinen geballten Versuch, ihnen römische Institutionen überzustülpen oder von ihnen zu fordern, zugunsten des Lateinischen auf ihre ursprüngliche italische Sprache zu verzichten. So wie unter der samnitischen Herrschaft blieb die Hauptsprache in Pompeji das Oskische. Die Pompejaner waren allerdings verpflichtet, den römischen Heeren Soldaten zu stellen und sich in Angelegenheiten von Krieg und Frieden, von Bündnissen und all dem, was wir anachronistisch als »Außenpolitik« bezeichnen könnten, an die römische Linie zu halten.

In vielerlei Hinsicht ist Pompeji dieser Zustand der Abhängigkeit sehr gut bekommen. Seit dem Ende des 3. Jahrhunderts stieg die Einwohnerzahl enorm an, wie sich jedenfalls aus der gewaltigen Zunahme der Wohngebäude erschließen lässt. Im 2. Jahrhundert wurde eine Fülle neuer öffentlicher Gebäude errichtet (Bäder, Gymnasium, Tempel, Theater, Gerichtshöfe), wobei das Haus des Fauns nur die größte der zahlreichen imposanten privaten Villen ist, die die damalige städtische Szene nachhaltig prägten. Jetzt begann Pompeji zum ersten Mal wie eine Stadt nach unseren Vorstellungen auszusehen. Wie war es dazu gekommen?

Hannibals Invasion in Italien (Ende des 3. Jahrhunderts) könnte einer der Gründe dafür sein. Als die Karthager nach ihrer berühmten Alpenüberquerung nach Süden drängten, wurde Kampanien erneut zu einem wichtigen Kriegsschauplatz – einige Gemeinden hielten Rom die Treue, andere schlossen sich dem Feind an. Im Norden war Capua eine der Gemeinden, die abtrünnig wurden, woraufhin die Stadt von den Römern belagert und grausam bestraft wurde. Das nur wenige Kilometer von Pompeji entfernte Nuceria hingegen blieb loyal und wurde von Hannibal zerstört. Auch wenn Pompeji aufgrund seiner Lage mitten im Kriegsgebiet kaum ganz unbeschadet davongekommen sein kann, war die Stadt dennoch nicht direkt betroffen und muss für zahlreiche Menschen, die in diesem Konflikt aus ihrer Heimat vertrieben und enteignet worden waren, zum Zufluchtsort geworden sein. Das mag der Auslöser für das auffällige Anwachsen des Wohnungsbaus wie auch für den plötzlichen Aufschwung in der Stadtentwicklung gewesen sein. Mit anderen Worten: Die Stadt profitierte wider Erwarten von einer der dunkelsten Stunden in der Geschichte Roms.

Ein anderer Grund liegt in der weiteren Ostexpansion des römischen Imperialismus und dem daraus resultierenden Wohlstand. Selbst wenn die Verbündeten in den römischen Eroberungskriegen nichts zu bestimmen hatten, waren sie dennoch gewiss an den Gewinnen beteiligt. Diese stammten zum einen aus der auf dem Schlachtfeld gemachten Beute, flossen zum anderen aber auch aus den zunehmenden Handelsgeschäften mit dem östlichen Mittelmeerraum und den neuen Kontaktmöglichkeiten zu dem Know-how und den künstlerischen und literarischen Traditionen der griechischen Welt (zusätzlich zu dem sich ohnehin bietenden Austausch mit den in Kampanien lebenden griechischen Gemeinden).

Jedenfalls scheint ein Prunkstück, das erbeutet wurde, als die Römer und ihre Verbündeten die sagenhaft reiche griechische Stadt Korinth im Jahre 146 v. Chr. plünderten, neben dem Apollo-Tempel von Pompeji zur Schau gestellt worden zu sein. Was es genau war, wissen wir nicht (vielleicht eine Statue oder ein prachtvolles Kunstwerk aus Metall), doch die oskische Inschrift, die das Objekt als ein Geschenk des römischen Feldherrn, Mummius, anlässlich dieses Ereignisses ausweist, ist noch erhalten. Familiennamen, die für Pompeji bezeugt sind, sind auch in den weiter entfernten großen griechischen Handelszentren, etwa auf der Insel Delos, belegt. Man kann zwar nicht absolut sicher sein, dass die genannten Personen gebürtige Pompejaner waren, dennoch liegen die Auswirkungen von derartigen Handelsbeziehungen klar auf der Hand – sie zeigen sich sogar in der alltäglichen Ernährung (zumindest) der pompejanischen Oberschicht. Archäologen, die einige Häuser in der Nähe der Porta Herculanea erforschten und dabei Samen und die mikroskopisch kleinen Spuren von Gewürzen und anderen Nahrungsmitteln sorgfältig sammelten, kamen zu dem Schluss, dass die Bewohner seit dem 2. Jahrhundert eine abwechslungsreichere Kost genossen, die sie aus weiter entfernten Gebieten bezogen und mit reichlich Pfeffer und Kümmel würzten. Und auch wenn das Haus des Fauns kaum typisch für Pompeji war, so zeigen seine zahlreichen Mosaiken – insbesondere das meisterliche Alexander-Mosaik –, auf welch hohem Niveau sich die griechische Kunst in der Stadt bewegte.

Kurzum, das Pompeji des 2. Jahrhunderts v. Chr. war eine expandierende und florierende Gemeinde, die aus ihren Beziehungen mit Rom großen Nutzen zog. Nun waren die Pompejaner zwar Verbündete, aber keine römischen Bürger. Um die Privilegien eines solchen Status genießen zu können und um eine wirklich römische Stadt zu werden, mussten sie Krieg führen.

Pompeji wird römisch

Der sogenannte »Bundesgenossenkrieg« begann im Jahre 91 v. Chr., als einige italische Verbündete (oder *socii*) Rom den Krieg erklärten. Dazu gehörte auch Pompeji. Aus heutiger Sicht war es eine eigenartige Form der Rebellion. Denn obwohl über die Motive der Alliierten endlos debattiert wurde, griffen sie höchstwahrscheinlich nicht deshalb zur Gewalt, um den Römern den Rücken zu kehren und sich ihrer Vorherrschaft zu entledigen, sondern weil sie darüber verärgert waren, keine vollberechtigten Mitglieder des römischen Bürgerverbandes zu sein. Mit anderen Worten: Sie wollten das römische Bürgerrecht und die damit verbundenen Privilegien: Schutz, Macht, Einfluss und das Recht, in Rom selbst zu wählen. Dieser Konflikt war für seine Grausamkeit berüchtigt und er war – da die Römer und ihre Verbündeten stets Seite an Seite gekämpft hatten – in Wahrheit ein Bürgerkrieg. Wie nicht anders zu erwarten, trugen die haushoch überlegenen römischen Truppen den Sieg davon, aber auch die Alliierten waren erfolgreich: Sie bekamen, was sie wollten. Einige der rebellierenden Gemeinden ließen sich durch das Angebot des Bürgerrechts sofort bestechen. Doch selbst denjenigen, die standhaft geblieben waren, wurde gleich nach ihrer Niederlage auf dem Schlachtfeld das Wahlrecht verliehen. Seit dieser Zeit war fast die gesamte Halbinsel Italiens im strengen Wortsinn römisch.

Während dieses Krieges wurde Pompeji im Jahre 89 von dem berühmten Feldherrn Lucius Cornelius Sulla belagert, der später – wenn auch nur für kurze Zeit – als mordgieriger Diktator in der Stadt Rom wütete (zwischen 82 und 81 setzte er ein Preisgeld auf die Köpfe von mehr als 500 wohlhabenden Gegnern aus, die dann brutal gejagt wurden, falls es ihnen nicht gelang, sich vorher umzubringen). Und unter den gemeinen Soldaten in Sullas Heer diente nach Auskunft seines Biografen Plutarch auch der junge Marcus Tullius Cicero, der damals knapp 20 war und noch viele Jahre auf die rhetorischen Triumphe vor den römischen Gerichtshöfen warten musste, die seine politische Karriere in Gang setzen und für alle angehenden Redner und Latein-Studenten zur »Pflichtlektüre« werden sollten.

Sullas kriegerische Aktivitäten sind in Pompeji noch sichtbar, sowohl in Form zahlreicher vor Ort gefundener Blei- und Steinkugeln (dem römischen Pendant der Kanonenkugeln) wie auch in Gestalt etlicher kleinerer Löcher in der Stadtmauer: Die Geschosse, die vermutlich die Verteidigungsanlagen durchbrechen sollten, flogen nicht weit genug und hinterließen ihre unverkennbaren Spuren. Im Stadtinneren traf es die Häuser in der Nähe der nördlichen Mauern besonders hart. Das Haus der Vestalinnen – so genannt aufgrund einer irrigen Vorstellung des 18. Jahrhunderts, dass hier eine Gruppe jungfräulicher Priesterinnen, die sogenannten »vestalischen Jungfrauen«, gewohnt haben – trug schwere Schäden davon, auch wenn sich die wohlhabenden Eigentümer das Chaos und die Zerstörung zunutze machen konnten. Denn nach dem Krieg konnten sie offensichtlich einige Nachbargrundstücke an sich bringen und ihr Haus in sehr viel größerem Stil wieder aufbauen. Fast 2000 Jahre später wurde das Haus der Vestalinnen erneut zu einem Opfer des Krieges, als es im September 1943 von Bomben der Alliierten getroffen wurde – ein frappierender Zufall. Bei den Ausgrabungen werden jetzt neben römischen Wurfgeschossen auch moderne Granatsplitter zutage gefördert.

Wie tapfer oder wie lange die Pompejaner den römischen Angriffen standhielten, entzieht sich unserer Kenntnis. Eine ganze Reihe von auf Oskisch verfassten Bekanntmachungen an den Straßenecken kann uns einen Eindruck von ihren Vorbereitungen auf den Ansturm vermitteln. Nach landläufiger Meinung stammen sie aus der Zeit der Belagerung, erhielten sich unter späteren Putzschichten und sind jetzt wieder sichtbar, weil der Putz inzwischen abgefallen ist. Die Übersetzung ist keinesfalls gesichert, aber höchstwahrscheinlich weisen sie die Verteidigungstruppen an, wo genau (»zwischen dem zwölften Turm und dem Salztor«) und unter wessen Oberbefehl (»wo Matrius, der Sohn des Vibius, das Kommando führt«) sie sich zu sammeln haben. Falls dies zutrifft, deuten diese Mitteilungen auf einen hohen Grad an Organisationsfähigkeit und zeigen, dass die Bevölkerung ausreichend gebildet war, um sich in einer Notsituation schriftlicher Anweisungen bedienen zu können. Auch von außen wurde Pompeji Hilfe zuteil. Nach einem antiken Bericht über den Bundesgenossenkrieg erschien ein General der Rebellen, Lucius Cluentius, mit einem Entsatzheer. Im ersten Scharmützel war er erfolgreich, doch Sulla kam zurück in den Kampf, brachte ihm eine vernichtende Niederlage bei, trieb seine Armee in die nahe gelegene Festung der aufständischen Stadt Nola und tötete nach antiken (nicht unbedingt verlässlichen) Schätzungen mehr als 20 000 Mann. Pompeji muss kurz darauf gefallen sein.

Es wurde nicht so brutal bestraft wie manch andere der unterlegenen Städte der Bundesgenossen. Doch keine zehn Jahre nach Ende des Krieges und der Verleihung des römischen Bürgerrechtes an die Pompejaner konnte Sulla auf andere Weise Rache nehmen. Da er für seine Veteranen, die nach langen Kriegen in Griechenland heimgekehrt waren, Land brauchte, wollte er einige von ihnen – nach vorsichtiger Schätzung einige Tausend plus ihre Familien – in Pompeji ansiedeln. Das bedeutete einen plötzlichen erheblichen Anstieg der Bevölkerung um möglicherweise fast 50 Prozent. Doch die Auswirkungen waren noch viel weitreichender. Die Stadt wurde offiziell zu einer römischen »Kolonie« und ihre Verwaltung entsprechend umstrukturiert. Ihre jährlich gewählten Amtsträger bekamen neue Bezeichnungen und gewiss auch neue Aufgaben. Das alte oskische Stadtoberhaupt, der *meddix tuticus*, wurde durch ein Zweimännerkollegium ersetzt, die sogenannten *duoviri iure dicundo*, wörtlich »zwei Männer für die Rechtsprechung«.

Auch die Stadt bekam einen anderen Namen, der ihren neuen Status zum Ausdruck bringen sollte. Pompeji hieß nun von Amts wegen *Colonia Cornelia Veneria Pompeiana*: *Cornelia* nach Sullas Familiennamen Cornelius; *Veneria* nach seiner Schutzgöttin Venus. Sie wurde mit anderen Worten zur »Cornelischen Kolonie Pompeji unter dem göttlichen Schutz der Venus« (der Name ist im Lateinischen ein ebenso langatmiges Gebilde wie in der Übersetzung). Wie dieser Titel zeigt, war die offizielle Sprache der Stadt nun das Lateinische, auch wenn sich einige Bewohner im privaten Kreis weiterhin bis zum Jahr 79 n. Chr. des Oskischen bedienten – wohl eine allmählich aussterbende Minderheit. Nur diese paar Leute dürften in der Lage gewesen sein, jene noch erhaltenen oskischen Inschriften zu entziffern. Und in den letzten Jahren der Stadt kratzte einer von ihnen, vermutlich ein Kunde, seinen Namen an die Wand des Bordells – in den unverwechselbaren Buchstaben des oskischen Alphabets.

Die »Kolonisten«, wie sie heute oft bezeichnet werden, veränderten das Gesicht Pompejis. In der Nähe des Forums erbaute man eine neue große öffentliche Thermenanlage, renovierte andere Bäder, installierte ein neues Schwitzbad – alles finanziert von zwei der ersten *duoviri*. Am einschneidendsten aber war der Abriss vorhandener Wohnhäuser und der Bau eines Amphitheaters im Südosten der Stadt. Dieses noch erhaltene steinerne Amphitheater, das älteste der Welt, verdankte seine Errichtung, wie die Inschrift über seinen Haupteingängen bezeugt, der Großzügigkeit zweier anderer prominenter Neuankömmlinge, die – wenn auch nicht aus eigener Tasche – außerdem ein funkelnagelneues bedecktes Theater (oder »Odeon«, wie es heute manchmal genannt wird) sponserten. Es gibt gute Gründe für die Annahme, dass uns einer dieser Granden, Gaius Quinctius Valgus, auch aus einem kleinen Auftritt in der lateinischen Literatur bekannt ist: »Valgus«, der Schwiegervater eines gewissen Publius Servilius Rullus, wurde wegen seines Versuchs, die römischen Armen mit Land zu versorgen, von Cicero in seinen drei Reden gegen Rullus (*De lege agraria*) heftig angegriffen. Wenn es derselbe Valgus ist und wenn wir auch bloß die Hälfte von dem, was Cicero über ihn sagt, glauben können, dann war der Mann, der das Amphitheater in Pompeji finanzierte, kein altruistischer Wohltäter seiner Gemeinde (oder jedenfalls nicht nur), sondern ein ekelhafter Kerl, der aus Sullas Schreckensherrschaft in Rom finanziell beträchtliches Kapital geschlagen hatte.

Weniger klar ist, wo diese neu hinzuströmenden Menschen lebten. Da es in der Stadt selbst keinerlei Hinweise auf eindeutige »Kolonistenviertel« gibt, glaubt man neuerdings, dass sie vor allem in der Umgebung von Pompeji ihren eigenen Grund und Boden hatten, kleine Bauernhöfe oder größere Landgüter. Das ist eine plausible Antwort auf eine bislang offene Frage, aber ganz ist das Problem damit nicht gelöst, denn manche Kolonisten müssen auch innerhalb der Stadtmauern gewohnt haben. Den reichsten von ihnen, gewiss nicht den gemeinen Soldaten, könnten durchaus die zur Küste hin gelegene Häuserreihe (das Haus des goldenen Armbands und seine Nachbarn) gehört haben. Diese Bauten erhoben sich direkt oberhalb der Stadtmauern – seitdem Pompeji Teil eines vermeintlich friedlichen römischen Italiens geworden war, hatten sie keine strategische Bedeutung mehr –, verfügten über mehrere Etagen, standen auf Grundstücken, die steil zum Meer hin abfielen, und bedeckten eine Fläche, die manchmal an die des Hauses des Fauns heranreichten. Prächtige Räumlichkeiten mit großen Fenstern und Terrassen boten einst einen spektakulären Blick auf den Strand und das Meer (vgl. Abb. 15). Bedauerlicherweise sind diese Häuser nicht ständig für Besucher geöffnet. Denn mit ihren vielen Niveaus, ihren labyrinthischen Korridoren und Treppen, ganz zu schweigen von ihren Panoramablicken (wer hat eigentlich gesagt, dass sich die Römer nichts aus Landschaft machten?) sind sie eine eindrucksvolle Alternative zur gängigen Vorstellung von einem römischen Haus. Sie müssen zu den mondänsten Immobilien in der Stadt gehört haben.

In gewisser Weise beschleunigte die Ankunft der Kolonisten einfach nur den Prozess der »Romanisierung«, der in der Stadt bereits im Gange war. Immerhin hatte sich der Eigentümer des Hauses des Fauns schon im 2. Jahrhundert v. Chr. – falls das besondere Mosaik keine spätere Einfügung ist – dafür entschieden, seine Besucher auf Lateinisch (*HAVE*) zu begrüßen. Und möglicherweise wurden etliche öffentliche Gebäude aus dem frühen 1. Jahrhundert bereits vor der Ankunft der Veteranen und nicht erst auf ihre Initiative hin (wie häufig

Abb. 15. Am westlichen Stadtrand oberhalb der alten Stadtmauer gelegen, hatte das Haus des Fabius Rufus einen herrlichen Blick aufs Meer. Um dies voll zur Geltung zu bringen, hatte man das Haus mit großen Fenstern und Terrassen ausgestattet.

vermutet wird) errichtet. In Wahrheit ist es, wenn keine klaren inschriftlichen Quellen vorliegen, äußerst schwierig, diese Bauwerke auf die Zeit vor oder nach der Gründung der Kolonie zu datieren. Die Beweisführung für die These, dass viele Bauten das Werk der Kolonisten seien, gleicht einem Zirkelschluss, muss deshalb aber nicht falsch sein (die Kolonisten waren eifrige Bauherren; alle Gebäude des frühen 1. Jahrhunderts v. Chr. gehen daher auf sie zurück; was wiederum beweist, dass sie eifrige Bauherren waren). So ist es noch immer umstritten, ob der Tempel des Iuppiter, der Iuno und Minerva, der eine Seite des Forums beherrscht, von den Siedlern in Auftrag gegeben wurde (ein Archäologe hat vor kurzem geltend gemacht, dass ihm als Maßeinheit der »römische Fuß« zugrunde liege, und daraus auf einen römischen Bau geschlossen) oder aber ob ein früherer Tempel, der allein Iuppiter geweiht war, später für jene typisch römische göttliche Trias umgewidmet wurde. Angesichts des wachsenden Einflusses von

Rom kommt es nicht überraschend, dass ein hohes Maß an »Selbstromanisierung« schon im »vorrömischen« Pompeji vonstatten ging.

So richtig diese Vorstellung auch sein mag, so führt sie doch zur Unterschätzung des Konfliktpotentials, das in den Anfangsjahren der Kolonie die Beziehungen zwischen den römischen Neuankömmlingen und den oskischen Einwohnern beeinträchtigte. Zweifellos prallten hier zwei verschiedene Kulturen aufeinander. Meines Erachtens ist allerdings die Ansicht mancher moderner Historiker – die gebildeten, theaterbegeisterten Pompejaner hätten die ungehobelten, amphitheaterbegeisterten Veteranen ziemlich unerträglich gefunden – den Veteranen gegenüber unfair und den Pompejanern gegenüber allzu freundlich. Entscheidender ist, dass die Zuzügler wohl zumindest zeitweise die Tagespolitik der Stadt kontrollierten, und dies unter Ausschluss der Alteingesessenen.

In der Stadt gibt es durchaus Belege für diesen Ausschluss. Die aus den ersten Jahrzehnten der Kolonie erhaltenen Listen der gewählten Amtsträger enthalten keine der traditionellen oskischen Familiennamen, sondern die Namen sind durch und durch römisch. Und nach der anlässlich der Errichtung des neuen Amphitheaters verfassten Inschrift hatten Valgus und sein Mitwohltäter das Bauwerk »den Kolonisten« gestiftet. Natürlich würde der Ausdruck »den Kolonisten« formal alle Einwohner der Stadt, die nun offiziell *Colonia Cornelia Veneria Pompeiana* hieß, einschließen. Aber auch wenn die Formulierung technisch korrekt ist, kann man sich schwer vorstellen, dass sich die alten Familien der Stadt mitgemeint fühlten. Tatsächlich wird die Vermutung, dass »die Kolonisten« und »die Pompejaner« im Alltag als getrennte und miteinander rivalisierende Gruppen angesehen wurden, durch eine im Jahre 62 v. Chr. gehaltene Rede Ciceros bestätigt.

Cicero verteidigte Publius Sulla, den Neffen des Diktators, gegen den Vorwurf der Komplizenschaft mit Lucius Sergius Catilina. Catilina, ein hochverschuldeter Aristokrat und glückloser Revolutionär, war einige Monate zuvor bei dem stümperhaften Versuch, die römische Regierung zu stürzen, ums Leben gekommen. 20 Jahre vorher war dieser junge Sulla der Mann vor Ort, der die Koloniegründung in Pompeji organisierte. An einem Punkt seiner Rede befasst sich Cicero mit der nicht völlig aus der Luft gegriffenen Behauptung, Sulla habe die Pompejaner zur Teilnahme an Catilinas Komplott getrieben, und bietet seinen römischen Zuhörern eine Auseinandersetzung mit der pompejanischen Lokalpolitik. Es ist eine verdächtig gewundene Verteidigung, die die Streitigkeiten zwischen den »Kolonisten« und den »Pompejanern« besonders hervorhebt. Diese seien nun, so behauptet er, auch dank der Intervention von (ob man es glaubt oder nicht) Sulla höchstpersönlich beigelegt; und beide Gruppen – die, wie festzuhalten ist, noch immer getrennt agieren – hätten Delegationen nach Rom geschickt, um Sulla zu unterstützen. Doch worum ging der Streit? Cicero äußert sich vage über Beschwerden der Pompejaner über »ihre Wahlen« und über *ambulatio*, ein lateinisches Wort, das irgendetwas zwischen »Spaziergang« und einem Ort, wo man spazieren geht, d.h. »einen Portikus«, bedeuten kann.

Was mit dem Streitpunkt »Wahlen« gemeint sein könnte, ist nicht allzu schwer zu erraten. Man muss hier nur die Verbindung zum Fehlen ortsüblicher Namen bei den ersten Magistraten der Kolonie herstellen, und es scheint klar, dass die neuen politischen Regelungen die alten Einwohner in irgendeiner Weise benachteiligten. Einige heutige Wissenschaftler haben sogar vermutet, man habe sie ganz von den Wahlen ausgeschlossen – es sind jedoch auch andere weniger extreme Formen der Benachteiligung möglich und auch plausibler. Ungeheuer viel Scharfsinn wurde aufgewendet, um herauszufinden, was es mit dem Streit über die *ambulatio* auf sich gehabt haben könnte. War etwa das Recht der Pompejaner, sich in der Stadt frei zu bewegen, eingeschränkt worden (*ambulatio* im Sinne von »Spaziergang«)? Erregte das Verbot, einen besonderen Portikus zu betreten, Anstoß? Oder aber sprach Cicero gar nicht von *ambulatio*, sondern (wie es in einer anderen Handschrift steht) von *ambitio*, d.h. »Bestechung« oder »korrupten Praktiken« – was wiederum auf ein Problem mit dem Wahlsystem hindeuten würde?

Offen gesagt ist das alles ziemlich rätselhaft. Doch welcher Lösung wir auch noch am ehesten zuneigen, eines ist klar: Selbst wenn die Schwierigkeiten nur vorübergehender Natur waren (nach einigen Jahrzehnten tragen die örtlichen Amtsträger allmählich wieder jene zuvor vermissten oskischen Namen), können die ersten Jahre im Leben Pompejis als einer gänzlich römischen Stadt für die einheimische Bevölkerung keine glücklichen gewesen sein.

Pompeji in der römischen Welt

Nach einem gängigen Mythos war Pompeji in der römischen Welt ein unbedeutendes Provinznest. Sein Renommee beruhte hauptsächlich auf der Produktion von Fischsoße (*garum*). Beiläufig gelobt vom älteren Plinius (»auch Pompeji hat für sein *garum* einen guten Ruf«), wurde die pompejanische Variante dieser Delikatesse überall in Kampanien lebhaft gehandelt, wie sich aus all den typischen Tonkrügen, die bei Ausgrabungen immer wieder zum Vorschein kommen, schließen lässt. Sogar in Gallien gab es einen entsprechenden Fund. Aber die Entdeckung eines einzelnen pompejanischen Kruges muss nicht notwendigerweise auf einen blühenden internationalen Exportmarkt deuten, sondern das *garum* könnte auch als Wegzehrung oder als Geschenk von einem umherziehenden Pompejaner mit auf die Reise genommen worden sein. Gleich nach der Fischsoße kam der Wein – zugegebenermaßen ein zusammengepanschtes Zeug. Zwar gab es einige edle Sorten, doch konnte man, wie Plinius warnt, von dem örtlichen Gesöff leicht einen Kater bekommen, der bis zum nächsten Mittag anhielt.

Nach allgemeiner Vorstellung lebten die Menschen von Pompeji weiterhin ihr Leben, unbeeinträchtigt von den großen Ereignissen der römischen Geschichte; zunächst als es nach dem Zusammenbruch der freien quasi-demokratischen römischen Republik zur Diktatur und zu Bürgerkriegen kam, bis Augustus (31 v.Chr. – 14 n.Chr.) im Römischen Reich die Einmannherrschaft einführte; später, als ein Kaiser auf den anderen folgte, wobei Männer wie Augustus oder Vespasian (der nach einem weiteren Bürgerkrieg im Jahre 69 n.Chr. den Thron bestieg) für ihre Rechtschaffenheit und milde Autokratie hohes Ansehen gewannen, während andere wie Caligula (37–41 n.Chr.) oder Nero (54–68 n.Chr.) als verrückte Despoten verschrien waren. Meistens blieb Pompeji weitab vom Zentrum des Geschehens, wenn dieses auch gelegentlich bedrohlich nahekam. In den späten 70er Jahren v.Chr. beispielsweise, nicht lange nach der Gründung der Kolonie, schlugen die aufständischen Sklaven unter Spartacus im Krater des nur wenige Kilometer nördlich der Stadt gelegenen Vesuvs vorübergehend ihr Lager auf. Dieses Ereignis ist vielleicht auf einem kunstlosen Gemälde verewigt, das man in Pompeji unter den Schichten einer späteren Bemalung entdeckt hat und das eine Kampfszene mit einem Reiter zeigt, dessen Name auf Oskisch mit »Spartaks« angegeben ist. Eine hübsche Vorstellung. Aber eher dürfte auf dem Gemälde irgendein Gladiatorengefecht dargestellt sein.

Nur gelegentlich stand Pompeji auch in der Hauptstadt und in der römischen Literatur im Mittelpunkt des Interesses, entweder infolge einer Naturkatastrophe oder infolge eines besonderen Ereignisses. So gerieten im Jahre 59 n.Chr. irgendwelche Gladiatorenspiele außer Kontrolle, zwischen den Einheimischen und den »auswärtigen Fans« aus dem benachbarten Nuceria entbrannte ein mörderischer Kampf, und die Verwundeten und Hinterbliebenen trugen schließlich ihre Klagen dem Kaiser Nero höchstpersönlich vor. Im großen und ganzen ging jedoch das Leben in Pompeji seinen üblichen verschlafenen Gang, ohne im Leben und in der Literatur Roms größere Spuren zu hinterlassen – oder, umgekehrt, ohne von der internationalen Geopolitik und den Machenschaften der Elite in der Hauptstadt sonderlich betroffen zu sein.

Cicero konnte über die Provinzialität der pompejanischen Lokalpolitik sogar seine Witze machen. Einmal kritisierte er die Art und Weise, wie Iulius Caesar unter Umgehung des üblichen Wahlverfahrens jedweden seiner Favoriten zum Senator ernannte. In einer geistreichen Bemerkung, die an all die modernen abschätzigen Anspielungen auf Tunbridge Wells oder South Bend, Indiana, erinnert, sagte er angeblich, es sei in Rom ziemlich leicht, in den Senat zu kommen, »in Pompeji hingegen sehr schwer«. Eifrige Studenten, die sich mit der pompejanischen Stadtregierung beschäftigten, haben sich manchmal auf diese Äußerung bezogen, um nachzuweisen, dass das politische Leben der Stadt von Konkurrenzdenken geprägt war, stärker noch als in Rom.

Doch sie haben dabei die beißende Ironie übersehen. Cicero äußert sich nämlich nach dem Motto »Es ist leichter, ins Oberhaus zu kommen, als Bürgermeister von Tunbridge Wells zu werden« – mit anderen Worten, es ist noch einfacher als die einfachste Sache der Welt.

Archäologen sind der Bedeutungslosigkeit Pompejis auf zweierlei Weise begegnet. Die meisten haben öffentlich oder privat darüber geklagt, dass die einzige Stadt der römischen Welt, die in so vielen Details erhalten ist, so weit außerhalb des alltäglichen römischen Lebens, seiner Geschichte und Politik stehe. Andere hingegen haben die Tatsache, dass die Stadt so unspektakulär ist, ausdrücklich begrüßt und es als Vorteil gesehen, dass wir hier einen Blick auf jene Menschen der Antike werfen können, die von der Geschichtsschreibung im allgemeinen übersehen werden. Kein trügerischer Glamour im Stile Hollywoods.

Pompeji war allerdings keineswegs das vergessene Provinznest, als das es üblicherweise beschrieben wird. Natürlich war es nicht Rom; und laut Cicero war (wie wir in Kapitel 6 sehen werden) das politische Leben dort längst nicht so brutal wie in der Hauptstadt. In vielerlei Hinsicht war es ein ganz *gewöhnlicher* Ort. Doch die gewöhnlichen Orte im römischen Italien zeichneten sich dadurch aus, dass sie in enger Beziehung zu Rom standen. Sie waren oft durch Patronage, gegenseitige Unterstützung und Protektion mit den höchsten Würdenträgern der römischen Elite verbunden. Aufgrund einer Inschrift, die einst seine Statue in der Stadt zierte, wissen wir z.B., dass Augustus' Lieblingsneffe und designierter Erbe, Marcellus, einige Zeit lang den halbamtlichen Posten eines »Patrons« von Pompeji bekleidete. Die Geschichte von Gemeinden wie dieser war mit der Geschichte Roms eng verknüpft. Sie stellten eine Bühne bereit, auf der die politischen Dramen der Hauptstadt reinszeniert werden konnten. Ihre Erfolge, Probleme und Krisen konnten sich über die unmittelbar betroffenen Orte hinaus auch auf die Hauptstadt selbst auswirken. Oder wie es in der modernen Politikersprache heißen würde: Das römische Italien war eine »partnerschaftliche« Gemeinschaft.

Pompeji lag nur 240 Kilometer südlich von Rom und war durch gute Straßen mit der Hauptstadt verbunden. Eine eilige Nachricht konnte – falls der Bote häufig genug das Pferd wechselte – an einem

Tag von Rom nach Pompeji übermittelt werden. Für eine normale Reise brauchte man drei Tage, wenn man es gemächlich anging, eine Woche. Aus antiker Sicht war Pompeji von der Hauptstadt aus nicht nur leicht zu erreichen, sondern die römische Oberschicht und ihr Gefolge hatten auch gute Gründe, sich dorthin zu begeben. Denn die Bucht von Neapel war damals wie (teilweise) auch heute noch ein beliebtes Erholungs- und Urlaubsgebiet mit oftmals luxuriösen »Zweitwohnungen« in üppiger Landschaft, vorzugsweise mit Meerblick. Die nordwestlich von Pompeji am Rand der Bucht gelegene Stadt Baiae war im 1. Jahrhundert v.Chr. zum Synonym für einen mondänen Vergnügungs- und Ferienort geworden – in etwa das antike Gegenstück zu Saint Tropez. Wir wissen bereits, dass der junge Cicero während des Bundesgenossenkrieges als unerfahrener Rekrut bei der Belagerung Pompejis seinen Militärdienst versah. 25 Jahre später erwarb er – zu einem Preis, der seine Mittel leicht überstieg – einen Landsitz »im Gebiet von Pompeji«, in den er sich aus Rom zurückzog und wo er, als er angesichts des drohenden Bürgerkrieges zwischen Iulius Caesar und Pompeius dem Großen im Jahre 49 v.Chr. nicht recht wusste, wie er sich verhalten sollte, seine Flucht übers Meer ungestört planen konnte. Forscher des 18. Jahrhunderts waren fest davon überzeugt, dass sie sein (mittlerweile wieder zugeschüttetes) Landhaus auf einem großen Grundstück direkt hinter der pompejanischen Porta Herculanea gefunden hatten (vgl. Tafel 1). Ihre Identifizierung, gestützt auf eine minutiöse Analyse aller Äußerungen Ciceros über sein »Pompeianum« und gepaart mit einer gehörigen Portion Wunschdenken, ist mit hoher Wahrscheinlichkeit – leider – falsch.

Ihre Nachfolger des 20. Jahrhunderts waren fast ebenso begeistert, als sie in der Umgebung der Stadt das Anwesen einer anderen bedeutenden Persönlichkeit lokalisierten. Diesmal das von Neros zweiter Frau, Poppaea, der legendären Schönheit, für die der Kaiser sowohl seine Mutter als auch seine erste Frau Octavia umbrachte und die schließlich, wenn auch unbeabsichtigt, durch ihren Ehemann ums Leben kommen sollte (er trat ihr in den Bauch, als sie schwanger war, hatte sie aber nicht töten wollen). Wie bei Cicero gibt es eindeutige Beweise, dass sie in dieser Gegend Grund und Boden hatte. Diesmal weisen einige juristische Dokumente, die man in der Nachbarstadt Herculaneum gefunden hat, »die Kaiserin Poppaea« als Eigentümerin einiger Backstein- oder Ziegelfabriken »im Gebiet von Pompeji« aus. Ihre Familie könnte aus Pompeji gestammt haben und möglicherweise gehörte ihr sogar das große Haus des Menander. Obwohl sich kein antiker Text, der sich mit Poppaeas (schlechtem) Charakter und ihrem familiären Hintergrund befasst, direkt dazu äußert, machen die Ziegeleien und die in der Stadt zahlreich vorhandenen Hinweise auf eine prominente einheimische Familie namens »Poppaei« ihre pompejanische Herkunft durchaus wahrscheinlich.

All das reicht schon aus, um die engen Verbindungen zwischen dieser Gegend und der Welt der römischen Elite noch einmal zu illustrieren, doch die Versuchung, die Überreste von Poppaeas Haus zu finden, war zu stark, selbst für realistisch denkende moderne Archäologen. Erster Anwärter ist die riesige Villa in Oplontis (heute Torre Annunziata, ungefähr acht Kilometer von Pompeji entfernt). Da es ein sehr großes Anwesen von wahrhaft kaiserlichen Ausmaßen ist, könnte es ihr gehört haben. Doch obwohl man heute von der »Villa der Poppaea« zu sprechen pflegt, so als sei diese Zuordnung sicher, sind die Beweise äußerst dürftig und beschränken sich auf ein paar zweifelhafte Graffiti, die nicht unbedingt etwas mit Poppaea oder Nero zu tun haben müssen. Nehmen wir z.B. den an eine Wand der Villa gekritzelten Namen »Beryllos«. Dieser Beryllos kann, muss aber nicht identisch sein mit dem gleichnamigen Sklaven Neros, der bei dem jüdischen Historiker Josephus bezeugt ist. Beryllos war ein verbreiteter griechischer Name.

Verbindungen ganz anderer Art zwischen Pompeji und Rom bekundet ein Bericht über das, was für uns (abgesehen vom Vulkanausbruch) das berühmteste Auftreten Pompejis in der römischen Geschichtsschreibung darstellt, nämlich die Ausschreitungen des Jahres 59 im Amphitheater, die von dem römischen Historiker Tacitus so beschrieben werden:

> »Um die gleiche Zeit kam es aus einem unbedeutenden Anlass zu einem entsetzlichen Blutvergießen zwischen den Einwohnern von

Nuceria und von Pompeji bei einem Fechterspiel, das Livineius Regulus veranstaltete, der, wie oben berichtet, aus dem Senat gestoßen war. In kleinstädtischer Ausgelassenheit gingen sie von gegenseitigen Neckereien zu Schimpfworten über; dann warfen sie mit Steinen und zuletzt griffen sie zu den Waffen, wobei die Plebs von Pompeji, wo das Schauspiel stattfand, die stärkere Partei war. So kam es, dass viele Nuceriner übel zusammengeschlagen nach Rom gebracht wurden und sehr viele den Tod ihrer Kinder oder Eltern beweinten. Die gerichtliche Verfolgung dieses Vorfalles überließ der Princeps dem Senat, der Senat den Konsuln. Dann wurde die Angelegenheit wieder an die Väter zurückverwiesen und den Einwohnern von Pompeji durch eine amtliche Verfügung für zehn Jahre verboten, derartige Veranstaltungen zu besuchen. Auch wurden die ungesetzlich gegründeten Vereine aufgelöst und Livineius mit allen anderen Mitschuldigen an dem Krawall mit der Verbannung bestraft.« (Tacitus, *Annalen* 14,17; Übers. W. Sontheimer)

Unter jenen, die zusammen mit Livineius verbannt wurden, befanden sich auch die amtierenden *duoviri* von Pompeji. Das lässt sich zumindest aus der Tatsache erschließen, dass für dieses Jahr die Namen *zweier* solcher Magistratspaare bezeugt sind.

Diese Geschichte ist umso einprägsamer, als aus der Stadt ein Fresko erhalten ist, auf dem der Künstler aus irgendeinem Grund – vielleicht aus einem chauvinistisch bedingten Mangel an Reue? – dieses berühmt-berüchtigte Ereignis (vgl. Abb. 16) ins Bild setzen wollte (es könnte aber auch eine Auftragsarbeit gewesen sein). Die Personen, die auf den ersten Blick wie in der Arena kämpfende Gladiatoren aussehen, sind vermutlich die randalierenden Pompejaner und Nuceriner, die auch außerhalb des Bauwerks aufeinander losgehen.

Wie schon die römische Besessenheit so hat auch die heutige Begeisterung für das Gladiatorenwesen diesen Vorfall immer wieder ins Zentrum des Interesses gerückt. Doch Tacitus' Bericht ist mehr als die anschauliche Darstellung eines aus den Fugen geratenen Gladiatorenschauspiels. So erwähnt er z.B., dass jenes pompejanische Spektakel von einem römischen Senator veranstaltet wurde, der in Ungnade ge-

Abb. 16. Auf dem Fresko sind die Ausschreitungen im Amphitheater (59 n. Chr.) in vollem Gange. Das Amphitheater (links) ist sorgfältig gezeichnet: steile Außentreppen, Sonnensegel über der Arena und verschiedene außerhalb des Bauwerks errichtete Stände. Rechts sieht man, wie die Kämpfe auf den angrenzenden Trainingsplatz oder *palaestra* übergreifen.

fallen und einige Jahre vorher aus dem Senat verstoßen worden war (leider ist die Passage, in der Tacitus diesen Sachverhalt erörtert, nicht erhalten). Es fällt indes schwer, nicht den Schluss zu ziehen, dass ein reicher Mann, der in Rom seine Gunst verspielt hatte, Pompeji als einen Ort betrachtete, an dem er die Rolle eines Wohltäters und Granden spielen konnte. Darüber hinaus drängt sich die Frage auf, ob es nicht vielleicht einen Zusammenhang zwischen dem zwielichtigen und möglicherweise umstrittenen Sponsor der Show und dem Ausbruch der Gewalttätigkeiten gegeben hat. Tacitus deutet hier auch die verschiedenen Möglichkeiten der Kommunen an, in Rom für ihre eigenen Probleme Interesse zu wecken. Denn selbstverständlich konnten die Nuceriner (unter anderen Umständen hätten es auch die

Pompejaner gekonnt) in die Hauptstadt gehen und den Kaiser persönlich dazu bewegen, der Sache Beachtung zu schenken und geeignete Schritte in die Wege zu leiten. Wie sie ihm begegneten (falls überhaupt), wird nicht mitgeteilt. Aber hier würde der römische Patron einer Stadt (wie Marcellus in Pompeji) ins Spiel kommen und entweder für seine »Klienten« eine Audienz beim Kaiser oder einem seiner Magistrate erwirken oder vermutlich selbst den Fall für sie übernehmen. Probleme der italischen Gemeinden pflegten in Rom ernst genommen zu werden; der Kaiserpalast stand, im Prinzip jedenfalls, ihren Delegationen offen.

Eine solche nach Rom gesandte Abordnung könnte einen späteren Kaiser dazu veranlasst haben, in die Angelegenheiten Pompejis einzugreifen. Außerhalb der Stadttore hat man etliche Inschriften gefunden, die von der Tätigkeit eines Beauftragten Vespasians berichten, eines Armeeoffiziers namens Titus Suedius Clemens, der »eine Untersuchung über das im Besitz von Privatleuten befindliche Staatsland durchführte, Messungen vornahm und das Land der Gemeinde Pompeji zurückgab«. Dahinter verbirgt sich ein in der römischen Welt verbreiteter Streitfall: Privatleute eigneten sich widerrechtlich Staatsland an, woraufhin der Staat (ob Rom oder die betreffende Kommune) alles daran setzte, es wieder an sich zu bringen. Einige Historiker glauben, dass in diesem Fall der neue Kaiser Vespasian, der anscheinend für frischen Wind in der Reichsfinanzverwaltung sorgte, von sich aus aktiv geworden sei. Es ist aber wahrscheinlicher, dass sich, so wie vorher die Nuceriner, der Stadtrat von Pompeji an den Kaiser gewandt und ihn um Hilfe bei der Rückgabe ihres Gemeindelandes gebeten hatte und dass daraufhin jener Clemens nach Pompeji geschickt wurde. Als langgedienter Berufssoldat hatte er in den Bürgerkriegen, die zur Thronbesteigung Vespasians geführt hatten, eine unrühmliche Rolle gespielt. Von Tacitus wird er als kriegslüsterner Unteroffizier geschildert, der bereit war, die Zügel der militärischen Disziplin schleifen zu lassen, um sich bei seinen Männern beliebt zu machen. Wir können nur hoffen, dass er sich zum Zeitpunkt, als er Pompejis Landstreitigkeiten beilegen sollte, gebessert hatte. Doch sicherlich mischte er sich (ob darum gebeten oder nicht) ziemlich intensiv in die städtischen

Angelegenheiten ein. Erhalten sind etliche Aufrufe, mit denen er einen Kandidaten für die anstehenden Wahlen öffentlich unterstützt: »Wählt bitte Marcus Epidius Sabinus zum *Duumvir* mit richterlicher Gewalt, unterstützt von Suedius Clemens.« Wie lange er in der Stadt tätig war, entzieht sich ebenfalls unserer Kenntnis, doch scheint er dem Vulkanausbruch entkommen zu sein. Im November 79 n.Chr. ritzt er seinen Namen in die sogenannte »singende Statue des Memnon« (die Kolossalstatue eines Pharaos, die in der Morgendämmerung einen merkwürdigen Ton von sich gab), eine römische Touristenattraktion tief im Inneren Ägyptens.

Tatsache ist, dass Pompeji stark von Rom beeinflusst war und dass die Geschichte, Literatur, Kultur und Menschen der Hauptstadt mit dem Leben und dem gesellschaftlichen Gefüge der kleinen Stadt eng verbunden waren, manchmal auf überraschende Art und Weise. So landete in Pompeji nicht nur ein Teil der Beute, die Mummius bei der Plünderung von Korinth an sich gebracht hatte, sondern zumindest auch ein Stück aus dem Besitz eines der Caesar-Mörder. Im Garten eines kleinen Hauses fand man den prächtigen Sockel eines Marmortisches mit plastisch gestalteten Löwenköpfen, der laut Inschrift Publius Casca Longus (vgl. Abb. 17) gehörte. Dies ist mit ziemlicher Sicherheit der Mann, der dem Diktator den ersten Dolchstoß versetzt hatte, und es könnte sein, dass einer seiner Nachkommen Eigentümer dieses Hauses war. Allerdings ist es wahrscheinlicher (vor allem wegen der bescheidenen Größe des Hauses), dass der Tisch kein Erbstück war, sondern nach dem Attentat als Besitz des Longus und der anderen Verschwörer von dem späteren Kaiser Augustus – er war Caesars Großneffe, Adoptivsohn und Erbe – versteigert worden war. Wie immer der Tisch nach Pompeji gekommen sein mag, für die Besucher des Hauses war er vermutlich – wie die etruskische Säule – ein kurioses, historisch interessantes Gesprächsthema.

Im allgemeinen kam man von Rom nach Pompeji, um Geschäfte zu tätigen oder um sich zu vergnügen. Vor nicht allzu langer Zeit hat man auf einem der pompejanischen Friedhöfe vier Grabsteine von Soldaten der Prätorianergarde gefunden, ein weiteres halbes Dutzend Prätorianer sind uns von den »Signaturen« bekannt, die sie an den

Abb. 17. Welche Verbindung besteht zwischen Pompeji und Iulius Caesars Ermordung im Jahre 44 v. Chr.? Der Name eines der Caesar-Mörder ist auf diesem Tischsockel, den man in einem kleinen Haus in der Stadt gefunden hat, eingraviert. Höchstwahrscheinlich gelangte er nach Pompeji, als der Besitz der Verschwörer in Rom versteigert wurde.

Mauern unter ihre Graffiti setzten. Einige bekleideten einen relativ hohen Rang. Unter den Toten befindet sich ein junger Rekrut, der mit seinen 20 Jahren gerade einmal zwei Jahre gedient hatte. Was sie in Pompeji zu suchen hatten, können wir nur raten – vielleicht waren sie, wie Clemens, im Auftrag des Kaisers unterwegs, vielleicht waren sie mit dem Schutz von Mitgliedern der kaiserlichen Familie, die in der dortigen Gegend weilten, beauftragt und hatten gerade dienstfrei, vielleicht begleiteten sie sogar den Kaiser auf einem »Staatsbesuch« nach Pompeji.

In jüngerer Zeit wurde viel wissenschaftlicher Fleiß aufgewendet, um die Einzelheiten eines Besuchs zu rekonstruieren, den Nero und Poppaea im Jahre 64 n. Chr., kurz nach dem großen Erdbeben, Kampanien abstatteten und den Nero, wie man weiß, zu einem Bühnenauftritt in Neapel nutzte. Zwar könnte das Kaiserpaar tatsächlich in Pompeji gewesen sein, aber die Beweise dafür sind erwartungsgemäß sehr viel schwächer als üblicherweise zugegeben. Das stärkste Indiz sind einige Graffiti-Fragmente, die man in einem großen Haus der Stadt gefunden hat. Obwohl sie nicht leicht zu entziffern und zu interpretieren sind, *könnten* sie darauf hindeuten, dass das Kaiserpaar der Göttin Venus Schmuck und Gold darbrachte und dass »Caesar« (d.h. Nero) den Venus-Tempel besuchte – gegen diese Interpretation spricht allerdings, dass dieser Tempel, wenn wir ihn denn richtig identifiziert haben, zu dem Zeitpunkt schon zerstört war. Wie dem auch sei, es ist immer noch ein überzeugenderer Beweis für Neros Verbindungen mit Pompeji als die Fresken in einem Gebäude mit mehreren erlesenen Esszimmern, das man vor kurzem in Moregine direkt vor den Toren Pompejis entdeckt hat. Ausgehend von der Beobachtung, dass Apollo auf einem dortigen Wandgemälde genauso wie der Kaiser aussieht (vgl. Tafel 3), haben Archäologen geschlossen, dass Nero dort Zwischenstation gemacht oder das Haus während seines Besuches der Stadt vorübergehend zur kaiserlichen Residenz erhoben habe. Dies ist eine Fantasie, wie sie dem Hirn eines der höchst einfallsreichen Altertumsforscher des 18. Jahrhunderts entsprungen sein könnte.

Wie vorsichtig man bei der Interpretation derartiger Hinweise vorgehen muss, zeigt sich bei einem anderen Graffito. Es lautet auf Lateinisch: *Cucuta a rationibus Neronis*. Die Position *a rationibus* entspricht in etwa der eines Buchhalters. So hat man dies für die einfache Unterschrift »Cucuta, Neros Buchhalter« gehalten; der Mann hätte, vielleicht als er seinen Herrn auf dem Pompeji-Besuch begleitete, seinen Namen an die Wand geschrieben. Aber dies dürfte den Witz der Sache verfehlen. Denn *cucuta* (oder häufiger *cicuta*) ist das lateinische Wort für »Gift«. So haben wir es hier viel eher mit einem spöttischen Seitenhieb auf Nero zu tun als mit der Unterschrift eines Mannes mit einem etwas seltsamen Namen. »Gift ist Neros Buchhalter« wirkt wie eine launige Anspielung auf jene Anschuldigungen, nach denen Nero wegen seiner finanziellen Schwierigkeiten Menschen umbringen ließ, um an ihr Geld zu kommen. Jemand in Pompeji kannte sich mit solchen Gerüchten über den Kaiser aus.

Doch im Jahre 79 n.Chr. zeigten sich einem Besucher die Verbindungen zwischen Rom und Pompeji am deutlichsten in der mannigfachen Art und Weise, wie die Hauptstadt hinsichtlich ihrer Gesamtstruktur, ihrer Gebäude und Kunstwerke, einschließlich der Architektur von Pompeji kopiert oder widergespiegelt wurde. Diese

Abb. 18. An der Außenwand einer pompejanischen Walkerei befanden sich die Gemälde von zwei der Gründer Roms. Hier wird Romulus mit der Rüstung seines besiegten Feindes gezeigt, auf dem anderen Bild trägt Aeneas seinen Vater aus Troja. Beide Darstellungen waren von Statuen inspiriert, die sich auf dem Forum von Pompeji befanden – die ihrerseits Statuen in Rom kopierten.

Entsprechungen reichten von der Anlage des Forums mit seinem Tempel des Iuppiter, der Iuno und Minerva, der sich an einer Seite als Symbol des »Römertums« erhob, über einige dem Kaiserkult gewidmete sakrale Bauten bis hin zur bewussten Kopie bekannter römischer Monumente. An einem der größten Bauwerke auf dem Forum, dem Gebäude der Eumachia (so genannt nach der Frau, die es in den ersten Jahren des 1. Jahrhunderts n. Chr. stiftete), gibt es zwei besonders auffällige »Zitate« aus der Hauptstadt. Die Funktion dieses gewaltigen Baus bleibt umstritten (man hat u. a. an ein Zunfthaus für Tuchmacher gedacht, neuerdings auch an einen Sklavenmarkt), aber an seiner Fassade, unter dem Portikus, der das Forum säumte, sind unterhalb von Nischen, in denen einst Statuen gestanden haben müssen, zwei Inschriften in die Mauer eingelassen. Eine gibt einen ausführlichen, wenn auch erfundenen Bericht von den Taten des Aeneas (des Helden in Vergils Epos, der nach dem Fall Trojas flüchtete, um die Stadt Rom als neues Troja zu gründen). Die andere erzählt von den Verdiensten des Romulus, eines anderen mythischen Gründers Roms. Beide Texte basieren auf ähnlichen Inschriften, die die Leistungen von Hunderten römischer Helden rühmen, Aeneas und Romulus eingeschlossen, und die sich einst auf dem Augustus-Forum in Rom befanden, dem Vorzeigeobjekt des ersten Kaisers. Ein Besucher aus der Hauptstadt muss sich wie zu Hause gefühlt haben.

Ein solcher Besucher Pompejis hätte auch noch weniger formale Anklänge an dieses berühmte Monument entdecken können. An der Fassade einer Walkerei (einer Tuchmacherei plus Wäscherei) an der Hauptstraße, die heute Via dell'Abbondanza heißt, gab es zwei auffällige Gemälde. Auf dem einen war Romulus mit einer Siegestrophäe gezeigt (vgl. Abb. 18), auf dem anderen trug Aeneas seinen alten Vater aus dem brennenden Troja. Ein pompejanischer Witzbold erkannte auf dem zweiten Bild nicht nur eine Szene aus Vergil, sondern kritzelte auch eine Parodie der ersten Zeile der *Aeneis* darunter (»Vom Krieg singe ich und dem Helden …«): »Ich singe nicht vom Krieg und dem Helden, sondern von den Walkern …« Diese Gemälde müssen jedoch auch noch einen ganz besonderen Wiedererkennungseffekt gehabt haben. Denn wie sich aus den erhaltenen Beschreibungen des Figurenschmucks des Augustus-Forums in Rom erschließen lässt, waren die Fresken an der Fassade der Walkerei von zwei berühmten Skulpturen inspiriert – Aeneas und Romulus –, die auf jenem Forum einen Ehrenplatz innehatten. Es gibt keinen Grund für die Annahme, dass der Maler sie direkt von dort kopierte. Vielmehr dürfte er sich die Statuen, die einst über den Inschriften am Gebäude der Eumachia standen, zum Vorbild genommen haben – vermutlich Aeneas und Romulus, die aller Wahrscheinlichkeit nach ihrerseits (wie die Inschriften) Kopien der berühmten römischen Modelle waren.

Hier kann es die kleine Stadt Pompeji uns allen mal zeigen. Denn die Originalstatuen vom Augustus-Forum sind ebenfalls verloren. Diese Gemälde, Kopien von Kopien, die eine Ladenmauer in einer Kleinstadt zieren, sind nun unser bester Beweis für einen großen kaiserlichen Auftrag und ein dekoratives Projekt in Rom selbst. Sie illustrieren auf anschauliche Weise die komplexen und unentwirrbaren Verbindungen, die zwischen Rom und Pompeji sogar jetzt noch bestehen.

Kapitel 2

Straßenleben

Unter unseren Füßen

Jeder moderne Besucher Pompejis erinnert sich an die Straßen: ihre glänzende Oberfläche, zusammengesetzt aus großen Basaltblöcken; die tiefen Furchen, die Wagen und Karren im Laufe der Zeit dort hinterlassen haben (eine Gefahr für die Knöchel des 21. Jahrhunderts wie gewiss auch schon für die des 1. Jahrhunderts); die hohen Bürgersteige, manchmal bis zu einem Meter über dem Straßenniveau; und die sorgfältig plazierten Trittsteine, auf denen die Fußgänger mit großen Schritten einigermaßen bequem die Straße überqueren können, die aber doch weit genug voneinander entfernt sind, um den antiken Wagen eine Fahrrinne und somit die Durchfahrt zu ermöglichen.

Der Eindruck des Unmittelbaren im pompejanischen Straßenleben hat etwas Faszinierendes. Die Furchen sind fast das Äquivalent eines antiken Fußabdrucks; sie bezeugen auf unauslöschliche Weise, dass hier Menschen und Wagen unterwegs waren, die einst in eben diesen Straßen ihrem Tagesgeschäft nachgingen. Und wenn wir über die Steine hüpfen, von Bürgersteig zu Bürgersteig, besteht ein Teil des Vergnügens in dem Bewusstsein, dass wir genau denselben Weg nehmen wie Tausende römischer Fußgänger vor uns. Das ist zumindest Teil des Vergnügens für die meisten der gewöhnlichen Besucher. Als Papst Pius IX. im Jahre 1849 der Stätte einen Promi-Besuch abstattete, hielt man es für das Beste, »seiner Heiligkeit einen langen Gang in den Ruinen zu ersparen«; deshalb wurden etliche Trittsteine entfernt, um seinem Wagen – der offenkundig einen anderen Radabstand hatte als seine antiken Vorgänger – freie Fahrt zu ermöglichen. Manche dieser Steine wurden nie wieder eingesetzt.

In diesem Kapitel werden wir einen genaueren Blick auf die Straßen und die Bürgersteige der antiken Stadt werfen. Oft unbemerkt von den meisten, die heute durch die Stadt wandern, können, wie so oft in Pompeji, die winzigsten Spuren, die sich unter unseren Füßen erhalten haben, über alle möglichen verblüffenden und unerwarteten Aspekte des römischen Lebens Aufschluss geben: Sie vermitteln ein Bild, das uns sehr vertraut und zugleich äußerst fremd ist. Wir werden Fußgängerzonen finden, Einbahnstraßen, verkehrsberuhigte Zonen, Straßenbauarbeiten, Herumtreiber und Müll. Und wenn wir uns ein wenig als scharfsinnige Detektive betätigen, erhalten wir Einblick in das private Unternehmen, das für den Unterhalt der Stadt und ihrer Straßen zuständig war. Doch wir werden auf Pompejis Straßen und Plätzen auch auf jede Art von Überraschungen stoßen (einschließlich der sehr üblen körperlichen Züchtigung eines unglückseligen Schülers), ganz zu schweigen von der irritierenden Allgegenwart von Wasser, wo auch immer wir uns befinden. Anders als es sich die meisten von uns vorstellen, war Pompeji tatsächlich so etwas wie ein zweites Venedig.

Viele Hinweise liefern die Bausubstanz, die antiken Absperrpoller, die Spuren, die Generationen von Fahrzeugen an Bordsteinkanten oder Generationen von Händen an den Straßenbrunnen hinterließen. Doch wir können uns auch auf einige außergewöhnliche Gemälde stützen, die das Leben unter den Kolonnaden des pompejanischen Forums veranschaulichen.

Wozu dienten die Straßen?

Wenn wir über die Trittsteine von Bürgersteig zu Bürgersteig hüpfen, vergessen wir oft die Frage zu stellen, warum die Gehsteige in der Stadt so hoch waren. Darauf gibt es zwei Antworten. Beide evozieren ein Bild der pompejanischen Straßen, das in einem verblüffenden Gegensatz zu ihrem heutigen Zustand steht – jetzt werden die Straßen regelmäßig gereinigt, sind sauber und ordentlich und nur gelegentlich von einer weggeworfenen Wasserflasche oder einem verlorengegangenen Stadtplan verunziert.

Die erste Antwort lautet *Unrat*. Die Historiker sind hinsichtlich der

Abb. 19. Ein typisch pompejanisches Bild. Die Straße führt zur Porta Vesuviana und dem *castellum aquae* (»Wasserschloss«), das am Ende der Straße zu erkennen ist. In regelmäßigen Abständen findet sich jeweils eine Reihe von Trittsteinen, auf denen man zwischen den hohen Bürgersteigen die Straße überqueren kann.

Frage, wie schmutzig wir uns eine durchschnittliche römische Stadt vorstellen müssen, geteilter Meinung, vor allem, weil die Belege bei den antiken Autoren – wie üblich – zweischneidig sind. Auf der einen Seite haben wir die Klagen des Dichters Juvenal, eines römischen Satirikers, der seine Empörung zum Beruf erhob und seinen Zorn u.a. gegen die Verhältnisse auf den Straßen der Hauptstadt richtete. In einer heftigen Schimpfkanonade ergeht er sich über die Gefahren eines nächtlichen Gangs zwischen den sich auf beiden Straßenseiten erhebenden Hochhäusern:

> »Betrachte jetzt noch andere, verschiedenartige Gefahren der Nacht: wie hoch die Häuser sind, von denen dir ein Dachziegel auf den Schädel fällt, wie oft man leckes oder gesprungenes Gefäß aus dem Fenster wirft, mit welcher Wucht sie auf dem Pflaster ihre Spuren hinterlassen oder es zerbrechen. Für leichtsinnig magst du

> gelten oder als einer, der sich vor plötzlichem Unfall nicht vorsehen will, wenn du zum Diner ausgehst, ohne dein Testament gemacht zu haben. So viele Gefahren bedrohen dich, wie beleuchtete Fenster offenstehen, unter denen du vorbeigehst. Begnüge dich also mit der kläglichen Hoffnung, dass man wenigstens nur den Inhalt flacher Becken auf dich ausleert.« (Juvenal 3,268–277; Übers. H.C. Schnur)

Noch unersprießlicher ist die Geschichte, die der Biograf Sueton über einen Vorfall aus der Anfangszeit der Karriere des Kaisers Vespasian erzählt. Angeblich saß Vespasian, der nur wenige Monate vor dem Vesuvausbruch verstarb, eines Tages gerade beim Frühstück, als ein streunender Hund ins Haus rannte und unter dem Frühstückstisch eine menschliche Hand ablegte, die er an einer nahe gelegenen Straßenkreuzung gefunden hatte. Sueton sah darin kein Zeichen für die Zustände in dem Viertel, sondern ein Omen für Vespasians künftige Größe (das lateinische Wort für »Hand«, *manus*, bedeutet nämlich auch »Macht«).

Diejenigen aber, die von den grässlichen Verhältnissen auf römischen Straßen – streunenden Hunden, Exkrementen, die im hohen Bogen aus Nachttöpfen gekippt und menschlichen Körperteilen, die im Abfall entsorgt wurden – nichts wissen wollen, können sich auf eine andere dem widersprechende Quelle berufen. Unmittelbar vor der Geschichte mit der menschlichen Hand berichtet Sueton von einem anderen Ereignis aus Vespasians Anfangsjahren. Er war gerade 30 und in das Amt eines Ädilen (*aedilis*) gewählt worden; in dieser Eigenschaft war er verantwortlich für die Instandhaltung der Stadt Rom, der öffentlichen Gebäude und Tempel ebenso wie der Bordelle und Straßen. Angeblich hatte Vespasian die Reinigung der Straßen arg vernachlässigt, woraufhin er von Kaiser Caligula auf angemessene Weise bestraft wurde: Er ließ ihn in seiner Amtstoga mit Dreck beschmieren. Sueton deutet dies als ein weiteres (nicht eben überzeugendes) Omen. Aber ob nun dieser Vorfall als Hinweis auf seine künftige Macht zu verstehen ist oder nicht, er zeigt, dass die höchsten Autoritäten an der Sauberkeit der Stadt durchaus interessiert waren.

Außerdem können wir vereinzelte Quellen aus Gemeinden des Römischen Reiches heranziehen, die darüber Auskunft geben, wie einfallsreich man mit der schwierigen Aufgabe der Abfallentsorgung umging. Etwa drei Jahrhunderte nach der Zerstörung Pompejis verfolgte man in Antiochia (Syrien) einen cleveren Plan: Die Bauern, die ihre Produkte in die Stadt gebracht hatten, um sie auf dem Markt zu verkaufen, sollten, wenn sie aufs Land zurückkehrten, mit ihren Tieren Bauschutt aus der Stadt abtransportieren. Es funktionierte nicht. Die Bauern protestierten gegen diese Zumutung und beschwerten sich beim Kaiser.

Wo in diesem Spektrum zwischen Schmutz und Sauberkeit die Straßen Pompejis angesiedelt waren, entzieht sich unserer Kenntnis. Kein Archäologe hat jemals das Material, das während des Bimssteinregens auf den Straßen lag, systematisch untersucht. Und auch wenn wir davon ausgehen, dass die Ädilen in Pompeji in etwa dieselben Funktionen hatten wie ihre Kollegen in Rom, wissen wir weder, ob die Straßenhygiene oberste Priorität genoss, noch ob sie den Willen oder auch nur die notwendigen Mittel hatten, die Stadt sauber zu halten. Es gibt, wie wir sehen werden, gute Gründe für die Annahme, dass sich die Hausbesitzer um die Bürgersteige vor ihren Häusern kümmerten. Ich nehme allerdings an, dass die Straßen sehr viel verschmutzter waren, als es uns die meisten erbaulichen modernen Rekonstruktionen Pompejis weismachen wollen.

In der Stadt gab es nämlich keine reguläre Müllabfuhr. Selbst wenn keine größeren Mengen an gewerblichem oder häuslichem Abfall auf die Straßen gekippt wurden (obwohl sicherlich einiger Unrat hier landete), dürften die Pferde, Esel und Maultiere, die das wichtigste Transportmittel waren, dort sehr viel Mist hinterlassen haben. Und man kann sich leicht vorstellen, dass all jene Pompejaner, die in einem einzigen Raum, oft ohne eine angemessene Toilette, über ihrem Laden lebten, es manchmal durchaus praktisch gefunden haben, einfach auf die Straßen zu pinkeln. Ein bestimmter Teil der menschlichen Exkremente und des menschlichen Urins, die in der Stadt anfielen (nach einer sehr groben Schätzung 6 500 000 Kilo pro Jahr), endete wahrscheinlich auf der öffentlichen Straße. Das war gewiss ein so großes

Problem, dass es die Aufstellung von gelegentlichen Warnschildern rechtfertigte: »Scheißer – halt an dich, bis du an diesem Ort vorbei bist.« Wenn man auf die Straße hinunterstieg, riskierte man mehr als nur einen verrenkten Knöchel: Höchstwahrscheinlich trat man in eine übelriechende Mischung aus Mist (jedes Pferd produzierte pro Tag bis zu 10 Kilo), faulem Gemüse und menschlichen Exkrementen – die, nur um das Bild zu vervollständigen, zweifellos von Fliegenschwärmen übersät war.

Schmutz kann allerdings nicht der einzige Grund für jene hohen Bürgersteige gewesen sein. Andernfalls müssten wir den unwahrscheinlichen Schluss ziehen, dass die Bürger des nahe gelegenen Herculaneum (wo wir weder Trittsteine noch besonders hohe Gehsteige finden) sauberer und ordentlicher waren als ihre Nachbarn in Pompeji. Tatsächlich wird jedem, der die Stadt während eines Regenunwetters besucht, die pompejanische Maßnahme vollkommen einleuchten: *Wasser*. Bei starkem Regen werden die Straßen zu Sturzbächen. Die Stadt ist nämlich auf einem von Nordwesten nach Südosten abfallenden, manchmal sehr steilen Gelände errichtet (die Porta Stabiana liegt 35 Meter tiefer als die Porta Vesuviana); und im Gegensatz zu Herculaneum hat sie nur wenige unterirdische Abflusskanäle. Die Straßen sollten das Regenwasser aufnehmen und es aus der Stadt oder in Binnenkanäle ableiten, wie man sie vor allem rund um das Forum findet. Selbst wenn es nicht regnete, floss das Wasser – das während der letzten rund 100 Jahre vor dem Untergang durch einen Aquädukt in die Stadt geführt wurde – von den unablässig sprudelnden Straßenbrunnen und ergoss sich als Abwasser von Häusern und Bädern auf die Straßen.

Diese dienten mit anderen Worten sowohl als Kanäle als auch als Müllkippen. Zugunsten dieses Arrangements lässt sich zumindest eines sagen: Die gelegentlichen Regengüsse und die damit verbundenen Wassermassen müssen es ermöglicht haben, all den fauligen Abfall fortzuspülen.

Prachtstraßen und finstere Seitengässchen

Die meisten Pompejaner verbrachten wie die Mehrzahl der heutigen Besucher viel Zeit auf den Straßen der Stadt. Das lag nicht nur an dem warmen Wetter oder einem entspannten »mediterranen Lebensstil«. Zahlreiche Bewohner des antiken Pompeji hatten kaum eine andere Wahl als im Freien zu leben. Sie konnten nirgendwo sonst hingehen. Natürlich hatten die superreichen Familien in ihren großen Häusern und Palästen jede Menge Platz: ruhige Rückzugsräume, schattige Gärten, prächtige Esszimmer, sogar private Thermen. Andere, die nicht in dieser Liga spielten, führten noch immer ein recht komfortables Dasein in Häusern mit einem halben Dutzend Zimmern. Viele Bürger aber, die auf der Vermögensskala weiter unten standen, lebten in einem einzigen kleinen Raum über ihrem Laden, ihrer Kneipe oder Werkstätte, ohne »öffentlichen« Wasseranschluss und oft ohne Heiz- oder Kochmöglichkeit – vielleicht mit Ausnahme eines kleinen Kohlenbeckens (das wohl zugleich eine erhöhte Brandgefahr darstellte). Was heute als Einzimmerappartement für den Singlehaushalt gilt, dieser Typ Unterkunft diente damals einer drei- oder vierköpfigen Familie als beengtes Schlafzimmer. Zur Befriedigung fast aller ihrer Grundbedürfnisse mussten sie sich nach draußen begeben: Wasser holten sie an den Straßenbrunnen, Mahlzeiten – abgesehen von Brot, Obst und Käse sowie einfachen Gerichten, die sich auf dem Kohlenbecken zubereiten ließen – nahmen sie in einer der zahlreichen Gaststätten oder Kneipen ein, die sich direkt zum Bürgersteig hin öff-

Abb. 20. Die Allgegenwärtigkeit des Phallus. Hier ist einer in die Pflastersteine einer Straße eingraviert. Aber weist er wirklich, wie manche behaupten, den Weg zum nächstgelegenen Bordell?

neten (vgl. Tafel 4). In Pompeji zeigt sich eine auffällige Verkehrung unserer eigenen sozialen Normen. Bei uns besuchen die Wohlhabenden die Restaurants, und die Armen kochen aus Sparsamkeitsgründen zu Hause. In Pompeji waren es die Armen, die essen gingen.

In Pompeji gab es, wie nicht anders zu erwarten, Straßen in allen Variationen. Manche waren nicht einmal gepflastert, sondern verliefen als unbefestigte Wege oder wenig ansprechende Durchgänge zwischen den Häuserblöcken; und in der Frühgeschichte der Stadt ähnelten wohl noch viel mehr von ihnen eher schlammigen oder staubigen Pfaden als festen, sorgsam angelegten Straßen. Einige, insbesondere die quer durch die Stadt verlaufenden Hauptverkehrsadern, waren vergleichsweise breit, während durch andere nicht einmal ein einzelner Wagen hindurchpasste. Insofern waren alle diese Straßen für unsere Verhältnisse schmal, die meisten nicht einmal drei Meter breit. Wie sich aus der Größe des im Haus des Menander gefundenen Wagens – oder, genauer gesagt, aus den eisernen Radkappen und -beschlägen sowie den Spuren der Holzteile im Vulkanschutt – erschließen lässt, waren wohl nur wenige Straßen so breit, dass zwei Wagen aneinander vorbeifahren konnten. Und zwischen den oft mehrstöckigen Gebäuden wirkten selbst die breiteren Straßen viel schmaler und beengter als heute.

Sie waren auch viel heiterer, bunter und provokativer. Derbe Gemälde markierten – oft an Straßenkreuzungen stehende – lokale Heiligtümer. Phalli zierten Mauern und Terrakotta-Platten und einmal sogar das Straßenpflaster. (Wenig überzeugende moderne Erklärungen dafür reichen von »Glücksbringer« bis »Schutz vor dem bösen Blick«; die von Touristenführern immer wieder vertretene Auffassung, der Phallus auf der Straße weise den Weg zum örtlichen Bordell, ist mit Sicherheit falsch.) Viele der Häuser waren ursprünglich reich bemalt – in Rot-, Gelb- und Blautönen – und boten eine geeignete Fläche für Wahlslogans (oft mehrere übereinander), Schilder mit dem Hinweis »zu vermieten«, Ankündigungen von Gladiatorenspielen oder nur die Kritzeleien von pompejanischen Graffiti-Künstlern. »Ich wundere mich, oh Mauer, dass du nicht eingestürzt bist, wo du so viel ekelhaftes Gekritzel ertragen musst«, wie ein bekannter pompeja-

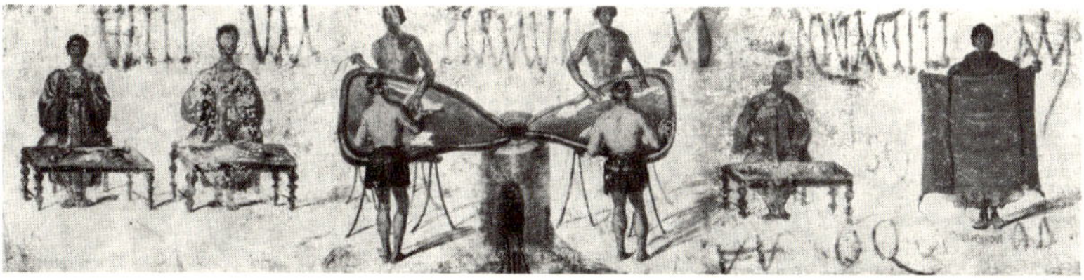

Abb. 21. Das Gewerbe der Wollarbeiter. Links kämmt ein Mann an einem niedrigen Tisch die Wolle. In der Mitte sind vier Männer mit einer Drecksarbeit beschäftigt: Aus einer Mischung von Wolle und Tierhaaren stellen sie mit Hilfe eines Klebemittels Filz her (die römische Variante des »wasserdichten« Stoffs). Ganz rechts, neben einer weiteren Person, die Wolle kämmt, wird das fertige Produkt von einem Mann präsentiert, der, wie unter seinen Füßen in kleinen Buchstaben angegeben, Verecundus heißt. Die großen Buchstaben oben sind Teil einer Wahlempfehlung.

nischer Knittelvers lautete – er findet sich mindestens dreimal in der Stadt und trug so zu dem Phänomen bei, das er beklagte.

Häufig trugen Läden und Kneipen an ihren Straßenfassaden Reklameschilder, auf denen ihr Name prangte (ähnlich wie bei einem englischen Pub-Schild) und meistens irgendwelche nützlichen Schutzgottheiten ins Bild setzten. Die Fresken von Romulus und Aeneas, denen wir im vorigen Kapitel begegnet sind, verschönerten die Wand einer Walkerei. Nur ein paar Häuserblöcke weiter erregte ein Gebäude, das vermutlich Tuchmacher und Kleiderverkäufer beherbergte, noch mehr Aufsehen (*vermutlich*, weil nur die Vorderfront des Bauwerks ausgegraben ist und wir folglich nicht genau wissen, was sich im Inneren abspielte). Den Torweg zieren zwei Bilder. Auf einem fährt Venus, die Schutzpatronin der Stadt, in einem von Elefanten gezogenen Wagen, das andere zeigt Merkur, den Schutzgott der Kaufleute, mit einem prall gefüllten Geldbeutel in seinem Tempel. Unter der Venus-Darstellung befindet sich eine Szene mit Arbeitern, die Wolle kämmen und Filz herstellen (rechts präsentiert wahrscheinlich der Chef höchstpersönlich ein fertiges Produkt). Unter dem Bild Merkurs verkauft die Dame des Hauses, vielleicht auch eine Angestellte, ihre Waren (aus heutiger Sicht anscheinend vor allem Schuhe).

Bedauerlicherweise wurde eines der bemerkenswertesten Beispiele dieser Art Wandmalerei – und eines, das die Fantasie der Besucher des 19. Jahrhunderts beflügelte – Opfer der Witterung und ist heute vollständig verschwunden. Das große Bild schmückte die Fassade einer Kneipe in der Nähe des zum Meer führenden Stadttores und zeigte einen Elefanten mit einem oder zwei Pygmäen – und ein Schild mit der Aufschrift »Sittius renovierte den Elefanten«. Sittius war offenbar der letzte Wirt und hatte entweder das Gemälde oder das gesamte Haus renoviert (»Gasthaus zum Elefanten«). Falls das zutrifft, dann hatte er einen Namen, der für einen Schankwirt so passend war, dass man ihn für einen »Markennamen« halten könnte – »Sittius« lässt sich am treffendsten mit »Herr Durstig« übersetzen.

Unterschiedliche Straßen – und unterschiedliche Abschnitte derselben Straßen – hatten ihren deutlich eigenen Charakter. So gab es einerseits die Hauptstraßen mit Läden, Wirtshäusern und den Haustüren von größeren und kleineren Privathäusern, andererseits die schmalen, wenig frequentierten Nebenstraßen mit ihren vereinzelten Dienstboteneingängen. Eine von ihnen verlief zwischen zwei Wohnblöcken an der Via dell'Abbondanza und wurde so wenig benutzt, dass sie durch einen Wasserturm teilweise versperrt und dann vom Eigentümer des großen angrenzenden Hauses, dem einzigen, dessen Tür zu dieser Straße ging, praktisch »privatisiert« werden konnte. Ob er die Genehmigung des Stadtrates hatte oder nur das damals wie heute auf Wohlstand gegründete Selbstbewusstsein – er machte die Straße an beiden Enden dicht und schuf sich so einen privaten Annex (Lagerfläche, Viehgehege oder Wagenabstellplatz), der nur vom Servicegeschoss aus zu betreten war.

Es gibt indes auch bestimmte Viertel, in denen reges Leben und Treiben herrscht. Wenn man von Norden in die Stadt kam, stieß man z.B. direkt an der Porta Herculanea auf eine Straße, die vom Gaststättengewerbe geprägt war – mit einer Fülle von Straßenkneipen und Wirtshäusern, die es allesamt darauf anlegten, die vorbeikommenden Reisenden dazu zu verleiten, ihr Geld für ein Getränk oder einen Imbiss auszugeben. Etwas Ähnliches findet sich auch am anderen nördlichen Stadttor, der Porta Vesuviana, und an der Porta Stabiana im Süden, nicht aber an den sonstigen Stadttoren, was darauf hindeutet, dass die Menschen, die in die Stadt kamen oder die Stadt verließen, vor allem die Nord-Süd-Straßen benutzten. Denn Kneipen folgen den Menschen, nicht umgekehrt. Oder anders gesagt: Nur ein pompejanischer Dummkopf hätte in einer Gegend mit geringem Publikumsverkehr ein Geschäft eröffnet.

Ganz einfallsreiche Archäologen wollten sogar herausfinden, aus welcher Richtung die Kunden nach Meinung der Kneipenbesitzer kommen würden – sie rekonstruierten die genaue Ausrichtung der Theke und untersuchten, von wo aus der potentielle Gast den besten Blick auf die angebotenen Speisen und Getränke hatte. Ob man hier bei dem Versuch, das Verhalten der Römer vorherzusagen, übers Ziel hinausschießt, kann ich nicht sagen. Doch man kam zu dem Schluss, dass die Wirtshäuser an jenen beiden Toren in erster Linie für die Menschen, die *in* die Stadt kamen, bestimmt waren und hungrige Reisende gleich nach ihrer Ankunft verköstigten. Die paar Kneipen an der Straße, die in westlicher Richtung vom Forum zur Porta Marina führte, hatten (nach dieser Logik) die Menschen im Visier, die die Stadt oder zumindest das Forum verließen.

Daneben gibt es Viertel, in denen charakteristischerweise so gut wie gar kein Straßenleben stattfand. Um bei den Kneipen zu bleiben: Im Gebiet des Forums sind relativ wenige anzutreffen (wenn auch nicht ganz so wenige, wie es heute den Anschein hat: Paradoxerweise standen drei von ihnen nur wenige Meter vom Forum entfernt genau dort, wo sich heute das Erfrischungszentrum für Touristen befindet). Wenn man von dort die Via dell'Abbondanza in Richtung Osten hinuntergeht, gibt es bis zur Kreuzung mit der Via Stabiana höchstens zwei Schenken. Von da an werden sie wieder deutlich zahlreicher (tatsächlich hat man auf einer Strecke von 600 Metern mehr als 20 Verkaufsstellen für Speisen und Getränke ausgemacht), was dem östlichen Teil der Via dell'Abbondanza eine sehr spezielle »Atmosphäre« verleiht. Dies hat zu allen möglichen Spekulationen geführt, einschließlich der Vermutung, dass die pompejanischen Behörden die Eröffnung solcher leicht anrüchiger Etablissements in den Teilen der Stadt aktiv verhinderten, die offiziellen Zwecken vorbehalten waren.

Mag ja sein. *Sicher* aber ist, dass das Forum von Pompeji mit seinen öffentlichen Gebäuden – Tempeln, Heiligtümern, Markthallen usw. – nicht so war wie der zentrale Platz heutiger italienischer Städte, mit einem Café an jeder Ecke, ein Platz, an dem man sich vergnügte und erholte und seinen Geschäften nachging. Zweifellos brachte dieses Bild des modernen Italiens Sir William Gell, einen *Bonvivant* und einen der führenden Pompeji-Experten des frühen 19. Jahrhunderts, zu der Überzeugung, dass das Bauwerk auf dem Forum, das wir als Markt oder *macellum* kennen, auch als Restaurant genutzt worden sei – die an einer Seite befindlichen Buden wären dann für die überwiegend private Verköstigung bestimmt gewesen. Denn wie konnte es schließlich eine zentrale Piazza geben ohne die Möglichkeit, sich eine Mahlzeit zu beschaffen?

Signifikanter aber als die Unterschiede zwischen den verschiedenen Vierteln Pompejis waren die überall im Stadtbild anzutreffenden Gemeinsamkeiten. In dieser Hinsicht ist Pompeji ganz anders als viele moderne Städte des Westens, die üblicherweise in das eingeteilt sind, was die Sozialgeografen als »Einteilung in Zonen« bezeichnen: Besondere Aktivitäten (ob Handel, Industrie oder Wohnen) konzentrieren sich jetzt vorzugsweise auf verschiedene Teile des Stadtgebietes und führen zu einer entsprechenden Veränderung des Charakters der Straßen: In einem vorstädtischen Wohngebiet sind die Straßen deutlich anders als im Geschäftszentrum, nicht nur hinsichtlich ihrer Größe, sondern auch hinsichtlich ihrer Anlage und ihres Verhältnisses zu den angrenzenden Gebäuden. Tendenziell gibt es hierbei auch eindeutige Unterschiede zwischen arm und reich und manchmal auch zwischen verschiedenen Ethnien. Im großen und ganzen leben selbst in relativ kleinen Gemeinden (Dörfer auf dem Lande sind eine andere Sache) diejenigen, die Geld haben, getrennt von denen, die keines haben. Hohe Mietskasernen stehen nicht direkt neben den freistehenden Villen der Wohlhabenden. Diese haben ihren eigenen Stadtteil.

Man hat tapfer versucht, in Pompeji eine gewisse »Einteilung in Zonen« ausfindig zu machen. Einige Archäologen haben beispielsweise auf die »Vergnügungsviertel« aufmerksam gemacht (womit aber kaum mehr gemeint ist als das Amphitheater und die Theater, d.h. nichts, was auch nur im entferntesten mit dem »Broadway« oder dem »West End« vergleichbar wäre). Sie haben plausibel dargelegt, aber nicht endgültig bewiesen, dass der nordwestliche Stadtbezirk überdurchschnittlich viele große Villen aufweist ebenso wie der westliche Stadtrand mit seinen herrlichen Häusern mit Seeblick. Und sie haben versucht, wenn auch nicht gerade ein Rotlichtviertel in unserem Sinne, so doch Örtlichkeiten auszumachen, die mit verschiedenen Formen »abweichenden Verhaltens« verbunden sind, angefangen bei käuflichem Sex bis hin zu Würfelspielen (ein Projekt, das durch anhaltende Kontroversen über die Anzahl der Bordelle in der Stadt und über die Möglichkeit ihrer heutigen Identifizierung verkompliziert wird; vgl. unten, S. 317–319; 323–326).

Doch die schlichte Wahrheit ist, dass es in Pompeji keine festen Zonen nach heutigem Verständnis gab und dass sich die Wohngebiete der Ober- und Unterschicht nicht signifikant voneinander unterschieden. Es war nicht nur so, dass die prächtigsten Immobilien direkt neben sehr viel bescheideneren Häusern standen. So lag etwa der Haupteingang des eleganten Hauses der Vestalinnen inmitten all der Kneipen an der Porta Herculanea, fast unmittelbar neben einigen lauten Schmiedewerkstätten. Darüber hinaus waren an der Straßenseite selbst der imposantesten pompejanischen Anwesen üblicherweise kleine Läden eingerichtet – sie waren integraler Teil des Haupthauses, auch wenn sie gewiss nicht vom Eigentümer, sondern von seinen Klienten oder Mietern betrieben wurden. So befanden sich die beiden Haupteingänge, durch die die Besucher das palastartige Haus des Fauns betraten, zwischen vier nebeneinanderliegenden Läden. Ein ähnliches Phänomen gab es früher auch in Städten. Im London des 18. Jahrhunderts standen an der Piccadilly die Häuser der Reichen direkt neben den Läden und Werkstätten von Apothekern, Schuhmachern, Friseuren und Sattlern. Etwas Vergleichbares gibt es sogar heute noch in Neapel, was unseren gängigen Vorstellungen von Zoneneinteilung zuwiderläuft. Nichts kann uns einen besseren Eindruck vom Stadtbild des antiken Pompeji machen als die kleinen – im Erdgeschoss prachtvoller Anwesen eingerichteten – neapolitanischen Werkstätten und Läden.

Wie die Bürger dieses auffällige Nebeneinander von Arbeit und Wohlstand empfanden, können wir nur erraten. Ich vermute allerdings, dass die reichen Bewohner des Hauses der Vestalinnen das ständige Hämmern der Schmiede und den Lärm der nächtlichen Kneipenkundschaft leichter ausblenden konnten als die armen Ladenbesitzer den enormen Wohlstand und Überfluss derer, die Wand an Wand mit ihnen lebten. Die Einteilung in bestimmte Zonen mag die Gesellschaft spalten, hat jedoch auch ihre Vorteile: Zumindest werden den Armen nicht dauernd die Privilegien ihrer reichen Nachbarn unter die Nase gerieben.

Die Wasserversorgung

Die Geschichten der pompejanischen Straßen – wie und von wem sie genutzt wurden – lassen sich noch immer an den Spuren vor Ort ablesen. Manchmal sind sie für alle deutlich zu sehen. Wir erwähnten bereits die über das Wasser und den Schmutz führenden Trittsteine. Sie waren strategisch günstig an Kreuzungen und anderen beliebten Weggabelungen plaziert und führten gelegentlich direkt zu den Eingangstüren der größeren Häuser – eine Annehmlichkeit für die reichen Eigentümer und ihre Gäste. Für die meisten heutigen Besucher sind die Wassertürme und insbesondere die Straßenbrunnen fast ebenso eindrucksvolle Charakteristika der Straßenszene. Mehr als 40 Brunnen sind erhalten; sie waren über die gesamte Stadt verteilt, sodass sie von jedermann leicht zu erreichen waren. Nur sehr wenige Pompejaner wohnten, wie man ausgerechnet hat, mehr als 80 Meter von einem Brunnen entfernt.

Sowohl die Türme als auch die Brunnen waren Teil eines komplexen Systems, das die Stadt mit Leitungswasser versorgte. Ausgangspunkt war ein »Wasserschloss« oder *castellum aquae* (das seinerseits von einem Aquädukt aus den nahe gelegenen Bergen gespeist wurde); es lag noch innerhalb der Stadtmauer in der Nähe der Porta Vesuviana

Abb. 22. An dieser Kreuzung sieht man sowohl einen Straßenbrunnen wie auch einen der etwa zwölf Wassertürme der Stadt. Das Wasser aus dem »Wasserschloss« wurde in einen Tank, der sich oben in jedem Turm befand, gespeist und von dort auf die nahe gelegenen Häuser verteilt. Auf diese Weise sollte der Wasserdruck reduziert werden, der, wenn das Wasser direkt aus dem *castellum* gekommen wäre, zu stark gewesen wäre.

und ersetzte ein früheres, auf tiefen Brunnen und Regenwasser beruhendes Versorgungssystem. Diese neue Anlage (mehr oder weniger korrekt verewigt in Robert Harris' Bestseller *Pompeii*) wird üblicherweise auf die 20er Jahre v. Chr., die Regierungszeit des ersten Kaisers Augustus, datiert. Doch jüngere Forschungsergebnisse deuten darauf hin, dass etwa 60 Jahre früher die sullanischen Kolonisten als erste Pompejaner mit Hilfe irgendeines öffentlichen Versorgungssystems (mag dieses auch von Augustus verbessert worden sein) mit Leitungswasser beliefert wurden.

Die etwa zwölf Wassertürme aus Beton, verkleidet mit einheimischem Gestein oder Backstein, bis zu sechs Meter hoch und oben mit einem Tank aus Blei versehen, waren in dem System die Subverteiler und leiteten das Wasser durch unter dem Straßenpflaster verlaufende Bleirohre zu den öffentlichen Brunnen und nahe gelegenen Privathäusern, deren Eigentümer für dieses Privileg eine Gebühr bezahlt haben dürften. In den Tagen unmittelbar vor dem Vesuvausbruch muss in diesem Versorgungssystem irgendetwas schiefgelaufen sein. An den jetzt mit Vulkanschutt gefüllten Gräben wird nämlich deutlich, dass zum Zeitpunkt der Zerstörung das Pflaster an verschiedenen Stellen der Stadt aufgegraben und die Wasserrohre entfernt worden waren. Höchstwahrscheinlich war dies eine Sofortmaßnahme, um die durch Erdbeben im Vorfeld des Vulkanausbruchs entstandenen Schäden zu untersuchen und zu beheben.

Archäologen haben gemutmaßt, dass ähnliche Probleme der Grund dafür sein könnten, weshalb man die Senkgruben der häuslichen Latrinen in einer Seitengasse (am Haus der keuschen Liebenden und am Haus der Maler) ausgehoben und ihren Inhalt auf den Weg geschaufelt hatte, wo er sich, der Gesundheit wenig zuträglich, befand, als die Katastrophe über die Stadt hereinbrach. Warum jedoch seismische Aktivitäten die Funktionstüchtigkeit von Jauchegruben beeinträchtigt haben sollten, ist weniger einsichtig. Vielleicht ist dies eher ein Indiz für den normalen Zustand einer pompejanischen Seitengasse.

Jenseits der einfachen Verteilungsaufgaben erfüllten die Wassertürme auch eine hydraulische Funktion und lieferten somit ein schönes Beispiel für das Know-how römischer Ingenieurskunst. Aufgrund des steilen Gefälles – das Wasserschloss war an der höchsten Stelle der Stadt errichtet – war der Wasserdruck in jedem Fall *zu* hoch, besonders für die niedrig gelegenen Stadtgebiete im Süden. Die Türme sollten den Druck reduzieren, indem sie das Wasser im oben befindlichen Tank sammelten und von dort wieder ableiteten. Sie brachten auch noch mehr Wasser in die Straßen: Noch erhaltene Kalkablagerungen an einigen Außenwänden zeigen, dass die Türme nicht selten überliefen.

Die zahlreichen Brunnen prägen das Stadtbild noch stärker als die Türme. Meist sind sie nach demselben Schema konstruiert: ein großer Wasserspeier mit ständig fließendem Wasser an einem ausgehöhlten Pfeiler, darunter ein Auffangbecken, gefertigt aus vier großen Basaltblöcken. Die Brunnen befanden sich üblicherweise an Weggabelungen und Kreuzungen, einige ragten über die Bordsteinkante bis auf die Straße. Um sie vor einer Beschädigung durch vorbeifahrende Wagen und Lastkarren zu schützen, waren neben ihnen senkrecht stehende massive Steine in die Erde gelassen, das antike Gegenstück zu unseren Absperrpollern. Niemand, der zu Hause eine private Wasserleitung hatte, nutzte diesen öffentlichen Service, anders als die weniger Wohlhabenden, die dies – wie aus der starken Abnutzung der Steine auf beiden Seiten des Wasserspeiers zu erschließen – in großer Zahl taten. Ein Schmankerl der einheimischen Gästeführer im heutigen Pompeji besteht darin zu zeigen, wie es zu diesem typischen Abnutzungsmuster gekommen sein muss: Im Laufe von mehr als 100 Jahren trat ein Pompejaner nach dem anderen an den Ausguss, legte die eine Hand daneben und hielt mit der anderen den Eimer unter den Wasserstrahl.

Ob sie zum Zentrum organisierter Nachbarschaftsvereine wurden, wie manche moderne Forscher vermuten (vgl. S. 289 und 409), wissen wir nicht, aber sicherlich waren diese Brunnen informelle Treffpunkte für die einfacheren Bürger der Stadt. Bei einer Gelegenheit können wir sehen, wie ein Hausbesitzer die Tatsache, dass eine solche Anlage viele Menschen anziehen würde, für sich zu nutzen wusste. Als ein neuer Brunnen so dicht neben seinem kleinen Haus gebaut wurde, dass dafür ein Teil des Gebäudes abgerissen werden musste, richtete der Besitzer im vorderen Raum einen Laden ein.

Einbahnstraßen

Man braucht nur die Straße direkt unterhalb der Trittsteine und Brunnen ein wenig unter die Lupe zu nehmen und sich das Netzwerk der pompejanischen Wege und Durchgangsstraßen genauer anzusehen, und schon lassen sich weitere und noch interessantere Fakten vom Leben in den Straßen einer römischen Stadt rekonstruieren. Die winzigsten Hinweise auf den Bürgersteigen oder Straßen ermögli-

Abb. 23. Alte und neue Verkehrsbarrieren. Die drei Steinblöcke zeigen, dass der Weg zwischen dem hinter uns liegenden Forum und der Via dell'Abbondanza vor uns für den Verkehr gesperrt war. Links sieht man Plastikzäune, mit denen die Aufsichtsbehörden den heutigen Besuchern den Zutritt zu Gebäuden, die gerade restauriert werden, verwehren.

chen einen Einblick in einige der faszinierendsten Stücke der Geschichte.

In vielerlei Hinsicht ist der – immer wieder abgedruckte – Straßenplan Pompejis irreführend. Denn so wie die einfache Karte einer unbekannten Stadt heutige Autofahrer über Fußgängerzonen oder Einbahnstraßen im Unklaren lässt, so sagt jener Plan nichts darüber aus, wie man im antiken Pompeji von einem Punkt der Stadt zum anderen gelangte. Dem hier implizierten Bild des frei fließenden Verkehrs widersprechen die Befunde vor Ort. Auch in Pompeji treffen wir auf verkehrsfreie Zonen und einige offenkundige Regelungen hinsichtlich der Richtung des Verkehrs. Gestützt auf Forschungsergebnisse aus jüngerer Zeit – die Wagenfurchen und Trittsteine wurden noch einmal sorgfältig untersucht – können wir uns sogar daranmachen, das pompejanische Einbahnstraßensystem zu rekonstruieren.

Die Straßen Pompejis konnten für den Fahrzeugverkehr durch einfache Mittel gesperrt werden: durch große in das Pflaster eingelassene Steinblöcke, durch Brunnen oder andere mitten auf die Straße gesetzte Hindernisse oder auch durch Stufen und andere Niveauunterschiede, die von den Wagen nicht bewältigt werden konnten. All dies sollte sicherstellen, dass das Forum zumindest in seiner letzten Phase eine Fußgängerzone war. Wir sollten uns jede fantasievolle Rekonstruktion von einer von Wagen und Karren bevölkerten zentralen Piazza aus dem Kopf schlagen. Jeder Zugang zum Forum war für den Fahrzeugverkehr gesperrt: an der Via dell'Abbondanza durch drei Poller und eine hohe Bordsteinkante, am südöstlichen Eingang durch einen strategisch günstig plazierten Wasserbrunnen usw. Interessanterweise konnte nicht nur der Fahrzeugverkehr vom Forum ferngehalten werden. An jedem Zugang sind noch immer Vorrichtungen für irgendwelche Barrieren oder Tore zu sehen, die den Platz sogar für Fußgänger abriegelten. Der eigentliche Zweck dieser Tore ist unbekannt. Vielleicht sollten sie das Forum nachts verschließen (allerdings dürften sie für einen resoluten Rowdy kaum ein ernsthaftes Hindernis dargestellt haben). Möglicherweise wurden sie, wie kürzlich dargelegt, bei Wahlen auf dem Forum verwendet, um den Zutritt zur Abstimmung zu kontrollieren und diejenigen, die nicht wählen durften, zurückzuhalten.

Ein zentraler Platz für Fußgänger ist eine Sache. Aber die pompejanischen Verkehrsregelungen gingen darüber hinaus. Die Via dell'Abbondanza ist nämlich knapp 300 Meter weiter, an der Kreuzung mit der Via Stabiana, ebenfalls für den Fahrzeugverkehr gesperrt: Dort macht eine abrupte Absenkung von mehr als 30 Zentimetern selbst den stabilsten Wagen eine Weiterfahrt unmöglich. Dieser Straßenabschnitt zwischen dem Forum und der Via Stabiana war nicht völlig verkehrsfrei, da er von einigen nördlichen und südlichen Querstraßen aus zugänglich war. Aber offensichtlich erlaubte er, anders als die Karte auf den ersten Blick vermuten lässt, keine freie Durchfahrt durch die Stadt. Die vergleichsweise flachen Wagenfurchen deuten zudem darauf hin, dass die Straße hier nicht sehr stark befahren war (nach Meinung eines Skeptikers könnten jedoch die relativ wenigen Fahrrillen genauso gut darauf zurückzuführen sein, dass die Straße nicht lange vor dem Jahr 79 frisch gepflastert worden war). Weitere Indizien sprechen ebenfalls dafür, dass dieses Stück Straße in irgendeiner Hinsicht etwas Besonderes war. Ein Teil, nämlich der vor den Stabianer Thermen, ist ungewöhnlich breit und bildet am Eingang zu den Thermen einen kleinen dreieckigen Platz. Und natürlich war es an diesem Abschnitt der Straße, wo wir, anders als am östlichen, fast gar keine Kneipen und Gasthäuser ausmachen konnten.

Was nun aber das »Besondere« war, lässt sich nicht so leicht sagen. Nach einer plausiblen Vermutung hat es jedoch etwas mit der Lage zu tun: Dieser Abschnitt der Via dell'Abbondanza befindet sich zwischen den Theatern sowie dem südlich gelegenen antiken Tempel der Minerva und des Herkules einerseits und dem Hauptforum mit seinen Tempeln und anderen öffentlichen Gebäuden andererseits. Vom Alltagsverkehr wenig berührt, war die Straße hier, anders als von den meisten heute angenommen, keine Hauptverkehrsader. War sie vielleicht Teil eines Prozessionsweges, der von einem Stadtzentrum zum anderen führte, vom Forum zum Theater oder vom Theater zum Iuppiter-Tempel? In der römischen Welt bildeten Prozessionen eine Klammer zwischen dem öffentlichen und dem religiösen Leben: eine Möglichkeit, die Götter zu feiern, die Götterbilder und heiligen Symbole dem Volk zu präsentieren und die Stadt und ihre politischen Führer zu ehren. Die Einzelheiten und der Kalender dieser Zeremonien sind für immer verlorengegangen, aber es kann sein, dass dies eine der bevorzugten Routen war.

An der Via dell'Abbondanza gab es allerdings noch mehr Verkehrshindernisse. Zwischen der Via Stabiana und dem östlichen Stadttor (Porta di Sarno, so genannt nach dem auf dieser Seite der Stadt fließenden Fluss) waren die meisten Straßenkreuzungen im Süden und einige im Norden für Wagen entweder völlig unpassierbar oder mit steilen Rampen versehen, die jedoch – wie die Furchen auf ihnen zeigen – noch immer den Fahrzeugverkehr ermöglichten. Einerseits sollte auf diese Weise der Verkehr kontrolliert werden, andererseits –

wieder einmal – das Wasser. Die Via dell'Abbondanza verläuft zu über zwei Dritteln über dem Abhang, auf dem Pompeji erbaut ist: Die Straßen unterhalb müssen deshalb besonders unter den von oben kommenden Sturzbächen gelitten haben. Daher diese Rampen und Barrieren: Sie verhinderten, dass größere Wassermassen in die niedriger gelegenen Stadtgebiete flossen, und leiteten sie stattdessen in die Via dell'Abbondanza und an der Porta di Sarno nach draußen. Ein Teil dieser Straße könnte also ein »Prozessionsweg« gewesen sein, ein anderer war mit Sicherheit ein wichtiger Abflusskanal.

Der Verkehr in Pompeji war damals durch die Einrichtung von Sackgassen und anderen Arten von Straßensperren eingeschränkt oder, in moderner Begrifflichkeit, »beruhigt«. Allerdings bleibt das allgemeine Problem der engen Straßen bestehen, und man fragt sich, was passierte, wenn sich zwei Wagen auf einem jener zahlreichen Wege begegneten, die nur für ein Gefährt Platz boten. Und natürlich hätte ein von zwei Maultieren gezogener Wagen in einer durch Trittsteine blockierten Straße unmöglich wenden können. Wie also schafften es die antiken Pompejaner, dass der Verkehr nicht immer wieder zum Erliegen kam, wenn sich zwei Wagen begegneten? Wie verhinderten sie, dass eine schmale Straße zur Sackgasse wurde?

Eine mögliche Antwort: Man machte durch laute Schellen und Rufe auf sich aufmerksam oder schickte Jungen voraus, die erkundeten, ob der Weg frei war. Zu den Pferdegeschirren, die man zusammen mit dem Wagen im Haus des Menander gefunden hat, gehörten gewiss einige Schellen, die mit ihrem markanten Klang den herannahenden Verkehr ankündigten. Doch es gibt auch Indizien für ein Einbahnstraßensystem in der Stadt, das den freien Wagenverkehr verhinderte. Den Beweis dafür haben Untersuchungen erbracht, die in der Archäologie Pompejis in den etwa letzten zehn Jahren mit äußerster Akribie durchgeführt wurden und die von der klugen Idee ausgingen, dass das genaue Muster der Straßenfurchen und die exakte Position der Spuren, die von den Wagen an den Trittsteinen oder an den Bordsteinkanten der Straßenecken hinterlassen wurden, darüber Auskunft geben könnten, in welche Richtung sich der Verkehr auf einer bestimmten Strecke bewegte.

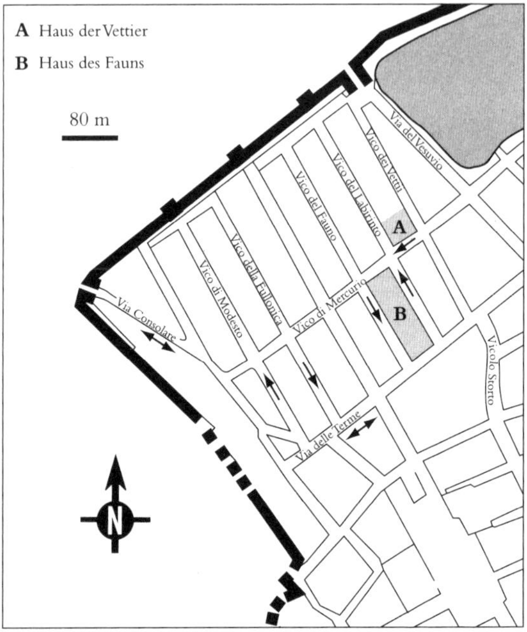

Plan 4. Das Straßensystem im Nordwesten Pompejis mit dem möglichen Verlauf der Einbahnstraßen.

Eines der überzeugendsten Beispiele findet sich im nordwestlichen Teil der Stadt, zwischen der Porta Herculanea und dem Forum, wo die Straße, die wir heute als Via Consolare bezeichnen, auf den schmalen Vico di Mercurio stößt (vgl. Plan 4). Hier zeigen die Kollisionsspuren an der südwestlichen Seite des Trittsteins in der Mitte des Vico di Mercurio und das spezielle Schleifmuster am Bordstein in Richtung Norden, dass der Verkehr von Osten auf den Vico di Mercurio kam und an der Kreuzung mit der in beide Richtungen befahrbaren Via Consolare meist nach Norden abbog. Der Vico di Mercurio war mit anderen Worten eine von Osten nach Westen verlaufende Einbahnstraße. Die von der Via Consolare kommenden Verkehrsteilnehmer, die nach links in östliche Richtung abbiegen wollten, mussten warten, bis sie die breite Via delle Terme – wieder eine Straße mit Gegenverkehr – erreicht hatten. Aufgrund ähnlicher Anhaltspunkte nimmt man an, dass sich auch die Nord-Süd-Straßen dieses Bezirks klar voneinander unterschieden: Der Vico di Modesto und der Vico del Labirinto waren dem Verkehr in Richtung Norden vorbehalten, der Vico della Fullonica und der Vico del Fauno dem in Richtung Süden.

Einige Archäologen sind heute von einer solchen Einbahnstraßenregelung sehr überzeugt. Ob diese aber so streng systematisch durchgeführt wurde, wie sie uns glauben machen möchten, möchte ich doch eher bezweifeln. Wenn sie unter Bezugnahme auf manchmal offenkundig widersprüchliche Hinweise schreiben, dass der Verkehr im Vico di Mercurio ursprünglich in anderer Richtung, also nach Osten floss und erst später nach Westen, kann man sich nur schwer vorstellen, wie das vonstatten gegangen sein soll. Wer traf die Entscheidung? Und wie hätte diese Entscheidung durchgesetzt werden können? Antike Städte kannten weder eine Verkehrspolizei noch ein Straßenamt. Auch haben wir keinerlei Spuren von Verkehrszeichen gefunden, und dies in einer Stadt, in der so viele andere Arten öffentlicher Schilder anzutreffen sind. Dennoch scheinen kaum Zweifel zu bestehen, dass bestimmte Fahrtrichtungen allgemein eingehalten wurden, und sei es auch nur, weil sie sich so eingebürgert hatten. Wenn sie den vorgegebenen Routen folgten, konnten die Wagenlenker Pompejis leichter einen kompletten Stillstand verhindern, als wenn sie nur laut ihre Schellen läuteten und darauf hofften, dass ihnen an der nächsten Ecke nichts entgegenkommen würde.

Öffentliche und private Bürgersteige

Der Bürgersteig war das Grenzgebiet zwischen der öffentlichen Welt der Straßen und der eher privaten Sphäre hinter den Haus- und Ladentüren – ein, wie Anthropologen sagen würden, »Schwellenbereich« zwischen innen und außen. Bei gut besuchten Wirtshäusern, die zur Straße hin lagen, bot der Bürgersteig zusätzlichen Raum für Gäste, die »sich einen hinter die Binde kippen« oder sich einen Snack oder ein Getränk holen wollten. Für Fuhrleute, die etwas auslieferten oder auch nur eine Pause machten, und für Besucher, die zu Pferde zu den großen Häusern kamen, gab es außerdem geeignete Pflöcke bzw. *Löcher*, um die Tiere anzubinden. Überall in der Stadt, vor Bäckereien, Werkstätten, Wirtshäusern und Läden ebenso wie an den Eingängen zu Privathäusern kann man noch immer durch die Bordsteinkante gebohrte kleine Löcher sehen, insgesamt mehrere Hundert.

Zur Verblüffung der Archäologen wurden diese Löcher einst als Halterungen für Markisen gedeutet, die den offenen Läden Schatten spenden sollten – eine Vermutung, die sich z.T. auf die Verhältnisse im historischen Neapel stützt, wo über den Ladenfassaden Sonnensegel aufgezogen wurden. Wäre dies tatsächlich so gewesen, hätten sich die Bürgersteige, zumindest an sonnigen Tagen, in einen Wald von Tüchern verwandelt und zwischen dem Laden und dem Bordstein wären provisorisch überdachte Passagen entstanden. Vielleicht war es ja so. Doch es gibt eine viel einfachere Erklärung – und sie würde auch besser zu der Verteilung der Löcher passen: Hier konnten die Tiere angebunden werden (wenn nicht hier, wo sonst?). Aber auch das würde das pompejanische Straßenleben in einem merkwürdigen Licht erscheinen lassen: Die am Rand einer schmalen Straße angebundenen Esel des Lieferanten hätten zu den Fußgängern auf dem Bürgersteig hinaufsteigen müssen, um den Weg für einen sich vorbeizwängenden Karren freizumachen.

Ob es nun Sonnensegel gegeben hat oder nicht, die Sonne muss die Bürgersteige der Stadt manchmal unangenehm aufgeheizt haben, selbst wenn die zweistöckigen Häuser an beiden Straßenseiten (besonders wenn die oberen Geschosse einen Vorbau hatten) deutlich mehr Schatten warfen, als den erschöpften Besuchern heute in den zerstörten Straßen zuteil wird. Wie nicht anders zu erwarten, sorgten einige Hausbesitzer für Abhilfe. Überstehende Dächer an der Vorderseite einiger größerer Anwesen spendeten nicht nur denen, die das Haus betraten, sondern auch allen Passanten zusätzlichen Schatten. Manchmal standen an beiden Seiten der Eingangstür steinerne Bänke, die auf diese Weise vor der Sonne geschützt waren. Wen wir uns auf diesen Bänken vorstellen, hängt davon ab, wie wir die Mentalität der pompejanischen Oberschicht einschätzen. Sie könnten in einem Akt der Großzügigkeit zumindest teilweise der Allgemeinheit zur Verfügung gestellt worden sein: ein Rastplatz für jedermann. Vielleicht waren sie aber auch nur für die Besucher bestimmt, die auf Einlass ins Haus warteten. Es ist allerdings auch nicht allzu schwierig, sich einen Pförtner vorzustellen, der aus jenen großen Eingangstüren auftaucht und das Gesindel verjagt, das es gewagt hat, hier unaufgefordert Platz zu nehmen.

Bei einem heutigen Rundgang durch die Stadt können wir alle möglichen anderen Beispiele dafür sehen, wie Privathäuser den Bürgersteig zu ihrer eigenen Annehmlichkeit nutzten. Manche Eigentümer legten den Bürgersteig vor ihren Häusern wie eine Rampe an, um den Wagen eine bequemere Einfahrt zu ermöglichen. Auf diese Weise befriedigte jedenfalls der Wirt eines der Gasthäuser oder Herbergen in der Nähe der Porta Herculanea die Bedürfnisse seiner Gäste: Sie konnten mühelos ihre Wagen, Habseligkeiten und Waren in den sicheren Innenhof bringen. Andere nutzen den Gehsteig für ungewöhnlich monumentale Eingangstore. Ein großes Haus am östlichen Ende der Via dell'Abbondanza, das nach seiner einstigen Eigentümerin heute als Anwesen (*Praedia*) der Iulia Felix bezeichnet wird, wurde mit einem pompösen, stufenförmig ansteigenden Zugang versehen, der geradewegs über dem Bürgersteig verlief. Weiter oben in derselben Straße in Richtung Forum öffnete sich die Eingangstür des Hauses des Epidius Rufus auf eine mehr als ein Meter hohe eigens angelegte Terrasse, oberhalb des bereits erhöhten Bürgersteiges; sie verlieh dem Haus eine stolze Unnahbarkeit gegenüber dem sich unterhalb abspielenden Straßenleben. Die Besitzer des Hauses der Vettier dachten praktischer und errichteten entlang ihrer Villa eine Reihe von Pollern, die direkt auf der Straße standen. Denn diese war schmal, und zwischen ihr und dem Haus gab es keinen Bürgersteig, der als Barriere hätte dienen können. Wahrscheinlich befürchteten sie, dass vorüberfahrende Wagen, unachtsam gelenkt, das Gebäude hätten beschädigen können.

Manche dieser Maßnahmen könnten vom Stadtrat oder den lokalen Ädilen genehmigt gewesen sein. Einige Bekanntmachungen an der Außenwand des Amphitheaters deuten darauf hin, dass es die Ädilen waren, die es den Straßenverkäufern gestatteten, unter den Bögen des Bauwerks ihren Geschäften nachzugehen, und ihnen ihre Plätze zuwiesen: »Mit Erlaubnis der Ädilen nimmt Gnaeus Aninius Fortunatus diesen Platz ein« usw., wie die verblasste und fragmentarisch erhaltene lateinische Inschrift zu sagen scheint. Möglicherweise stellten die Wohlhabenderen bei den Behörden einen ähnlichen Antrag. Oder vielleicht hielten sie es auch einfach für ihr Recht, über die Bürgersteige vor ihren Häusern nach Belieben zu verfügen.

Die Hausbesitzer mögen gute Gründe für diese Aneignung gehabt haben, wie sich aus einigen verräterischen Spuren auf den Bürgersteigen erschließen lässt. Die meisten antiken wie modernen Gehsteige einer Stadt sind viel weniger homogen, als von einem zufällig vorbeikommenden Passanten wahrgenommen. Das Pflaster wurde zu unterschiedlichen Zeiten gelegt und später stellenweise ausgebessert, wobei man oft keinen großen Wert darauf legte, dass die neuen und alten Steine zusammenpassten. Dies trifft auf Pompeji genauso zu wie auf das moderne London oder New York. Doch in Pompeji zeigt sich bei genauerer Betrachtung, dass hinter den Diskrepanzen ein System steckte. Anscheinend bestanden die Bürgersteige in einigen Straßen ursprünglich aus unterschiedlichen Materialien (Basalt, Kalk, Tuff), welche streckenweise denen der Häuserfronten entsprachen. Hin und wieder sind sogar Steinblöcke in den Bürgersteig eingelassen, die die Grenze zwischen einem Haus (und seinem Bürgersteig) und dem nächsten markierten.

Der Schluss liegt auf der Hand. Auch wenn sie wohl von einer zentralen Behörde der Stadt geplant und in ihrer Höhe und Breite standardisiert waren, wurden manche dieser Bürgersteige privat finanziert, von einem einzelnen Hausbesitzer oder von mehreren, die sich zusammengeschlossen hatten – die Wahl des Materials blieb denen überlassen, die für die Rechnung aufkamen. Logischerweise dürfte der Unterhalt auf ähnliche Weise privatisiert gewesen sein. Diese Vermutung wird durch ein noch erhaltenes römisches Gesetz gestützt (das man, eingraviert in Bronze, in Süditalien entdeckt hat); es regelt unter anderem die Instandhaltung von Straßen und Bürgersteigen in der Stadt Rom. Grundsätzlich war danach jeder Hauseigentümer für den Bürgersteig vor seinem Anwesen verantwortlich. Wenn er ihn nicht ausreichend in Ordnung hielt, konnten die Ädilen die entsprechenden Wartungsarbeiten in eigener Regie in Auftrag geben und dem Übeltäter die Kosten in Rechnung stellen. Interessanterweise sollte eine den Hauseigentümern zusätzlich auferlegte Verpflichtung sicherstellen, dass sich kein Wasser ansammelte und den Leute auf der Straße Unannehmlichkeiten bereitete. Nicht nur in Pompeji hatte man Probleme mit dem im Überfluss vorhandenen Wasser.

Die Leute auf den Straßen

Bis jetzt sind die Leute auf den Straßen Pompejis ziemlich schattenhafte Gestalten. Wir haben die von ihnen hinterlassenen Spuren gesichtet: Kritzeleien an den Wänden, Handabdrücke an den Brunnen und die von ihren Wagen verursachten Kratzer und Schrammen an den Bordsteinkanten. Aber wir sind den Männern, Frauen und Kindern noch nicht persönlich begegnet; wir haben sie noch nicht bei ihrem alltäglichen Tun und Treiben gesehen.

Dank einer Reihe außergewöhnlicher Gemälde im Anwesen der Iulia Felix können wir ihnen tatsächlich einen Schritt näherkommen. Zur Zeit des Vesuvausbruchs besetzte diese große Villa, deren imposanten Eingang wir bereits erwähnt haben, die Fläche von zwei ehemaligen Wohnblöcken nicht weit vom Amphitheater. Sie bestand aus mehreren unterschiedlichen Komponenten: einer privat geführten kommerziellen Thermenanlage, etlichen Mietwohnungen, Läden, Kneipen und Speiseräumen, einem großen Obstgarten und einem Privathaus mittlerer Größe. Ein großer Raum in dieser Anlage (ein Innenhof oder Atrium von etwas mehr als 9 × 6 m) war in 2,5 m Höhe mit einem Fries geschmückt, auf dem der Maler anscheinend Szenen vom Leben auf dem pompejanischen Forum zeigen wollte. Der Fries wurde von Ausgräbern des 18. Jahrhunderts entdeckt, die elf Meter von ihm in kleinen Bruchstücken ins Museum brachten und nur ein paar Fragmente an der Wand zurückließen. Was mit dem Rest geschah und wie groß der Fries überhaupt war (es ist nur eine Vermutung, dass er sich einst um den gesamten Raum gezogen

Abb. 24. Dieser Kupferstich des 18. Jahrhunderts hat Einzelheiten der jetzt verblassten Szenen vom Leben auf dem Forum bewahrt. Hinter den Händlern sieht man interessanterweise, wie sich die Säulen der Kolonnade des Forums in der antiken Welt präsentiert haben könnten: Sie waren mit herabhängenden Girlanden geschmückt und dienten als Stützen für zeitweilig aufgestellte Trennwände und Tore.

hat), entzieht sich unserer Kenntnis. Aber mit einiger Sicherheit fielen große Teile den damaligen groben Ausgrabungstechniken zum Opfer.

Die Fresken sind jetzt stark verblasst. Trotzdem bieten sie uns ein äußerst anschauliches Bild vom Leben auf den pompejanischen Straßen – zumal wenn man sie zusammen mit den Kupferstichen betrachtet, die kurz nach der Entdeckung der Gemälde angefertigt wurden und manch unklare Stelle erhellen können. Natürlich sind sie nicht streng realistisch. Die Hintergrundarchitektur ist eine ziemlich grobe Version des zweistöckigen Säulengangs des Forums (obwohl die Position der Statuen und ihr Verhältnis zu den Säulen ziemlich genau den Überresten vor Ort entsprechen). Die fast überall herrschende intensive Geschäftigkeit geht ganz sicher über das hinaus, was man an einem noch so betriebsamen Markttag beobachten könnte. Dies ist nicht das Alltagsleben, sondern eine Fantasie, eine pompejanische Straßenszene, wie sie sich vor dem geistigen Auge eines pompeja-

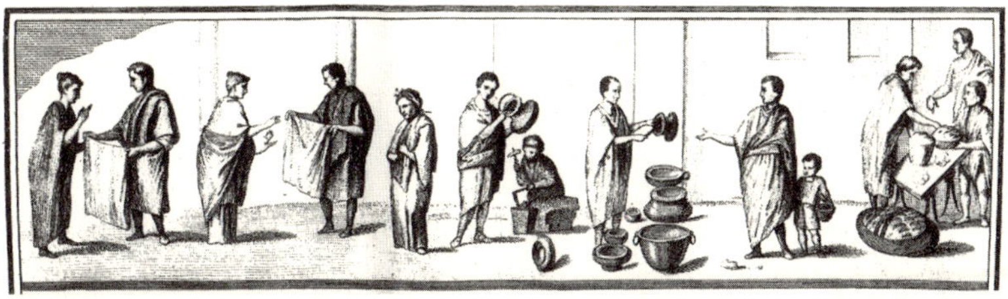

Abb. 25. Kaufen und verkaufen. Links verhandeln zwei Frauen über den Kauf von Tüchern. Rechts erwirbt ein Mann, begleitet von seinem Sohn, einen Topf.

nischen Malers abspielt: Bettler, fliegende Händler, Schulkinder, Fastfood, Damen beim Einkauf …

Auf einem der detailliertesten Abschnitte des Frieses (vgl. Abb. 24) sehen wir zwei Straßenhändler, die mit unterschiedlichem Engagement ihrer Arbeit nachgehen. Links döst ein Eisenwarenhändler vor sich hin. Auf seinem Tisch sind Gegenstände ausgelegt, die wie Hämmer und Zangen aussehen und die er in den im Vordergrund aufgestellten Körben (oder sind es zum Verkauf stehende Metallgefäße?) mitgebracht hat. Er hat ein paar Kunden: einen Jungen und einen älteren Mann mit einem Einkaufskorb am Arm. Ein Geschäftsabschluss steht in Aussicht. Aber es hat den Anschein, als sei der Eisenwarenhändler eingenickt und müsse von dem Mann hinter ihm geweckt werden. Der mit einer knallroten Tunika bekleidete Schuhmacher rechts ist sehr viel aktiver und preist einer aus vier Frauen und einem Baby bestehenden Gruppe seine Waren an; sie sitzen auf den Bänken, die er für seine Kundschaft bereitgestellt hat. Die Art und Weise, wie sein Schuhsortiment hinter ihm ausgestellt ist, hat unseren Kopisten des 18. Jahrhunderts (bei ihm hängen sie in der Luft) vor ein Rätsel gestellt; und auf dem Original ist die Art der Präsentation heute nicht mehr auszumachen. Höchstwahrscheinlich hatte der Händler an den dahinter stehenden Säulen einige Ausstellungsregale postiert. Die Säulen, zwischen denen Girlanden herabhängen, ziehen sich über den gesamten Hintergrund der Szene. Rechts, hinter zwei kleinen Reitersta-

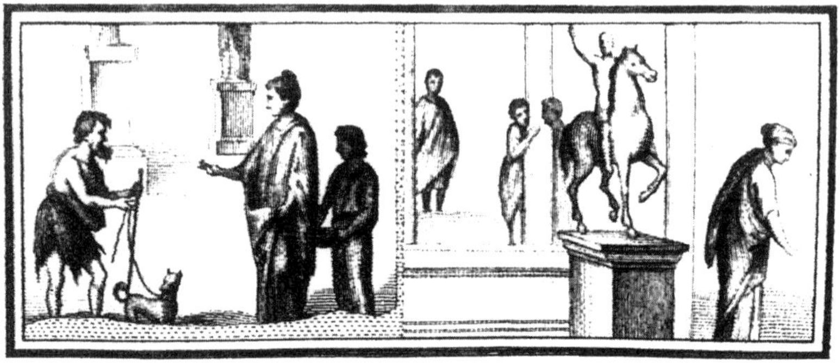

Abb. 26. Eine Dame gibt einem zerlumpten Bettler (mit Hund) ein Almosen, während im Hintergrund einige Kinder an einer Säule »Kuckuck« spielen. Im Vordergrund steht eine der Statuen, die das Forum in großer Zahl schmückten.

tuen (vermutlich von irgendwelchen Lokalgrößen – Kaiser hätten einen markanteren Standort bekommen), wird der Raum zwischen zwei Säulen von einem Tor eingenommen. All dies bildet einen schönen Kontrast zu dem heute nüchternen, kargen und leblosen Erscheinungsbild der Kolonnade.

Wir haben eine Fülle von weiteren Bildern mit Einkaufsszenen. Einmal (vgl. Abb. 25) verhandeln Frauen mit Verkäufern über einige Tücher. Ein Mann (als einer der wenigen hier ist er mit einer – allerdings nicht weißen, sondern roten – Toga bekleidet) erwirbt einen Kochtopf aus Metall, während sein kleiner Sohn den Einkaufskorb trägt. Und ein Bäcker überreicht zwei Männern etwas, das wie ein Brötchenkorb aussieht. Anderswo, im Schatten eines Bogens, bietet ein Obst- und Gemüsehändler seine herrlichen Feigen zum Verkauf an, während ein Lebensmittelhändler ein Kohlenbecken aufgestellt hat und heiße Getränke oder Snacks verkauft. Doch der Maler hat nicht nur das Geschäftsleben gezeigt. Wir kommen auch mit der unteren Bevölkerungsschicht in Berührung (vgl. Abb. 26): Eine elegante Dame in Begleitung eines Sklaven oder Kindes scheint sich der Obdachlosen anzunehmen und gibt einem arg zerlumpten Bettler mit

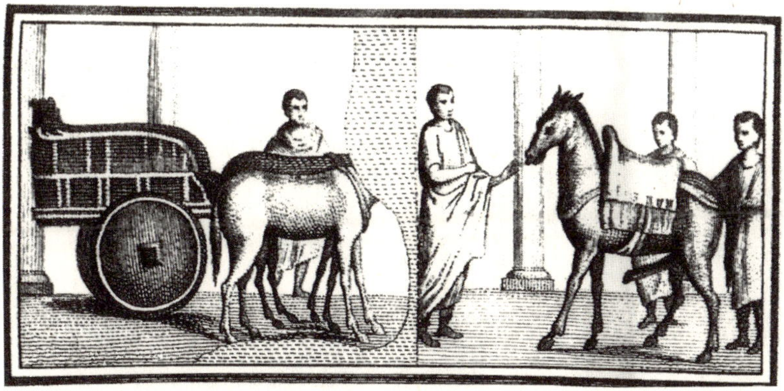

Abb. 27. Transportmittel. Rechts trägt ein Esel oder Maultier einen schweren Sattel (man achte auf die fehlenden Steigbügel). Links ist die Art von Wagen gezeigt, die einst über die Straßen der Stadt rumpelten.

Hund ein Almosen. Und mehrfach tauchen pompejanische Verkehrsmittel auf: Man sieht Maultiere und Wagen (vgl. Abb. 27). Wenn das Forum, wie wir gesehen haben, Fußgängerzone war, ist dann der Wagen ein Zeichen künstlerischer Freiheit? Oder war bei irgendwelchen Anlässen oder zu bestimmten Zeiten der Platz – vielleicht mittels Rampen über den Stufen – für den Fahrzeugverkehr zugänglich?

Auch die Lokalpolitik spielt in dieser Darstellung des pompejanischen Lebens eine wichtige Rolle. In einer Szene (vgl. Tafel 7) studieren einige Männer eine lange öffentliche Bekanntmachung, die auf einer – quer über den Sockeln von drei weiteren Reiterstatuen angebrachten – Tafel oder Rolle steht (diesmal sind die Reiter vielleicht Mitglieder des Kaiserhauses, präsentiert als militärische Helden). Andernorts scheint ein Rechtsfall verhandelt zu werden (vgl. Abb. 28). Zwei Männer in der Toga sitzen auf einer Bank und hören einer stehenden Person sehr aufmerksam zu – diese wurde oft für eine Frau gehalten, aber für eine sichere Geschlechtsbestimmung ist die Darstellung zu unklar. Er oder sie trägt etwas vor und deutet auf eine Tafel, die ein vor ihr stehendes Mädchen im Arm hält. Ob es hier, wie manche vermuten, um das Mädchen geht (vielleicht eine Vormundschafts-

Abb. 28. (links) Zwei Männer sitzen auf einer Bank unter dem Säulengang des Forums und verhandeln vielleicht einen juristischen Fall. Drei dahinter stehende Männer verfolgen aufmerksam das Geschehen. Im Hintergrund ist eine eher private Szene gezeigt: Ein pompejanisches Kleinkind möchte von seiner Mutter oder seinem Kindermädchen auf den Arm genommen werden.

Abb. 29. (rechts) Eine drakonische Strafmaßnahme in einer pompejanischen Schulszene. Ein ungezogener Schüler bekommt eine Tracht Prügel, während seine Kameraden ihre Arbeit fortsetzen und die Augen ganz gewissenhaft auf ihre Schreibtafeln richten.

sache) oder ob das Mädchen nur die Darlegungen untermauern soll, lässt sich nicht entscheiden. Dahinter sieht man wieder eine jener allgegenwärtigen Reiterstatuen.

Doch der weitaus faszinierendste Teil des Frieses zeigt eine pompejanische Unterrichtsszene (vgl. Abb. 29). Eines der Rätsel in der Archäologie der Stadt ist die Frage, wie und wo die Kinder erzogen wurden. Wir haben sehr viele Anhaltspunkte dafür, dass sie lesen und schreiben lernten (auch Übungsalphabete, die in Augenhöhe der Kinder an die Wand gekritzelt sind), aber allen möglichen unglaubwürdigen oder allzu optimistischen Identifizierungen zum Trotz gibt es von einer Schule als solcher keine Spur. Das liegt daran, dass römische Lehrer meist nicht in eigens dafür bestimmten Räumlichkeiten unterrichteten, sondern sich mit ihrer Klasse an irgendeiner passenden Örtlichkeit, die ausreichend Platz und Schatten bot, niederließen. In Pompeji war eine dieser Örtlichkeiten höchstwahrscheinlich der große offene Platz oder das Trainingsgelände (*palaestra*) in der Nähe des Amphitheaters. Denn hier schrieb ein Lehrer seinen Dank für das Honorar an eine Säule der Kolonnade und bekundete damit indirekt seine Frustration über die noch nicht beglichenen Rechnungen: »Mögen diejenigen, die mir ihr Schulgeld bezahlt haben, von den Göttern das bekommen, was sie sich wünschen.« Einige Archäologen haben auch vermutet, dass in der Liste mit den Namen und Geldbeträgen, die an dieselbe Säule gekritzelt war, die Einkünfte des armen Mannes festgehalten waren.

Die Bilder aus dem Anwesen der Iulia Felix schildern eine Unterrichtsstunde unter dem Säulengang des Forums. Ein mit einem Mantel bekleideter spitzbärtiger Mann beaufsichtigt offenbar drei Schüler, die gerade die Schreibtafeln auf ihren Knien studieren. Andere Schüler oder die Aufpasser der Kinder beobachten vom Säulengang aus das Geschehen. Niemand scheint die üble Szene rechts zur Kenntnis zu nehmen. Einem Jungen ist die Tunika hochgezogen worden, sodass sein nackter Po zu sehen ist (oder er wurde bis auf den Schurz entkleidet – das Gemälde ist nicht eindeutig). Auf dem Rücken eines Mitschülers hängend, wird er an den Füßen festgehalten und ausgepeitscht. Anscheinend ist es eine besonders brutale Form der Strafe, selbst nach den strengsten Maßstäben der jüngeren Vergangenheit, und die peinliche und hilflose Situation des Jungen betont nur die Grausamkeit. Interessanterweise könnte dies aber die in der antiken Welt übliche Art der Züchtigung von Schülern gewesen sein. Ein heiteres Gedicht des Herodas, eines griechischen Dichters des 3. Jahrhunderts v. Chr., beschreibt den Versuch einer Mutter, ihren ungeratenen Sohn, Kottalos, der seine Studien zugunsten des Glücksspiels vernachlässigt, wieder auf den rechten Weg zu bringen. Sie sorgt dafür, dass der Lehrer ihm eine ordentliche Tracht Prügel verpasst – und die Beschreibung, wie die anderen Jungen den unglückseligen Kottalos auf ihre Schultern ziehen, erinnert stark an die hier dargestellte Szene.

Der Fries liefert uns, so verblasst und fragmentarisch er heute auch ist, alle möglichen wertvollen Hinweise darauf, wie wir das pompejanische Stadtbild wieder bevölkern könnten: nicht nur mit Männern in weißen Togen (tatsächlich gibt es davon nur recht wenige). Er beflügelt unsere Fantasie: Wir sehen lernende Kinder, auf Almosen wartende Bettler, Händler und Krämer aller Art und lokale Magistrate bei der Arbeit. Auch Frauen treten in Erscheinung: Sie sind allein oder mit ihren Kindern unterwegs, sie feilschen, plaudern, kaufen und verteilen gelegentlich eine Gabe an die, die in einer weniger glücklichen Lage sind als sie selbst. Darüber hinaus aber geben die Fresken Auskunft über die Farbigkeit, das Durcheinander und das ganze Drum und Dran des städtischen Lebens, Dinge, die leicht in Vergessenheit geraten, wenn wir auf die heute nackten Ruinen schauen: farbenfrohe Gewänder, Schreibtafeln und tragbare Kohlenbecken, geflochtene Körbe, Girlanden und jede Menge Statuen. Man schätzt, dass es im Rom der frühen Kaiserzeit nur doppelt so viele Menschen wie Statuen gegeben hat – bei einer Bevölkerung von einer Million käme man also auf eine halbe Million Statuen. In Pompeji waren die Skulpturen aber längst nicht so zahlreich. Dennoch entfaltet sich auch hier das Leben auf dem Forum unter den aufmerksamen Augen von Männern in Bronze (oder Marmor), lebenden oder verstorbenen Kaisern, jungen kaiserlichen Prinzen und einheimischen Prominenten.

Die Stadt, die niemals schläft

Im Jahre 6 v.Chr. musste Kaiser Augustus einen schwierigen Fall aus der griechischen Stadt Cnidus (Knidos) entscheiden. Zwei Bürger, Eubulus und Tryphera, waren von einer einheimischen Schlägerbande belästigt worden, die Nacht für Nacht ihr Haus »belagerte«. Mit ihrer Geduld am Ende beauftragten sie schließlich einen ihrer Sklaven mit der Vertreibung der Unruhestifter. Er sollte den Inhalt eines Nachttopfs über ihnen ausgießen. Aber man kam vom Regen in die Traufe: Der Sklave verlor die Kontrolle über den Nachttopf, dieser fiel hinunter und erschlug einen der Angreifer. Die Behörden von Cnidus wollten Eubulus und Tryphera der gesetzwidrigen Tötung anklagen, doch der Kaiser schlug sich auf die Seite des Paares – er sah sie als

Abb. 30. Geschäft geschlossen? Die breite Öffnung konnte durch schwere hölzerne Läden gesichert werden. Dieser Gipsabdruck von Türläden in der Via dell'Abbondanza zeigt, dass der schmale Teil rechts eine kleine Tür war, durch die man das Haus betreten konnte, wenn das Geschäft geschlossen war.

leidgeprüfte Opfer asozialen Verhaltens. Sein Urteil wurde in einer benachbarten Stadt qua Inschrift öffentlich bekanntgemacht, und so wissen wir über die Angelegenheit Bescheid.

Wie auch immer Recht und Unrecht in diesem Fall verteilt waren (vielleicht waren Eubulus und Tryphera, wie manche Wissenschaftler vermuten, nicht ganz so unschuldig, wie der Kaiser sie sah), hier erhalten wir, abgesehen von Juvenals poetischer Übertreibung von der Situation in Rom, einen der wenigen Einblicke in die möglichen Zustände in einer »normalen« römischen Stadt bei Nacht: dunkel, ohne Polizeistreife, etwas unheimlich. Wie sehr gilt dies auch für die Straßen von Pompeji nach Sonnenuntergang?

Nach Meinung mancher waren sogar die Hauptstraßen des nächtlichen Pompeji so gut wie pechrabenschwarz. Obwohl die Römer (wie Tausende von Öllampen aus Bronze und Ton, die man in Pompeji gefunden hat, beweisen) enorm bemüht waren, die Dunkelheit zu vertreiben, war der Erfolg bestenfalls mäßig. Die meisten Leute mussten ihr Leben am Tageslicht ausrichten, am rhythmischen Wechsel von Auf- und Untergang der Sonne. Die Wirtshäuser und Kneipen bedienten ihre Kunden bis in die Abendstunden, z.T. waren sie von Lampen erleuchtet, die über den offenen Türen hingen und deren Befestigungen manchmal noch zu sehen sind. Ein Wahlplakat – vielleicht ein Stück satirischer »Anti-Propaganda« – verspricht die Unterstützung der »späten Zecher« für einen speziellen Kandidaten für ein öffentliches Amt. »Alle späten Zecher stimmen für Marcus Cerrinius Vatia als Ädil.« Bei den großen Häusern dürften allerdings die Türen geschlossen gewesen sein, und der Welt draußen bot sich nur noch der Anblick einer massiven und wenig einladenden kahlen Wand mit vereinzelten winzigen Fenstern. Die Geschäfte und Werkstätten waren gewiss ebenfalls geschlossen, gesichert durch Läden, deren Kerben an den Schwellen noch zu sehen sind, ebenso wie die gelegentlichen Abdrücke des Holzes. Angesichts der fehlenden Straßenbeleuchtung, der unebenen Bürgersteige, der unregelmäßig angeordneten Trittsteine und einer großen Menge an Schmutz müssen die Fußgänger, deren Weg nur durch das Licht einer tragbaren Laterne und den mehr oder weniger hellen Schein des Mondes beleuchtet wurde, einige Risiken auf sich genommen haben.

Aber in den nächtlichen Straßen herrschte auch Leben und sehr viel mehr Lärm und Betriebsamkeit, als es die düstere Finsternis vermuten lässt. Man hörte nicht nur Hundegebell und Eselsschreie, sondern vielleicht auch Männer bei der Arbeit. Mit Sicherheit gingen manchmal z.B. die Schildermaler bei Nacht ihrem Handwerk nach, wenn sie Ankündigungen der nächsten Gladiatoren-Show im Amphitheater oder auch Wahlplakate anbrachten, die um Unterstützung für den einen oder anderen Kandidaten für ein öffentliches Amt warben. Einer dieser Männer, Aemilius Celer, der ein Plakat für ein fünftägiges Schauspiel mit 30 Gladiatorenkämpfen anbrachte, signierte sein Werk ganz gewissenhaft: »Aemilius Celer hat dies ganz allein bei Mondlicht geschrieben.« Solch einsame Aktivitäten waren vermutlich nicht die

Regel. Auf einem hoch oben an einer Mauer angebrachten Wahlaufruf zugunsten der Kandidatur des Gaius Iulius Polybius bei den bevorstehenden Wahlen scherzt der Schreiber mit seinem Kollegen: »Laternenträger, halte die Leiter fest.« Warum arbeiteten sie nach Einbruch der Dunkelheit? Vielleicht, weil sie manchmal ihre nicht genehmigten Bekanntmachungen an Stellen anbrachten, wo sie nichts zu suchen hatten (aber nicht immer – denn warum hätten sie sonst ihre Namen darunter gesetzt?). Möglicherweise war das Malen bequemer, wenn weniger Menschen unterwegs waren, die die Arbeit stören oder die Leiter ins Wanken bringen konnten.

Es könnte auch deutlich mehr Verkehr durch die Straßen gerollt sein, als wir uns zunächst einmal vorstellen. Dasselbe Dokument, das die Vorschriften für die Instandhaltung der Bürgersteige auflistet, enthält auch Regelungen hinsichtlich der Fahrzeuge, die in die Stadt Rom hineinfahren durften. Obwohl alle möglichen Ausnahmen festgehalten sind (Wagen, die man für Bauarbeiten an Tempeln oder für den Abtransport von Bauschutt von öffentlichen Abbruchgeländen brauchte, sowie solche, die bei wichtigen Ritualen Verwendung fanden), war der Fahrzeugverkehr grundsätzlich zwischen Sonnenaufgang und der zehnten Stunde des Tages aus der Stadt verbannt, d.h. – da die Tageslichtzeit in zwölf Stunden unterteilt war – bis zum späten Nachmittag oder frühen Abend. Mit anderen Worten: Wagen und Karren waren hauptsächlich in den Stunden der Dunkelheit auf den Straßen der Hauptstadt unterwegs. Tatsächlich beklagt sich Juvenal nicht nur über Straßenräuber und herunterfallende Gegenstände, sondern geißelt auch scharf den Lärm des nächtlichen Verkehrs.

Wir können nicht sicher sein, dass diese Regelungen in exakt dieser Form auch für Pompeji Geltung hatten. Aber man kann wohl davon ausgehen, dass dies mehr oder weniger so war. Auch können wir nicht beurteilen, wie streng diese Vorschriften durchgesetzt wurden. Das Gesetz ist eine Sache, der Wille oder die Mittel, für seine Einhaltung zu sorgen, eine ganz andere. (Zur Erinnerung: Auf dem Forum-Fries ist ein Wagen in einer Szene gezeigt, die eindeutig nicht bei Nacht stattfindet.) Dennoch spricht vieles dafür, dass ein großer Teil des Fahrzeugverkehrs, mit dessen Regelung und Kontrolle wir uns in diesem Kapitel befasst haben, nach Einbruch der Dunkelheit durch die Straßen rollte. Außer heulenden Hunden, grölenden »späten Zechern« und Schildermalern, die pfeifend und scherzend ihrer Arbeit nachgingen, können wir uns auch das Geräusch daherrumpelnder Wagen vorstellen, Schellengebimmel und das Kratzen eisenbeschlagener Räder, die am Bordstein oder an den Trittsteinen entlangschrammten. Im wahrsten Sinne des Wortes eine Stadt, die niemals schlief – und in der niemals Ruhe herrschte.

Kapitel 3
Heim und Herd

Das Haus des tragischen Dichters

In *Die letzten Tage von Pompeji*, Edward Bulwer-Lyttons klassischem Katastrophenroman, der 1834 zum ersten Mal veröffentlicht wurde, gelingt es einem Liebespaar, Glaucus und Ione, aus der dem Untergang geweihten Stadt zu fliehen. Als der Vulkanschutt niedergeht, werden sie von einer blinden Sklavin – sie ist es gewohnt, sich im dunklen Pompeji zurechtzufinden – in Sicherheit gebracht. Tragischerweise – aber gut für den Plot, da auch sie in Glaucus verliebt ist – ertränkt sich die Sklavin, nachdem sie ihrem Geliebten einen einzigen Kuss hat rauben können. Glaucus und Ione lassen sich derweil in Athen nieder, wo sie als konvertierte Christen bis ans Ende ihrer Tage ein glückliches Leben führen.

Der Reiz des Romans, eines der größten Bestseller des 19. Jahrhunderts, beruhte zum einen auf seiner facettenreichen Liebesgeschichte: Der Vulkanausbruch war für die Liebenden nur eines ihrer Probleme – so hatten sie in den Tagen vor der Katastrophe mit allen möglichen Hindernissen zu kämpfen, angefangen bei einem heimtückischen ägyptischen Priester bis hin zu einer ungerechtfertigten Gefangennahme. Zum anderen basierte er auf seiner moralischen Botschaft: Er beschreibt auf sinnfällige Weise die Lasterhaftigkeit der heidnischen Welt, der Glaucus und Ione entfliehen. Doch ein beträchtlicher Teil des Reizes ging auch zurück auf den anschaulich geschilderten und sorgfältig recherchierten archäologischen Hintergrund, der vom Amphitheater bis zu den Thermen und vom Forum bis zu den Privathäusern reichte. Bulwer-Lytton hatte sich stark an Sir William Gells *Pompeiana* orientiert, dem ersten umfassenden englischen Pompeji-Führer, und er hatte Gell sogar seinen Roman gewidmet.

Vorbild für das Haus des Helden Glaucus war das kleine, aber erle-

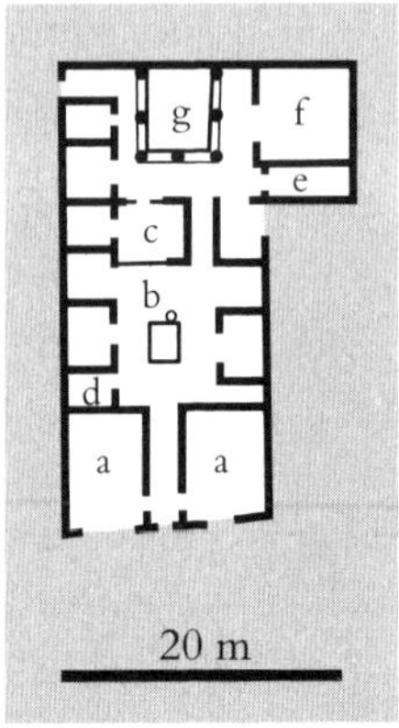

Plan 5. Das Haus des tragischen Dichters. Die Besucher betraten das Haus zwischen zwei Läden (a), gelangten durch einen schmalen Gang ins Atrium (b) mit der Pförtnerloge (d). Hinter dem *tablinum* (c) mit seinem Mosaik mit Schauspielern, die sich auf ihren Auftritt vorbereiten (vgl. Tafel 17), befand sich der Garten (g). Auf ihn öffneten sich ein *triclinium* (f) und eine Küche (e).

sen ausgestattete Haus des tragischen Dichters, das man im Jahre 1824 entdeckt hatte (vgl. Plan 5). Es wurde rasch als Inbegriff des pompejanischen häuslichen Lebens berühmt und in den *Pompeiana* sehr ausführlich beschrieben. Wenige Jahre später – z.T. zweifellos wegen des außerordentlich hohen Bekanntheitsgrades, den *Die letzten Tage* ihm eingetragen hatten – lieferte es sogar das Modell für den »pompejanischen Hof« im Crystal Palace, dem riesigen Unterhaltungszentrum, das, eine Kombination aus Kunstgalerie und Museum, im Jahre 1854 am Stadtrand von London, in Sydenham, eröffnet wurde. Ein seltsames Nachleben für ein Haus, das fast 2000 Jahre zuvor vom Vesuv verschüttet worden war. Das Haus des tragischen Dichters war mehr oder weniger originalgetreu innerhalb des Palastes rekonstruiert worden und sollte zunächst – angesichts seines privaten Charakters durchaus passend – den Besuchern als Teestube zur Verfügung stehen. Aber die Pläne wurden geändert, und die einzige Person, die hier je offiziell Tee trank, war Königin Victoria. Im Frankreich des 19. Jahrhunderts fand das Gebäude einen gesellschaftlich exklusiveren Nachahmer. Die Innenausstattung des Herrenhauses in der Rue Montaigne in Paris, in dem sich Prinz Jérôme Napoléon und seine aristokratischen Freunde gerne die Toga anlegten und Römer spielten, orientierte sich ebenfalls am Haus des tragischen Dichters.

Die originalen Überreste dieses Hauses lassen sich im Nordwesten

Pompejis besichtigen, zwischen der Porta Herculanea und dem Forum – direkt gegenüber einer der großen öffentlichen Thermenanlagen und nur zwei kleine Häuserblöcke entfernt vom imposanten Haus des Fauns. Bei seiner Ausgrabung benannte man es nach einer seiner Wandmalereien – auf der man damals einen tragischen Dichter zu erkennen glaubte, der einigen Personen etwas aus seinem Werk vorträgt (heute deutet man das Bild als eine mythologische Szene: Admetos und Alkestis lauschen der Auslegung eines Orakelspruchs). In seiner gegenwärtigen Form wurde das Haus gegen Ende des 1. Jahrhunderts v. Chr. erbaut. Die erhaltenen dekorativen Elemente, einschließlich etlicher eindrucksvoller Fresken mit Szenen aus dem griechischen Mythos und der griechischen Literatur, stammen aus späterer Zeit und gehen auf eine Umbaumaßnahme zurück, die ungefähr zehn Jahre vor dem Vesuvausbruch durchgeführt wurde. Wenige Jahre nach ihrer Entdeckung wurden die meisten der Szenen, auf denen Personen dargestellt sind, herausgeschnitten und ins Museum von Neapel gebracht, was an den Hauswänden unschöne Narben hinterließ. Was an Ort und Stelle zurückblieb – die die Szenen umgebenden Ornamente und der allgemeine Wandanstrich –, ist jetzt enorm verblasst, obwohl in den 1930er Jahren die Reste überdacht wurden, um sie vor den Unbilden der Witterung zu schützen. Die Wirkung ist längst nicht mehr so atemberaubend wie damals, als das Haus entdeckt wurde. Dennoch können wir das antike Aussehen und die antike Anordnung der Szenen einigermaßen zuverlässig rekonstruieren und uns eine Vorstellung von dem überwältigenden Eindruck machen, den diese Wandmalerei bei den Besuchern des 19. Jahrhunderts hinterließ.

Die zur Hauptstraße ausgerichtete Fassade des Hauses (vgl. Abb. 31) wird von zwei Läden beherrscht, die aufgrund ihrer Lage einige Kunden aus den gegenüberliegenden öffentlichen Thermen angezogen haben dürften (und in der Tat kann man genau hier über eine strategisch günstig plazierte Reihe von Trittsteinen die Straße überqueren). Was in den Läden verkauft wurde, wissen wir nicht. In dem linken hat man etliche wertvolle Schmuckstücke gefunden, goldene und mit Perlen besetzte Ohrringe, Armbänder, Halsketten und Fingerringe.

Abb. 31. Eine Rekonstruktion der Außenansicht des Hauses des tragischen Dichters. Da eines der Geschäfte geschlossen ist und es im Obergeschoss nur wenige Fenster gibt, wirkt das Haus ziemlich abweisend. Der überstehende Balkon an der Seite war in der pompejanischen Architektur verbreiteter, als heute angenommen. Da die Balkone aus Holz waren, sind nur wenige erhalten.

Aber sie sind, anders als von manchen Archäologen behauptet, kein ausreichender Beweis dafür, dass dies ein hochkarätiges Schmuckgeschäft war (die Objekte könnten sich schließlich auch in einer Schmuckschatulle befunden haben, die niemals geborgen wurde). Nur im oberen Stockwerk, und deutlich über Augenhöhe, gibt es ein paar kleine Fenster. Zwischen den Läden sieht man den mehr als drei Meter hohen imposanten Haupteingang, der (wie die Drehzapfenlöcher an beiden Seiten der Schwelle zeigen) mit Doppeltüren ausgestattet war. Gleich links daneben hatten sich einige Schildermaler betätigt

Abb. 32. Am – hier durch die runden Türhalterungen markierten – Vordereingang des Hauses des tragischen Dichters befand sich dieses Mosaik eines Wachhundes mit der Unterschrift *CAVE CANEM.* Das zentrale runde Loch unter dem Mosaik ist ein Abfluss – schließlich waren sich die Pompejaner stets des Wassers bewusst.

und auf dem Türpfosten für Marcus Holconius, der für das Ädilenamt kandidierte, ebenso wie für Gaius Gavinius Werbung gemacht. Vermutlich geschah dies auf Betreiben des Hausbesitzers oder zumindest mit seiner Erlaubnis. Falls nicht, hat hier jemand einen fremden Pfosten ganz schön dreist zweckentfremdet.

Hier sind die Türen nicht erhalten, aber bei anderen Häusern hat man hin und wieder mit derselben Technik wie bei den Körpern der Opfer Abdrücke anfertigen können – man goss Gips in den durch ihren Zerfall entstandenen Hohlraum. Ein solcher Abguss zeigt uns eine karge, ziemlich abweisend wirkende große Platte aus Holz mit Metallbeschlägen und Nieten aus Bronze, die das Haus von der Außenwelt abschirmte. Für Portale von einer solchen Größe, Robustheit und Pracht kann keine praktische Notwendigkeit bestanden haben. Als Symbol der Selbstdarstellung ebenso wie als materielle Barriere sollten sie die Besucher und Passanten optisch beeindrucken.

Natürlich waren die Türen nicht ständig geschlossen. Sicher schotteten sie nachts das Haus und das in ihm stattfindende Leben von der Welt der Straße ab. Tagsüber dürften sie häufig offengestanden und einen Blick in das Innere erlaubt haben. Wenn nicht, hätte eines der anschaulichsten Bilder im Haus des tragischen Dichters seinen Zweck verfehlt. Denn gleich hinter der Türschwelle und dem kleinen Abflussloch für das Wasser, das manchmal aus dem Hausinneren in die Vorhalle geflossen sein muss, befindet sich das eindrucksvolle Mosaik eines Hundes mit gefletschten Zähnen, der sich sofort auf den Eintretenden stürzen würde, wenn er nicht an der Kette läge (vgl. Abb. 32). Für Begriffsstutzige sind die Worte *CAVE CANEM* (»Vorsicht, bissiger Hund«) hinzugefügt. All das konnte man wohl nur sehen, wenn die Haustür zumindest halb offen war.

In Pompeji gibt es noch andere solcher Warnhinweise, auf Gemälden ebenso wie auf Mosaiken, ganz zu schweigen von dem Gipsabdruck des wirklichen Hundes, der noch im Tod an seinen Pflock angekettet war. Eines dieser Schilder beschreibt Petron in seinem zur Zeit Neros verfassten Roman *Satyrica*. Große Teile des Buches sind verlorengegangen oder liegen nur noch fragmentarisch vor. Die berühmteste und besterhaltene Passage spielt in einer Stadt irgendwo in der Nähe der Bucht von Neapel und handelt von einem Gastmahl, zu dem ein ehemaliger Sklave namens Trimalchio geladen hat – ein Mann von schwindelerregendem Reichtum und einem bisweilen schlichtweg grotesken Geschmack. Als der Ich-Erzähler mit seinen Freunden zu Trimalchios Haustür kommt, sehen sie als Erstes gleich daneben eine Tafel mit der Inschrift: »Jeder Sklave, der ohne Erlaubnis des Herrn das Haus verlässt, erhält 100 Streiche« (eine nette Geste von jemandem, der einst selber Sklave gewesen war). Dann begegnen sie dem Pförtner, der, in ein extravagantes grünes Gewand mit einem kirschroten Gürtel gekleidet, die Tür bewacht, während er Erbsen enthülst und sie in eine silberne Schüssel wirft. Und über der Schwelle hängt ein goldener Käfig mit einer Elster, die die Besucher mit ihrem Gesang begrüßt. Doch dann kommt der wahre Schock: »Während ich das alles bewunderte, wäre ich beinahe gestolpert und hätte mir ein Bein gebrochen. Links vom Eingang war nämlich gleich neben dem Gelass des Pförtners ein riesengroßer Kettenhund an der Wand abgebildet, über dem mit großen Buchstaben VORSICHT! HUND BEISST! geschrieben stand.« (Petron, *Satyrica* 28 f.; Übers. C.

Fischer) Für einen Augenblick hält der Erzähler das Bild des Hundes für einen echten Hund – dies ist bei Trimalchios Gastmahl nur der erste von vielen Anlässen, bei denen die Gäste nicht genau wissen, ob sie ihren Augen trauen können.

Es wäre gefährlich, Petrons fantastischen Roman allzu wörtlich zu nehmen und das dort Geschilderte als repräsentativ für den Alltag des antiken Pompeji anzusehen. Aber er zeigt, wie wir uns die Szene am Eingang des Hauses des tragischen Dichters vorstellen könnten. Höchstwahrscheinlich war die Tür tagsüber meistens offen. Doch für die Sicherheit war bestimmt weder nur der Wachhund auf dem Mosaik verantwortlich, so furchterregend und realistisch er auch gewirkt haben mag, noch der echte Hund, auf den das Bild hinweist (und den Trimalchio später zu seinem Gastmahl mitbringt – was erwartungsgemäß zu einigen Irritationen führt). Ganz gewiss gab es außerdem einen – wenn auch zurückhaltender gekleideten – Türhüter, der auf die Leute, die kamen und gingen, ein Auge hatte. Tatsächlich hat man direkt hinter der Haustür, unter der Treppe, einen kleinen Raum mit einem unebenen Fußboden gefunden und in ihm die Pförtnerloge vermutet.

Nachdem sie die Schwelle übertreten hatten, gelangten die Besucher in einen Korridor, der einst in leuchtenden Farben gehalten war, wovon jetzt allerdings kaum noch etwas zu sehen ist. Er ist von jedem der beiden Läden aus durch eine schmale Tür zugänglich, weshalb der Hausbesitzer, wer auch immer es gewesen sein mag, eine enge Beziehung zu diesen beiden Geschäften gehabt haben dürfte. Selbst wenn er sie nicht selbst führte, war er wahrscheinlich der Eigentümer und strich die Gewinne ein. Das ist zumindest die heutige Sichtweise. Frühere Besucher ließen sich von diesem Arrangement eher verwirren. Da in den – eigentlich für Geschäfte typischen – großen Räumen offenbar kein wie immer geartetes Inventar entdeckt wurde, fragte sich Gell, ob sich hier überhaupt Geschäfte oder nicht vielmehr Sklavenunterkünfte befunden hätten. Bulwer-Lytton hatte eine andere Vorstellung. Seiner Meinung nach wurden in diesen Räumlichkeiten Besucher empfangen, die weder aufgrund ihres gesellschaftlichen Rangs noch ihrer engen Bekanntschaft mit den Hausbewohnern ein

Recht darauf hatten, eingelassen zu werden. Kluge Ideen, die aber mit Sicherheit falsch sind.

Am Ende des Korridors trat man in das eigentliche Haus, das um zwei offene Höfe herumgebaut war (vgl. Tafel 8). Der erste Hof, das Atrium, war wiederum prachtvoll ausgeschmückt – u.a. mit sechs großen Wandmalereien mit Szenen aus der griechischen Mythologie. In der Mitte war das Dach zum Himmel hin offen, und unterhalb der Öffnung sammelte ein Becken das Regenwasser, das in einen tiefen Brunnen abgeleitet wurde. Am Brunnenkopf kann man noch immer die tiefen Rillen sehen, die die Seile, an denen die vollen Wassereimer heraufgezogen wurden, hinterlassen haben. Einige meist ziemlich kleine Räume, manche farbenfroh ausgemalt, öffneten sich direkt zum Atrium, während auf beiden Seiten Treppen in das wie auch immer genutzte obere Stockwerk führten. Hinter dem Atrium war ein Garten, auf drei Seiten gesäumt von einem schattigen Säulengang (einem sogenannten Peristyl, wörtlich »von Säulen umgeben«); dort befanden sich noch mehr Räume, darunter eine Küche und eine Latrine, die sich zum Garten hin öffneten. An einer dieser Säulen ist zweimal der Name »Aninius« zu lesen: Manche Archäologen denken dabei an den Besitzer des Hauses. Aber genauso gut kann es sich um einen Freund handeln, einen Verwandten oder gelangweilten Gast, der sich die Zeit vertrieb, oder aber jemand hat hier den Namen seines Angebeteten liebevoll hingemalt. Die Rückseite des Peristyls barg einen kleinen Altar und führte das Thema Garten fort: Auf illusionistischen (heute vollständig verschwundenen) Gemälden rankten sich Spalierpflanzen. In der hintersten Ecke gab es eine weitere Tür, die auf den Weg neben dem Haus führte.

Wir wissen nicht, wie dieser Garten bepflanzt und ausgestattet war (obwohl der Panzer einer Schildkröte, vermutlich des Lieblings des Hauses, hier gefunden wurde). Aber neue, lange nach dem Jahr 1824 entwickelte Techniken, wie etwa die Analyse von Samen und Pollen, sorgfältige Ausgrabungen und Gipsabdrücke der Wurzelhohlräume erlaubten den Archäologen, Gärten anderer Häuser in detaillierter Anschaulichkeit zu rekonstruieren. Bei einem Haus, dem des Iulius Polybius (dort wurden die Überreste der schwangeren jungen Frau gefunden; vgl. S. 16), stellte sich heraus, dass der doppelt so große Garten, anders als wir es uns vorstellen, eher ein wilder Obstgarten war als eine repräsentative Anlage mit eleganten, gepflegten Blumenbeeten. Auf einer Fläche von etwa 10 × 10 Metern gab es fünf große Bäume, darunter einen Feigenbaum (wie sich aus den vielen verkohlten Feigen erschließen lässt), einen Ölbaum und verschiedene Obstsorten, Apfel-, Kirsch- oder Birnbäume. Manche waren so ausladend, dass die Äste abgestützt werden mussten. Sie waren auch hoch: Die Ausgräber fanden auf der Erde den Abdruck einer acht Meter hohen Leiter, die zum Obstpflücken benutzt worden sein muss. Aber die Eigentümer hatten noch mehr getan: Im Schatten der Äste wuchsen weitere kleine Bäume, Büsche und Sträucher, und an der westlichen Gartenmauer standen noch einmal acht Spalierbäume (wie die Anordnung der Löcher für die Nägel vermuten lässt). Die um ihre Wurzeln verstreuten Terrakottascherben deuten darauf hin, dass die Bäume zuerst in großen Töpfen gezüchtet und dann ausgesetzt worden waren. Möglicherweise waren dies eher exotische Arten, die eine sorgfältigere frühe Pflege brauchten, wie z.B. Zitronen. Die Anlage muss überall dunkel und schattig gewesen sein. Mit Sicherheit war sie dunkel und schattig genug, um den Farnen, deren Sporen in großer Zahl am Rand des Gartens gefunden wurden, eine angenehme Umgebung zu bieten.

Andere Hausgärten waren viel sorgfältiger und dekorativer angelegt als der des Iulius Polybius. Nur ein paar Häuser weiter hat man kürzlich einen Peristylgarten entdeckt: streng geometrisch gestaltete Blumenbeete, die durch Wege voneinander getrennt waren. Die Beete waren mit Schilf umgeben und nach einem regelmäßigen Schema bunt bepflanzt: mit Zypressenbüschen und Rosen, dazu anderen Zierpflanzen an den Beeträndern (darunter, wie aus den Pollenüberresten zu erschließen, Artemisien und Nelken). An der Grenzmauer des Gartens rankte sich Weinlaub, und an den offenen Gräben, die das Regenwasser vom Dach auffingen, wuchsen viele Farne – ferner Nesseln und Sauerampfer, beides bekannte Unkräuter, damals wie heute. Die zahlreichen Muschelschalen, die man im Garten ebenfalls gefunden hat, haben zu der charmanten Vorstellung geführt, die Hausbewohner seien Muscheln verzehrend im Garten umhergewandelt. Aber vielleicht war es auch nur ein geeigneter Ort, um die Schalen zu entsorgen, mit oder ohne Spaziergang im Grünen.

In welchem Stil sich der Garten im Haus des tragischen Dichters auch immer präsentiert haben mag (wir kennen bloß die Schildkröte und einige Vorrichtungen an den Säulen, die darauf hinweisen, dass er zumindest an einer Seite eingezäunt war), für Bulwer-Lytton, einen Mann des 19. Jahrhunderts, war das Haus ein Junggesellenwohnsitz und somit genau das Richtige für den unverheirateten Glaucus. Zwar hatte er generell einige Zweifel hinsichtlich der Qualität der pompejanischen Wandmalerei: »Was die dekorative Ausgestaltung angeht, so lässt die Reinheit des pompejanischen Geschmacks zu wünschen übrig«, mäkelte er. Doch die ausgezeichneten Gemälde in diesem Haus, so meinte er, »würden sogar einem Raphael zur Ehre gereichen«. Insgesamt sah er in dem Haus »ein Modell … für das Domizil eines alleinstehenden Mannes in Mayfair«: nicht nur wegen seines Dekors, sondern auch wegen seiner Bewirtungsmöglichkeiten. In einer der ersten Romanszenen wird ein von Glaucus gegebenes Gastmahl geschildert, das in seinem Esszimmer hinter dem Peristyl stattfindet. Ein typisch römisches Bankett: »Feigen, mit Schnee bestreute frische Kräuter, Anchovis und Eier«, gefolgt von einer wunderbar zart gebratenen Leber, übergossen von einem erlesenen Wein aus Chios. Die Leber war nicht seine erste Wahl. »Ich hatte gehofft«, sagte Glaucus in melancholischem Ton, »euch einige Austern aus Britannien vorsetzen zu können; aber die Winde, die auch zu Caesar so grausam waren, haben meinen Plan vereitelt.«

Beim Entwurf dieses Bildes eines kultivierten Junggesellenquartiers des 19. Jahrhunderts vergisst Bulwer-Lytton seine Leser darauf hinzuweisen, dass die Küche im Haus des tragischen Dichters – wie in der Mehrzahl selbst der vornehmsten Häuser in Pompeji – winzig und für die Vorbereitung eines üppigen Banketts kaum geeignet war. Auch lässt er unerwähnt, dass die einzige Latrine des Hauses in oder – wie man bestenfalls sagen könnte – »gleich neben« der Küche lag. Dies war ebenfalls ein typisches Arrangement, da die Latrine auf diese Weise auch für die Entsorgung von Küchenabfällen genutzt werden konnte, mag dies den Hygienevorstellungen des 21. Jahrhunderts auch massiv widersprechen (für Bulwer-Lytton war dies vielleicht nicht so schockierend, da im Großbritannien des 19. Jahrhunderts das Nebeneinander von Toilette und Küche durchaus üblich war). Außerdem verschweigt er, dass sich gleich hinter der rückwärtigen Gartenmauer – nach seiner Vorstellung prangten in diesem Garten »die seltensten Blumen in auf Sockeln stehenden Vasen aus weißem Marmor« – eine Tuchmacherwerkstatt oder Walkerei befand. Das Walken war ein schmutziges Geschäft, da dabei – als wichtigste Ingredienz – menschlicher Urin verwendet wurde. Deshalb kam es zu der berühmten Urinsteuer des Kaisers Vespasian, mit der vermutlich das Gewerbe der Walker belegt wurde. Die Arbeit war laut und stinkend. Bei Glaucus' elegantem Gastmahl muss es im Hintergrund ausgesprochen übel gerochen haben.

Die Kunst der Rekonstruktion

Fast die Hälfte der in Pompeji erhaltenen Häuser sind um ein – manchmal durch ein Peristyl erweitertes – Atrium gebaut, ursprünglich vielleicht (einschließlich der grob geschätzten Zahl von Häusern, die noch nicht ausgegraben sind) um die 500 von insgesamt 1200 bis 1300 städtischen »Wohneinheiten«. Sie reichen von kleinen Behausungen mit gerade einmal vier Räumen, die sich auf das Atrium öffnen, bis hin zu solch bombastischen Palästen wie dem Haus des Fauns mit seinen zwei Innenhöfen und zwei Peristylen. Doch ihre unterschiedlichen Architekturen weisen genug Ähnlichkeiten auf, um sie mehr oder weniger einem einzigen Typus zurechnen zu können. D. h., bei all den Unterschieden hinsichtlich ihrer Größe, ihres Reichtums und ihrer Ausführung im Detail lässt sich ihr Grundriss in etwa voraussagen. Das ist auch bei modernen Privathäusern der Fall: Unabhängig von ihren Besonderheiten im Design *erwartet* man, dass man von der Straße aus in eine Diele kommt und nicht etwa ins Badezimmer. Bei einem zweistöckigen Haus rechnet man damit, dass sich im oberen Stockwerk die Schlafzimmer befinden.

Bulwer-Lytton betonte nachdrücklich, dass ihm das Haus des tragischen Dichters sehr modern vorkam. Hinter den schillernden römischen Extravaganzen in punkto Gemälde, Design und Speiseplan entdeckte er eine Gesellschaft und eine Architektur, die sich von seiner eigenen, der der Londoner Oberschicht des 19. Jahrhunderts, nicht übermäßig unterschieden. Die meisten Archäologen unserer Zeit würden genau das Gegenteil beteuern: Das heutige Erscheinungsbild der zerstörten pompejanischen Häuser ist völlig anders als das Erscheinungsbild, das sich einem Besucher des 1. Jahrhunderts n. Chr. bot, und es gibt darüber hinaus auch einen riesigen Abstand zwischen der antiken und heutigen Vorstellung von »Heim und Herd«. Eines der größten archäologischen Projekte der vergangenen Jahre sollte erforschen, wie jene pompejanischen Häuser einstmals aussahen und *wofür* sie im wesentlichen gedacht waren. Fast zwangsläufig konzentriert sich diese Arbeit auf die größeren und reicheren Gebäude. Aufgrund ihres meist besseren Erhaltungszustands, der höheren Zahl an Funden sowie der komplexeren Architektur werfen sie zwar größere Fragen auf, bieten aber auch mehr Hoffnung auf eine Antwort.

Den heutigen Besuchern eines der vornehmeren pompejanischen Häuser würde man es durchaus nachsehen, wenn sie glauben, die wohlhabenden Bewohner des Pompeji des 1. Jahrhunderts n. Chr. hätten eine streng modernistische, karge und sogar unbehaglich sparsame Ästhetik geschätzt. Doch wie beim Straßenbild ist das, was wir jetzt sehen (oder eher nicht sehen), irreführend. Zunächst einmal ist fast das gesamte einstige Mobiliar – meist spurlos – verschwunden. Die kostbarsten Besitztümer, zu denen auch wertvolle Möbel gehört haben könnten, wurden größtenteils von den Pompejanern selbst entfernt, entweder von denen, die in den Tagen vor der endgültigen Katastrophe die Flucht ergriffen, oder aber von späteren Bergungstrupps und Plünderern. Anders als im benachbarten Herculaneum, wo aufgrund einer anderen Zusammensetzung des vulkanischen Materials und des unterschiedlichen Ablaufs der Katastrophe (hier gab es vier Schübe) verkohlte hölzerne Möbel aller Art konserviert wurden, sind in Pompeji nur kleine verkohlte Holzfragmente erhalten. Dennoch können wir uns noch immer eine Vorstellung davon machen, was wozu gehörte und wie das Möbelstück aussah – über die Marmor-

Abb. 33. Diese hölzerne Wiege aus dem benachbarten Herculaneum vermittelt eine gewisse Vorstellung von den Möbeln, die einst in den Häusern Pompejis gestanden haben müssen. Dort zerstörte das vulkanische Material das meiste Holz und ließ nur Scharniere und Beschläge zurück, aufgrund derer wir aber die Schränke, Sessel, Betten usw. rekonstruieren können.

tische hinaus, von denen manche noch an Ort und Stelle stehengeblieben sind.

Das liegt zum einen an den Objekten, die man in Herculaneum gefunden hat und die sich von denen, die es einst in Pompeji gab, nicht sehr unterscheiden können: Sie reichen von Tischen bis zu Betten (vgl. Abb. 33), und wir haben auch einen hölzernen Paravent, der sich quer über die Rückseite des Atriums zog und geöffnet und geschlossen werden konnte. Zum anderen können wir die Möbel-Darstellungen auf pompejanischen Wandmalereien zu Rate ziehen. Der Sessel, auf dem der griechische Dichter Menander auf dem berühmten Bild sitzt, nach dem das Haus seinen Namen trägt, kann nicht sehr viel anders sein als die sonstigen Sessel im Haus (vgl. Abb. 44). Aber auch mit Hilfe der bekannten Technik – man machte Abdrücke der Spuren, die sie in der verfestigten Vulkanschlacke hinterlassen hatten – konnte man manchmal hölzerne Objekte aus Pompeji rekonstruieren. Daher wissen wir z.B., dass an einer Kolonnadenwand im Hause des Iulius Polybius fünf Schränke standen; sie enthielten alle möglichen Haushaltsartikel, angefangen bei Krügen mit Lebensmitteln (ein Schrank diente praktisch als Speisekammer) bis hin zu Gebrauchsgeschirr aus Glas, dazu Lampen, ein Bronzesiegel, einige Bronzeketten und ein Zahn.

In anderen Fällen lassen noch geringere Spuren darauf schließen, dass sich dort einst Möbel befanden. So sind beispielsweise an den Wänden Befestigungen für Regalbretter erhalten – im Haus des tragischen Dichters etwa in einem der Räume am Atrium, der, nachdem er einst für edlere Zwecke elegant ausgemalt worden war, in eine Abstellkammer umfunktioniert worden sein muss. Noch erhaltene beinerne Scharniere sowie Bronzebeschläge oder Schlösser müssen von Truhen und Schränken stammen. In Wahrheit wurden solche Stücke von frühen Ausgräbern oft übersehen oder ignoriert; und selbst wenn sie registriert wurden, so erschwert doch der bis in jüngste Zeit vorherrschende grobe Umgang mit archäologischen Aufzeichnungen die exakte Bestimmung der Fundorte (das gilt auch für sehr viele mehr oder weniger »unbedeutende« Objekte). Wir haben aber genügend Beweise dafür, dass das Atrium, so imposant und vornehm es erscheinen mag, auch als größerer Lagerraum diente.

Im Atrium des Hauses der Venus im Bikini, eines relativ kleinen Hauses, das nach einer dort gefundenen Venus-Statuette benannt wurde, entdeckte man in einer Ecke 32 beinerne Scharniere – die kläglichen Überreste eines mit Türen versehenen Holzschranks. Sein Inhalt war noch vorhanden, eine bunte Mischung aus alltäglichen Haushaltsgegenständen und allerlei Krimskrams: Kannen und Teller aus Bronze, eine bronzene Schale und eine Kuchenform, kleine Glasflaschen und Krüge, eine Laterne, ein Tintenfass und ein Kompass aus Bronze, ein Spiegel, ein paar bronzene Siegelringe sowie verschiedene andere Schmuckstücke, ein farbiges Marmor-Ei, neun Würfel und anderes Spielezubehör, Metallstücke, die (zu Recht oder zu Unrecht) als eiserne Fußfesseln identifiziert wurden, dazu einige Gold-, Silber- und Bronzemünzen. In einer anderen Ecke verwiesen weitere beinerne Scharniere und Bronzebeschläge auf noch einen Schrank, in dem diesmal eine Reihe etwas wertvollerer Besitztümer verwahrt waren: die Venus-Statuette, ein gläserner Schwan, ein Cupido aus Terrakotta, dazu einiger Schmuck aus Bergkristall, eine zerbrochene Pferdekandare, ein Paar Striegel (mit denen man sich nach dem Training abschabte) und verschiedene kleinere Stücke aus Bein und Bronze, darunter zwei Lampenständer. Einige dieser Wertsachen könnten von den Hausbewohnern bei ihrem überstürzten Aufbruch zusammengesucht und vielleicht in der Hoffnung auf Rückkehr in aller Eile versteckt worden sein. Im großen und ganzen hat man aber den Eindruck, dass der Inhalt dieser beiden Schränke dem unserer Schränke heute entspricht mit der bekannten Mischung aus alltäglichen Haushaltsgegenständen, kaputten Teilen, die man tatsächlich schon längst hätte wegwerfen sollen, und ein paar Wertobjekten, die keinen Schaden nehmen sollten.

Ganz ähnlich ist die Situation in den Innenhöfen anderer Häuser. In einem Atrium befand sich ein Schrank mit Ton- und Glaswaren, unter denen sich (wie aus den Fischgräten zu erschließen) einige Einmachgläser befanden. In einem anderen standen etliche Truhen mit Kandelabern sowie eher banalen Haushaltsgegenständen und einigen Kleidungsstücken (wie sich aufgrund einer Schnalle vermuten lässt), während in einem Hochschrank das wertvollste – aus Bronze, Silber, Glas oder Ton gefertigte – Tafelgeschirr verstaut war. Hier wurden jedoch nicht nur irgendwelche Dinge untergebracht. Bei Häusern ohne direkten Aquädukt-Anschluss befand sich im Atrium auch meist der Hauptbrunnen. So war es zu erwarten, dass man hier Eimer und Gerätschaften zum Wasserschöpfen entdecken würde. Die in den Atria oder den angrenzenden Räumen immer wieder aufgefundenen Webgewichte (mit denen die Kettfäden gespannt wurden) legen den Schluss nahe, dass der häusliche Webstuhl oder auch mehrere Webstühle üblicherweise im Atrium aufgestellt waren. Das ist vielleicht keine allzu große Überraschung, da man für die Stoffproduktion viel Platz brauchte, und den hatte man, außer in den größten Häusern, nur im Innenhof oder im Peristyl.

Beim Weben war man außerdem auf gute Lichtverhältnisse angewiesen, wofür im Atrium ebenfalls hinreichend gesorgt war. Es ist äußerst schwierig, sich die Kombination aus gleißender Helligkeit und schummriger Dunkelheit vorzustellen, die für die pompejanischen Häuser dieses Typus charakteristisch war. Die allermeisten erstrahlten ursprünglich in leuchtenden Farben, die jetzt häufig, im wahrsten Sinne des Wortes, zum blassen Abklatsch ihrer selbst geworden sind: dunkle Rottöne sind zu verwaschenem Rosa, helle Gelbtöne zu cremefarbenem Pastell verblichen. Und betroffen waren nicht nur die bunt bemalten Wände. Zwar sind die originalen Decken selten erhalten, doch ihre Rekonstruktionen (man setzte die heruntergefallenen Gipsstücke wieder zusammen) lassen erkennen, dass sie manchmal ebenfalls dekorativ geschmückt und vielfarbig gestaltet waren. Auch Säulen dürften bemalt gewesen sein. Normalerweise war zumindest ein Teil oberhalb des Sockels in schlichtem Rot gehalten. In einem Haus gleich hinter der Porta Herculanea waren jedoch etliche Säulen vollständig mit funkelnden Mosaiksteinen besetzt – ein, selbst nach pompejanischen Maßstäben, extravaganter Einfall, der dem Anwesen seinen modernen Namen, »Haus der Mosaiksäulen«, eintrug. So wie die pompejanischen Straßen, so müssen nach unserem Standard wohl auch zahlreiche pompejanische Häuser die Sehnerven stark strapaziert haben.

Möglicherweise wurde diese aggressive Wirkung durch die allgemeine Dunkelheit etwas abgemildert. Denn während das Sonnenlicht durch das offene Dach ins Atrium und in den Peristylgarten flutete, hatten viele andere Räume nur wenig oder gar kein direktes Licht – außer dem, das sie vom Innenhof abbekamen. Jene riesigen mehrstöckigen Häuser im Westen der Stadt nutzten zwar ihren Seeblick mit großen Panoramafenstern, aber in der Mehrzahl der Fälle gab es zur Straße hin bloß wenige und zudem kleine Fenster. Innerhalb dieses vorgegebenen Rahmens nahmen die Pompejaner einige Mühen auf sich, um möglichst viel Licht in dunkle Räume zu bringen. Beim Rundgang durch die zerstörten Häuser kann man noch immer Lichtschächte oder auch Löcher im Mauerwerk über den Türen sehen, durch die etwas Licht in einen Raum fallen sollte, wenn die Tür geschlossen war.

Und es gab buchstäblich Tausende von Lampen – aus Ton oder Bronze, glatt oder verziert, mit einer oder mehreren Flammen; sie hingen an hohen Ständern oder konnten einfach auf den Fußboden oder den Tisch gestellt werden. Im allgemeinen wurden sie mit Öl betrieben. Jüngere chemische Analysen haben jedoch eine unerwartete Raffinesse offengelegt: Mit Talg vermischtes Öl wurde üblicherweise in Bronzelampen verbrannt, reines Öl hingegen in unglasierten Tongefäßen. Ist der Grund dafür vielleicht der, dass der Ton wegen seiner Porosität schnell einen unangenehmen Talg-Geruch angenommen hätte? All diese Stücke waren Haushaltsgegenstände, und die meisten Tonlampen wurden von einheimischen Gewerbebetrieben produziert (ein kleines, aber sehr erfolgreiches Lampengeschäft hat man nicht weit vom Amphitheater entdeckt). Im Museum von Neapel sind sie heute in Massen und in allen erdenklichen Formen zu sehen, darunter auch ein Exemplar aus Bronze in Gestalt eines in einer Sandale steckenden Fußes (die Flamme kam aus dem großen Zeh). Und zumindest eine Lampe ähnelt dem Kopf des Afrikaners, den jenes Paar, dessen gescheiterten Fluchtversuch wir in der Einführung dieses Buches nachgezeichnet haben, verloren hatte. Allein im Haus des Iulius Polybius hat man neben einer Bronzeleuchte mehr als 70 Tonlampen gefunden. Trotzdem kann man sich schwer vorstellen, dass die Nebenräume nach modernem Standard gut beleuchtet waren oder dass das Haus bei Nacht nicht in Dunkelheit gehüllt war – erhellt nur vom Mond und den Sternen, einigen Kohlenbecken (die auch Wärme spendeten) und dem ziemlich schwachen Schein jeder Menge kleiner Lampen.

Der Regelung der Lichtverhältnisse – und dem Schutz der Privatsphäre – dienten auch die einst an jeder Öffnung angebrachten Türen, Läden und Vorhänge. Der Eindruck der Offenheit, den die meisten pompejanischen Häuser heute vermitteln, ist trotzdem nicht völlig falsch. Wie wir noch sehen werden, wurde in ihrer Architektur teilweise bewusst auf freie Blickachsen geachtet. Doch gleichzeitig konnten die Bewohner fast jeden Durchgang oder jede Öffnung durch eine Tür oder einen Vorhang verschließen. Wenn man erst einmal einen Blick dafür entwickelt hat, fällt es nicht schwer, in den Räumen am Atrium und Peristyl die Furchen und Löcher für die Türhalterungen zu erkennen oder auch die eindeutigen Vorrichtungen für das Anbringen von – sicherlich leuchtend bunten – Vorhängen, die zu dem grellen Farbspektakel mit beigetragen haben dürften. Fehlende Türen oder Vorhänge wurden vermutlich durch freistehende Wandschirme – so wie dem aus Herculaneum – ersetzt. Möglicherweise gab es einst sogar, wie im Hause des tragischen Dichters, mobile Absperrungen zwischen den Säulen und dem heute offenen Säulengang. So wurden vielleicht viele der Räume, die jetzt kahl und offen wirken, in gemütliche Eckchen verwandelt, in die man sich ungestört zurückziehen konnte. Die Privatsphäre hatte allerdings ihren Preis: Dunkelheit.

So weit, so gut. Bleibt jedoch die schwierige Frage, *was* in diesen pompejanischen Häusern *wo stattfand*. Wir haben schon einen Blick auf das Atrium mit seinen Schränken, Weberinnen und Wasser schöpfenden Sklaven geworfen. Aber stellen wir uns vor, wir hätten das Haus durch den Vordereingang betreten, welches Bild hätte sich uns in den anderen Räumen geboten? Oder anders gesagt: Wo aßen, kochten und schliefen die Menschen, die hier wohnten, und wo verrichteten sie ihre Notdurft? Und wer waren überhaupt die »Menschen, die hier wohnten« und wie viele waren es?

Einige Aktivitäten lassen sich ohne weiteres lokalisieren – oder waren erstaunlicherweise überhaupt nicht vorgesehen. Abgesehen von den wenigen privaten Thermen in den größten Anwesen gab es in diesen Häusern keine speziellen Badezimmer oder Waschgelegenheiten. Egal, wie häufig sich die Leute die Hände in einem Brunnen abgespült oder das Gesicht (und die Haare) in einer Schüssel Wasser gewaschen haben mögen – das Baden als solches war eine öffentliche Angelegenheit, und dazu ging man in die städtischen Thermen. Selbst in Häusern mit direktem Aquädukt-Anschluss wurde nur sehr wenig Wasser für sanitäre oder hauswirtschaftliche Zwecke verbraucht. Das meiste Leitungswasser floss in Brunnen und Gartenanlagen – die Triumphe der römischen Ingenieurskunst veranlassten die Wohlhabenden eher dazu, ihre Macht über die Elemente zu demonstrieren, als sich verstärkt der Hygiene zu widmen.

Hingegen sind die pompejanischen Häuser regelmäßig mit Latrinen ausgestattet, die sich auch leicht erkennen lassen. Ein Archäologe, ein ausgesprochener Toiletten-Spezialist, hat vor kurzem 195 von ihnen untersucht, nicht eingerechnet diejenigen, die nach den Ausgrabungen entweder eingestürzt sind oder offenbar noch immer von Besuchern, »die es eilig haben«, benutzt werden. Fast immer gibt es pro Haus nur eine Latrine (es ist anzunehmen, dass alle möglichen Gefäße ebenso wie Gartensträucher dieselbe Funktion erfüllten); üblicherweise befand sie sich, so wie im Haus des tragischen Dichters, in der Küche. Die Latrinen waren teilweise von ihrer Umgebung abgetrennt, ließen sich aber meist nicht durch eine Tür verschließen – so sind die in Pompeji und anderswo entdeckten mehrsitzigen öffentlichen Latrinen ein Indiz dafür, dass die Römer in diesem Lebensbereich unseren zwanghaften Wunsch nach Schutz der Intimsphäre nicht teilten. Das Arrangement war einfach: ein Holzsitz über einer Rinne, die meistens in einer Senkgrube mündete. Da sie nicht an das allgemeine Wasserleitungssystem angeschlossen waren, goss man vermutlich immer mal einen oder zwei Eimer Wasser in die Rinne, um die Exkremente schneller wegzuspülen.

Dieses Bild einer ziemlich provisorischen (und deutlich stinkenden) Toilette wird in der modernen Vorstellung üblicherweise durch einen Topf ergänzt, in dem sich ein Stock mit einem Schwamm befand. Mit diesem, so wird uns immer gesagt, pflegten sich die Römer den Hintern abzuwischen. Gewiss taten sie das manchmal auch. Doch die Beweise dafür sind dürftiger, als man oft vorgibt (sie stützen sich fast nur auf die entsetzliche Anekdote, die der Philosoph Seneca, der Erzieher des Kaisers Nero, über einen germanischen Gefangenen erzählt: Dieser wollte, indem er sich den Stock mit dem Schwamm in den Hals rammte, lieber sterben als gegen die wilden Tiere in der Arena antreten). Vermutlich haben sich die Pompejaner hier ganz unterschiedlicher Materialien bedient. Nach einer hübschen Vermutung könnten in einem Haus, das in den letzten Jahren der Stadt in ein *garum*-Depot umgewandelt worden war, die großen Blätter eines in der Nähe stehenden Feigenbaums den Schwamm ersetzt haben. Neue Funde, die aus einer großen Senkgrube im benachbarten Herculaneum stammen, legen nahe, dass man vielleicht auch Stoffstreifen benutzte.

Auch Küchen und Esszimmer lassen sich leicht identifizieren, zumindest in den Häusern der Wohlhabenderen. Mittelgroße und ärmere Häuser hatten eher eine Latrine als einen speziellen Raum zum Kochen, geschweige denn zum Essen. Aber mit Blick auf die Speisen und ihre Zubereitung wird uns immer klarer, dass in jenen pompejanischen Häusern die Räume nicht so zweckgebunden waren, wie wir uns das gerne vorstellen.

Auf eine Küche deutet ein Herd, neben dem es manchmal auch ein fest installiertes Wasserbecken gab, wobei ein Anschluss an das öffentliche Wasserversorgungssystem ziemlich selten war. Normalerweise waren die Küchen, so wie im Haus des tragischen Dichters, sehr klein

Abb. 34. Auch das Haus der Vettier hatte eine dieser typischen kleinen Küchen. Die auf dem Herd stehenden Töpfe und Pfannen dienen nur der Dekoration – sie wurden nicht hier gefunden.

(vgl. Abb. 34). Bestimmt wurde hier irgendetwas gegart und vielleicht auch zubereitet (zumal die daneben liegende Latrine wohl auch der Abfallentsorgung diente). Aber nur wenige boten genügend Raum für all die Vorbereitungen, die für ein großes Bankett notwendig waren. Wir können uns auch denken, dass das Fleisch auf tragbaren Kohlenbecken im Peristyl gebraten wurde und dass das Enthäuten, Ausnehmen und all die anderen Tätigkeiten dort ausgeführt wurden, wo genug Platz war – so wie sich Trimalchios Portier an der Haustür als Erbsenschäler betätigte. Was den Abwasch angeht, eine der Haupttätigkeiten in modernen Küchen, können wir nur Vermutungen anstellen, wie und wo in einem pompejanischen Haus das Geschirr, die Gläser, Messer und Löffel (Gabeln gab es noch nicht; sie wurden erst im Mittelalter erfunden) gereinigt und getrocknet wurden.

Das Essen wurde überall im Haus verzehrt. Es stimmt, dass im Gegensatz zu den Küchen – sie sind oft so unscheinbar, dass sie von heutigen Besuchern manchmal gänzlich übersehen werden – die Esszimmer sehr auffallend sein können und zu den Räumen der Stadt gehören, die am exquisitesten gestaltet und ausgeschmückt sind. Das lateinische Wort für Esszimmer, *triclinium*, wörtlich »drei Klinen (Speisesofas)« spiegelt das übliche Arrangement bei einem römischen Diner: Die Gäste ruhten zu dritt auf drei getrennten Liegen. In Pompeji befinden sich die unterschiedlich gestalteten *triclinia* an verschiedenen Stellen des Hauses. Manche waren mit fest gemauerten, andere mit tragbaren hölzernen Klinen (von denen nichts oder allenfalls ge-

Abb. 35. Ein *triclinium*, zum Sterben schön. Die Teilnehmer des Diners ruhten zu beiden Seiten des Wassers, das aus der Nische an der hinteren Wand in das Becken zwischen den Klinen strömte. Man stelle sich die Szene am Abend vor, wenn die Dinierenden von hier aus in den Garten schauten, das Wasser sanft plätscherte – und in jenen kleinen Öffnungen unter den Klinen vielleicht Lampen leuchteten.

ringe Spuren von irgendwelchen Befestigungen erhalten sind) ausgestattet. Manche lagen im Haus, andere zur Hälfte überdacht im angrenzenden Garten (die sogenannten »Sommer-*triclinia*« – sie werden wohl an mediterranen lauen Sommerabenden genutzt worden sein).

Kein Esszimmer konnte es an Eleganz mit dem *triclinium* im Haus des goldenen Armbands (vgl. Abb. 35) aufnehmen: Es lag z.T. unter freiem Himmel und blickte auf den Garten. An den gegenüberliegenden Wänden standen nur zwei mit weißem Marmor verkleidete feste Klinen. An der hinteren Wand, dort, wo man eine dritte Kline hätte aufstellen können – das römische *triclinium* war meist U-förmig angeordnet –, befand sich eine eindrucksvolle Brunnenanlage oder *nymphaeum*, eingelassen in eine mit Mosaiksteinen aus Glas und Meermuscheln auslegte Nische. Über zwölf Stufen fiel das aus der Hauptleitung kommende Wasser kaskadenartig in die Tiefe – realistisch gesehen dürfte es aber doch eher heruntergerieselt sein. Vom Fuß der Stufen wurde das Wasser in ein Becken zwischen den Klinen geleitet und floss von dort in ein weiteres Bassin und einen weiteren Brunnen, die an der Grenze zum Garten plaziert waren. Dieses Arrangement findet sich in Pompeji häufiger und natürlich erst recht in anderen und bedeutenderen Orten der römischen Welt. Es muss der römischen Vorstellung von einem »Speisehimmel« sehr nahe gekommen sein. Anscheinend konnte es für sie nichts Schöneres geben, als vor dem Hintergrund sanft plätschernden Wassers zu speisen, eine Atmosphäre, die erst recht zur Geltung kam durch das glitzernde Licht, in dem sich das Mosaik spiegelte. Im Haus des goldenen Armbands könnte die Wirkung noch dadurch verstärkt worden sein, dass man in dunklen Abendstunden Lampen in die winzigen Nischen stellte, die sich an den Vorderseiten der Klinen entlangzogen (in den Nischen könnte man während der Mahlzeit aber auch gut seine Speise abgestellt haben).

Aber nicht jedes Essen war so förmlich. Wir haben keine Ahnung, wie oft in diesem Stil gespeist wurde. Moderne Wissenschaftler tun oft so, als sei dies eine feste Einrichtung gewesen: »Die Hauptmahlzeit der Römer, die *cena* oder, ›das Diner‹, wurde am späten Nachmittag im *triclinium* eingenommen …«, wie man in vielen heutigen Handbüchern über die antike Welt nachlesen kann. Wie bei so manchem, was man uns heute über das gesellschaftliche Leben in Rom erzählt, ist dies eine gänzlich unstatthafte Verallgemeinerung, die sich auf ein paar Stellen bei römischen Autoren unterschiedlicher Epochen stützt und die man zusammengenommen hat, um daraus eine angebliche Norm abzuleiten. In Wahrheit legten sich die meisten Bewohner Pompejis nur selten, falls überhaupt, zum Essen auf eine Kline. Die Mehrzahl der Häuser hatte ja gar kein *triclinium*. Selbst für die Wohlhabenden, die zu Hause unter mehreren *triclinia* wählen konnten, dürfte dies die Ausnahme gewesen sein. Mit Sicherheit wurden die anderen Mahlzeiten nicht auf diese Weise eingenommen: Was immer die Pompejaner im Laufe des Tages gegessen haben mögen, es gibt keinen Grund für die Annahme, dass sie es im *triclinium* und liegenderweise konsumiert haben.

Man muss überall im Haus gegessen haben. In den kleineren Häusern hatte man kaum eine Wahl: Man aß dort, wo es sich anbot. In den größeren Häusern aßen die Sklaven vielleicht das, was sie bei Arbeit oder unbeobachtet aus Wirtschaftsräumen mitgehen lassen konnten. Der Türhüter stärkte sich vermutlich in seiner Loge. Auch andere Hausbewohner könnten sich das geschnappt haben, was an Essen gerade da war; vielleicht setzten sie sich auf eine Bank im Peristyl oder rückten einen Stuhl zu einem Tisch im Atrium. Dies legen jedenfalls die Funde nahe. Auch wenn man weiß, dass vor und nach dem Vesuvausbruch ein ziemliches Durcheinander geherrscht haben muss, wundert man sich, dass in den pompejanischen Häusern überall Teller, Tassen und die anderen üblichen Geschirrstücke zu finden sind. Man hat den Eindruck, dass die Menschen nur »im Vorübergehen« aßen.

In den reichen pompejanischen Häusern zeigt sich also ein pikanter Widerspruch. Sie verkünden einerseits eine hohe Esskultur mit einer – auf besondere Weise eingerichteten und ausgestatteten – speziellen Örtlichkeit. Andererseits finden wir gleich daneben eine Kultur, die dem modernen Barbecue oder Fast Food deutlich nähersteht. Anders ausgedrückt: Zwar gab es in diesen Häusern einige Räume, die für eine bestimmte Funktion vorgesehen waren, doch fanden sich auch andere, die weniger differenziert genutzt wurden, als das bei unseren klar definierten »Schlaf-, Wohn- und Badezimmern« usw. der Fall ist. Wie bei vielen häuslichen Arrangements in vormoderner Zeit waren die meisten Räumlichkeiten eines pompejanischen Hauses multifunktional.

Untergeschoss, Obergeschoss

Das wird noch deutlicher, wenn wir zwei andere damit verbundene Fragen stellen. Wo haben die Menschen geschlafen? Und was spielte sich in der oberen Etage ab? Wenn wir herausfinden wollen, wie jene Häuser ursprünglich aussahen und wie sie genutzt wurden, gehören die Obergeschosse zu den interessantesten Geheimnissen. Wir wissen, dass viele Gebäude ein zweites Stockwerk hatten. Manchmal war es unmittelbar von der Straße aus zu erreichen und beherbergte höchstwahrscheinlich eine Mietwohnung. Da man nach römischem Recht nur Eigentümer von Grund und Boden war, können separate Wohneinheiten im Obergeschoss keine »Eigentumswohnungen« gewesen sein. Manchmal führten Treppen aus dem Hausinneren direkt nach oben. So etwa im Haus des tragischen Dichters, obwohl Bulwer-Lytton dem Problem ausweicht: Seine Personen besteigen keine Treppen.

Was hätten sie dort vorgefunden? Die Frage lässt sich besonders schwer beantworten, weil von den oberen Etagen überall in der Stadt relativ wenig erhalten ist (wo sie intakt scheinen, handelt es sich weitgehend um moderne Restaurierungen). Bei manchen Objekten, die man in den unteren Räumen gefunden hat, vermutet man, dass sie aus dem Obergeschoss stammen und beim Zusammenbruch der Häuser durch den Fußboden gefallen sind. Mit hoher Wahrscheinlichkeit war dies bei den berühmten Wachstafeln des pompejanischen Bankiers Lucius Caecilius Iucundus der Fall, was darauf schließen lässt, dass in diesem Haus ein Teil des Dachbodens als zusätzliches Magazin für nicht mehr benötigte Dokumente genutzt wurde. Ob das allgemein üblich war, entzieht sich unserer Kenntnis.

Die – aufgrund der Verhältnisse bei uns – naheliegende Antwort, in den oberen Geschossen seien die Schlafzimmer gewesen, ist wahrscheinlich nur z.T. richtig. Die Hausbesitzer dürften unten geschlafen haben. In jenen kleinen Räumen am Atrium oder Peristyl sieht man jedenfalls immer wieder Spuren von eingebauten Betten oder Sofas. Andere Zimmer waren wohl mit ähnlichen, wenn auch beweglichen Möbeln ausgestattet. Auch wenn dies nicht unbedingt »Schlafzimmer« in unserem strengen Wortsinn waren, können die Liegen doch sowohl tagsüber als Sofa gedient und nachts als Bett genutzt worden sein. Im oberen Stockwerk schliefen möglicherweise die Haussklaven, wenn sie sich nicht einfach auf den Küchenfußboden legten, vor die Tür ihres Herrn, zu Füßen seines Betts oder manchmal – da von den antiken Sklaven auch sexuelle Dienste erwartet werden konnten – natürlich auch *in* sein Bett. Nach anderer Auffassung könnten diese Räume im ersten Stock eher von dem antiken Pendant heutiger Untermieter bewohnt worden sein, die über eine Treppe im Inneren des Hauses zu ihren Unterkünften gelangten. Sie benutzten vielleicht nicht den an der Straße gelegenen Haupteingang, sondern eine jener fast bei jedem Haus vorhandenen Hintertüren. In Wahrheit haben wir es mit einer Mischung aller drei Funktionen zu tun: Dachspeicher, Schlafzimmer und Räume oder Wohnungen, die zur Miete standen.

In einem relativ kleinen Haus (dem Haus des Prinzen von Neapel, benannt nach dem einheimischen Aristokraten, der bei der Ausgrabung in den 1890er Jahren zugegen war) gelangt man über nicht weniger als drei Treppen ins obere Stockwerk. Eine geht von der Straße aus zu – vermutlich – einer abgetrennten Mietwohnung, die zweite führt vom Atrium aus zu bestenfalls ein paar winzigen Zimmern. Der Archäologe, der dieses Haus zuletzt erforschte, hielt sie für Schlafräume für eine Handvoll Sklaven. Es könnten aber genauso gut auch Abstellkammern gewesen sein. Von der Küche aus gelangte man über die dritte Treppe in eine viel hellere Räumlichkeit mit Blick auf den Garten. Möglicherweise war dies eine zweite Mietwohnung (aber mit Zugang von der Küche?) oder eine weitere Unterkunft für Haussklaven. Vielleicht waren hier aber auch die im Haus lebenden Kinder mit den sie betreuenden Sklaven untergebracht. Diese letzte Möglichkeit würde auch Licht in ein anderes kleines Problem bringen: Wo schliefen in Pompeji die Kinder? Abgesehen von einem einzigen in Herculaneum gefundenen Kinderbett aus Holz (vgl. Abb. 33) haben wir keinerlei Hinweise auf irgendwelche entsprechenden Schlafstätten. Die Kinder müssen bei den Erwachsenen untergekommen sein, entweder bei ihren Eltern oder sehr viel wahrscheinlicher bei den Sklaven.

Ein noch größeres Problem, das sich im Zusammenhang mit der Nutzung der oberen Stockwerke stellt, ist die Frage nach der Zahl der Personen, die in einem solchen Haus wohnten und – wenn man die Wohnungen, die ihren eigenen Zugang von der Straße aus hatten, einmal beiseite lässt – in welcher Beziehung sie zueinander standen. Pompejanische Häuser wurden üblicherweise nicht von einem einzelnen Ehepaar, ihren Kindern und einigen treuen Dienstboten bewohnt. Jeder, der früher einmal anhand des *Cambridge Latin Course* und seiner (teilweise) erfundenen pompejanischen Familie Latein gelernt hat, sollte Caecilius und Metella, ihren Sohn Quintus sowie die

Sklaven Clemens und Grumio, den Koch, schnell aus dem Gedächtnis streichen.

Wohlhabende Römer lebten in einer Großfamilie. Das war nicht die lose Wohngemeinschaft aus Großeltern, Tanten, Onkeln und verschiedenen Vettern und Cousinen, die wir gewöhnlich meinen, wenn wir diesen Ausdruck verwenden (eine Gemeinschaft, die sowieso eher nostalgische Fiktion als historische Wirklichkeit war). Es war vielmehr ein Groß*haushalt* – oder ein *Hausvoll*, wie ein Wissenschaftler ihn treffender bezeichnete –, der im wesentlichen aus der »Kernfamilie« und zahlreichen Klienten und Gefolgsleuten bestand. Darin eingeschlossen waren nicht nur Sklaven (bei den ganz Reichen konnten sie sehr zahlreich sein), sondern auch ehemalige Sklaven.

Anders als in der griechischen Welt wurden in Rom Haussklaven nach langen Dienstjahren oftmals freigelassen: ein offenkundiger Akt der Großzügigkeit vonseiten des Herrn, der einer Mischung aus humanitärem Mitgefühl und ökonomischem Eigeninteresse entsprang – man entledigte sich der Kosten für den Unterhalt und die Unterstützung derer, die der Arbeit nicht länger gewachsen waren, und spornte zugleich die anderen zu Gehorsam und harter Arbeit an. Die Romanfigur Trimalchio war innerhalb dieser Gruppe eine völlige Ausnahme. Die meisten ehemaligen Sklaven blieben ihren früheren Herren und seiner Familie in Treue verbunden, sie betrieben ihre Geschäfte und andere kommerzielle Unternehmen, während sie noch immer in den Häusern lebten – jetzt vielleicht mit ihren eigenen Frauen und Kindern. Tatsächlich bedeutet das lateinische Wort *familia* nicht Familie in unserem Sinne, sondern bezeichnet die größere Hausgemeinschaft *einschließlich* der Sklaven und Ex-Sklaven.

Wenn man also die Kernfamilie des Hausbesitzers, die Sklaven, Ex-Sklaven und Mieter zusammenrechnet – wie viele Personen könnten dann in einem Haus wie dem des tragischen Dichters gelebt haben? Hier sind wir ganz auf Vermutungen angewiesen. Nach einem Vorschlag könnte die Zahl der Betten hier weiterhelfen. Doch selbst da, wo wir einen eindeutigen Hinweis auf ein Bett finden, können wir nicht wissen, ob es wirklich zum Schlafen benutzt wurde und, falls ja, wie viele Menschen in ihm lagen. (Eindeutige »Doppelbetten« wurden weder in Pompeji noch in Herculaneum gefunden; allerdings sind manche breit genug, um mehr als einer Person, einem Erwachsenen oder Kind, Platz zu bieten.) Und die Zahl der Leute, die in den Obergeschossen lebten oder zusammengerollt auf dem Fußboden schliefen, ist gänzlich unkalkulierbar. Nach einer kürzlich vorgelegten Schätzung sollen im Haus des tragischen Dichters etwa 40 Personen gelebt haben – aus meiner Sicht viel zu viele, da dann nicht weniger als 28 Personen im Obergeschoss geschlafen haben müssten (und hochgerechnet auf die ganze Stadt, ergäbe dies die unwahrscheinliche Gesamteinwohnerzahl von 34 000). Doch selbst wenn man die für das Haus des tragischen Dichters angenommene Zahl halbiert, ergibt sich das Bild von einem Leben auf relativ beschränktem Raum, was sehr weit entfernt ist von Bulwer-Lyttons Vorstellung von einem vornehmen Junggesellendomizil – und die einzige Latrine wäre reichlich überlastet gewesen.

Bei der Rekonstruktion der pompejanischen Häuser ist es nicht damit getan, das, was verlorengegangen ist, zu ergänzen, so befriedigend es auch sein mag, diese kahlen Atria wieder mit ihren Schränken, Webstühlen, Wandschirmen und Vorhängen auszustatten, von dem vereinzelten schlafenden Sklaven ganz abgesehen. Es gibt auch größere Probleme im Zusammenhang mit der Funktion dieser pompejanischen Häuser. Um darauf eine Antwort zu finden, müssen wir uns in der einzigen erhaltenen römischen Schrift zur Architektur von Privathäusern über die Zweckbestimmung des Hauses informieren und schauen, wie sie uns dabei helfen kann, die pompejanischen Überreste besser zu verstehen.

Repräsentative Häuser

Eine wichtige Einführung in die soziale Funktion des römischen Hauses ist Vitruvs wahrscheinlich aus der Zeit des Kaisers Augustus stammende Abhandlung *Über die Architektur* (*De architectura*). Vitruv handelt vor allem von Konstruktionsmethoden, öffentlichen Monumenten und der Stadtplanung, aber im sechsten Buch befasst er sich mit der *domus*, dem »Privathaus«. Für ihn war es jedoch, wie sich sofort herausstellt, nicht »privat« in dem bei uns üblichen Sinn. Für uns ist das »Heim« vom Geschäftsleben und von der Welt der Politik streng getrennt. Dorthin ziehen wir uns zurück, um den Zwängen und Verpflichtungen des öffentlichen Lebens zu entfliehen. In Vitruvs Darstellung bildet hingegen die *domus* als Teil des öffentlichen Images des Eigentümers die Folie, vor der dieser zumindest teilweise sein öffentliches Leben führt. Die römische Geschichte liefert aufschlussreiche Beispiele dafür, wie eine Person der Öffentlichkeit mit ihrem Domizil identifiziert wurde: Als Cicero ins Exil gehen musste, wurde sein Haus (das er nach seiner Rückkehr wieder aufbauen wird) von seinen Gegnern demonstrativ zerstört. Kurz vor der Ermordung Iulius Caesars träumte seine Frau, dass der Giebel ihres Hauses einstürzte.

Laut Vitruv haben die unterschiedlichen Teile des Hauses unterschiedliche Funktionen. Aber die von ihm genannten Unterscheidungen sind überraschend. So sagt er z.B. nicht, dass es getrennte Männer- und Frauenbereiche geben solle (wie es im klassischen Athen üblich war). Er verweist auch auf keine Unterteilung nach dem Lebensalter. Auf Vitruvs idealem Grundriss fehlt ein »Kinderzimmer«. Stattdessen unterscheidet er zwischen den »allgemeinen« Teilen des Hauses, die Besucher frei betreten dürfen, und den »exklusiven« Teilen, zu denen Gäste nur auf ausdrückliche Aufforderung Zutritt haben. Zu den »allgemeinen« Teilen gehören Atria, Vorhallen und Peristyle, zu den »exklusiven« die *cubicula* (»Kammern«, trotz des altmodischen Klangs eine bessere Übersetzung als das übliche »Schlafzimmer«), *triclinia* (»Esszimmer«) und Thermen. Dies entspricht in etwa, aber nicht ganz, einer Trennung in einen öffentlichen und einen privaten Bereich. Nicht ganz, weil – wie andere römische Autoren klarstellen – *intra cubiculum* alle möglichen öffentlichen Aktivitäten stattfinden konnten, angefangen bei Vorträgen und Bewirtungen bis hin zu Gerichtsverfahren (bei den Kaisern). Das *cubiculum* war nicht wie bei uns ein Raum, der für Besucher fast vollständig tabu war, erst recht wurde es nicht hauptsächlich zum Schlafen genutzt. Der Zutritt zu ihm war durch *Einladung* geregelt.

In der Bauweise eines Hauses spiegelt sich, wie Vitruv hervorhebt, auch die gesellschaftliche Hierarchie. Die Männer der römischen Elite, die öffentliche und politische Ämter bekleideten, waren auf den vornehmen »allgemeinen« Teil eines Hauses angewiesen. Die sozial niedriger Gestellten konnten ohne eine repräsentative Vorhalle auskommen, ohne entsprechendes Atrium oder *tablinum* (so heißt der relativ große Raum, der sich häufig, so wie im Haus des tragischen Dichters, zwischen Atrium und Peristyl befand und vermutlich vom Hausherrn genutzt wurde). Natürlich konnten sie darauf verzichten: Sie hatten keine öffentlichen staatsbürgerlichen Funktionen, sie mussten keine Untergebenen, Abhängigen oder Klienten unterstützen. Ganz im Gegenteil, sie waren es, die die Vorhallen, *atria* und *tablina* anderer frequentierten.

Diese Theorie Vitruvs stimmt nicht genau mit den pompejanischen Befunden überein. So waren z.B., anders als von ihm angedeutet, die Atria nicht auf die vornehmen repräsentativen Anwesen beschränkt, sondern es gibt sie auch in zahlreichen sehr kleinen Häusern. Und es ist oft schwierig, die Namen, die Vitruv einzelnen Räumen gibt, mit den Überresten, die wir vor Ort finden, in Einklang zu bringen (moderne Grundrisse strotzen allerdings von seinen lateinischen Begriffen). Vitruv zeigt das Idealbild einer römischen Architektur auf höchstem und äußerst abstraktem Niveau, und mit Sicherheit hatte er nicht die Häuser einer kleinen süditalischen Stadt vor Augen. Trotzdem können uns seine Ausführungen über den öffentlichen Zweck der *domus* helfen, zumindest die mondäneren Häuser Pompejis besser zu verstehen.

Ob der Pförtner einem Besucher nun Einlass gewährte oder nicht (dass man gänzlich »uneingeladen« eintreten durfte, ist ganz bestimmt eher Theorie als Realität), das Innere der Häuser sollte *repräsentativ* sein. Natürlich waren die Gebäude bei Nacht verschlossen und abweisend, und sogar tagsüber konnte der Blick ins Innere manchmal durch Wandschirme, Innentüren und Vorhänge versperrt sein. Dies beeinträchtigt aber nicht die ihrem Grundriss zugrunde liegende Logik: Die geöffnete Haustür sollte einen sorgfältig kalkulierten Einblick in den inneren Raum ermöglichen. Wenn man z.B. in das Haus des tragischen Dichters hineinschaute, sah man zuerst den großen Reprä-

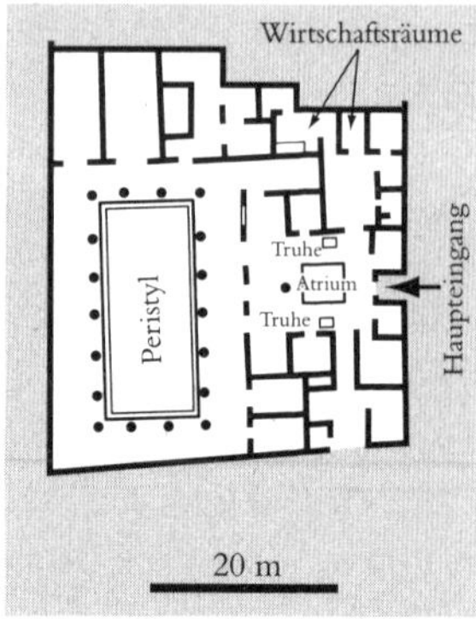

Plan 6. Das Haus der Vettier. Das Haus wird von einem großen Peristylgarten beherrscht, auf den sich überaus prachtvoll ausgeschmückte Räume öffnen. Beim Eintritt ins Haus fällt der Blick der Besucher auf den Garten, vorbei an den Truhen, die den Reichtum des Besitzers symbolisierten (und wohl auch wirklich enthielten).

sentationsraum zwischen Atrium und Peristyl (Vitruvs *tablinum*), dann fiel der Blick durch das Peristyl direkt auf den Altar an der rückwärtigen Gartenmauer. Nicht im Blickfeld waren die »exklusiveren« Bereiche, wie etwa der große Raum am Peristyl, wahrscheinlich ein Esszimmer, so wie die Wirtschaftsräume und die Küche.

Im Haus der Vettier war man auf ausgesprochen fantasievolle Effekte aus. Sie beruhten auf einem »priapeischen« Sujet, das schon oft das Interesse heutiger Besucher geweckt hat. In der Vorhalle dieses Hauses befindet sich eines der meistfotografierten und meistreproduzierten Bilder Pompejis: Ein Gemälde des Gottes Priapus, des Schutzgottes des Hauses, der seinen riesigen Phallus gegen einen Geldbeutel (vgl. Abb. 36) aufwiegt. Es enthält eine gelehrte Anspielung, die man vielleicht nicht gleich wahrnimmt: Das Bild zeigt nicht nur eine protzige Erektion, sondern visualisiert auch geschickt das Wortspiel *penis – pendere*, »abwiegen«. Dies war im Haus jedoch nicht die einzige Figur dieser Art. In der Blickachse des antiken Besuchers war dieser Priap höchstwahrscheinlich mit einer anderen priapeischen Darstellung verbunden. Wenn man von der Eingangstür durch das Atrium zum Peristyl und Garten schaute (im Haus der Vettier gab es kein *tablinum*), fiel der Blick auf eine aus Marmor gefertigte große Brunnenskulptur des Priap, die genau zu der Figur am Eingang passte – in diesem Fall bestand der Scherz darin, dass aus seinem erigierten Penis ein Wasserstrahl spritzte. Die implizierte Botschaft von Macht und Wohlstand wurde durch die Ausgestaltung des Atriums noch verstärkt. Auf beiden Seiten waren große Bronzetruhen – sie bargen die Art von Reichtümern, die der Priap am Eingang abwog – zur Schau gestellt. Nicht direkt zu sehen waren die »exklusiveren« Bereiche und die Wirtschaftsräume.

Mit Rückgriff auf Vitruv, der die Bauweise des Hauses mit den Hierarchien der römischen Gesellschaft in Zusammenhang brachte (und vor allem hinsichtlich der Beziehungen zwischen Männern der Oberschicht und ihren verschiedenen Gefolgsleuten), haben Archäologen zu rekonstruieren versucht, wie ein typisch römisches gesellschaftliches Ritual in Pompeji abgelaufen sein könnte. Gemeint ist das morgendliche Ritual der *salutatio*, bei dem »Klienten« aller Art ihren reichen Patronen ihre Aufwartung machten, um Vergünstigungen zu erhalten oder Geld in Empfang zu nehmen, weil sie bei den Wahlen für sie gestimmt oder ihnen (als Begleiter oder auch nur als Claqueure) eher symbolische Dienste erwiesen hatten, die dem Prestige des Patrons förderlich waren. Für Rom finden wir in der Dichtung Juvenals und Martials zahlreiche – aus der Sicht der Klienten geführte – Klagen über diese Sitte. Als relativ gutbetuchte Klienten beschweren sich diese beiden Dichter erwartungsgemäß am lautesten über die Demütigungen, die sie für eine bescheidene Zuwendung über sich ergehen lassen mussten: »Für drei Denare […] lässt du mich kommen« klagt Martial einmal (9,100,1), »und befiehlst mir, in der Toga frühmorgens dein Haus zu beehren, dann mich nicht von deiner Seite zu bewegen und vor deiner Sänfte einhergehend dich zu plusminus zehn Witwen zu begleiten …« Man kann sich leicht vorstellen, wie ein solches gesellschaftliches Ritual in einer pompejanischen *domus* ablief: Die Klienten saßen aufgereiht auf einer jener steinernen Bänke vor dem Haus, dann – wenn morgens als Allererstes die Haustüren geöffnet wurden – bahnten sie sich durch den schmalen Korridor ihren Weg ins Atrium und warten darauf, mit ihrem Patron sprechen zu können, der stolz in seinem *tablinum* thronte, Vergünstigungen verteilte oder auch nicht, ganz nach Lust und Laune.

Aller Wahrscheinlichkeit nach ist diese Vorstellung wohl doch zu pompös und formal für das, was sich in Pompeji tatsächlich abspielte.

Auch wenn in Rom das Ritual der morgendlichen *salutatio* so streng geregelt und strukturiert war, wie die Dichter zu verstehen geben (ich habe da so meine Zweifel), kann es in einer kleinen Stadt unmöglich so gewesen sein. Außerdem müssen wir bedenken, dass sich in Pompeji das Ritual in einem Bereich vollzogen haben müsste, der obendrein der Hauptabstellraum des Hauses war und wo auch ein oder zwei Webstühle gestanden haben mögen. Die *salutatio* wäre also durch plappernde Weberinnen und Sklaven, die von einem Schrank zum anderen eilten, gestört worden. Deshalb haben einige Archäologen für das Atrium eine Art Stundenplan angenommen. Nach diesem Modell war es am frühen Morgen das Revier des Hausherrn, das dann von der Familie inklusive Sklaven in Beschlag genommen wurde, wenn jener das Haus verlassen hatte,.um sich aufs Forum zu begeben oder andere öffentliche Aufgaben wahrzunehmen. Aber auch hier bezweifele ich, dass das alles tatsächlich so streng geregelt war.

Zudem laufen wir Gefahr, die soziale Dynamik der Beziehungen zwischen den Beteiligten allzu sehr zu simplifizieren, sowohl in Rom als auch in Pompeji. Die Ängste und Erniedrigungen der Leute, die darauf warten, zu ihrem Patron vorgelassen zu werden, sind das eine. Wir alle können uns gut vorstellen, wie es gewesen sein muss, darauf zu warten, einem hohen Tier seinen Fall vortragen zu dürfen – und diese Persönlichkeit konnte einem (mit einem Posten für den Sohn, einem Darlehen oder dem großzügigen Übersehen der Mietschuld) unter die Arme greifen oder auch nicht. Auch auf der Gegenseite muss es Ängste gegeben haben. Denn in dieser Welt, in der der Status und die Show eine so große Rolle spielten, brauchten Patrone fast genauso dringend ihre Klienten wie Klienten ihre Patrone. Man stelle sich die Angst und Demütigung eines Patrons vor, der in seinem *tablinum* sitzt, auf Klienten wartet – und kein einziger lässt sich blicken.

Dennoch helfen diese Rituale von Macht, Abhängigkeit und Patronage sehr wohl, die Logik des römischen Hauses und die Anordnung seiner Räumlichkeiten zu verdeutlichen. Diese Häuser dienten der Repräsentation – und diese Vorstellung schlug sich, wenn auch in abgeschwächter Form, selbst bei jenen Häusern nieder, in denen nur wenige Räume um das Atrium gruppiert waren.

Abb. 36. Ein Bild des Überflusses. Im Haus der Vettier begrüßt gleich hinter der Haustür der Gott Priapus die Besucher – seinen riesigen Phallus gegen einen Geldbeutel aufwiegend.

Nur für die Reichen: »das pompejanische Haus«

Diese um ein Atrium und oft einen Peristylgarten gebauten Häuser stehen mittlerweile für die häusliche Welt Pompejis. Sie haben die allgemeine Fantasie lange beschäftigt, nicht zuletzt angeregt durch Bücher wie *Die letzten Tage von Pompeji*, und sind jetzt schlechterdings als »*das* pompejanische Haus« bekannt, so als sei dies die einzige Hausform in der Stadt. Tatsächlich ist dieser Typus nur einer von vielen. Das ist für sich genommen schon bedeutsam. Die breite Vielfalt der pompejanischen Unterkünfte hinsichtlich Größe, Form und Luxus ist zudem ein Indiz für die in der Stadt herrschenden riesigen Vermögensunterschiede. Dies steht in deutlichem Kontrast zu dem relativ homogenen Bestand an Häusern und Wohnungen, die in einigen antiken Städten Griechenlands ausgegraben wurden, wo die Unterschiede zwischen arm und reich zumindest dadurch verschleiert wurden, dass alle Wohngebäude in etwa dieselbe Größe und Form hatten. In Pompeji klaffte eine tiefe Lücke zwischen den kleinsten und größten Atriumhäusern, doch selbst die kleinsten waren für viele Hunderte von freien Bürgern unerschwinglich. Paradoxerweise lebten eine Menge Sklaven, selbst wenn sie in schäbigen Dachkammern wohnten, in Verhältnissen und Umgebungen, um die sie manche der armen Freien beneiden konnten.

Wo also lebten die Armen? Das hängt ganz davon ab, was man unter »arm« versteht und *wie* arm diese Menschen waren. Nach einer besonders pessimistischen Einschätzung gab es in der antiken Welt, wenn mit »Armut« »bittere Not« gemeint ist, nur sehr wenige Arme, und dies aus einem einfachen Grund: Bittere Not führte sehr schnell zum Tod. Allein um zu überleben, waren die Armen auf einigermaßen verlässliche Einkünfte angewiesen, sei es durch Handel, Handwerk oder durch Verbindungen mit den großen Haushalten der Reichen. Mittellose Menschen konnten nicht überleben. Ende der Geschichte.

Wir haben bereits auf die beengten Wohn- und Schlafquartiere, die zu den Läden und Werkstätten gehörten, hingewiesen. In Pompeji entsprach ihre Zahl vermutlich der der Atriumhäuser, obwohl sie insgesamt offensichtlich sehr viel weniger Personen beherbergten. Un-

Abb. 37. Eine überwucherte Einraumwohnung, ausgestattet nur mit einem gemauerten Bett. Die Kammer einer Prostituierten? Oder die billigste Form einer pompejanischen Unterkunft?

terhalb dieser Schicht lässt der auf den Forum-Szenen dargestellte Bettler ahnen, was ein Leben in wirklicher Not bedeutete. Wo er sich zur Nacht bettete, können wir nur vermuten. Doch obwohl die römischen Gesetze Vorkehrungen trafen gegen diejenigen, die große Grabmäler entweihten, indem sie sich in ihnen häuslich niederließen (»Jedem steht es frei, eine Person anzuklagen, die in einem Grab lebt oder wohnt«, so die spätere römische Rechtsauffassung), wurden die eindrucksvollen Familien-Mausoleen an den Ausfallstraßen der Stadt von Obdachlosen immer wieder gern als Schlafstätten missbraucht. Aber es gab noch jede Menge anderer Möglichkeiten, angefangen bei den Bögen des Amphitheaters bis hin zu den Säulengängen von Tempeln.

Fast genauso arm dran waren diejenigen, die in einem zwischen die Häuser und Läden gequetschten einzigen Raum lebten, der sich zur Straße öffnete und lediglich über ein gemauertes Bett verfügte (vgl. Abb. 37). Diese Unterkünfte werden üblicherweise für Prostituierten-Kammern gehalten, und in der Tat ist bei mehreren von ihnen über der Tür ein auffälliger Phallus zu sehen. Aber sie könnten ebenso gut

Abb. 38. Eine Badeanlage mit Flussblick: die Sarno-Thermen. Der Badetrakt befand sich in den unteren Etagen, in den Obergeschossen waren Wohnungen untergebracht.

die winzig kleinen kargen Armen-Quartiere gewesen sein – mit dem Phallus als optimistischem Glückssymbol statt als Hinweis auf sexuelle Dienstleistungen. Natürlich ist auch beides möglich. Denn in der römischen Welt war, wie sonst auch, die Prostitution für die Benachteiligten oft der letzte Ausweg. Sie war mitunter die letzte Überlebenshoffnung für diejenigen, die jegliche sonstige Unterstützung verloren hatten: angefangen bei entlaufenen Sklaven bis zu Witwen und Waisen.

Für Menschen, die auf der Vermögensskala weiter oben stehen, gibt es andere Wohnmöglichkeiten. Im Südosten der Stadt befinden sich einige charakteristische Bauten, die wir als kleine *Reihenhäuser* bezeichnen würden. Die schmalen einstöckigen Gebäude mit einem offenen zentralen Hof, aber keinem Atrium, standen nebeneinander, hatten dieselbe Architektur, dieselbe Größe (sie waren ungefähr so groß wie kleine Atriumhäuser) und stammten alle aus der Zeit des ausgehenden 3. Jahrhunderts v.Chr. Wahrscheinlich waren sie Teil eines Stadtentwicklungsplans, der die Aufnahme von Zuzüglern (vielleicht solchen, die während des Krieges gegen Hannibal vertrieben worden waren) regeln sollte. Zur Zeit des Vesuvausbruchs waren sie noch bewohnt, wobei viele mittlerweile durch ein Atrium und ein Obergeschoss erweitert worden waren.

Davon wiederum unterscheiden sich die zur Miete stehenden Wohnungen. Wir haben bereits gesehen, dass die oberen Etagen der Atriumhäuser höchstwahrscheinlich vermietet waren. Es gibt auch deutliche Zeichen für einen auf Mietwohnungen spezialisierten, systematisch aufgebauten und in großem Stil betriebenen Immobilienmarkt. So sind zum Beispiel die drei oberen Etagen eines ziemlich protzigen vielstöckigen Gebäudes, das im Süden der Stadt in Hanglage mit Blick auf das Flusstal gebaut wurde, von stattlichen Wohnungen belegt, die teilweise wie Atriumhäuser konzipiert sind. In den unteren Stockwerken der Anlage befand sich eine der privat geführten Badeanstalten der Stadt, die jetzt wegen ihres Ausblicks auf den Fluss den Namen Sarno-Thermen trägt (hier fand man die Graffiti der wartenden Kinder; vgl. S. 28). Es ist das einzige Bauwerk dieses Stils in Pompeji und erinnert an einige der eher kostspieligen Wohnblöcke, die man in Ostia ausgegraben hat. Viele der Räume sind hell und luftig, es gibt große Fenster und Terrassen, von denen man einen großartigen Blick hat – ganz anders als im nach innen schauenden Atriumhaus. Hier können kaum die wirklich Armen gewohnt haben. Entsprach eine solche Wohnung eher Bulwer-Lyttons Vorstellung von einem Junggesellendomizil?

Allerdings hatten diese Unterkünfte auch ihre Kehrseite. Im Gegensatz zu anderen Häusern, in denen die Obergeschosse Toiletten hatten (ein hölzerner Sitz über einem Schacht in der Mauer), gab es hier – soweit wir wissen – keine entsprechenden Einrichtungen. Und die Nähe zu den Thermen könnte diejenigen gestört haben, die gerne Ruhe und Frieden hatten. Zumindest lassen dies die Klagen des Philosophen Seneca vermuten, der seine Situation folgendermaßen beschrieb:

»[...] direkt über einer Badeanlage wohne ich. Stelle dir nun alle Arten von Geräuschen vor, die Hass auf die eigenen Ohren hervorrufen können: wenn Kraftprotze üben und ihre Hände, die mit Bleigewichten beschwert sind, schwingen, wenn sie sich entweder abmühen oder so tun, als ob sie sich abmühten, höre ich Stöhnen [...] denke dir einen Haarauszupfer, der seine dünne, schrille Stimme, um sich dadurch bemerkbarer zu machen, in einem fort ertönen lässt, außer solange er aus Achselhöhlen die Haare zupft und einen anderen an seiner Stelle zu schreien zwingt.« (Seneca, *Epistulae morales* 56,1 f.; Übers. R. Rauthe)

Seneca konnte durchaus ein Spaßverderber sein, aber in diesem Fall hat er unser Mitgefühl.

Bei einem anderen großen Anwesen, einen fünfminütigen Fußmarsch vom Forum entfernt, schenkt uns ein glücklicher Fund Einblick in die Organisation des Wohnungsmarktes und die verschiedenen zur Verfügung stehenden Mietobjekte. An einer Straßenecke konnte man einst eine (jetzt verschwundene) Bekanntmachung lesen:

»Ab dem 1. Juli zu vermieten. In der *insula Arriana Polliana*, Eigentum des Gnaeus Alleius Nigidius Maius, Geschäftsräume und Wohnungen mit Zwischengeschossen [*tabernae cum pergulis suis*], hochwertige Obergeschoss-Wohnungen [*cenacula equestria*] und Wohnhäuser [*domus*]. Vermittler: Primus, Sklave des Gnaeus Alleius Nigidius Maius.«

Drei Arten von Wohnungen waren im Angebot, vermittelt durch den Sklaven des Eigentümers, wobei jeder Typus einem anderen Teil des großen Gebäudekomplexes zugewiesen werden kann, an dem die Bekanntmachung angebracht war (vgl. Plan 7).

Im Zentrum des Wohnblocks – der *insula Arriana Polliana* – befand sich ein stattliches Atriumhaus mit einem Peristyl und (zumindest in seiner endgültigen Form) einem weiteren dahinter liegenden Garten. Das Haus hieß früher aufgrund einer falschen Zuschreibung Haus des Pansa, es muss aber Gnaeus Alleius Nigidius Maius gehört haben, dem

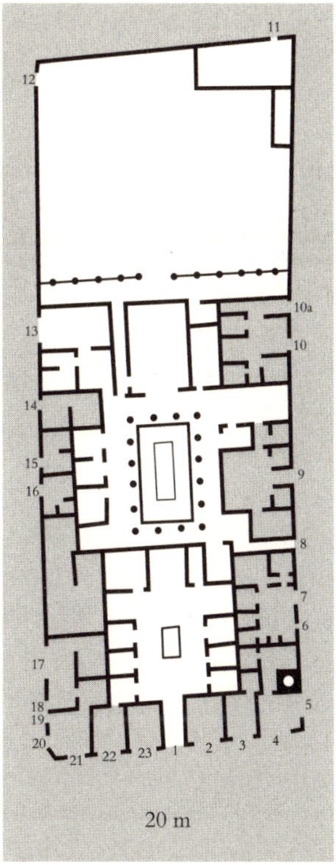

Plan 7. Die *insula Arriana Polliana*. Der gesamte Komplex war unterteilt in eine – durch den Eingang 1 zugängliche – Luxus-Wohnung mit Atrium und Peristyl (unschattiert) und verschiedene kleinere Einheiten an den Seiten des Hauses: Läden und Wohnungen, die zur Miete standen. Die Wohnungen im Obergeschoss waren über Treppen zu erreichen.

Mitglied einer der alteingesessenen Familien. Er war in den 50er und 60er Jahren n. Chr. in der Stadtverwaltung aktiv und suchte jetzt nach Mietern für seine *tabernae*, *cenacula* und *domus*. *Tabernae*, üblicherweise mit »Läden« oder »Werkstätten« übersetzt, finden sich an der Hauptstraße; es sind die Einheiten mit den charakteristischen offenen Vorderseiten (Nr. 21–23; 2–4); die Zwischengeschosse, in denen der Ladeninhaber und seine Familie wohnten, sind verschwunden, aber manchmal sind die Löcher für die Querbalken noch zu sehen. Die Einheiten an der Seitenstraße (Nr. 14–16), bei denen die markante Ladenfront fehlt, dienten wohl reinen Wohnzwecken. Daher meine Übersetzung »Geschäftsräume und Wohnungen«.

Die Wohnungen in der oberen Etage, die *cenacula*, waren von der

Straße aus über Treppen bei den Nr. 18, 19, 6, 8 und 10a erreichbar. Die Bezeichnung *cenacula equestria* verweist wörtlich auf die römische Oberschicht der »Ritter«, eine wohlhabende Klasse, die normalerweise in großzügigeren Verhältnissen lebte. Hier verspricht das Adjektiv vermutlich eine gewisse gesellschaftliche Reputation (oder lässt sie erwarten), ähnlich dem alten englischen Ausdruck »*gentleman's* outfitter« (»*Herren*ausstatter«). Mit den Häusern (*domus*) waren höchstwahrscheinlich die Erdgeschoss-Wohnungen gemeint (Nr. 7, 9 und 10). Sollte sich *domus* aber auf das Atriumhaus in der Mitte beziehen, das ebenfalls zu vermieten war, dürfte Nigidius Maius anderswo gewohnt haben.

Es ist schwer zu sagen, wo genau die Bewohner dieser verschiedenen Einheiten auf der gesellschaftlichen Skala der Bevölkerung Pompejis anzusiedeln sind, obwohl mehrere Bemerkungen in Petrons *Satyrica* den relativen Prestigewert der einzelnen Wohntypen bestätigen, auf den ihre konkreten Überreste hindeuten. Einmal, mitten in einem Ehestreit, versetzt Trimalchio einen bissigen Seitenhieb auf die niedere Herkunft seiner Frau: »Aber wer im Zwischengeschoss geboren ist, träumt nicht von Palästen« (Petron, *Satyrica* 74). An anderer Stelle wird der gesellschaftliche Aufstieg eines seiner Gäste durch die Tatsache bezeugt, dass er sein *cenaculum* vermieten will (»vom 1. Juli an«, interessanterweise derselbe Termin wie beim Vertrag des Nigidius Maius), da er sich eine *domus* gekauft hat. Über die Laufzeit solcher Mietverträge sind wir ebenso wenig informiert wie über einen den Mietern eingeräumten Kündigungsschutz. Doch eine andere Anzeige in der Stadt, die sich auf Wohnraum im Anwesen der Iulia Felix bezieht, wirbt mit den Worten: »elegante Räumlichkeiten mit Thermen für anspruchsvolle Kunden, *tabernae*, Zwischengeschosswohnungen [*pergulae*] und Wohnungen im Obergeschoss [*cenacula*] auf der Grundlage eines Fünfjahresvertrags«.

Die *insula Arriana Polliana* zeigt in einem einzelnen Gebäudekomplex sehr schön die verschiedenen Wohnmöglichkeiten in Pompeji. Erst jetzt können wir die armen *pergula*-Bewohner bedauern, die gleich neben ihrer Unterkunft die vergleichsweise palastartigen Ausmaße des Atriumhauses ständig vor Augen hatten.

Abb. 39. Der Blick in den langgestreckten Garten des Hauses des Octavius Quartio. Eine harmonische Abfolge von Bassins und Laubengängen – ein Juwel *en miniature*? Oder sprengt diese Anlage völlig den Rahmen, ein klassischer Fall von fehlgeschlagenen Prätentionen eines *nouveau riche*? Die Archäologen sind hier geteilter Meinung.

Doch es waren nicht nur die ärmeren Pompejaner, die in unterschiedlichen Quartieren lebten. Nicht alle der Wohlhabenderen wohnten im »Standardtyp« des pompejanischen Atriumhauses. In den letzten Jahren der Geschichte der Stadt haben manche Häuser – bei denen einige der von uns bereits beschriebenen grundlegenden Elemente beibehalten sind – zum Beispiel so hochentwickelte und weitläufige Gärten, dass der Fokus und der gesamte Charakter des Grundstücks vollständig verändert erscheinen.

Ein klassisches Beispiel dafür ist das Haus des Octavius Quartio (so benannt nach dem Namen auf einem Siegelring, den man in einem der dortigen Läden gefunden hat), das zur Zeit des Vesuvausbruchs gerade renoviert wurde. Wie der Grundriss zeigt (vgl. Plan 8), war das Haus als solches nicht besonders groß. Die Aufmerksamkeit konzentrierte sich auf den ausgedehnten Garten mit seiner kunstvollen Ausstattung und seinen Wasserinstallationen (die die Hauptwasserleitung nutzten). An der Gartenseite des Hauses erstreckte sich eine lange Pergola; sie überdachte einen schmalen Kanal, über den eine Brücke führte und der ursprünglich von Statuen gesäumt war. An dem einen Ende befand sich ein im Freien liegendes Esszimmer, am anderen ein dekorativer »Schrein«, der einst ein Bild der Göttin Diana oder Isis beherbergte (auf den erhaltenen Gemälden sind sowohl eine badende Diana wie auch eine Isis-Priesterin dargestellt). Auf niedrigerer Ebene verlief ein weiterer schmaler Kanal, der von Brücken und Bögen überspannt war, über etwa 50 Meter der Länge nach mitten durch den Garten. Am Ende und in der Mitte standen aufwendige Brunnen. Gemälde zierten fast alle sich bietenden Flächen. Auf beiden Seiten des Gartens waren Wege angelegt, deren Ränder mit Büschen und Bäumen bepflanzt waren, und es gab weitere Laubengänge. Die Zierbecken dienten auch der Fischzucht (vgl. Abb. 39).

Zahlreiche dieser Elemente sind von der Architektur des römischen Landhauses, der »Villa«, beeinflusst. Charakteristisch für dessen Garten waren dekorative Kanäle, kleine Altäre und zwischen Blumen und Bäumen angelegte Wege. Bei einer Gelegenheit spottete Cicero über die schamlosen Übertreibungen, zu denen die römische Elite bei der Bezeichnung ihrer Gartenkanäle griff: Sie nannten sie »Nil« oder »Eu-

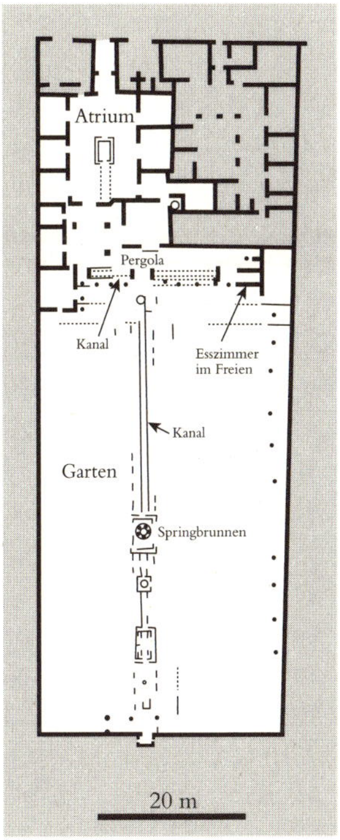

Plan 8. Das Haus des Octavius Quartio. Ein relativ kleines Areal, bei dem der üppig ausgestattete Garten trotzdem eine sehr viel größere Fläche einnimmt als das Gebäude. Die Schraffierungen bezeichnen Teile verschiedener Wohnungen.

ripus« (nach der Wasserstraße zwischen der Insel Euböa und dem griechischen Festland). Was ihn aber nicht daran hinderte, sich für einen Euripus auf einem der Landsitze seines Bruders Quintus zu begeistern. Einmal wollte er sogar für die unbekannte Göttin Amalthea selber einen Altar bauen und damit ein elegantes Heiligtum im Landhausgarten seines Freundes Atticus kopieren. Später sollte Kaiser Hadrian einen sehr protzigen »Canopus« (nach einem weiteren ägyptischen Wasserlauf) anlegen lassen, der in seiner ländlichen Palastanlage in Tivoli heute noch zu sehen ist. Kennzeichnend für den Garten einer »Villa« war auch die Verbindung des Angenehmen mit dem Nützlichen, wie sich bei dieser Kombination von Zierbecken und der Fischzucht dienendem Teich zeigt. Für den römischen Eigentümer gehörte zu den Freuden an seinem Landbesitz auch die Art und Weise, wie die landwirtschaftliche Produktion in den dekorativen Rahmen integriert wurde: eine Begegnung von Agrikultur und Eleganz.

Dieses Design verlegt also den Stil des ländlichen Anwesens in die Stadt. Für heutige Besucher der Stätte ist es sehr attraktiv, sie wandeln gern an den Kanälen und unter den Laubengängen, ganz wie es die antiken Bewohner getan haben müssen. Manche Archäologen haben darüber allerdings nur die Nase gerümpft. Ihrer Meinung nach hat man hier viel zu viel auf kleinstem Raum untergebracht (»in der Pergola können keine zwei Personen nebeneinanderher gehen, ohne an jeder Wegbiegung gegen einen Brunnen, eine kleine Brücke, einen Pfeiler oder eine Säule zu stoßen oder über die Statuetten im Gras zu stolpern«). Es ist eine »Walt Disney-Welt«, in der ein Besitzer mit wenig Geschmack versuchte, die ländliche Muße der Bessergestellten zu imitieren, und dabei ständig mehr Wert auf Quantität als auf Qualität legte.

Man muss der Tatsache ins Auge sehen, dass die Kunst und das Design der Antike ausgesprochen zweitklassig sein können. Und in diesem Haus sind einige Gemälde, um es freundlich auszudrücken, »von mäßiger Qualität«. Dennoch drängt sich die Vermutung auf, dass wir, wenn wir das Haus »geschmacklos« finden – vielleicht nur unbewusst –, die Vorurteile zahlreicher Römer der Oberschicht teilen, die nur allzu gern darüber spotteten, wenn palastartige Dimensionen auf das Normalmaß eines ganz gewöhnlichen Hauses zurechtgestutzt wurden. Trimalchio war gewiss schrecklich ordinär. Aber ein Teil des Witzes von Petrons Roman beruht darauf, dass er die Kultur der aristokratischen Elite nur allzu treffend nachäfft. Indem wir über ihn lachen, lachen wir auch über sie (oder über uns).

Niemand hat jemals so über die Häuser am westlichen Stadtrand die Nase gerümpft, die in den Anfangsjahren der Kolonie (nach dem Jahr 80 v. Chr. vielleicht von einigen der ersten Siedler) oberhalb der alten Stadtmauer auf einem radikal zum Meer hin abfallenden Hang errichtet waren und in ihrer endgültigen Form bis zu vier oder fünf Stockwerke aufwiesen (vgl. Abb. 15). Sie sind jetzt in vielerlei Hinsicht die eindrucksvollsten Häuser Pompejis, z. T. deswegen, weil man, wenn man über die erhaltenen Treppen die verschiedenen Etagen durchstreift, das Gefühl hat, man befinde sich *direkt in* einem antiken Haus – ein Gefühl, das man anderswo nur selten hat.

Mit ihnen verbunden ist auch eines der traurigsten Kapitel in der Geschichte der modernen Ausgrabungen. Nachdem sie im Jahre 1943 Opfer der Bomben geworden waren, wurden die Häuser in den 1960er Jahren ausgegraben, aber die Ergebnisse wurden nie angemessen publiziert, und selbst die unveröffentlichten Berichte und Notizen sind oftmals nur skizzenhaft. Folglich haben wir kaum eine Ahnung von der Geschichte ihrer Entwicklung, und manche Details ihrer inneren Ausgestaltung bleiben im Dunkeln. Stellenweise ist es sehr schwierig herauszufinden, wo die Trennwände zwischen den Häusern waren oder wie viele Wohneinheiten es insgesamt gegeben hat. Auch sind sie nicht für Besucher geöffnet (vom Haupteingang der Ausgrabungsstätte bei der Porta Marina hat man aber einen ganz guten Blick auf die Anlage). Infolgedessen werden sie in Reiseführern, allgemeinen Werken zur Stadtgeschichte und sogar in Universitätskursen selten erwähnt, obwohl sie denjenigen, die das Glück hatten, sie besichtigen zu dürfen, als Highlight in leuchtender Erinnerung geblieben sind. Sie haben unser Bild der pompejanischen Häuser nicht so geprägt, wie es ihnen angestanden hätte.

Wenn man die Architektur dieser großen komplexen Bauten verstehen will, stellt man sie sich am besten als Atriumhäuser vor, die nach den Prinzipien Vitruvs errichtet waren; hier sind diese Prinzipien allerdings eher vertikal als horizontal umgesetzt, und außerdem waren diese Häuser aufs Meer ausgerichtet statt nach innen gewandt. Bei dem imposantesten dieser Häuser, dem des Fabius Rufus (so benannt nach einem Mann, dessen Name in mehreren Graffiti im Haus auftaucht), gelangt man von der zur Stadt gelegenen Seite in ein – für einen Komplex dieser Größe – relativ bescheidenes ebenerdiges Atrium. Doch statt durch das Haus zu den »exklusiven« Bereichen weiterzugehen, steigt man über Treppen zwei Stockwerke hinunter, wo es an der Meerseite mehrere prachtvolle Räumlichkeiten mit großen Fenstern gibt, manchmal auch Außenterrassen. Die in den Hügel hineingebauten Wirtschaftsräume scheinen im Dunkeln zu liegen; sie haben keine Fenster und nur sehr wenig natürliches Licht (vgl. Abb. 40).

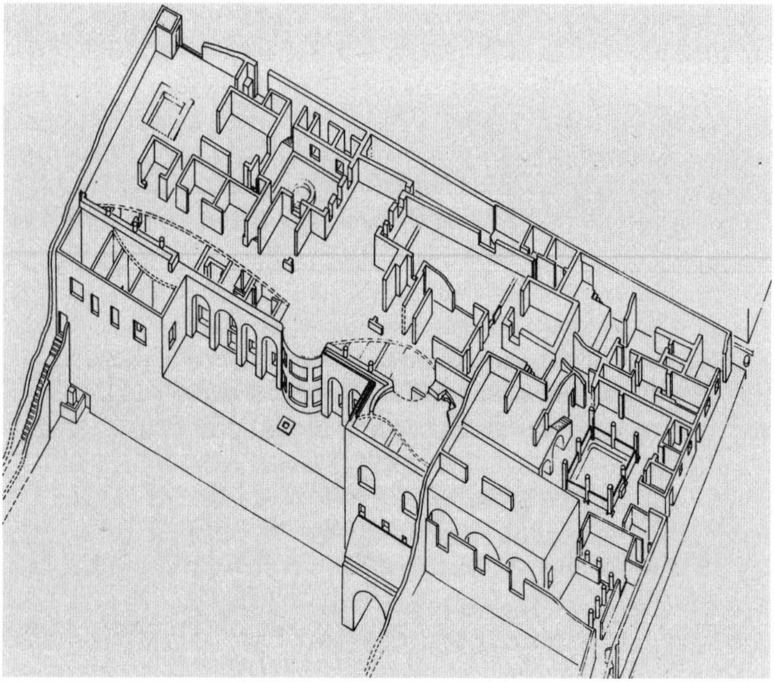

Abb. 40. Das Haus des Fabius Rufus. Die axonometrische Rekonstruktion vermittelt eine Vorstellung von der Komplexität dieses mehrstöckigen Baus. Während die Repräsentationsräume sich zum Meer hin öffnen, sind die in den Hügel hineingebauten Wirtschaftsbereiche wie üblich ausgesprochen düster.

Für die Besitzer und die privilegierten geladenen Gäste war dies ein Ort, wo sie das Licht, die Luft und den Blick genießen konnten. Ein Graffiti-Künstler, der sich an einer Treppe im Hausinneren betätigte, fand die treffenden Worte. Zwischen die Kritzeleien eines Epaphroditus, der seinen Namen und den seiner Freundin mehrmals hinterließ (»Epaphroditus und Thalia«) und genau unter dem Vers eines Verliebten, der so klischeehaft war, dass er in der Stadt wiederholt gefunden wurde (»Ich wünschte, ich könnte ein Ring an deinem Finger sein, für eine Stunde, nicht länger …«), hat jemand die ersten drei Wörter aus dem zweiten Buch von Lukrezens philosophischer Dichtung *De rerum natura* (*Von der Natur der Dinge*) geschrieben: *Suave mari magno*: »Süß, wenn auf hohem Meer …« Die Fortsetzung lautet, wie unser Schreiber vermutlich wusste: »... die Stürme die Weiten erregen, ist es, des anderen mächtige Not vom Lande zu schauen« (Übers. K. Büchner).

Es muss in der Tat »süß« gewesen sein, vom Hause des Fabius Rufus aufs Meer zu schauen.

Namen und Adressen

An der Tür eines kleinen Hauses im Süden der Stadt, bei dem das meiste, was sich hinter dem Eingang befindet, noch nicht ausgegraben ist, wurde eine kleine Bronzeplatte gefunden. Die Aufschrift lautet: »Lucius Satrius Rufus, kaiserlicher Sekretär (im Ruhestand).« Wenn dies, wie anzunehmen, das Namensschild an der Haustür ist, dann ist es nach heutigem Kenntnisstand das einzige seiner Art in der Stadt. Der Mann, der hier lebte, war Mitglied einer der ältesten Familien Pompejis oder zumindest mit ihr verbunden. Seine genaue Genealogie ist nicht bekannt, da ehemalige Sklaven und ihre Nachkommen den Familiennamen ihrer Herren annahmen. Ein Satrius könnte somit einem dieser einheimischen Adelsgeschlechter angehören oder von einem ihrer Sklaven abstammen. In diesem Falle halten wir angesichts der offensichtlich geringen Größe des Hauses und der Art seines Jobs die zweite Möglichkeit für wahrscheinlicher. Doch wie dem auch sei, es sieht ganz danach aus, dass wir es mit einem Pompejaner zu tun haben, der in der Verwaltung des Kaiserpalastes in Rom tätig war und sich in seiner Heimatstadt zur Ruhe gesetzt hatte. Voller Stolz prahlte er dort auf seinem Türschild mit seiner Beschäftigung im kaiserlichen Dienst.

Wir kennen die Namen von unzähligen Bewohnern Pompejis, angefangen bei den bedeutenden Familien der Satrii oder der Holconii Rufi bis zu den Namen von Einzelpersonen oder den Spitznamen derer, die die Wände bekritzelten oder auf ihnen verewigt wurden

Abb. 41. »Das ist Rufus« – »*Rufus est*«, wie es im lateinischen Original heißt. Die Person (oder das Opfer) dieser Karikatur ist mit einem Lorbeerkranz, einem hervorspringenden Kinn und einer prächtigen »römischen« Nase dargestellt.

(diese Leute müssen natürlich nicht weniger bedeutend gewesen sein – die Graffiti sind nicht auf die Unterschicht beschränkt): »Hallo, meine Prima, wo du auch bist. Von Secundus. Bitte liebe mich, mein Schatz«; »Ladicula ist ein Dieb«; »Atimetus hat mich geschwängert«. Bisweilen können wir den Namen sogar Gesichter zuordnen, auch wenn manche der erhaltenen Statuen die lokalen Honoratioren allzu schmeichelhaft darstellen. Auf seinem Sockel auf dem Platz vor den Stabianer Thermen an der Via dell'Abbondanza erinnerte Marcus Holconius Rufus, zur Zeit des Augustus ein hohes Tier in der Stadt, eher an einen siegreichen römischen Kaiser als an einen Kleinstadtmagistrat (vgl. Abb. 71). Möglicherweise realistischer – oder zumindest komischer – ist die Karikatur eines »Rufus« mit seiner römischen Nase (vgl. Abb. 41).

Als besonders schwierig hat sich die Zuordnung von Häusern zu Namen oder Familien erwiesen, und dies wird noch schwieriger, wenn wir in Begriffen wie »ein Hausvoll« zu denken versuchen, also die Menschen oder Gefolgsleute berücksichtigen, die in einem einzigen Gebäude zusammengewohnt haben könnten. Wie bereits gesehen, sind sehr viele Identifizierungen kaum mehr als Vermutungen, gestützt auf mehrere Wahlplakate, aus denen angeblich hervorgeht, dass der betreffende Kandidat oder Wahlhelfer in der Nähe wohnte – oder gestützt auf Siegelringe und -steine. Ich übertreibe nur leicht: Wo auch immer die armen Pompejaner bei ihrer überstürzten Flucht

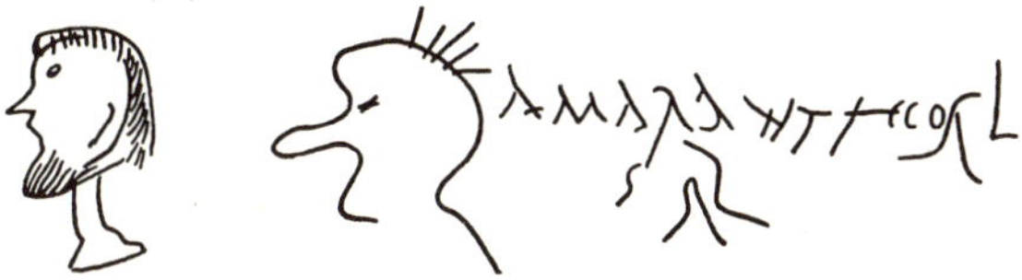

Abb. 42. »Hallo, Amarantus, hallo« [oder in dem schwer entzifferbaren Latein, »*Amarantho sal(utem) sal(utem)*«]. Wahrscheinlich soll einer dieser Männer Amarantus darstellen, den Besitzer der Schenke, in der das Graffito gefunden wurde.

aus der Stadt das Pech hatten, ihre Siegelringe zu verlieren – nach Meinung mancher Archäologen müssen sie genau da gewohnt haben.

Manchmal erweisen sich solche Vermutungen als zutreffend, zumindest halbwegs. Vor einigen Jahrzehnten hat man angenommen, dass der Besitzer einer kleinen – einen Block südlich von der Via dell'Abbondanza stehenden – Schenke ein Mann namens Amarantus war – wegen eines außen angebrachten Wahlplakats, auf dem ein »Amarantus Pompeianus« (d.h. der Pompejaner Amarantus) seine Mitbürger zur Wahl seines eigenen Kandidaten auffordert. Gleichzeitig glaubte man aufgrund eines Siegelrings, dass das kleine Nachbarhaus Quintus Mestrius Maximus gehört haben müsse.

Diese Gebäude wurden vor kurzem noch einmal ausgegraben. Dabei hat man festgestellt, dass in den letzten Jahren der Stadt die beiden – sehr heruntergekommenen – Häuser miteinander verbunden waren. Die Kneipentheke lag in Trümmern, der Garten war überwuchert (eine Pollenanalyse förderte einige verräterische Sporen von Farnen zutage), und das gemeinsame Grundstück wurde als Lager für Weinkrüge (*amphorae*) genutzt. Man fand hier das Skelett eines Maultiers, das zum Transport dieser Krüge verwendet wurde, dazu, zu seinen Füßen, ein (Wach-)Hund. Auf zweien dieser Krüge stand der Name »Sextus Pompeius Amarantus« bzw. nur »Pompeius Amarantus«. Das Geschäft als solches muss von diesem Amarantus geführt worden sein, dessen Name auch in mehreren in der Nachbarschaft entdeckten Graffiti auftaucht. So ist es vielleicht nicht allzu abwegig, in dem großnasigen Kerl (oder aber in dem Mann mit dem Bart), der neben »Hallo Amarantus, hallo« an die Wand gemalt ist, sein Porträt zu sehen (vgl. Abb. 42). Und Quintus Mestrius Maximus? Er könnte sein Partner gewesen sein oder einfach jemand, der einen Ring verloren hat.

In Wahrheit können wir uns nur sehr selten der Identität der Bewohner eines Hauses sicher sein, so wie beim Haus des Lucius Caecilius Iucundus, in dem die aus dem Dachspeicher gefallenen Bankunterlagen aufgefunden wurden. Etwas häufiger können wir mit ziemlich großer Sicherheit sagen, wer sie waren. Trotz starker Zweifel spricht manches dafür, dass das Haus der Vettier den Brüdern Aulus Vettius Conviva und Aulus Vettius Restitutus – oder einem von ihnen – gehörte (allerdings hat ein skeptischer Archäologe vor kurzem die Ansicht vertreten, dass es zwei Bedienstete gewesen seien, die die Aufgabe hatten, innerhalb und außerhalb des Hauses Güter abzustempeln). Das Haus des Iulius Polybius ist heute nach einem Mann benannt, der sowohl als Kandidat wie auch als Wahlhelfer auf Wahlplakaten an der Fassade erscheint und dessen Name sich auch im Hausinneren findet. Es ist aber auch eng verbunden mit einem Gaius Iulius Philippus, wahrscheinlich einem Verwandten, dessen Siegelring in einem der Schränke entdeckt wurde – der Ring ging also nicht zufällig verloren. Sein Name erscheint auch auf Graffiti innerhalb des Hauses.

Doch was bringt es uns, wenn wir die Identität der Bewohner kennen? Bei Amarantus haben wir nur die Befriedigung, einem Haus einen Namen zuzuweisen. In anderen Fällen aber können weitere Informationen über die betreffenden Personen oder allein schon die Namen in interessante Richtungen weisen. Die Tatsache, dass einer der Vettier-Brüder Mitglied der örtlichen *Augustalen* war (teils gesellschaftlicher Club, teils Priesterschaft, teils politisches Amt, vgl. S. 290), ist ein starkes Indiz dafür, dass die Vettier ehemalige Sklaven waren, da sich die *Augustales* fast ausschließlich aus Angehörigen dieses römischen Gesellschaftsstandes zusammensetzten). Im Fall des Iulius Philippus und Iulius Polybius, egal, in welcher Beziehung genau sie zueinander gestanden und welch hohen Rang sie in der politischen Elite Pompejis in der Mitte des 1. Jahrhunderts n. Chr. auch bekleidet haben mögen, lassen allein ihre Namen vermuten, dass auch sie von freigelassenen Sklaven abstammten. Denn den Namen Iulius trägt oft ein Sklave, der von einem der frühen Kaiser aus der Familie der Julier freigelassen wurde. All dies sind gute Hinweise darauf, dass in der römischen Gesellschaft die Grenzen zwischen den Sklaven und Freien durchlässig waren.

79 n. Chr.: Alles ändert sich

Die meisten Informationen, die wir über die pompejanischen Häuser und ihre Bewohner haben, stammen – wie könnte es anders sein? – aus den letzten Jahren vor dem Vesuvausbruch. Trotzdem können wir noch immer Spuren ihrer früheren Um- und Anbauten und Funktionsänderungen, die ihre Geschichte prägten, ausmachen. Wie jede Stadt war Pompeji ständig in Bewegung. Hausbesitzer verschafften sich mehr Wohnraum, indem sie Teile des Nachbarhauses erwarben und eine Tür in die Zwischenwand setzten. Das Haus des Menander war mal größer, mal kleiner, je nachdem, wie seine Besitzer Teile des Nachbarhauses dazukauften oder wieder verkauften. Das Haus der Vettier war durch die Zusammenlegung und den Umbau zweier kleinerer Gebäude entstanden. Läden wurden eröffnet und wieder geschlossen. Ehemalige Wohneinheiten wurden zu allen möglichen anderen Zwecken umfunktioniert: zu Kneipen, Walkereien und Werkstätten. Oder umgekehrt.

Man ist nur allzu gern versucht, jede nur ersichtliche Veränderung zum weniger Anspruchsvollen den Auswirkungen des Erdbebens des Jahres 62 n. Chr. zuzuschreiben. In Ermangelung anderer Beweise war es ja immer bequem, Umwandlungen in Gewerbebetriebe auf die Zeit »post 62« zu datieren. Aber Vorsicht. Solche Veränderungen in der Stadt hatten zweifellos eine sehr viel längere Geschichte. Eine sorgfältige Untersuchung der drei Walkereien, bei denen üblicherweise angenommen wird, dass sie sich erst nach dem Erdbeben in Privathäusern »breitgemacht« haben, hat gezeigt, dass alle drei bereits vorher (trotz des fürchterlichen Geruchs) in Häusern untergebracht waren, die auch Wohnzwecken dienten. Zumindest eine der neuen Zweckbestimmungen musste definitiv auf die Zeit vor 62 datiert werden.

Gewiss, zur Zeit des Vesuvausbruchs wurden enorm viele Bau- und Verschönerungsmaßnahmen durchgeführt, die sich nicht so leicht mit den üblichen Veränderungs- und Renovierungsprozessen erklären lassen. Und darüber hinaus gibt es einige Hinweise auf Stilllegungen und Verschlechterungen der Wohnqualität. Um nur Beispiele von Häusern, die uns bisher begegnet sind, anzuführen: Im Haus des Prinzen von Neapel scheint das, was ein imposanter Salon gewesen war, als Speicher genutzt worden zu sein; ebenso im Haus des Iulius Polybius (wo manche Räume ebenfalls leer waren; einige dort entdeckte Krüge mit Kalk deuten auf Restaurierungsarbeiten); im Haus der Venus im Bikini hatte man mit der Renovierung angefangen und sie wieder eingestellt; im Haus des Fabius Rufus und im Haus der Vestalinnen war sie anscheinend noch im Gang; im Haus des Menander waren die privaten Bäder, weil sie eingestürzt oder abgerissen worden waren, weitgehend außer Funktion; in dem kleinen Haus des Amarantus wurden gleichfalls Baumaterialien gefunden, es gab aber keinen Hinweis auf entsprechende Aktivitäten (vielleicht hatte man die Pläne wieder aufgegeben).

Es kann kaum sein, dass sich alle diese Arbeiten durch die üblichen Instandhaltungsmaßnahmen oder durch das Erdbeben, das sich immerhin schon im Jahre 62 ereignet hatte, erklären lassen (tatsächlich ging es z.T. um Nachbesserungen der schon »post 62« ausgeführten Reparaturen). Mit ziemlicher Sicherheit ist vieles von dem, was wir hier sehen, die Reaktion auf die Schäden, die von den Beben in den Wochen oder Monaten vor dem endgültigen Vulkanausbruch verursacht worden waren. Im Sommer 79 n.Chr. sahen sich die Hausbesitzer von Pompeji in einer ungewohnten Situation. Die Optimisten unter ihnen bemerkten ärgerliche Risse in den Malerarbeiten, die ausgebessert werden mussten. Die Pessimisten (und diejenigen, die sich in aller Muße um ihre Zukunft sorgen konnten) müssen in dieser Zeit darüber nachgedacht haben, was wohl als Nächstes passieren würde.

Im folgenden befassen wir uns mit der Reaktion einer Familie von Optimisten, die im Haus der arbeitenden Maler lebte.

Kapitel 4

Malen und Dekorieren

Vorsicht: Maler bei der Arbeit

Am Morgen des 24. August 79 n. Chr. war eine Gruppe von insgesamt vielleicht drei oder vier Malern in einem großen Haus fast unmittelbar neben dem Haus des Iulius Polybius aufgetaucht, um die Arbeiten fortzusetzen, die sie einige Wochen zuvor begonnen hatten. Da das Haus noch nicht vollständig ausgegraben ist, wissen wir nicht, wie groß genau oder wie prächtig es war. Bisher kennen wir nur den hinteren Teil des Anwesens: einen Peristylgarten (beschrieben auf S. 123), die angrenzenden Zimmer und einen schmalen Eingang an einer Seitenstraße (vgl. Plan 9). Zwischen der Rückwand des Gartens und der Via dell'Abbondanza gab es – in dem für Pompeji typischen Nebeneinander von vornehmem Wohnhaus und wirtschaftlicher Infrastruktur – einen Laden und eine kommerziell betriebene Bäckerei (die wir im nächsten Kapitel besuchen werden). Der Haupteingang dieses Hauses, das aus naheliegenden Gründen jetzt als Haus der arbeitenden Maler bekannt ist, muss auf eine weiter nördlich gelegene Straße geführt haben.

Allem Anschein nach wurden gerade größere Renovierungsarbeiten durchgeführt. In den Kolonnaden des Peristyls entdeckte man Kalkhaufen und auf einem Lagerplatz neben der Küche Sand, Mosaik-*tesserae* und anderes Material für die Verlegung von Fußböden. Die Maler arbeiteten gerade im – etwa 50 m^2 großen, sich zum Garten öffnenden – eindrucksvollsten Raum dieses Teils des Hauses, als sie wohl um die Mittagszeit einfach den Pinsel fallen ließen und ohne ihre Gerätschaften und Farben das Weite suchten. Man fand hier Kompasse, Spuren von Gerüsten, Krüge mit Gips, Mischbecher und mehr als 50 kleine Farbtöpfe (dazu einige – meist leere – Töpfe in einem Weidenkorb in einem der Zimmer nördlich des Peristyls, das während der Bauarbeiten offenbar als Abstellraum genutzt wurde).

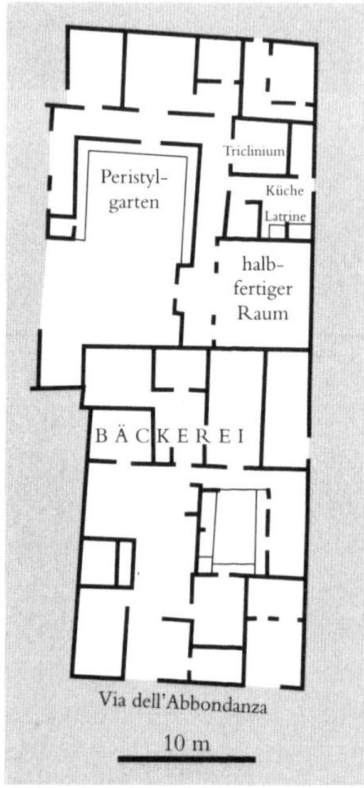

Plan 9. Das Haus der arbeitenden Maler ist noch nicht vollständig ausgegraben. Der hintere Teil grenzt an die Bäckerei der keuschen Liebenden. Der Haupteingang muss nördlich gelegen haben (oben).

Dank der plötzlichen Unterbrechung erhalten wir einen ungewöhnlichen Einblick in ihre handwerkliche Arbeit, bevor sie ganz abgeschlossen war, und können aufgrund dessen zu rekonstruieren versuchen, wie sie arbeiteten, in welcher Reihenfolge und Geschwindigkeit sie vorgingen und wie viele Männer hier tätig waren. Grundsätzlich – und das entspricht nur dem gesunden Menschenverstand – arbeiteten sie von oben nach unten. Obwohl die obersten Teile des Zimmers jetzt fast vollständig zerstört sind, steht fest, dass die am höchsten gelegenen Partien der Wand fertig verputzt und bemalt waren. Desgleichen, wie aus den heruntergefallenen Fragmenten zu erschließen, die Kassettendecke. Am Fuß der Wand, unterhalb des »Paneels«, fehlte noch die letzte Putzschicht.

Bei Beginn des Vesuvausbruchs arbeiteten die Maler an der breiten mittleren Dekorationsfläche. Sie malten in echter Fresko-Technik. Die Farbe wurde also auf den noch nassen Gips aufgetragen, und da sich

Abb. 43. Eine halbfertige Wand, bei der die Maler beim Ausbruch des Vulkans ihre Arbeit unterbrochen haben. Auf den ersten Blick ist zwar nicht viel zu erkennen, aber man kann einige Methoden der Maler rekonstruieren. Das mittlere und das rechte Feld sind bereits – mit Ausnahme der nur skizzenhaft entworfenen zentralen Figurenszene – farbig getüncht. Der (gerade noch sichtbare) linke Abschnitt war nur mit reinem Gips verputzt. Unterhalb des zentralen Feldes vergnügen sich gemalte Amoretten bei einem gefährlichen Wagenrennen.

die beiden Materialien verbinden, wird die Schicht sehr widerstandsfähig, so dass sie nicht gleich abblättert, wenn man einmal dagegen stößt. Aber deshalb mussten sie auch sehr zügig zu Werke gehen: Die Farbe musste aufgetragen sein, bevor der Gips getrocknet war. Renaissance-Maler hatten genau dasselbe Problem und hängten manchmal nasse Tücher über den Gips, um ihn feucht zu halten. Bei genauer Betrachtung lassen sich in anderen pompejanischen Häusern gelegentlich Abdrücke solcher Tücher entdecken, hier allerdings nicht. Auch auf anderen Gemälden kann man die Stellen sehen, wo der Maler auf den Gips gedrückt hat, um die Restfeuchtigkeit herauszupressen.

Ein genauerer Blick auf die Nordwand vermittelt einen guten Eindruck von der bis dahin geleisteten Arbeit (vgl. Abb. 43). Zwei der beiden Hauptfelder, ein schwarzes und ein rotes, waren bereits fertiggestellt. Sie waren überwiegend einfarbig, aber mit mehreren kleinen Gestalten geschmückt: In einer Szene scheint ein verliebter Gott mit einer Nymphe das Weite zu suchen. In einer anderen führen ein paar sportliche Amoretten ein Wagenrennen auf – die Wagen werden von Ziegen gezogen (das führende Paar erleidet einen schlimmen Unfall). Zwischen diesen farbigen Feldern gab es schmalere Abschnitte mit fantasievollen Bauten und viel zu dünnen Säulen, die von Blumen und Blättern und gefährlich darauf balancierenden Vögeln umrankt waren. Links musste noch ein ganzer Wandabschnitt bemalt werden: Die letzte feine Gipsschicht war noch nass und hätte sich vermutlich am Ende des Tages in passendem Schwarz gezeigt – wäre es nicht zu der Katastrophe gekommen.

Kurz vor seiner Vollendung stand auch das Hauptgemälde, das in der Wandmitte den Blickfang bilden sollte. Hier war eine Faustskizze in Ockergelb auf den nassen Gips aufgetragen, um die Grundzüge des Designs vorzugeben und dem Maler so ein schnelles Fertigstellen des Bildes zu ermöglichen. Nach heutigem Kenntnisstand hätte es einige Figuren gezeigt (eine saß links, etliche standen rechts), und der obere Teil, wo schon etwas Farbe aufgetragen war, hätte blau sein sollen. Voraussichtlich wäre es, wie viele andere erhaltene Beispiele nahelegen, eine mythologische Szene geworden. Auf diesem Feld war die Unterzeichnung relativ detailliert: Einige anatomische Formen waren ziemlich genau vorgegeben.

Das war bei jenen anspruchsvollen architektonischen Bildern anders. An der Ostwand des Zimmers sind sie noch unvollendet – aber hier beschränken sich die Skizzen auf dem Gips auf ein paar schematische gerade Linien, geometrische Kurven (deshalb die Kompasse) und die gelegentliche Zeichnung eines komplizierten Umrisses, etwa von Urnen. Anscheinend haben diese eleganten und offensichtlich raffinierten Konstruktionen zum Standard-Repertoire der Maler gehört, so dass sie die Details – die Vögel, das Blattwerk und die architektonischen Extravaganzen – allein aufgrund des höchst skizzenhaften Entwurfs ergänzen konnten.

Auch über das geplante Sujet auf dem zentralen Feld an der Nordwand wissen wir nichts Genaueres, weil die Unterzeichnung größtenteils von einer rauhen, unregelmäßig verteilten Putzschicht bedeckt ist. Dies ermöglicht uns jedoch einen weiteren Einblick in die Arbeitsweise der Maler. Denn diese Schicht kann nur dadurch entstanden sein, dass ein Eimer mit Gips umkippte und von einer Leiter oder einem Gerüst gegen die Wand fiel, als die Maler – vermutlich beim Ausbruch des Vulkans – die Flucht ergriffen. Die beiden durch eine Linie verbundenen Löcher auf jeder Seite unter dem zentralen Feld deuten darauf hin, dass hier vorübergehend ein Brett für die Farbtöpfe des Mannes, der die Hauptszene malte, angebracht war.

Die chemische Analyse der erhaltenen Farben liefert weitere Informationen. Die Maler verwendeten sieben Grundfarben (Schwarz, Weiß, Blau, Gelb, Rot, Grün und Orange) mit wechselnden Nuancen, gewonnen aus 15 unterschiedlichen Pigmenten. Manche konnte man sich leicht vor Ort beschaffen: Aus Ruß ließ sich z.B. Schwarz herstellen, mehrere Arten von Kreide oder Kalk waren die Basis für Weißtöne. Aber man nutzte auch ausländische und raffiniertere Ingredienzien: den Celadonit, vielleicht aus Zypern, für Grün; den wahrscheinlich ebenfalls importierten Hämatit für Rot; das sogenannte »Ägyptischblau« wurde kommerziell produziert, indem man Sand, Kupfer und ein spezielles Kalziumkarbonat zusammen erhitzte (nach Auskunft des Plinius war dies mindestens viermal so teuer wie ein einfaches Ockergelb). Für all diese Farben gab es prinzipiell zwei Zusammensetzungen. Die erste enthielt ein organisches »Bindemittel« (vermutlich Ei). Die zweite kam ohne Bindemittel aus und war mit Wasser vermischt. Dies verweist auf zwei unterschiedliche Maltechniken. Die Farbe mit dem für den letzten Schliff notwendigen Bindemittel (zusätzliche Schnörkel bei den architektonischen Darstellungen oder bei jenem Wagenrennen der Amoretten), wurde secco aufgetragen, d.h. auf den bereits getrockneten Gips oder Farbauftrag. In der Farbe, die direkt auf den feuchten Gips gemalt wurde (Fresko), wurde kein Bindemittel verwendet.

Wenn wir alle diese Hinweise zusammennehmen, bekommen wir eine grobe Vorstellung davon, wie viele Handwerker im Haus der arbeitenden Maler tätig waren und wie ihre Arbeit aufgeteilt war. Es müssen wenigstens drei Personen gewesen sein. Am Morgen des 24. August war ein Maler mit dem zentralen Feld der Nordwand befasst. Ein anderer arbeitete neben ihm und hatte die weniger Geschicklichkeit erfordernde Aufgabe, die schlichte schwarze Tünche aufzutragen (möglicherweise gehörte ihm der umgefallene Gips-Eimer). Ein dritter widmete sich der noch unfertigen architektonischen Darstellung an der Ostwand (das mittlere Feld war noch nicht verputzt, sollte also erst später bemalt werden). Ein vierter könnte mit den Einzelheiten der Secco-Malerei beschäftigt gewesen sein. Aber da man sich hierbei (anders als beim Fresko) nicht beeilen musste, wären diese Details wohl eher von den anderen Malern nach Abschluss ihrer Fresko-Arbeiten hinzugefügt worden. Ein kleiner Auftrag also, bei dem ein Lehrling, Sohn oder Sklave, ein paar erfahreneren Handwerkern assistierte.

Wer genau sie waren, wie sie eingestellt wurden, was sie kosteten und wie die von ihnen ausgeführten Wanddekorationen ausgewählt wurden, können wir nur vermuten. Auf den Gemälden Pompejis hat man bisher lediglich zwei mögliche Signaturen gefunden und wir haben keine örtlichen Belege für die Preise einer solchen Arbeit. Was wir allenfalls haben, stammt aus viel späterer Zeit; es handelt sich um ein im frühen 4. Jahrhundert veröffentlichtes kaiserliches Edikt über die Höchstpreise von Waren und Dienstleistungen. Danach konnte ein »Figurenmaler« (er entspricht möglicherweise dem Typ von Malern, die hier an den zentralen Feldern arbeiteten) pro Tag doppelt so viel verdienen wie ein »Wandmaler« und dreimal so viel wie ein Bäcker oder Schmied. Falls hier tatsächlich »Figurenmaler« am Werk waren (und mit dem »Figurenmaler« des Edikts nicht, wie manche Wissenschaftler glauben, ein Porträtkünstler gemeint ist), dann musste eine solche Arbeit sehr teuer gewesen sein, aber trotzdem kein Luxus, den sich nur die ganz Reichen leisten konnten. Die Verhandlungen zwischen dem Auftraggeber und dem Maler dürften ähnlich verlaufen sein wie heute. Mit Geld kann man sich alles kaufen. Im übrigen muss zwischen den Wünschen und Marotten der Kunden und den Vorlieben, der Kompetenz und dem bewährten Repertoire des Malers ein Kompromiss ausgehandelt werden.

Abb. 44. Das Gemälde, nach dem das Haus des Menander benannt ist. Der Komödienschreiber Menander (4. Jahrhundert v. Chr.) entspannt sich hier mit einer Schriftrolle seines eigenen Werks.

Zweifellos waren die unverwechselbaren Gemälde der pompejanischen Häuser, ihre lebendigen dekorativen Muster und ihr farbenfroher Angriff auf die Sehnerven fast allesamt das Produkt der Arbeitstechniken von kleinen Handwerksbetrieben, wie sie uns im Haus der arbeitenden Maler begegnen. Ein kleines Gebäude in einer Seitenstraße, nur zwei Häuser von Amarantus' Schenke entfernt, beherbergte höchstwahrscheinlich ein solches Malergeschäft oder zumindest eine Familie, die sich damit einen Teil ihres Lebensunterhaltes verdiente. Unweit der Haustür stand ursprünglich ein hölzerner Schrank mit mehr als 100 Farbtöpfen und sonstigen Werkzeugen wie Bleigewichten und Kompassen, Löffeln und Spateln sowie Gerätschaften, mit denen die Pigmente in feinen Puder für die Farbmischungen zerrieben wurden. Auch wenn es Wanderarbeiter oder sogar spezielle Aufträge für angesehene Firmen außerhalb der Region gegeben haben dürfte, muss der größte Teil der Malerarbeiten in Pompeji von einer kleinen Zahl von Werkstätten wie dieser durchgeführt worden sein, und so muss es zahlreiche Beispiele für die Arbeit ein und desselben Malers in verschiedenen Häusern geben.

Von derselben »Hand« stammende Arbeiten ausfindig zu machen ist, wenn man sich auf keine schriftlichen Hinweise stützen kann, ein verführerisches, aber auch gefährliches Unterfangen. Ein renommierter Archäologe hat sich sogar eingeredet, dass er im englischen Fishbourne, im sogenannten »Königspalast« von Togidubnus, und im südlich von Pompeji gelegenen Stabiae die Handschrift genau desselben Malers ausmachen kann. Für Pompeji selbst gibt es alle möglichen – manchmal wilden – Theorien darüber, »wer was malte«. So hat man z.B. den Arbeitsstil des Malers, von dem etliche der figürlichen Szenen im Haus des tragischen Dichters stammen, auch in mehr als 20 weiteren Häusern in der Stadt wiedererkannt, angefangen bei dem berühmten Bild Menanders im Haus des Menander (vgl. Abb. 44) bis hin zu der realistischen Darstellung eines seine Notdurft verrichtenden Mannes, die in einem kleinen Haus mit Laden den Gang zur Latrine ziert. Kann sein, muss aber nicht. Aber um mich selbst für einen Augenblick an diesem Spiel zu beteiligen: Die winzige Darstellung mit den Amoretten, die auf dem bemalten Rand der oben erwähnten Nordwand beim Wagenrennen verunglücken, ist einer Amoretten-Szene im Haus der Vettier (vgl. Tafel 21) so ähnlich, dass sie eigentlich das Werk desselben oder derselben Maler sein muss.

Pompejanische Farben

Wenn die Maler ihre Arbeit nicht hätten unterbrechen müssen, wäre das fertige Produkt im Haus der arbeitenden Maler der modernen Vorstellung von der »pompejanischen Wandmalerei« wohl sehr nahegekommen. Durch die Wiederentdeckung Pompejis im 18. Jahrhundert wurde das »römische« Innendekor zu einer weitverbreiteten europäischen Mode. Reisende, die den Ruinen einen Besuch abgestattet hatten, oder Leute, die an einigen der aufwendigen frühen Veröffentlichungen der hier gefundenen Dekorationen einfach nur ihre Freude hatten, begannen damit, die Wände von Pompeji in ihren eigenen Häusern zu kopieren, ob im Stadtzentrum von Paris oder auf dem englischen Land. Mit dem nötigen Geld konnte man die Atmosphäre eines römischen Zimmers wieder aufleben lassen, wenn man sich an eine einfache Formel hielt: die Wände in Felder unterteilen, sie tiefrot, im sogenannten »pompejanischen Rot« ausmalen (oder in einem fast

Abb. 45. Die Wände der pompejanischen Häuser zeigten oft gemalte Säulen, Giebel und Paneele, um eine illusionistische Architektur erstehen zu lassen. Die Wirkung dieser beiden Wandmalereien ist sehr unterschiedlich, doch die übliche Aufteilung in drei Felder ist auf beiden klar zu erkennen.

ebenso charakteristischen satten Gelb) und mit fantasievollen architektonischen Darstellungen, schwebenden Nymphen und Szenen der klassischen Mythologie ausschmücken. Für uns ist dies zum Stereotyp des Stils der pompejanischen Häuser geworden.

Das war natürlich nicht ganz aus der Luft gegriffen. Dieser »pompejanische« Stil entspricht der üblichen Ausgestaltung der Häuser in einer antiken Stadt. Neben Schwarz, Weiß und Gelb war jenes Tiefrot bei den Römern sehr beliebt (wir sollten allerdings nicht vergessen, dass das heiße Vulkangestein ein ursprüngliches Gelb verfärbt und so mehr Rottöne produziert haben könnte, als ursprünglich vorhanden waren). Viele Darstellungen zeigen mythologische Szenen, angefangen bei so erotischen Sujets wie Narziss, der sein eigenes Spiegelbild im Wasser bewundert, bis hin zu Medea, die ihre Kinder mit dem

Abb. 46. Das eindrucksvolle Porträt einer jungen Frau, die einen Schreibgriffel an die Lippen hält, ein weniger als zehn Zentimeter hoher Ausschnitt aus dem Originalbild. Man vermutet heute – ohne ersichtlichen Grund –, dass hier die griechische Dichterin Sappho dargestellt ist.

Schwert bedroht, verbunden mit einer üppigen Vielfalt architektonischer Formen. Diese wirken manchmal äußerst fragil und sind bisweilen mit ihren illusionistischen Ausblicken in weite Fernen so perfekte *Trompe-l'œils*, dass sich die massive Oberfläche der Wand fast aufzulösen scheint. Ein anderes typisches Merkmal, das uns in dem unvollendeten Raum begegnet ist und das bei modernen Imitationen akribisch reproduziert wird, ist die Aufteilung des Tableaus in drei vertikale Register, die jeweils auch horizontal dreifach gegliedert sind: Unter einer breiten mittleren Zone mit der figürlichen Hauptszene befindet sich ein Paneel und oben über dem Gesims ein Feld mit weiteren dekorativen Elementen (vgl. Abb. 45).

Aber der pompejanische Maler und sein Auftraggeber waren noch sehr viel erfindungsreicher. Beim Blick in die Häuser Pompejis hätte man an den Wänden eine viel größere Bandbreite an Sujets, Themen und Stilen entdeckt, als es der modernen Klischeevorstellung entspricht. Exquisite Landschaften, versteckt inmitten der architektonischen Fantasiegebilde, anrührende Porträts (vgl. Abb. 46) und Stillleben, ganz zu schweigen von verkrüppelten Zwergen, Sexszenen und furchteinflößenden wilden Tieren, alles sowohl im Miniatur- wie auch im Großformat. Es gab auch Dekorationsstile, die sehr viel stärker an moderne Tapeten erinnern, als man sich je hätte träumen lassen. Viele Hausbesitzer ließen weite Teile der Korridore und Wirtschaftsräume mit einem schwarzweißen Design bemalen, das aus naheliegenden Gründen als »Zebrastreifen« bekannt ist – in den 1960er Jahren war das der »letzte Schrei«. Selbst bei Repräsentationsräumen gab es Flächen, die mit fortlaufenden geometrischen und floralen Mustern ausgeschmückt sein konnten, was man überhaupt nicht für »pompejanisch« halten würde (vgl. Abb. 47). Und all diese Vielfalt zeigte sich, noch bevor man auf den Fußboden schaute, wo, zumindest in den Häusern der Wohlhabenderen, fast alle Motive, die sich an den Wänden fanden, auch als Mosaik erscheinen konnten, angefangen beim Wachhund bis hin zu gelegentlichen großen Kampfszenen. Die »dekorative Ausgestaltung der Häuser« in Pompeji bietet alle möglichen Überraschungen.

Besonders unvergesslich sind die großen Wandmalereien, die sich oft über die gesamte Rückwand eines Gartens erstrecken. Wir haben die Spuren gemalten Blattwerks und anderer Gartenelemente an der Wand im Haus des tragischen Dichters gesehen, auf der der reale und der imaginäre Garten ineinander übergehen. In anderen Häusern entschied man sich für exotischere Motive. Besucher eines relativ bescheidenen Hauses (des sogenannten Hauses des Orpheus) konnten von der Haustür direkt auf den im hinteren Teil gelegenen Peristylgarten schauen – und auf ein Wandgemälde mit der überdimensionalen Gestalt eines nackten Orpheus, der in ländlicher Umgebung auf einem Felsen sitzt und zum Entzücken einer bunten Schar von Tieren auf seiner Lyra spielt (vgl. Tafel 2). Auf einer anderen Gartenwand taucht aus dem Meer eine riesige Venus auf, die etwas unbequem in ihrer Muschel liegt (vgl. Abb. 97). Auf einer weiteren Wand liefert eine

Abb. 47. Manche pompejanische Wanddekorationen wirken erstaunlich modern. Dieses gemusterte Design aus dem Haus der vergoldeten Amoretten, das vielleicht einen Wandbehang imitieren soll, könnte fast als Tapete durchgehen.

fantasievolle Landschaft mit Palmen im Vordergrund und imposanten Villen in der Ferne den Rahmen für einen (gemalten) Schrein, der drei ägyptischen Gottheiten geweiht ist: Isis, Serapis und dem Knaben Harpokrates, dem Symbol der aufgehenden Sonne.

Jagdszenen waren ebenfalls sehr beliebt (vgl. Tafel 19). Selbst der kleine Garten im Haus der Ceii (so benannt nach ihren wahrscheinlichen Besitzern) bot den Besuchern den Nervenkitzel einer Hatz. Die Rückwand dieses Areals, nicht größer als 6 × 5 Meter, wird von einer dramatischen Jagd beherrscht, an der Löwen, Tiger und verschiedene andere mehr oder weniger wilde Tiere beteiligt sind (vgl. Abb. 48). An den Seitenwänden rechts und links sieht man Bilder des Nils und seiner Anwohner – Pygmäen, die ein Flusspferd verfolgen, Sphingen, Altäre, in Capes gehüllte Schäfer, Palmen, Segelboote und Kähne (einer ist mit *amphorae* beladen). Es ist ein etwas plumpes Werk. Aber vermutlich sollte es den Eindruck vermitteln, dass man, wenn man in diesen winzigen Garten kam, in eine andere Welt eintrat, teils Raubtierpark, teils exotisches Ausland.

Eine große Vielfalt an anderen Sujets zeigte sich auf manchmal sehr kunstvoll gemalten Friesen – bisweilen an überraschenden Orten. Wir haben uns bereits mit den erhaltenen Teilen des Frieses mit Forum-Szenen aus dem Anwesen der Iulia Felix befasst. Dieses Werk war jedoch nur eines von vielen. Um die gesamte Eingangshalle in den privaten Thermen im Haus des Menander zogen sich Karikaturen der Heldentaten von Göttern und Heroen, humorvolle Parodien bekann-

Abb. 48. Auf der Gartenwand am Haus der Ceii ist eine Tierhatz dargestellt. Das Gemälde ist plump und nur fragmentarisch erhalten. Dennoch bringt es sehr anschaulich das wilde Landleben in den winzigen städtischen Garten.

ter Mythen: Theseus, dargestellt als breitbrüstiger Zwerg, tötet den Minotaurus; eine etwas betagte und nicht allzu liebreizende Venus sagt dem kleinen Cupido, wohin er zielen soll (vgl. Abb. 51). Im selben Haus erstreckten sich die Gemälde bis über die schmale Fläche des niedrigen Gemäuers zwischen den Säulen des Peristyls: Hier hüpften zwischen etlichen üppigen Pflanzen Reiher umher, während eine bunte Schar wilder Tiere auf der Jagd war: Ein Hund verfolgte einen Hirsch, ein Eber einen Löwen.

In einem sehr viel bescheideneren Haus unweit des Forums in der Via dell'Abbondanza, im Haus des Arztes (wie es nach einigen dort gefundenen medizinischen Instrumenten heute heißt), war die Mauer zwischen den Säulen des kleinen Peristyls mit einem Pygmäen-Fries geschmückt. Diese mussten sich allen möglichen Abenteuern und gefährlichen Situationen stellen: Einige versuchen ein Krokodil zu fangen (vgl. Tafel 22), einer wird von einem Flusspferd gefressen (ein Freund versucht vergeblich, ihn aus dem Maul des Tieres herauszuziehen), ein Paar hat Sex und zieht damit die bewundernden Blicke einer

Abb. 49. Auf diesem Gemälde spielen Pygmäen das salomonische Urteil (oder eine ganz ähnliche Geschichte) nach. Das Baby, um das der Streit geht, liegt auf dem Tisch und soll gleich in zwei Stücke gehauen werden. Rechts wendet sich eine der um das Kind kämpfenden »Mütter« flehentlich an eine Gruppe von Richtern, die auf einem hohen Podest Platz genommen haben.

Schar feiernder Pygmäen auf sich. Doch das bemerkenswerteste Bild zeigt offenbar eine Szene, die eine Parodie des salomonischen Urteils oder einer sehr ähnlichen Geschichte darstellt. Hier schwingt ein Soldat ein großes Beil über dem umgekämpften Baby, bereit, es in zwei Teile zu hauen, während sich eine der Klägerinnen, vermutlich die echte Mutter, flehentlich an die drei Amtspersonen wendet, die die Szene von ihrem hohen Podest aus beobachten (vgl. Abb. 49). Pygmäen sind zwar auf verschiedenen Gemälden in der Stadt immer wieder abgebildet (sie finden sich zum Beispiel an den Seiten steinerner Klinen in einem prachtvollen Sommer-*triclinium* ebenso wie im Haus der Ceii), doch die Szene mit dem Baby ist für Pompeji einzigartig.

Dennoch gehört der Ehrenplatz unter den Friesen – sowohl wegen des starken optischen Eindrucks als auch wegen des faszinierenden Sujets – einer Reihe von noch außergewöhnlicheren Bildern, die in der nur etwa 400 Meter außerhalb der Porta Herculanea gelegenen Mysterienvilla (teils Bauernhof, teils Luxusanwesen) entdeckt wurden. Diese machen nun dem Priap aus dem Haus der Vettier den Rang als ikonografisches Symbol der pompejanischen Kunst streitig. Sie sind auf genauso vielen modernen Souvenirs reproduziert wie der Priap, angefangen bei Aschenbechern bis hin zu Kühlschrankmagneten – und haben den zusätzlichen Vorteil, dass man nicht ganz so überlegen muss, wem man sie mitbringen kann.

Lebensgroße Figuren vor einem satten roten Hintergrund, die alle vier Wände eines großen Raumes schmücken und den Betrachter fast in das Gemälde mit einbeziehen, sind ein fantastisches Beispiel für »Schauen bis zum Umfallen« (vgl. Abb. 50). An dem einen Ende des Raumes liegt der Gott Dionysos im Schoß der Ariadne, die er, nachdem sie von dem Helden Theseus verlassen worden war, gerettet hat – ein beliebtes Thema der pompejanischen Malerei. An den anderen Wänden begegnet uns eine merkwürdige Ansammlung von Menschen, Göttern und Tieren: ein nackter Junge, der etwas aus einer Papyrus-Rolle vorliest (vgl. Tafel 14); eine Frau mit einem vollbeladenen Tablett dreht sich um, um unsere Aufmerksamkeit auf sich zu lenken; ein ältlicher Satyr schlägt die Lyra; eine weibliche Version des Gottes Pan (eine »Panisca«) säugt eine Ziege; ein geflügelter »Dämon« peitscht ein nacktes Mädchen; eine weitere nackte Frau tanzt zum Klang von Kastagnetten; eine Frau lässt sich das Haar flechten, während ihr ein geflügelter Cupido den Spiegel hält. Und das ist nur etwa die Hälfte von dem, was hier dargestellt ist.

Um ehrlich zu sein: Das ist alles völlig rätselhaft und keine noch so große moderne Gelehrsamkeit hat je die Bedeutung herausfinden können – jedenfalls keine, die restlos überzeugt. Manche Forscher sind der Ansicht, dass sich die Bilder speziell auf die Initiation in den religiösen Dionysos-Kult beziehen, und verweisen etwa auf die Auspeitschung und die Enthüllung eines phallusartigen Gebildes am Rand der Wand neben dem göttlichen Paar. In dem Falle könnte der Raum eine Art heiliger Bezirk innerhalb des Hauses gewesen sein. Das ist nicht unmöglich, allerdings ist er, anders als man es bei einem esoterischen Kultraum erwarten würde, völlig frei zugänglich. Er öffnet sich nämlich auf einen schattigen Säulengang mit einem herrlichen Blick aufs Meer. Auf einer Seite gibt es große Fenster, von denen aus man in der Ferne die Berge sehen kann. Andere Forscher haben die Bilder als die ziemlich extravagante Allegorie einer Vermählung gedeutet und die junge Frau, die sich in Cupidos Spiegel bewundert, als die Braut. In diesem Fall hätten wir es mit keinem spezifisch religiösen Sujet zu tun, sondern mit einer Reihe völlig plausibler, wenn auch etwas eigenwilliger Bilder, die für einen größeren

Abb. 50. Der geheimnisvolle Fries in der Mysterienvilla. An der Wand am Ende des Raumes sinkt der Gott Dionysos in den Schoß seiner Geliebten Ariadne. Links, gegenüber dem großen Fenster, sieht man einige der aneinandergereihten Figuren: Ein Kind liest etwas aus einer Rolle vor, überwacht von einer sitzenden Frau, vielleicht seiner Mutter. (Vgl. auch Tafel 14)

Salon gemalt wurden. Das Haus wurde *Mysterien*villa genannt nach den dionysischen Initations»mysterien«, womit man sich einer streng religiösen Interpretation des Frieses anschloss. Doch diese Gemälde sind auch im heute gebräuchlichen Wortsinne wahrlich *mysteriös*.

Die meisten pompejanischen Häuser haben heute ihren Glanz verloren – traurigerweise ist ihr Innendekor, wie wir bereits festgestellt haben, verblasst oder weitgehend verschwunden. Von den Karikaturen in den Thermen im Haus des Menander sind nur ein paar reizvolle Fragmente erhalten (vgl. Abb. 51). Wir werden jene ägyptische Gartenlandschaft niemals mehr in all ihrer farbenfrohen Frische erleben können: Nachdem sie im frühen 19. Jahrhundert erstmals wieder zum Vorschein gebracht wurde, ist sie – infolge des Zusammenwirkens von Regen, Sonne, Frost und einem oder zwei Erdbeben – schlichtweg verschwunden. Bei einer heutigen Besichtigung des Hauses findet

Abb. 51. Götterparodien in den Thermen im Haus des Menander. Diese Zeichnung eines heute stark verblassten Bildes zeigt einen ungezogenen kleinen Cupido, der, von einer ausgesprochen unattraktiven Liebesgöttin angewiesen, ein Ziel ins Auge fasst.

man kaum noch Verputz an den Wänden, und bei dem, was übriggebliebenen ist, braucht man viel Fantasie, um mehr als ein paar vage Farbkleckse auszumachen. Alles, was wir haben, verdanken wir den tatkräftigen Künstlern, die in den Jahren nach der Entdeckung Pompejis dort arbeiteten und die Gemälde für Hobby-Archäologen und Ästheten kopierten. Wie es scheint, war von dem Werk bereits in den 1860er Jahren nichts mehr zu sehen.

Doch man erlebt auch unangenehme Überraschungen anderer Art. Was den Fries in der Mysterienvilla so unvergesslich macht, ist nicht nur sein merkwürdiges Sujet. Es ist die Vollständigkeit der Bilder, die einen umgeben, der sattrote Hintergrund der Gestalten und der leuchtende Glanz der Bemalung. Hier, so scheint es, ist einer der wenigen Orte in der Stadt, wo sich die antike Wirkung der bemalten Wände noch ganz und gar erhalten hat.

Doch leider trügt der Schein. Tatsächlich haben wir hier keine auf wundersame Weise erhaltenen Gemälde vor uns, sondern das Ergebnis einer aggressiven Restauration, die nach der Ausgrabung im April 1909 vorgenommen wurde. Um fair zu sein: Was wir heute sehen, vermittelt im großen und ganzen einen recht guten Eindruck des Originals. Aber die Wandmalereien waren nicht in diesem perfekten Zustand, als sie bei der – von einem einheimischen Hotelbesitzer privat finanzierten – Grabung zutage gefördert wurden. Sie erlitten weitere Schäden im Zuge der anschließenden verschiedenen Konservierungsmethoden. In den Monaten nach der Entdeckung wurden die Bilder den Elementen ausgesetzt, geschützt nur durch Vorhänge, die nicht verhindern konnten, dass das Wandstück über Dionysos bei einem Erdbeben im Juni 1909 beschädigt wurde.

Ein gravierenderes Problem war die aufkommende Feuchtigkeit. Nachdem die Wände freigelegt waren, stiegen Salze aus der Erde, sickerten durch die Bilder und hinterließen hässliche weiße Flecken. Wenige Tage nach ihrer Entdeckung wurden sie mit einer Mischung aus Wachs und Petroleum, die mehrfach auf die Oberfläche aufgetragen wurde, entfernt. So erklärt sich nicht nur der eindrucksvolle Glanz, der als solcher überhaupt nicht antik ist (auch wenn in der Antike vielleicht gelegentlich etwas Wachs aufgetragen wurde), sondern auch die satte Farbe. Bei einer kürzlich erfolgten Freilegung der ursprünglichen römischen Bemalung ist eine deutlich hellere Hintergrundfarbe zum Vorschein gekommen. Noch radikaler ging man vor, als man, was damals gängige Praxis war, Teile der originalen Raumwände abriss und sie durch feuchtigkeitsresistente Mauern ersetzte, wobei die Gemälde zuvor aus der ursprünglichen Fläche herausgelöst und später dann auf die neue Wand wieder aufgebracht wurden. All dies war geschehen, bevor ein deutsches Team im Herbst 1909 eintraf, die Fresken restaurierte und sie, soweit möglich, wieder in ihren früheren Zustand versetzte.

Die Mysterienvilla ist eines der pompejanischen Häuser, das wahrhaftig glänzt. Aber trotz seines ikonischen Status ist dieser Glanz nicht antik, sondern größtenteils das Werk moderner Restauratoren.

Was wohin gehörte

Als Cicero zur Ausschmückung seiner verschiedenen Häuser und Villen Skulpturen kaufte, war er in der Frage, was wo hinkommen sollte, sehr wählerisch. Einmal, in den 40er Jahren v. Chr., schrieb er einem seiner Freunde, der als sein Agent tätig war, einen verärgerten Brief.

Der unglückselige Marcus Fabius Gallus hatte unter anderem einige »Bacchantinnen« aus Marmor – die weiblichen Anhänger des Gottes Dionysos (oder Bacchus) – erworben, ein in der antiken Welt wohlbekanntes Symbol für Wildheit, Trunkenheit und Zügellosigkeit. Sie waren, wie Cicero einräumte, »ganz hübsch«, aber völlig ungeeignet für eine (nüchterne) Bibliothek. Hingegen wären ein paar Musen genau richtig gewesen. Und damit hatten seine Klagen noch kein Ende. Gallus hatte auch eine Statue des Mars, des Kriegsgottes, gekauft. »Was soll ich als Friedensstifter mit einer Mars-Statue?« murrte der undankbare Cicero.

Die Logik, die Ciceros Plänen für das Innendekor zugrunde liegt, ist offensichtlich. Das Sujet muss zur Funktion des Raumes oder zu dem Bild, das er, Cicero, abgeben will, passen. Können wir dieselbe oder eine andere Logik bei der Wahl der Schmuckelemente in den pompejanischen Häusern ausfindig machen? Können wir trotz all der Vielfalt jetzt erklären, warum man sich bei einem bestimmten Raum für ein bestimmtes Gemälde entschieden hat?

Es dürften auch persönliche Capricen mit im Spiel gewesen sein. Welche exakte Bedeutung der Fries in der Mysterienvilla auch gehabt haben mag (heilige Dionysos-Riten, Ehe-Allegorie oder etwa anderes – die Wissenschaftler haben im Laufe der Jahre dazu einige kluge Ideen vorgelegt), das Ensemble ist so großartig und so unverwechselbar, dass der Auftraggeber sehr genau wissen musste, was er an den Wänden dieses Raumes haben wollte, und genug Geld hatte, sich das leisten zu können. Dasselbe gilt für das Alexander-Mosaik im Haus des Fauns, eine unvorstellbar teure Arbeit, ob das Werk nun mit seinen Millionen von winzigen steinernen *tesserae* eigens für diesen Ort angefertigt oder aus dem Osten importiert worden war. Jemand hatte den starken Wunsch, es hier zu sehen – warum, werden wir leider nie wissen. Aber die Dekoration ist nicht nur eine Frage persönlicher Vorlieben. In unserer eigenen Welt halten wir es für selbstverständlich, dass es kulturelle »Regeln« für die Ausgestaltung der Häuser gibt. Können wir solche Regeln auch für Pompeji rekonstruieren? Und was sagen sie uns über das Leben in einer römischen Stadt?

Diese Fragen haben die Archäologen über Generationen beschäftigt. Eine der beliebtesten Antworten, die im 19. Jahrhundert zum ersten Mal zur Debatte gestellt wurde, besagt, dass die zahlreichen verschiedenen Stile, die wir an den Wänden der Stadt sehen, auf einen Wandel der Mode oder des Geschmacks zurückzuführen seien. Oder anders gesagt: Es gibt eine chronologische Entwicklung in der Malerei, wobei die unterschiedlichen Stile auf unterschiedliche Entstehungszeiten der Wanddekoration schließen lassen. Es ist insbesondere der stereotype pompejanische Malstil mit seinen farbig getünchten großen Flächen, seinen mythologischen Szenen und architektonischen Strukturelementen und Fantasiegebilden, der unter diesem Gesichtspunkt untersucht wurde. Einige Archäologen sind allen möglichen Spuren nachgegangen – Hinweisen bei Vitruv oder auch jenen Abdrücken, die von Münzen in dem noch feuchten Putz hinterlassen wurden (vgl. S. 27) –, um die einzelnen Gemälde exakt zu datieren und eine umfassende Chronologie des Designs zu rekonstruieren. Was für das ungeschulte Auge wie eine ganz homogene Reihe von Gemälden aussieht, kann, so wird argumentiert, in vier unterschiedliche Stile unterteilt werden, die in einer modebewussten Stadt einander ablösten. Sie werden in der archäologischen Fachsprache (die regelmäßig auch in Reiseführern und auf Museumsschildern auftaucht) schlicht als die »vier Stile« bezeichnet und finden sich nicht nur in Pompeji, sondern überall im römischen Italien.

Diese Stile sind durch ihre unterschiedlichen Illusionstechniken charakterisiert, angefangen bei der Imitation farbiger Marmorquader im ersten Stil bis hin zu den manchmal barocken Architekturgebilden des vierten. Dazwischen lagen die eher festen architektonischen Strukturen des *Trompe-l'œil* des zweiten Stils (man hat oft vermutet, dass er mit den römischen Kolonisten in der Stadt Einzug hielt) und die kunstvolle dekorative Ornamentik des dritten, bei dem die Säulen zu bloßen Stengeln reduziert wurden und Giebel aus einem Gewirr von Blättern bestanden. Vitruv, der in der Zeit des Kaisers Augustus schrieb, hatte für den damals neu in Mode gekommenen dritten Stil überhaupt nichts übrig; er empfand ihn nicht nur als unrealistisch, sondern fast als unmoralisch: »An die Stelle von Säulen tritt kanneliertes Schilfrohr, an die Stelle von Giebeln Verzierungen aus gerollten

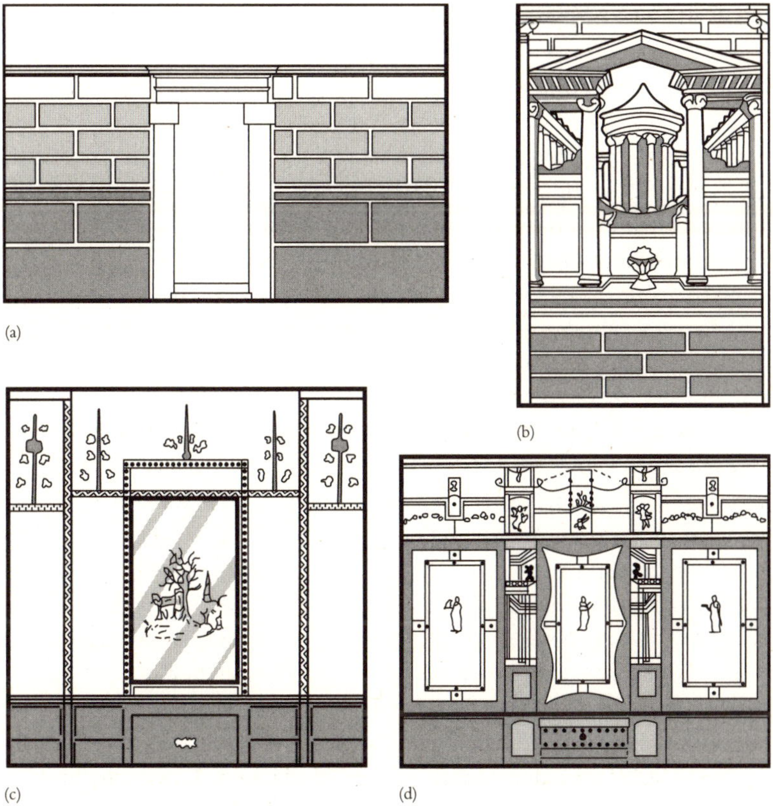

Zeichnung 10. Vier Stile der Wandmalerei. Oben links (a), der erste Stil, 2. Jahrhundert v. Chr. Oben rechts (b), der zweite Stil. In Pompeji wird er üblicherweise auf die Zeit nach dem Zuzug der römischen Siedler im Jahre 80 v. Chr. datiert. Unten links (c), der dritte Stil. Von der Zeit des Augustus (um 15 v. Chr.) bis in die Mitte des 1. Jahrhunderts n. Chr. Unten rechts (d), der vierte Stil. Der Stil der letzten Jahre von Pompeji, seit Mitte des 1. Jahrhunderts n. Chr.

Blättern und Laubwerk und Kandelaber, die Bilder kleiner Tempel tragen; aus ihren Giebeln wachsen Blumensträuße aus verschlungenen Wurzeln; dazwischen finden sich ohne Sinn und Verstand Figürchen und Stengel, die Halbfiguren tragen, die einen mit Tier-, die anderen mit Menschenköpfen. Das alles existiert nicht, kann nicht existieren und hat niemals existiert […]. Aber obwohl die Menschen diese Fehlgriffe sehen, tadeln sie sie nicht, sondern erfreuen sich daran […]. Es sollten nämlich keine Bilder akzeptiert werden, die nicht der Wirklichkeit entsprechen.« Der vierte Stil hätte ihm, wenn er ihn noch erlebt hätte, vermutlich genauso wenig zugesagt. Er reichte von relativ zurückhaltenden Kompositionen in Weiß und Rot bis hin zu atemberaubenden und manchmal schlichtweg allzu bunten Extravaganzen und kümmerte sich kaum stärker um die »Wirklichkeit«.

Zugunsten dieses Modells einer chronologischen Entwicklung in der Dekoration der pompejanischen Häuser lässt sich vieles sagen. Es ist ja völlig plausibel, dass sich der Geschmack des Innendekors im Laufe der Zeit veränderte. Jeder heutige Bauhandwerker, der es gewohnt ist, in alten Häusern zu arbeiten, weiß genau, welchen Stil er zu erwarten hat, wenn er die Tapetenschichten entfernt, die mit jeder neuen Mode des 20. und 19. Jahrhunderts angebracht wurden. Warum sollte es in Pompeji nicht ebensolche Veränderungen gegeben haben? In der Tat deutet an der Ausgrabungsstätte vieles darauf hin, was zu der Vorstellung von vier aufeinanderfolgenden Stilen genau passt. Die große Mehrheit – etwa 80 Prozent – der bemalten Wände sind im vierten Stil gestaltet, ganz wie man es für die letzte der chronologischen Phasen erwarten würde. Im übrigen gibt es, so vorsichtig die Datierung von pompejanischen Bauten und Gemälden oftmals auch sein sollte, keinen Hinweis darauf, dass vor der Mitte des 1. Jahrhunderts n. Chr. irgendeine Hauswand im vierten Stil gestaltet war.

Dennoch ist die Festlegung auf die vier Stile, die von einigen heutigen Archäologen vorgenommen wird, viel zu rigide. Natürlich würde jeder, der Pompeji im Jahre 79 n. Chr. besuchte, gesehen haben, dass Gemälde im vierten Stil das häusliche Ambiente beherrschten. Aber selbstverständlich waren (wie man aufgrund der noch erhaltenen Bilder weiß) auch alle anderen Stile vertreten. Ein Haus, das aus naheliegenden Gründen »Haus der vier Stile« heißt, zeigte Beispiele für jeden von ihnen, vielleicht das Ergebnis einer zu unterschiedlichen Zeiten erfolgten und deshalb uneinheitlichen Ausdekorierung. Im Haus des Fauns ist, wie wir gesehen haben, in einem seltsam altmodischen, fast musealen Ambiente ein großer Teil einer im ersten Stil gehaltenen Dekoration erhalten und sogar wiederaufgebaute Wände wurden auf diese Weise gestaltet. Und es gab eine ganze Reihe anderer wunderschöner Beispiele für Wandmalereien des ersten Stils, die sorgfältig konserviert und bis zum Untergang der Stadt sicherlich immer wieder retuschiert und farblich aufgefrischt wurden. Wie es scheint, war bei öffentlichen Gebäuden (wie bei der Basilika auf dem Forum, einem multifunktionalen – juristischen, politischen und kommerziellen Zwecken dienenden – Bauwerk) der erste Stil allgemein üblich, und zwar noch lange nachdem er sich in Privathäusern durchgesetzt hatte. Pompejanische Dekorationen waren sowohl im privaten wie im öffentlichen Bereich eine Mischung aus alt und neu.

Darüber hinaus ist, wie so oft bei solch strengen Systematisierungen, der Unterschied zwischen den aufeinanderfolgenden Stilen vor Ort nicht ganz so offensichtlich, wie es die üblicherweise ausgewählten »Typenbeispiele« in den meisten Büchern (diesem eingeschlossen) nahelegen. Obwohl eine kleine Gruppe von Archäologen weiterhin bestrebt ist, die Chronologie und Stilkategorien zu verfeinern, und immer mehr kleine bis kleinste Subunterteilungen erfindet (dritter Stil Phase 1 A, B, C, 2 A usw.), hat das ungeschulte Auge vielleicht nicht völlig Unrecht, wenn es bei diesen Stilen mehr Gemeinsamkeiten als Unterschiede feststellt. Generationen von Studenten, die, ausgerüstet mit ihrem Schulwissen über diese stilistischen Einteilungen, zum ersten Mal Pompeji besuchten, mussten (wie auch ich selbst vor vielen Jahren) erkennen, dass es – so unverwechselbar der erste Stil auch sein mag – in den meisten Fällen schwieriger ist, den zweiten, dritten und vierten Stil exakt zu bestimmen, als sie sich das je vorgestellt hätten. Selbst die Spezialisten verweisen gelegentlich auf dieses Problem, wenn sie den vierten Stil als »eklektisch« bezeichnen oder sagen, er »übernehme frühere Elemente und kombiniere sie auf neue und oft überraschende Weise«. Einer gibt sogar zu, dass der vierte

Stil »vom dritten Stil kaum zu unterscheiden« sei – womit sich dann nur noch die relativ wenigen Beispiele des ersten und zweiten Stils deutlich voneinander unterscheiden lassen.

Aber das größere Problem besteht darin, dass die Theorie der vier Stile kaum die Möglichkeit berücksichtigt, dass es eine Verbindung zwischen der Funktion eines Raumes und dem Typus der Wanddekoration geben könnte. In neuzeitlichen Häusern spielt dies bei der Wahl des Designs eine wichtige Rolle. Wenn man heute ein leeres Haus betritt, hat man, auch wenn es keine Betten oder Schränke gibt, eine reelle Chance, allein aufgrund der Farben und Muster an den Wänden das Schlafzimmer vom Wohn- oder Kinderzimmer zu unterscheiden. Und wie das Beispiel Cicero zeigt, konnte eine ähnliche Berücksichtigung der Funktion des Raumes ausschlaggebend dafür sein, welche Statuen ein reicher Römer auswählte. Trifft dies auch auf Pompeji zu, wo sich – wie wir schon gesehen haben – häusliche Aktivitäten bestimmten Zimmern oder Teilen des Hauses weniger klar zuordnen ließen als bei uns?

Ja – oder zumindest bis zu einem gewissen Grade. Das Zebrastreifenmuster ist ganz offensichtlich für den Wirtschaftsbereich vorgesehen. Zwar waren auch ein oder zwei repräsentative Räume in der Stadt in diesem Stil gestaltet, aber im allgemeinen war dies die billige Wanddekoration von Latrinen, Sklavenunterkünften, Hauswirtschaftsräumen und Korridoren (das antike Pendant zu einem schnellen Anstrich mit weißer Dispersionsfarbe). Außerdem haben wir gesehen, dass die Gartenwände häufig mit Sujets geschmückt waren, die die Vorstellung von üppigem Blattwerk aufgriffen und auf eine imaginäre Wildnis (bevölkert von wilden Tieren, Pygmäen und anderen exotischen Gestalten) anspielten, die sich vor dem geistigen Auge weit über die Grenzen des Hauses hinaus erstreckte. Bezeichnend ist auch, dass jene Parodien wohlbekannter Mythen, die auf den meisten anderen Gemälden in Pompeji mit der gebotenen Seriosität dargestellt sind, in einer privaten Thermenanlage zu finden sind. Denn die Thermen waren ein Ort des Vergnügens, wo gesellschaftliche Normen gelockert waren, wie das Fußbodenmosaik am Eingang zum »Dampfbad« im Haus des Menander zu erkennen gibt: Ein forscher schwarzer

Abb. 52. Der Mosaikboden am Eingang zum Dampfbad im Haus des Menander. Ein halbnackter schwarzer Sklave zeigt seinen großen Penis. Die darunter dargestellten Striegel, mit denen sich die Badenden den Schweiß und das Öl abschabten, sind passenderweise zu einem phallischen Muster arrangiert. Welche Botschaft wurde damit den Nacktbadenden vermittelt?

Sklave, spärlich bekleidet und mit einem Kranz auf dem Kopf, trägt zwei Wasserflaschen, die in Farbe und Form zu seinem (großen) Penis passen; darunter ein ebenfalls an einen Phallus erinnerndes Muster aus vier Striegeln (mit denen das Öl abgeschabt wurde) und einem an einer Kette hängenden Topf (vgl. Abb. 52).

Doch wir können noch ein paar allgemeinere Verbindungen zwischen der Nutzung der verschiedenen Teile des Hauses und den jeweiligen Wanddekorationen, ihren Farben und Sujets feststellen. Im heutigen Haus der westlichen Welt sind Pastelltöne typisch für Schlaf- oder Badezimmer. In Pompeji scheint der Hausbesitzer oft eine schwarze Hintergrundfarbe für seine prächtigsten Räume ausgesucht zu haben, obwohl der Grundstoff dieser Farbe billig sein mochte (interessanterweise erwähnt Plinius verschiedene kostspieligere schwarze Pigmente, darunter eines, das aus Indien importiert wurde). Gelb und Rot waren relativ prestigeträchtige Alternativen.

Wie aus seinem Preis und aus den Kommentaren römischer Schriftsteller zu erschließen, war der Gipfel des Luxus ein sehr spezielles rotes Pigment, Cinnabarit oder Zinnober (»Quecksilbersulfid« nach Auskunft eines Naturwissenschaftlers), das in Spanien abgebaut wurde. Es war so begehrt, dass laut Plinius ein Höchstpreis gesetzlich festgelegt war (es war etwas mehr als doppelt so teuer wie Ägyptischblau), um die Kosten »in Grenzen« zu halten. Er berichtet auch, dass dies eine von den wenigen teuren Farben war, die dem Kunden für gewöhnlich getrennt in Rechnung gestellt wurden, zusätzlich zu den normalen vertraglich vereinbarten Auftragskosten. Man kann sich leicht vorstellen, wie solche Verhandlungen abgelaufen sein könnten: »... ja, natürlich *könnte* ich das in Zinnober machen, mein Herr, aber das käme Sie teuer. Es würde als Extra berechnet. Es wäre wahrscheinlich besser, wenn Sie sich selber etwas besorgen könnten ...« Die Verhandlungen zwischen dem Kunden und dem Bauunternehmer dürften sich im Laufe der Jahrhunderte nicht allzu sehr verändert haben.

Zinnober war nicht nur ein sehr begehrter roter Farbton, sondern auch schwierig zu handhaben (was gewiss zu seiner Attraktivität beitrug). Denn unter bestimmten Umständen, besonders unter freiem Himmel, verblasste es sehr schnell und wurde, wenn man keine spezielle Öl- oder Wachsschicht auftrug, zu einem fleckigen Schwarz. Wie um dies eindringlich und überzeugend darzulegen, erzählt Vitruv die Geschichte eines unbedeutenden, aber reichen »Schreibers« in Rom, der sein Peristyl in Zinnober hatte ausmalen lassen – und innerhalb eines Monats hatte es seine Farbe verändert. Geschah ihm nur recht, er hätte es eben besser wissen müssen, lautete die Moral. Das Haus der arbeitenden Maler spielte nicht in der Zinnober-Liga. Doch das Pigment wurde auf zwei der zweifellos vornehmsten dekorativen Objekte in Pompeji entdeckt: auf dem Fries in der Mysterienvilla und in einem Zimmer am Peristyl des Hauses der Vettier.

Verschiedenartige Dekorationsstile deuteten auch auf unterschiedliche Funktionen oder unterschiedliche Stufen der Exklusivität bei dem jeweiligen Haus. Dass sich der erste Stil meistens in häuslichen Atria erhalten hat und in öffentlichen Gebäuden der Stadt weiterhin verwendet wurde, ist wohl kein Zufall. Im privaten Domizil sollte er öffentlich zugängliche Teile des Hauses signalisieren. Desgleichen findet man häufig (obwohl diese Argumentation vielleicht allzu sehr einem Zirkelschluss gleichkommt) große oder auch kleine Räume, die die geladenen Gäste durch ihre zahlreichen mythologischen Gemälde – man fühlt sich fast wie in einer Kunstgalerie – und ihre extravaganten architektonischen Perspektiven beeindrucken sollten. Ein Wissenschaftler hat sogar eine einfache Faustregel ausgegeben, die zumindest beim zweiten und vierten Stil funktioniert: »Je größer die durch die perspektivischen Effekte vorgetäuschte Tiefe, desto höher das Prestige des Raumes.«

So musste der pompejanische Hausbesitzer bei der Wahl der Dekoration zwischen Mode und Funktion abwägen. Das galt für alle gesellschaftlichen Schichten. Denn wie wir bei der architektonischen Gesamtkonzeption des Hauses gesehen haben, deutet nichts auf spezielle Differenzen im Geschmack oder in der dem Dekor zugrunde liegenden Logik. Prinzipielle Unterschiede gibt es weder zwischen den Behausungen der Reichen und denen der weniger Begüterten noch zwischen denen der alten Oberschichtfamilien und denen der wohlhabenden Ex-Sklaven. Selbst wenn die Häuser der Armen keine öffentliche Aufgabe zu erfüllen hatten, folgten die Besitzer, soweit sie es sich leisten konnten, denselben kulturellen Dekorationsnormen. Und obwohl heutige Archäologen des öfteren versuchen, den vulgären Geschmack der *nouveaux riches* à la Trimalchio aufzudecken, handelt es sich meist um nicht viel mehr als eine Projektion ihrer eigenen Klassenvorurteile. Letztlich unterscheiden sich Gemälde in den reichen und armen Häusern fast nur dadurch, dass es bei den Armen weniger figürliche Szenen, weniger spektakuläre Extravaganzen im Design und kein Zinnober gab; und die Bilder waren (abgesehen von ein paar zweitklassigen Werken in den Häusern der Elite) im allgemeinen von minderer Qualität. Pompeji war eine Stadt, in der man das bekam, was man bezahlen konnte.

Mythen möblieren einen Raum

Als die Ausgräber des 18. Jahrhunderts zum ersten Mal die pompejanischen Wandmalereien entdeckten, waren es die zentralen figürlichen Szenen auf zahlreichen Wänden des dritten und vierten Stils, nicht aber die ausgefallenen oder kapriziösen architektonischen Utopien, die ihre Fantasie beflügelten. Denn noch nie hatte man visuelle Darstellungen des antiken Mythos in solcher Fülle gefunden. Darüber hinaus ermöglichten sie einen ersten Einblick in die verlorene Malerei der Vergangenheit, die von Plinius und anderen antiken Autoren als einer der Höhepunkte der antiken Kunst so hoch gepriesen wurde. Allerdings bezog sich Plinius normalerweise auf Meisterwerke von Staffeleibildern berühmter griechischer Künstler aus dem 5. und 4. Jahrhundert v. Chr., wertvolle Besitztümer von Tempeln und Monarchen; dies hier aber waren Bilder, die an die Wände von Privathäusern einer kleinen römischen Stadt direkt auf den feuchten Gips gemalt worden waren. Doch da die originalen Werke eines Apelles, Nikias, Polygnotos und all der anderen nicht erhalten waren, stellten sie die bestmöglichen Zeugnisse der Vergangenheit dar. Viele der eindrucksvollsten Beispiele wurden aus der Wand, an der man sie entdeckt hatte, herausgeschnitten und ins nahe gelegene Museum gebracht – wo sie natürlich erst recht wie »Galeriekunst« aussahen.

Abb. 53. Eine Transvestitengeschichte – und ein beliebtes Sujet der pompejanischen Malerei. Achill (Mitte) will sich dem Trojanischen Krieg entziehen und versteckt sich, als Frau verkleidet, unter den Töchtern des Königs von Skyros. Doch er wird von Odysseus (rechts) »geoutet«, der nach ihm greift und ihn zurückholen will, damit er seiner Kriegspflicht nachkommt.

Die Mythen, für die sich die Maler und ihre Auftraggeber entschieden, sind äußerst vielfältig. Es lassen sich allerdings auch einige rätselhafte Lücken feststellen. Warum beispielsweise gibt es in Pompeji so wenige Spuren vom Mythos des Oedipus? Demgegenüber finden sich manche Sujets, die auch bei uns seit langem sehr beliebt sind: Daedalus und Ikarus, Actaeon, der per Zufall (aber zu seinem Verhängnis) die Göttin Diana beim Baden sieht, Perseus, der Andromeda von ihrem Felsen befreit, der selbstverliebte Narziss sowie diverse bekannte Szenen aus der Geschichte des Trojanischen Krieges (Paris-Urteil, Trojanisches Pferd usw.).

Andere Themen indes, die in Pompeji offenkundig großen Zuspruch fanden, sind uns relativ unbekannt. Nicht weniger als neun vergleichbare Bilder hat man gefunden, die eine Episode zeigen, die als »Prequel« des Trojanischen Krieges erzählt wurde: Achill auf der Insel Skyros. Auf den ersten Blick wirkt die Szene wie eine x-beliebige Schlägerei unter Heroen. Doch es gibt eine seltsame Vorgeschichte. Der griechische Held war von seiner Mutter Thetis, die ihn aus dem Konflikt heraushalten wollte, versteckt worden. Als Frau verkleidet, lebte er unter den Töchtern des Lykomedes, des Königs der Insel. Da er weiß, dass Troja nur mit Achills Hilfe erobert werden

Abb. 54. Eine treusorgende Tochter nährt ihren eingekerkerten Vater. Dieser Mythos der Tochterliebe beschäftigte die Fantasie der Pompejaner. Hier ist er als Terrakotta-Figurine dargestellt. Ansonsten liefert er das Sujet für Gemälde.

kann, kommt Odysseus, als Händler verkleidet, und schafft es, ihn mit einer raffinierten List zu »outen«. Als er seine Waren ausstellt – verschiedene Schmuckstücke und eine Auswahl von Waffen –, entscheiden sich die »wirklichen« Mädchen für den Schmuck, während Achill seine Männlichkeit dadurch verrät, dass er die Waffen wählt. Wie wir hier sehen (vgl. Abb. 53), nutzt Odysseus die Gelegenheit, um sich den Deserteur zu greifen.

Eine sogar noch merkwürdigere Geschichte ist auf mindestens vier Gemälden und in Form etlicher Terrakotta-Statuen (vgl. Abb. 54) dargestellt. Es ist das Bild eines der denkbar extremsten Beispiele von Tochterliebe. Ein alter Mann, Micon, sitzt ohne Nahrung im Gefängnis und droht zu verhungern. Er erhält, so die Legende, Besuch von seiner Tochter, die vor kurzem ein Kind geboren hat. Um ihren Vater am Leben zu erhalten, gibt sie ihm die Brust und nährt ihn mit ihrer eigenen Milch. Bei einer Version, im Haus des Marcus Lucretius Fronto (so benannt nach dem vermutlichen Besitzer), wird die Szene erklärt, und die Botschaft wird durch einige poetische Zeilen, die neben den Figuren an die Wand geschrieben sind, nachdrücklich betont: »Sieh, wie auf dem armen Hals jetzt die Adern des alten Mannes vom

Abb. 55. König Agamemnon (links) kann nicht mit anschauen, wie seine Tochter Iphigenie der Göttin Artemis, die am Himmel erscheint, geopfert werden soll. Diese Zeichnung ist (wie Abb. 53) Sir William Gells *Pompeiana*, dem im 19. Jahrhundert verfassten berühmten Führer der Ausgrabungsstätte, entnommen.

Strom der Milch pulsieren. Pero selbst streichelt Micons Gesicht. Es ist eine traurige Mischung aus Sittsamkeit [*pudor*] und Tochterliebe [*pietas*].« Vielleicht eine überflüssige Erläuterung. Denn Bilder dieser Geschichte waren in Rom wegen ihrer optischen Wirkung sehr bekannt: »Die Augen von Männern sind starr vor Staunen, wenn sie sehen, was geschieht«, so die Worte eines in etwa zeitgenössischen römischen Schriftstellers.

Warum so viele Versionen derselben Szene? Höchstwahrscheinlich waren sie hin und wieder von demselben berühmten alten Meister der griechischen Kunst inspiriert. Die Archäologen des 18. Jahrhunderts lagen nicht völlig falsch, als sie glaubten, dass die Gemälde in Pompeji einen gewissen – wenn vielleicht auch nur sehr vagen – Eindruck von verlorenen griechischen Meisterwerken vermitteln könnten. Bisweilen gibt es tatsächlich frappierende Ähnlichkeiten zwischen diesen Wandmalereien und den Beschreibungen viel älterer Gemälde, die bei Plinius und anderen nachzulesen sind.

Eines der bekanntesten Bilder aus dem Haus des tragischen Dichters zeigt beispielsweise die Opferung der jungen Iphigenie durch ihren Vater Agamemnon vor dem Aufbruch der griechischen Flotte in den Trojanischen Krieg – ein Opfer für die Göttin Artemis im Tausch gegen günstige Winde (vgl. Abb. 55). Das fast nackte Mädchen wird zum Altar gebracht, während ihr Vater, verzweifelt über sein eigenes Handeln, voller Kummer seinen Kopf verhüllt. Genauso beschreiben Plinius und Cicero das Gemälde der Opferung der Iphigenie, das von dem griechischen Maler Timanthes im 4. Jahrhundert v. Chr. geschaffen worden war: »Der Maler … glaubte, Agamemnons Haupt verhüllen zu müssen, weil die tiefe Trauer mit dem Pinsel nicht dargestellt werden konnte.« Doch das, was wir in Pompeji sehen, war als Gesamtkomposition keinesfalls eine exakte Kopie von Timanthes' Meisterwerk, auf dem auch Odysseus und Menelaos, der Onkel des Mädchens, zugegen waren und Iphigenie, schicksalsergeben, ruhig am Altar stand und nicht wie hier dorthin getragen wird. Es spricht vieles dafür, dass auch einige der Szenen, die Achill unter den Frauen von Skyros zeigen, letztlich auf ein berühmtes Staffeleibild eines gewissen Athenion zurückgehen: »Achilles, als Mädchen verkleidet, wird von Ulysses [i. e. Odysseus] entdeckt«, wie Plinius das Bild kurz charakterisiert. Die Tatsache, dass sich die pompejanischen Versionen im Detail voneinander unterscheiden, lässt wiederum vermuten, dass sie das Thema variieren und das Original nicht exakt kopieren.

Höchstwahrscheinlich arbeiteten die pompejanischen Maler nach einer Reihe wohlbekannter und »zitierbarer« Meisterwerke, die in ihr eigenes künstlerisches Repertoire Eingang gefunden hatten. Es gibt überhaupt keinen Grund für die Annahme, dass sie die Originalgemälde jemals gesehen oder dass sie gar Musterbücher oder präzise Kopiervorlagen gehabt hätten. Jene berühmten Bilder waren ebenso Teil des künstlerischen Allgemeinguts wie in der heutigen westlichen Welt die *Mona Lisa* oder van Goghs *Sonnenblumen*. Als solche konnten sie nach Belieben an neue Örtlichkeiten angepasst, persifliert und aus dem Stegreif angefertigt werden; sie sollten eher das Original in Erinnerung rufen als es präzise reproduzieren. Doch nicht nur in der Malerei. Achill auf Skyros taucht auch auf Mosaiken auf, und nach einer populären Theorie basiert das Alexander-Mosaik im Haus des Fauns auf einem Gemälde des griechischen Künstlers Philoxenos von Eretria, der von Plinius erwähnt wird.

Die große Frage aber ist, was die Pompejaner von all diesen Mythen, die ihre Wände schmückten, hielten. Waren die Bilder das antike

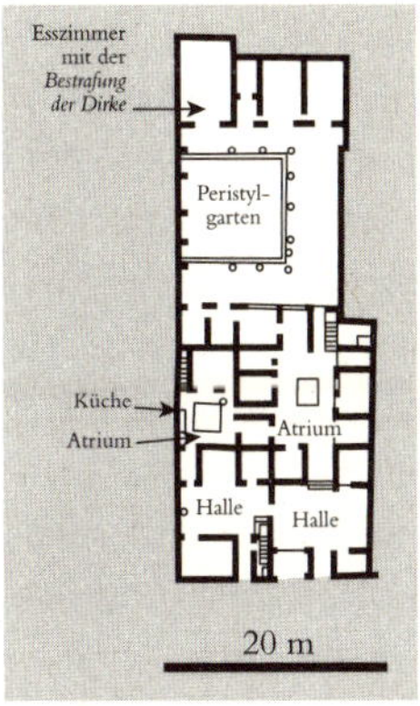

Plan 11. Das Haus des Iulius Polybius. Es besitzt, was ungewöhnlich ist, zwei große Eingangshallen und das Standard-Atrium. In diesem Haus wurden in den Räumen, die an das Peristyl angrenzen, die zwölf Opfer des Vulkanausbruchs gefunden (S. 16f.).

Pendant von Tapeten, die zwar bisweilen angeschaut und bewundert werden mochten, aber dennoch immer im Hintergrund blieben? Fanden es viele der Pompejaner eigentlich genauso schwierig wie wir, das auf vielen Bildern dargestellte Geschehen genau zu erklären? Oder wurden die Werke sorgfältig studiert und interpretiert? Sollten sie dem Betrachter eine spezielle Botschaft vermitteln? Wenn ja, wie lautete sie?

Die Archäologen sind in dieser Frage geteilter Meinung. Manche sehen in den meisten dieser Bilder kaum mehr als eine attraktive Dekoration. Andere möchten in dem bemalten Gips gerne etwas von komplexer, ja sogar mystischer Tragweite erkennen. Natürlich hatten die Gemälde unterschiedlichen Leuten Unterschiedliches zu sagen, und manche schauten sie genauer an als andere. Es spricht jedoch vieles dafür, dass die Betrachter die sie umgebenden Bilder gelegentlich bewusst zur Kenntnis nahmen oder es zumindest hätten tun sollen. Auch wenn die findigsten modernen Theorien – die im Innendekor zahlreicher pompejanischer Häuser einen ausgefeilten »mythologischen« Code sehen – nicht im mindesten überzeugen können, müssen sich manche Maler und Auftraggeber über das Sujet und das Arrangement rege Gedanken gemacht haben.

Antike Autoren erzählen anschauliche Geschichten von der Wirkung, die ein mythologisches Gemälde auf den Beschauer haben konnte. So war angeblich einst eine römische Dame, die sich gerade von ihrem Ehemann trennen wollte, beim Anblick des trojanischen Helden Hektor, der sich von seiner Frau Andromache endgültig verabschiedete (er zog in einen Kampf, aus dem er nicht mehr zurückkehren sollte) zu Tränen gerührt. In Pompeji gibt es keine Tränen. Aber jemand, der eine genaue Vorstellung von dem hatte, was er vor sich sah, und sich die Zeit nahm, darüber nachzudenken, hat das Ergebnis seiner Überlegungen – der Jemand war wohl ein Mann – auf eine Wand im Haus des Iulius Polybius gekritzelt (vgl. Plan 11). In dem prächtigsten Raum am Peristyl-Garten dieses Hauses befindet sich das große Gemälde einer anderen beliebten Szene aus dem Programm der pompejanischen Mythen: Die Bestrafung der Dirke – eine blutrünstige Geschichte, in der sich (um es kurz zu machen) die Opfer der Dirke, der Königin von Theben, an ihr rächen, indem sie sie an die Hörner eines wilden Stieres binden und sie so eines langsamen, schmerzhaften und blutigen Todes sterben lassen. Für pompejanische Verhältnisse ist an diesem Bild nichts Außergewöhnliches, es ist eines von acht, die in den Häusern der Stadt demselben Thema gewidmet sind. Aber diese spezielle Version machte einen solch nachhaltigen Eindruck auf unseren Schreiber, dass er in einem einzeiligen Graffito, das in einem der Wirtschafträume des Anwesens entdeckt wurde, ausdrücklich auf sie hinwies: »Schau. Da sind nicht nur jene Thebanerinnen, sondern auch Dionysos und die königliche Mänade.«

Diese Notiz, die man vor dem Fund des Gemäldes entdeckt hatte, stellte die Archäologen, die in den 1970er Jahren das Haus ausgruben, zunächst vor ein Rätsel. Was hatte ein Schreiberling in der Küche zu suchen und was faselte er da über Thebanerinnen? Die Mitteilung wurde erst verständlich, als man sie mit dem in der Nähe befindlichen Gemälde in Zusammenhang brachte. Denn dort wird nicht nur gezeigt, wie Dirke durch den Stier zu Tode kommt, sondern auch, wie sie, als Dionysos-Anhängerin (»die königliche Mänade« des Graffitos) gewandet, festgenommen wird. Außerdem sieht man einen Schrein des Gottes und, im Vordergrund, eine größere Gruppe von Mänaden (»jene Thebanerinnen«). Wer immer das Graffito geschrieben hat – er hatte sich nicht nur das Gemälde sorgfältig angeschaut, sondern kannte die Geschichte auch gut genug, um zu wissen, dass die Szene in Theben spielte und Dirke (wie schriftliche Fassungen des Mythos betonen) eine Dionysos-Anhängerin war. Wer weiß schon, was genau ihn zu seinem Kommentar bewogen hat? Doch welches Motiv er auch gehabt haben mag, er hätte gewiss darüber gestaunt, dass seine Worte 2000 Jahre später zu einem einzigartigen Beweis dafür geworden sind, dass sich einige Leute in der Stadt die Bilder an ihren Wänden mit Kennerblick angeschaut haben müssen.

Es kommt auch vor, dass ein spezielles Sujet an einem besonderen Ort auf eine wohlbedachte Wahl vonseiten des Malers oder Auftraggebers deutet. Wer auch immer beschlossen haben mag, die Wand über einer der Klinen im Garten-*triclinium* des Hauses des Octavius Quartio mit einem Bild des mythologischen Narziss, der sein Spiegelbild im Becken betrachtet, zu schmücken, muss davon ausgegangen sein, dass die Dinierenden den Scherz goutierten. Denn dies war eines jener exklusiven Arrangements, wo (wie im Haus des goldenen Armbandes, S. 135 f.) die beiden Klinen, auf denen sich die Gäste niederließen, um einen funkelnden Wassergraben angeordnet waren. Wenn man im Wasser sein Spiegelbild sah, sollte man vermutlich angesichts der Überschneidung von Mythos und Wirklichkeit ironisch lächeln, während man über die Lehre des Mythos nachdenken mochte: Welche tragischen Folgen es hat, wenn man sich in sein eigenes Bild verliebt.

Eine ähnlich unverblümte Anspielung könnte das Bild von Micon und Pero im Haus des Lucretius Fronto enthalten, da die Verse die beiden in der Geschichte gepriesenen Tugenden der Scham oder Sittsamkeit (*pudor*) und der Pietät (*pietas*) hervorheben. Obwohl manche Archäologen dies für die passende Dekoration eines Kinderzimmers halten (eine sonderbare Wahl, falls Sie mich fragen), könnte das Bild eher eine spezifisch politische Botschaft vermitteln. Ist es nur ein zufälliges Zusammentreffen, dass in zwei poetischen Zeilen, die an die Außenwand dieses Hauses als Wahlslogan geschrieben sind, der *pudor* des Marcus Lucretius Fronto im Zentrum steht?

»Falls Sittsamkeit [*pudor*] im Leben als etwas Nützliches angesehen wird, dann ist dieser Lucretius Fronto des hohen Amtes würdig.«

Wenn Marcus Lucretius Fronto tatsächlich in diesem Haus wohnte (und der inhaltliche Zusammenhang zwischen den Graffiti im Inneren und an der Außenwand macht dies sehr wahrscheinlich), dann dürfte das Gemälde die Absicht gehabt haben, eine seiner Tugenden, für die er in der Öffentlichkeit bekannt war, zu illustrieren.

Aber sogar noch häufiger scheint die *Kombination* der für die Raumdekoration ausgewählten Sujets von Bedeutung. Dass man die figürlichen Gemälde aus ihrer ursprünglichen Fläche herauslöste und im Museum in Sicherheit brachte, war für den Erhalt ihrer Farben und Details sicherlich sehr gut. Doch dadurch kann man sie sich nun kaum mehr in ihrem originalen Kontext vorstellen und weiß nicht, in welcher Beziehung sie einstmals untereinander standen. Im Haus des tragischen Dichters etwa bildeten viele der Gemälde, die jetzt im Museum von Neapel wie Einzelstücke einer Galeriekunst ausgestellt sind, ehedem einen zusammenhängenden Zyklus von Themen des Trojanischen Krieges: Helena geht mit Paris nach Troja; die Opferung der Iphigenie; Achill wird Briseis, seine Lieblingssklavin und Konkubine, weggenommen – der Grund für seinen Streit mit Agamemnon, mit dem Homers *Ilias* beginnt und der auf einem weiteren Bildfeld im Haus dargestellt war. Das implizierte mehr als nur eine einfache thematische Kohärenz. An ihren originalen Stätten müssen die geschickten visuellen Nebeneinanderstellungen und die »provokativen Korrespondenzen« zwischen einzelnen Gemälden und ihren Sujets alle möglichen Fragen aufgeworfen haben.

Ursprünglich befanden sich die Szenen von Helena und Briseis anscheinend auf zwei nebeneinanderliegenden Feldern im Atrium (vgl. Tafel 23). Es waren zwei Darstellungen von Frauen, die fortgehen, jede von ihnen eine Schlüsselfigur in der Geschichte des Trojanischen Krieges, wobei die Parallelen durch die ähnliche Kleidung der Frauen, ihre gebeugte Kopfhaltung und die sie umgebenden Soldaten hervorgehoben werden. Allerdings muss der Vergleich jeden, der die Troja-Geschichte kannte, dazu angeregt haben, über die Unterschiede ebenso wie über die Gemeinsamkeiten zwischen den beiden Szenen nachzudenken. Denn Helena, die griechische Königin, verließ ihren Mann Menelaos und begab sich freiwillig auf die den Ehebruch besiegelnde

Reise – durch ihr Verhalten sollte sie den verhängnisvollen Krieg zwischen den Griechen und den Trojanern auslösen. Hingegen verließ Briseis, die trojanische Kriegsgefangene, Achill, um gegen ihren Willen dem König Agamemnon übergeben zu werden –, und Achills Zorn über seinen Verlust würde, wie in Homers Epos erzählt, direkt zum Tode seines Freundes Patroklos und des trojanischen Prinzen Hektor führen. Tugend, Schande, Status, Sex, Motive und die Gründe für das Leid – um all das geht es bei diesen beiden Gemälden. Wer auch immer sie geschaffen haben mag, er kannte mit Sicherheit ihre trojanischen Mythen und erwartete dies auch von seinem Publikum.

Ein beunruhigender Unterton lässt sich bei einer anderen Reihe von Gemälden ausmachen, auf denen ebenfalls Helenas Ehebruch mit Paris gezeigt ist. Drei Felder schmücken ein kleines Zimmer im Haus des Jason, so benannt nach einem Bild des griechischen Helden Jason in einem anderen Raum. Jeweils dargestellt ist ein Augenblick der Ruhe, bevor die Tragödie ihren Lauf nimmt: Medea beobachtet ihre Kinder beim Spielen, bevor sie sie tötet, um sich an ihrem treulosen Ehemann zu rächen. Phaedra spricht zu ihrer Amme – dabei bezichtigt sie ihren Stiefsohn Hippolytos des Inzests, bevor sie sich aus unerwiderter Liebe zu dem unschuldigen jungen Mann umbringt. Helena bewirtet Paris in ihrem ehelichen Heim, bevor sie mit ihm die Flucht ergreift – was durch den kleinen Cupido an der Tür bereits angedeutet wird (vgl. Abb. 56).

Wie bei den Gemälden im Haus des tragischen Dichters fordern visuelle Gemeinsamkeiten zwischen den Bildern den Betrachter dazu auf, die verschiedenen Fassungen der hier dargestellten häuslichen Katastrophe genau zu vergleichen. So sind etwa Medea und Phaedra beide sitzend gezeigt, so wie man es von einer ehrbaren römischen Matrone erwarten würde. Aber in der dritten Szene ist es Helena, die steht, während ihr verweichlichter »orientalischer« Liebhaber den Platz der Frau einnimmt. Der in allen drei Darstellungen annähernd gleiche architektonische Hintergrund fügt dem noch eine irritierende Dimension hinzu. Er verbindet nicht nur die drei Geschichten, und der Architekturstil und jene großen schweren Türen zeigen mehr als nur eine flüchtige Ähnlichkeit mit dem Stil von vornehmen pompe-

Abb. 56. Ein kleiner Cupido steht in der Tür, als Paris und Helena sich zur Flucht entschließen und so den Trojanischen Krieg auslösen. Doch dieses Gemälde aus dem Haus des Jason ist anspielungsreicher, als es auf den ersten Blick erscheinen mag. Denn hier ist Paris sitzend gezeigt, wie wenn er die weibliche Rolle übernähme, während Helena steht – und der architektonische Hintergrund evoziert Pompeji selbst, ein Hinweis darauf, dass der Mythos von Ehebruch, Flucht und häuslicher Zerrüttung auch im »wirklichen Leben« relevant war.

janischen Privathäusern. Man hat fast den Eindruck, als wollten die Gemälde auf die Bedeutung des Mythos im zeitgenössischen römischen Leben aufmerksam machen, indem sie die tragische Dysfunktion, zu der es – vom Ehebruch bis zur Kindstötung – in jeder Familie kommen kann, zum Thema erheben.

Ein Zimmer mit Aussicht?

Die Dekoration der pompejanischen Häuser hat die Wissenschaftler über Jahrhunderte beschäftigt: Sie erforschten die Chronologie, die unter ästhetischen und funktionalen Gesichtspunkten getroffene Auswahl und die Bedeutung der an den Wänden dargestellten Mythen. Noch immer kommen in allen Bereichen faszinierende Details ans Licht, angefangen bei der Logik des Designs bis hin zu den Techniken der Maler (die Ausgrabungen des Hauses der arbeitenden Maler wurden erst in den späten 1980er Jahren begonnen und sind noch nicht abgeschlossen). Doch es gibt ein wichtiges und auffälliges Element in der Bauweise der Privathäuser dieser römischen Stadt, das bei all den Einzelheiten oft übersehen wird.

Wie sich aus den Grundrissen und erhaltenen Überresten erschließen lässt, müssen viele, wenn nicht die meisten pompejanischen Häuser als klaustrophobische Örtlichkeiten bezeichnet werden. Nur wenige Häuser der ganz Reichen erlaubten einen Blick auf die Außenwelt; die große Mehrheit war nach innen orientiert und hatte zur Straße hin nur ein paar winzige Fenster als Lichtquellen. Die meisten Räume waren klein und dunkel. Und obwohl einige Bauten (wiederum die der Wohlhabendsten) mit Atrien im gehobenen Stil und ausgedehnten internen Gärten mit breiten Wegen ausgestattet waren, muss in vielen selbst das Atrium ziemlich beengt gewirkt haben (insbesondere wenn dort all die Schränke und Webstühle aufgestellt waren); und der Minigarten dort war mehr ein Lichtschacht als ein Ort des Vergnügens und der Erholung.

Die Wandmalereien sprechen jedoch eine andere Sprache. Die geschickten illusionistischen Tricks eröffnen Blicke, die weit über die

Grenzen des Hauses hinausreichen. In den ausgefallensten Fällen scheinen sich die Innenwände in die Vision konkurrierender Perspektiven aufzulösen, in Blicke über den Horizont hinaus und Aussichten in weite Fernen. An den Rändern der winzigen Gärten muss es manchmal schwierig gewesen sein, auf Anhieb zu erkennen, wo die heimischen Pflanzen aufhörten und die wilden Landschaften oder der Nil anfingen. Selbst beim relativ strengen ersten Stil ist der Betrachter vor die Frage gestellt, woraus die Wand, die er betrachtet, tatsächlich besteht: bemalter Gips und Stuck oder echte Marmorquader?

Dieser Eindruck von Weite wird durch die Sujets der Wandmalereien nachdrücklich unterstrichen. Pompeji war schließlich nur eine kleine Stadt im südlichen Italien. Dennoch fällt auf, wie weit die kulturellen und visuellen Referenzpunkte reichen: durch das Repertoire antiker Literatur und Kunst bis auf die andere Seite des Mittelmeeres und darüber hinaus zu noch exotischeren Gestaden. Die imaginäre Bilderwelt der Dekoration war nicht im Geringsten klaustrophobisch. Sie umfasste eine Vielzahl griechisch-römischer Mythen und literarischer Werke, an deren Beginn die homerischen Epen stehen; sie evozierte und adaptierte die Meisterwerke der klassischen griechischen Malerei; sie ließ sich von den kulturellen Höhepunkten Ägyptens inspirieren, angefangen bei Sphingen und der Göttin Isis bis hin zu Satiren und Burlesken über die Landesbewohner und ihre sonderbaren Bräuche. Das ist natürlich nicht alles wohlmeinender Multikulturalismus. Die stereotyp gezeichneten Pygmäen, die Krokodile jagen oder zügellosen Sex haben, sind in einer Mischung aus aggressivem Humor und Fremdenfeindlichkeit porträtiert. Doch das Entscheidende ist, dass diese entfernten Horizonte überhaupt dargestellt wurden. Pompeji hatte nicht nur vielfältige kulturelle Wurzeln in Süditalien, sondern war auch Teil des für damalige Verhältnisse weltumspannenden Römischen Reiches – und das sieht man.

Man sieht es auch an den Ziergegenständen aller Art und dem Nippes, die man in jenen Häusern gefunden hat. Die indische Lakshmi-Statuette (vgl. Abb. 11) mag ein extremes und ungewöhnliches Beispiel für den weiten kulturellen »Radius« sein. Aber die Räume sind mit vielem ausgestattet, was ebenfalls darauf hindeutet, wie weltoffen ein pompejanisches Haus sein konnte, zumindest wenn seine Bewohner genügend Geld hatten, um es für dekorative Zwecke auszugeben. So gibt es etwa Säulen, Fußbodenfliesen und Tischplatten aus teurem farbigem Marmor, der aus weit entfernten Reichsteilen importiert war – von der Peloponnes und den griechischen Inseln, aus Ägypten, Numidien und Tunesien in Afrika und von den Küstengebieten der heutigen Türkei. Die absolute Spitzenposition nahmen Griechenland und seine Geschichte ein: eine grob gearbeitete Terrakotta-Statuette, auf ihrem Sockel ausgewiesen als »Pittakos von Mytilene« (ein griechischer Weiser und Moralist aus dem 6. Jahrhundert v.Chr.), gefunden im Anwesen der Iulia Felix; ein in einer Villa direkt vor den Toren der Stadt ausgegrabenes elegantes Mosaik mit einer Gruppe griechischer Philosophen, die unter einem Baum miteinander plaudern, und das vor einem Hintergrund, der an die Akropolis von Athen erinnert; und natürlich das Alexander-Mosaik.

Eine der erstaunlichsten Entdeckungen stammt aus dem Haus des Iulius Polybius. In dem imposanten Raum mit dem Dirke-Gemälde hatte man während des Vulkanausbruchs zusammen mit anderen Wertgegenständen auch einen griechischen Bronzekrug aus dem 5. Jahrhundert v.Chr. in Sicherheit gebracht. Laut der auf ihm angebrachten Inschrift gehörte er ursprünglich zu den Preisen, die bei den Spielen zu Ehren der Göttin Hera in Argos verliehen worden waren. Nach einem bewegten Schicksal – er büßte seine Henkel ein (nach einer Vermutung diente er als Graburne) und war mit einem Zapfhahn versehen worden – landete er schließlich in Pompeji. Ob Siegespokal oder Familienerbstück, er war ein hübsches Andenken an eine Welt und Geschichte fern von Pompeji.

Wie die Handwerker die großen leer gebliebenen Felder im Haus der arbeitenden Maler ausfüllen wollten, werden wir niemals erfahren. Auch können wir nicht wissen, ob sie rechtzeitig das Weite gesucht und sich gerettet haben. Doch lässt sich kaum bezweifeln, dass es ihre Aufgabe war, mit den Mitteln der Malerei »ein Zimmer mit Aussicht« zu gestalten.

Kapitel 5

Seinen Lebensunterhalt verdienen: Bäcker, Bankier und *garum*-Hersteller

Gewinnspannen

Vom Haus des Fabius Rufus die Straße hinauf stand in jener Reihe luxuriöser Anwesen mit Meerblick ein Haus, das in den letzten Jahren der Stadt von Aulus Umbricius Scaurus bewohnt wurde, einem Mann, der sein Geld im Fischsoßen-(*garum*-)Geschäft verdient hatte. Er war der größte *garum*-Händler der Stadt. Wie aus den Etiketten auf den *garum*-Krügen, die an der Stätte gefunden wurden, hervorgeht, kontrollierte er mit seinen Partnern und Tochtergesellschaften fast ein Drittel der örtlichen Lieferung dieses Basisprodukts der römischen Nahrungsmittelzubereitung. Das Haus selbst war äußerst weitläufig, es bestand aus mindestens zwei ehemaligen Einzelgebäuden, die miteinander verbunden worden waren. Heute ist es in einem bedauerlich zerfallenen Zustand, teils infolge der Bomben des Jahres 1943, die in diesem Teil der Stadt sehr schwere Schäden anrichteten. Doch zuletzt hatte es eindeutig nicht nur zwei, sondern drei Atrien sowie ein oder mehrere Peristyle (in einem befand sich ein dekorativer Fischteich), dazu eine Thermenanlage in einem unteren Stockwerk.

Wir wissen, dass das Haus Umbricius Scaurus gehörte, weil das Fußbodenmosaik im dritten Atrium einst als Besonderheit an allen vier Ecken einen Krug für Fischsoße (vgl. Abb. 57) aufwies. Diese Teile des Dekors – sie sind jetzt entfernt und in Sicherheit gebracht worden – bestanden aus weißen *tesserae* auf einem schwarzen Hintergrund und trugen jeweils Inschriften, die sich auf die verschiedenen Arten der von Umbricius Scaurus verkauften Fischsoße bezogen: »Scaurus' bestes *garum*, auf Makrelen-Basis, aus Scaurus' Produktion«, »Beste Fischsoße«, »Scaurus' bestes *garum*, auf Makrelen-Basis«, »Fisch-

Abb. 57. Im Atrium des Hauses des Umbricius Scaurus gibt ein Mosaik mit vier Krügen für Fischsoße Auskunft über die Quelle des Reichtums der Familie. Der Krug hier verkündet »Beste Fischsoße« – auf Lateinisch »*Liqua(minis) flos*«, wörtlich »Blüte des *liquamen*«. *Liquamen* war eine andere Bezeichnung für das (uns) besser bekannte *garum*.

soße, Güteklasse 1, aus Scaurus' Produktion«. Dies muss das Haus des Scaurus gewesen sein, es sei denn, wir stellen uns vor, dass irgendein zufriedener Kunde den Fußboden seines Atriums mit verschiedenen Krügen seiner Lieblingssoße schmücken wollte. Hier war die Innendekoration eine Form der Eigenreklame und Produktwerbung.

Umbricius Scaurus war nicht der einzige Pompejaner, der seinen Geschäftserfolg auf dem Fußboden seines Hauses offen feierte. An einem der zur Hauptstraße gelegenen Eingänge eines anderen riesigen Anwesens wurde der Besucher mit einem als Mosaik gestalteten Spruch begrüßt: »Willkommen, Gewinn!« Allein die Größe dieses Hauses deutet darauf hin, dass sich der Wunsch vollends erfüllt hatte. Doch andernorts müssen solche Worte eher eine vergebliche Hoffnung zum Ausdruck gebracht haben. Auf dem Fußboden des Atriums eines winzigen Hauses ist noch der Slogan »Gewinn ist Freude« zu lesen. Hier deutet wenig darauf hin, dass dies über reines Wunschdenken hinausging.

Die römische Wirtschaft

Seit Generationen diskutieren Historiker über das Wirtschaftsleben des Römischen Reiches, über seine Handwerksbetriebe und Industrien, seine Finanzinstitute, Kreditsysteme und Gewinnspannen. Auf der einen Seite gibt es diejenigen, die die antike Wirtschaft nach sehr modernen Denkkategorien beurteilen. Das römische Imperium war in der Tat ein riesiger Binnenmarkt. Die hohe Nachfrage nach Gütern und Dienstleistungen erlaubte den Erwerb großer Vermögen, sie steigerte auch die Produktivität und trieb den Handel auf ein bisher nie dagewesenes Niveau. Einen besonders gern herangezogenen Beweis dafür liefert – so unwahrscheinlich es klingen mag – die Eisdecke Grönlands, in deren Tiefe man noch immer die Schadstoffrückstände der römischen Metallverarbeitung finden kann, deren Standard bis zur industriellen Revolution nicht wieder erreicht wurde. Die Unterwasserarchäologie erzählt uns eine sehr ähnliche Geschichte. Auf dem Grund des Mittelmeeres wurden sehr viel mehr Schiffswracks aus der Zeit zwischen dem 2. Jahrhundert v.Chr. und dem 2. Jahrhundert n.Chr. gefunden als aus irgendeiner anderen Epoche vor dem 16. Jahrhundert. Das ist kein Indiz für die schlechte Qualität des Schiffsbaus oder der Seemannskunst in römischer Zeit, sondern für das hohe Verkehrsaufkommen auf See.

Auf der anderen Seite gibt es diejenigen, nach deren Ansicht sich das römische Wirtschaftsleben von dem unseren total unterschied, nämlich ausgesprochen »primitiv« war. Reichtum kombiniert mit gesellschaftlichem Prestige war im Land tief verwurzelt und das Hauptziel einer jeden Gemeinde war es, sich selbst zu versorgen, nicht aber aus ihren Ressourcen Gewinn zu schlagen oder in Anlagen zu investieren. Der Transport von Gütern über weite Strecken war auf dem Seeweg riskant (wie alle jene Schiffswracks bezeugen) und auf dem Landweg unerschwinglich teuer. Der Handel spielte kaum eine Rolle, er fand ohnehin nur in kleinem Rahmen statt. Inschriften auf Mosaikfußböden mögen ordentliche Gewinnspannen feiern, aber es gibt nur wenige römische Schriftsteller, allesamt Angehörige der Oberschicht, die sich über den Handel oder die Händler positiv äußern. Im großen und ganzen galt der Handel als ordinär und die Händler als nicht vertrauenswürdig. Tatsächlich war es seit dem Ende des 3. Jahrhunderts v. Chr. den Spitzen der römischen Gesellschaft, den Senatoren und ihren Söhnen, ausdrücklich verboten, »meerestaugliche« Schiffe zu besitzen, definiert als solche, die 300 *amphorae* oder mehr fassen konnten.

Übrigens entwickelte Rom keine der finanziellen Institutionen, die für eine ausgeklügelte Wirtschaft benötigt werden. Wie wir noch sehen werden, gab es in Pompeji nur ein eingeschränktes »Bankwesen«. Es ist nicht einmal sicher, ob es so etwas wie Gutschriften gab, oder aber ob man in Schubkarren Massen von Münzen transportierte, um teure Objekte, etwa Häuser, zu bezahlen. Und während die römische Metallbearbeitung vielleicht Grönland verschmutzt hat, gibt es kaum Spuren von der Art von technologischer Innovation, die mit der industriellen Revolution des 19. Jahrhunderts einherging. Die bedeutendste Erfindung der römischen Zeit war wahrscheinlich die Wassermühle, was – so wird argumentiert – nicht sehr viel besagt. Doch warum sollte man sich mit neuen Technologien abgeben, wenn man auf riesige Mengen von Sklaven zurückgreifen konnte, die das Feuer schürten, die Hebel bedienten oder die Räder drehten?

Landleben und ländliche Erzeugnisse

Die meisten Historiker heute entscheiden sich nach reiflicher Überlegung für einen Kompromiss zwischen diesen beiden Extremen. Und Pompeji zeigt Merkmale sowohl des »primitiven« wie auch des »modernen« Wirtschaftsmodells. Höchstwahrscheinlich basierte der Großteil des Reichtums der Stadt auf den Ländereien der Umgebung, und die Familien mit den größten Häusern dürften dort auch noch andere Immobilien und stattliche Landgüter besessen haben. »Pompeji« als ökonomische und politische Einheit bestand aus dem urbanen Zentrum und seinem Hinterland. Das Areal außerhalb der Stadt hatte vermutlich eine Größe von etwa 200 km^2 – das ist zumindest eine ganz probate, wenn vielleicht auch etwas großzügige Schätzung, da wir überhaupt keine stichhaltigen Anhaltspunkte dafür haben, wo die

Grenzen zwischen dem pompejanischen Gebiet und dem der Nachbarstädte verliefen. Diese Frage ist von den Archäologen nicht sehr gründlich untersucht, da ihr Hauptinteresse immer der Stadt gegolten hat. Es ist ja auch riskant, Landhäuser, Bauernhöfe und andere ländliche Ansiedlungen unter einer mehrere Meter hohen Schicht von Vulkangeröll ausfindig zu machen.

Insgesamt sind bisher die Überreste von fast 150 Anwesen im Hinterland der Stadt entdeckt worden, aber wir wissen kaum, welchen Status diese Besitzungen hatten oder wem sie gehörten, da sie nur selten systematisch ausgegraben wurden. Manche waren bestimmt Landhäuser, die sich die Reichen, selbst solche aus dem fernen Rom, zu ihrem Vergnügen zugelegt hatten: Nicht nur Cicero hatte sein »Pompeianum«. Manche waren landwirtschaftliche Betriebe, andere eine Kombination aus beidem. Mit ziemlicher Sicherheit sind bei unseren Funden die Überreste stattlicher Häuser gegenüber den Hütten und Schuppen der ärmeren Bauern überrepräsentiert. Manche Archäologen haben zwar die vage Vermutung geäußert, dass es auf dem Land vor den Stadtmauern das antike Gegenstück zu Slums oder Squattersiedlungen für arme Landarbeiter gegeben habe, doch wir haben keine Spuren davon gefunden.

In einem Fall können wir einen Landbesitz einer pompejanischen Oberschichtfamilie exakt zuordnen. In den 1990er Jahren förderten die Ausgrabungen in Scafati, wenige Kilometer östlich von Pompeji, eine Familiengrabstätte mit acht Denkmälern des 1. Jahrhunderts n. Chr. für verschiedene Lucretii Valentes zutage. Die meisten männlichen Verstorbenen trugen genau denselben Namen, Decimus Lucretius Valens. Unter ihnen gab es Kleinkinder wie den Jungen, der mit gerade einmal zwei Jahren starb, sowie einen bedeutenden jungen Mann, der anderswo auf Staatskosten begraben war, aber hier eine Gedenktafel neben seinen anderen Verwandten erhalten hatte. Auf ihr wurde er dafür gerühmt, dass er zusammen mit seinem Vater eine Gladiatoren-Show mit 35 Kampfpaaren finanziert hatte. Damit war er so großzügig, wie es ein pompejanischer Wohltäter nur sein konnte.

In Pompeji selbst hat man diese Familie mit einer Gruppe von Häusern am anderen Ende der Via dell'Abbondanza unweit des Amphitheaters in Zusammenhang gebracht, zu denen auch das Haus der Venus Marina mit der Gartenmauer gehört, auf der die in ihrer Muschel liegende Göttin dargestellt ist. Tatsächlich beziehen sich ein paar Graffiti in einem dieser Anwesen nicht nur auf einen Decimus Lucretius Valens, sondern auch auf zwei Frauen, die an der Grabstätte ausdrücklich mit ihrem Vornamen erwähnt sind, Iusta und Valentina – was die Verbindung zwischen der Familie und dem Haus endgültig bestätigt. Doch aus welchem Grund befindet sich die Gruppe von Familiengrabdenkmälern ausgerechnet an dieser Örtlichkeit vor den Toren der Stadt? Vermutlich besaßen die Lucretii Valentes hier ein Landhaus, höchstwahrscheinlich genau das, das teilweise ausgegraben ist und direkt neben der Begräbnisstätte liegt.

Wie die meisten pompejanischen Aristokraten verdankten die Lucretii Valentes ihren Reichtum den Erzeugnissen ihrer Ländereien, auch wenn sie ihr Gut nicht selbst bewirtschafteten. Manche ihrer Besitzungen waren wohl verpachtet, andere dürften mehr oder weniger direkt ihrer Kontrolle unterstanden haben. Oftmals gab es dort, wie in der Mysterienvilla und gewiss auch im Haus in Scafati, neben repräsentativen Aufenthaltsräumen für den Eigentümer und seine Familie ein landwirtschaftliches Unternehmen, das von einem Gutsverwalter mit Hilfe von Sklaven und angeworbenen Arbeitern betrieben wurde. Aufschlussreich für die Art und Weise, wie die Sklaven auf diesen Bauernhöfen behandelt wurden, ist ein ganz spezielles – in mehreren Anwesen außerhalb der Stadt entdecktes – Gerät aus Metall, bei dem es sich mit großer Sicherheit um Fußeisen, um den sogenannten »Stock«, gehandelt haben dürfte (ein Gerät war groß genug, um 14 Personen anzuketten). In der Villa der Mosaiksäulen direkt hinter der Stadtmauer wurden menschliche Beinknochen ausgegraben, die noch immer in eisernen Ketten steckten. Die legendäre Vorstellung, dass Sklaven und Gefangene ein schreckliches Ende nahmen, weil sie sich nicht aus ihren Fesseln befreien konnten, geistert noch heute durch Katastrophenberichte, angefangen bei der Zerstörung Pompejis bis hin zum Film *Titanic*, und zahlreiche frühe Reiseführer der verschütteten Stadt verweisen auf etliche (gänzlich erfundene) Beispiele für diesen Horror. In unserem Fall scheint sich die Geschichte durch Fotos der noch immer im Eisen steckenden Knochenfunde zu bestätigen – aber ob der betreffende Sklave in der Landwirtschaft oder im Haus gearbeitet hat, entzieht sich unserer Kenntnis.

Ein Teil dieser Ländereien im Umland von Pompeji diente gewiss als Schafweide und damit der Produktion von Milch und Wolle. Wenn Seneca berichtet, dass beim Erdbeben des Jahres 62 n. Chr. eine Herde von nicht weniger als 600 Tieren umkam, so deutet das jedenfalls darauf hin, dass auf seinem Landgut in größerem Maßstab Viehzucht betrieben wurde. Ansonsten sollten wir uns eine von der Landwirtschaft geprägte Gegend vorstellen, auf deren sehr fruchtbarem Vulkanboden Getreide, Trauben und Oliven gediehen. Sie waren die Grundlage des antiken mittelmeerischen Lebens, wichtig für die Versorgung mit Nahrungsmitteln und die Beleuchtung (Öllampen), und die meisten dieser Erzeugnisse waren für den örtlichen Konsum bestimmt. Wie viel des zur Verfügung stehenden Landes mit welchen Pflanzen bebaut wurde, lässt sich schwer sagen. Römische Autoren heben gern die Reben und Weine der Gegend hervor, und ausgegrabene Bauernhöfe zeigen oft deutliche Spuren der Weinproduktion in Form von Fässern und Pressen. Doch damit mag man die Bedeutung des Weins überbewerten. Dass ihm in der Literatur so viel Gewicht beigemessen wird, könnte unter anderem damit zusammenhängen, dass die römische Oberschicht im allgemeinen stärker an der Vielfalt der Trauben als an der des Getreides interessiert war, und wenn er in der Archäologie so stark hervorgekehrt wird, so könnte sich das teilweise daraus erklären, dass die Utensilien der Weinherstellung sofort zu identifizieren sind.

Kürzlich wurde ein kleines Gehöft vollständig ausgegraben, die Villa Regina (so benannt nach ihrem Standort, der heutigen Gemarkung Villa Regina) in der Nähe von Boscoreale nördlich von Pompeji. Hier sieht man, wie unterschiedlich das Land bestellt sein konnte, selbst wenn der Weinanbau im Vordergrund stand (vgl. Abb. 58). Das Haus, das in den 1970er Jahren entdeckt wurde, ist ein relativ einfacher Bau, dessen gerade einmal zehn Räume im Erdgeschoss um einen Hof gruppiert sind. Es unterscheidet sich beträchtlich von den imposanten ländlichen Anwesen der Wohlhabenden. In den meisten jener Räume wurden bäuerliche Tätigkeiten verrichtet, nur zwei wa-

Abb. 58. Eine Rekonstruktion der Villa Regina, eines kleinen Bauernhofes unweit von Pompeji. Es war ein bescheidenes, von Weingärten umgebenes Anwesen. Im zentralen Hof sieht man die in die Erde eingelassenen *dolia* oder Vorratskrüge.

ren dekorativ ausgemalt. Vermutlich gehörte der Betrieb einem Bauern mit bescheidenen Mitteln, aber einem, der – wie auch viele der Städter während des Vulkanausbruchs – gerade mit Renovierungsarbeiten beschäftigt war. Ein Türsturz musste abgestützt werden, Fundamente wurden gelegt, Pflastersteine waren entfernt worden, und die Küche und das ausgemalte Esszimmer konnten nicht benutzt werden.

Viele der erhaltenen landwirtschaftlichen Gerätschaften waren mit der Weinproduktion verbunden, darunter eine Presse und 18 riesige Vorratskrüge oder *dolia*, die in die Erde eingelassen waren und 10 000 Liter Wein fassen konnten. Wenn die dort lebenden Römer nicht ständig vom Alkohol benebelt waren, dann muss eine solch große Menge nicht nur für den Eigenverbrauch produziert worden sein. Selbst dann hätte man weniger als 2 Hektar für den Weinanbau gebraucht (ein kleines Landgut in der Nachbarschaft hatte 72 *dolia* für den Wein, der auf seiner offenkundig viel größeren Anbaufläche erzeugt wurde). Ein Teil dieses Weingutes ist ausgegraben, die Wurzelhohlräume wurden mit Gips aufgefüllt und die Überreste der Samen und Pollen analysiert. Zum Vorschein kamen nicht nur die Spuren von an Stangen gezogenen Rebstöcken, sondern auch andere Pflanzen, die zwischen und neben ihnen kultiviert wurden – Oliven, Aprikosen, Pfirsiche, Mandeln, Walnüsse und Feigen, um nur einige der mehr als 80 Spezies aufzuführen, die man identifizieren konnte.

Die materiellen Überreste des Hauses deuten darauf hin, dass hier nicht nur Wein gekeltert wurde. Da gibt es etwas, was wie ein Dreschboden aussieht, was auf den Anbau von Getreide schließen lässt, sowie einen Schober, in dem das Heu gelagert war, mit dem die Ställe ausgelegt und das Vieh gefüttert wurde. Zu den Tieren des Bauernhofs gehörten gewiss irgendwelche Maultiere, Esel oder Pferde: Sie müssen den großen Wagen gezogen haben, dessen eiserne Räder und Beschläge gefunden wurden. Man hielt auch Schweine für die Fleischproduktion, wie der Gipsabdruck eines prächtigen kleinen Ferkels beweist, das man in einem der Räume, die gerade renoviert wurden, entdeckt hat. Während des Vulkanausbruchs muss es aus seinem Stall oder Pferch hierher geflohen sein. Im Weingarten selbst förderten Ausgräber den Schädel eines Wachhundes zutage.

Die Weinproduktion in dieser Größenordnung war eher für den einheimischen Markt als für das Exportgeschäft bestimmt. Vielleicht wurde der Wein mit einem Gefährt an Kunden in der Stadt geliefert, wie es an den Wänden eines pompejanischen Wirtshauses gezeigt ist: ein Wagen mit einem großen ledernen Weinschlauch, dessen Inhalt direkt in Weinkrüge abgefüllt wurde (vgl. Abb. 59). Nach allem, was wir über die Weinpreise in der Stadt wissen (manchmal hingen in den Wirtshäusern Preislisten) sowie über die übliche Gewinnspanne zwischen dem Erzeuger- und Abnehmerpreis (dafür gibt es bei römischen Autoren Hinweise), könnten diese 10 000 Liter Wein dem Eigentümer des Bauernhofes zwischen 5000 und 7500 Sesterze eingebracht haben. Doch wenn man all die Produktions- und Sachkosten in Rechnung stellt (in Pompeji musste man für ein einzelnes Maultier

Abb. 59. Der Wein wurde den einheimischen Händlern und Wirten in großen, auf Wagen transportierten Weinschläuchen zugestellt. Auf dieser aus dem 19. Jahrhundert stammenden Zeichnung eines jetzt sehr verblassten Gemäldes sieht man, wie die Männer den Wein in Krüge oder *amphorae* abfüllen.

mehr als 500 Sesterze aufwenden), dürfte der tatsächliche Gewinn sehr viel geringer gewesen sein, selbst wenn man durch den Verkauf der anderen hier nachweisbaren Erzeugnisse wie Früchte und Tiere noch etwas Geld hinzuverdiente. Damit hatte man nicht nur das Allernotwendigste zum Leben. Nach allgemeiner Annahme stellten 500 Sesterze das Existenzminimum für eine vierköpfige Familie dar, von dem sie ein Jahr lang, wenn auch hungrig, leben konnte. Zum Vergleich: Der jährliche Mindestsold eines Legionssoldaten betrug 900 Sesterze. Aber auch damit konnte man keine großen Sprünge machen. Vermutlich reichte die Summe aus, um einen Haushalt von fünf bis zehn Personen, Sklaven eingeschlossen, zu unterhalten, d.h. zu ernähren, zu kleiden und zu beherbergen. Es blieb auch noch etwas Geld übrig für den gelegentlichen kleinen Luxus; damit konnte man dann etwa ein paar Räume mit einem dekorativen Anstrich herausputzen.

Könnte das Hinterland von Pompeji dank solcher Bauernhöfe und anderer größerer Güter die Bevölkerung der Gegend mit Grundnahrungsmitteln versorgt haben, ohne dass man auf Massenimporte angewiesen war? Dies ist heute immer wieder ein heiß diskutiertes Thema, bei dem aber bislang wenig Einigkeit erzielt worden ist. Das liegt z.T. daran, dass wir manche Zahlen, die für jede akkurate Berechnung notwendig sind, nur schätzen können. Das betrifft nicht nur die Gesamtzahl der Bevölkerung, sondern auch die Art der Erträge, die die Römer diesem Land abgewinnen konnten, und die Höhe des Konsums (ist ein Viertel Wein pro Tag für jeden Mann, jede Frau und jedes Kind die richtige Größenordnung oder nicht?).

Um ein wenig zu spekulieren, nehmen wir einmal an, dass die Stadt im Jahre 79 n.Chr. etwa 12 000 Einwohner hatte und dass ungefähr weitere 24 000 Menschen im Umland lebten (eine reine Mutmaßung, die sich an den geschätzten Bevölkerungszahlen aus der Zeit vor dem Untergang orientiert). Angesichts des fruchtbaren Bodens und des günstigen Klimas kann man davon ausgehen, dass – wenn man auf 120–130 km^2 der insgesamt 200 km^2 Korn angebaut hätte – diese Erträge ausgereicht hätten, um jene insgesamt 36 000 Menschen zu ernähren. Und höchstwahrscheinlich konnte man in einem Weingarten von weniger als 2 km^2 Fläche genügend Wein produzieren, um jedermann mit einem Viertel Liter pro Tag zu versorgen. Was das Olivenöl angeht: Falls jede Person jährlich zehn Liter verbrauchte (oder verbrannte), reichten alles in allem weniger als 4 km^2 für die Olivenhaine. Dabei sollten wir uns keine Monokulturen vorstellen, wie es diese Zahlen suggerieren könnten. Der Pflanzenbestand an der Villa Regina, wo zwischen den Rebstöcken Öl- und Obstbäume wuchsen, zeigt, wie gemischt diese antike Landwirtschaft sein konnte.

Natürlich ergibt sich ein völlig anderes Gesamtbild, wenn man eine dieser groben Schätzungen verändert – wenn man beispielsweise die Bevölkerungszahl um 50 Prozent erhöht oder die Fläche des verfügbaren Landes verkleinert. Selbst bei der zuvor angestellten optimistischen Berechnung wird es auch Jahre der Knappheit, Dürre und

Missernten gegeben haben, die die Pompejaner veranlassten, sich ihre Grundnahrungsmittel anderswo zu besorgen. Dennoch hatten sie allem Anschein nach normalerweise so viel, dass sie ihre Überschüsse exportierten, was auch durch einen anderen Hinweis gestützt wird. Antike Schriftsteller brachten die Gegend um den Vesuv jedenfalls mit einer Reihe wohlbekannter Rebsorten in Verbindung, von denen eine sogar den Namen »Pompeiana« trug. Dies lässt darauf schließen, dass die Weine weit über die Grenzen Pompejis hinaus berühmt waren. Tatsächlich ist Plinius' hochnäsige Bemerkung über die mindere Qualität einiger pompejanischer Gesöffe (vgl. S. 64) wohl nicht so zu verstehen, dass diese gerade mal gut genug waren für die einheimische Bevölkerung, sondern eher so, dass man, wie ein Historiker kürzlich dargelegt hat, bei der Produktion den Bogen überspannte, um einen größeren Markt zu bedienen (»die alte Geschichte, dass Qualität der Quantität zum Opfer fällt«). Doch es war nicht nur der pompejanische Wein, der sich außerhalb der Region einen Namen gemacht hatte. Columella, ein Autor aus dem 1. Jahrhundert, der sich mit landwirtschaftlichen Fragen befasste, empfahl vor allem die pompejanische Zwiebel. Und Plinius beschrieb ziemlich ausführlich den pompejanischen Kohl und wies diejenigen, die ihn anbauen wollten, warnend darauf hin, dass er keine Kälte vertrage.

Die Archäologie, sowohl die zu Lande als auch die unter Wasser, kann gelegentlich helfen, den Weg der Produkte Pompejis rund um das Mittelmeer und darüber hinaus nachzuverfolgen – vielleicht nicht bei den Kohlköpfen, aber zumindest bei den tönernen Weinkrügen, die auch noch nach 2000 Jahren praktisch unverwüstlich sind. Bereits zu Beginn des 1. Jahrhunderts v. Chr., wahrscheinlich vor der Gründung der römischen Kolonie in Pompeji, wurde aus der Bucht von Neapel Wein nach Südfrankreich exportiert. Das beweist jedenfalls ein Lastschiff, das sein Ziel nicht erreichte, sondern vor Anthéor, unweit von Cannes, Schiffbruch erlitt. Es beförderte Weinkrüge, deren Korken mit einem sehr seltenen Namen in oskischer Schrift (deshalb lässt sich das Wrack datieren) bestempelt waren: Lassius. Die einzigen Lassii, die wir in der römischen Welt sonst noch kennen, hatten ihren Sitz in Pompeji und im nahe gelegenen Surrentum (Sorrent). Zu ihnen gehörte auch Lassia, eine pompejanische Priesterin der Göttin Ceres, deren Grabstein außerhalb der Stadtmauern gefunden wurde. So spricht alles dafür, dass dieser Wein aus Pompeji oder der dortigen Gegend stammte.

Andere Lastschiffe erreichten unbeschadet ihr Ziel. Sie transportierten pompejanische Weinkrüge, die im nordafrikanischen Karthago landeten. Manche von ihnen waren mit dem Namen L. Eumachius gekennzeichnet. Ob er nun der Weinproduzent oder nur der Hersteller der Krüge war (der Stempel konnte beides bedeuten) – sehr wahrscheinlich war er der Vater einer weiteren pompejanischen Priesterin, Eumachia, die bestens bekannt ist, weil sie eines der großen öffentlichen Bauwerke auf dem Forum finanzierte; es trägt jetzt ihren Namen: das Gebäude der Eumachia. Weitere pompejanische Weinkrüge, manche ebenfalls mit Stempel desselben Eumachius versehen, sind in Frankreich und Spanien und auch in anderen Teilen Italiens aufgetaucht. Einer ist sogar in Stanmore in Middlesex gefunden worden. Doch bevor wir den reizvollen Schluss ziehen, dass es im römischen Britannien einen regen Markt für pompejanischen Wein gegeben hat, sollten wir uns in Erinnerung rufen, dass eine einzelne *amphora* nicht notwendigerweise auf eine bedeutende Handelsstraße hindeutet. In jedem Fall waren diese Krüge zu gut und zu robust, um nur einmal gebraucht zu werden, und sie wurden häufig über Jahre, wenn nicht gar Jahrzehnte wiederverwendet. Der in Stanmore entdeckte Krug dürfte ursprünglich in Pompeji hergestellt worden sein, was jedoch für seine letzten Inhalte nicht gelten muss.

Andererseits wurde auch eine Menge eingeführt. Theoretisch hätte Pompeji seine Bedürfnisse vollständig mit Produkten aus der Umgebung befriedigen können, wollte es offenkundig aber nicht – zumindest nicht in seinen späteren Jahren. Die Tonkrüge für Wein oder andere Nahrungsmittel sind ein deutliches Anzeichen für Importe relativ großen Ausmaßes. Viele dieser Erzeugnisse kamen aus nicht sonderlich weit entfernten Teilen Italiens. Wohlhabendere Pompejaner beispielsweise schätzten den Falerner Wein, einen der exklusivsten *premiers crus* der römischen Welt, der etwa 80 Kilometer nördlich der Stadt produziert wurde. Doch es gab auch Importe aus größerer Ferne. Im Haus des Menander wurden um die 70 *amphorae* und andere Krüge gefunden, viele noch immer mit Hinweisen auf ihren Inhalt und ihren Herkunftsort. Gewiss, darunter waren auch gänzlich einheimische Erzeugnisse: Zwei Gefäße trugen den Stempel des Eumachius, weitere zwei hatten Wein aus Surrentum enthalten und eines, das viel kleiner war, einheimischen Honig. In manchen jedoch hatte man Olivenöl oder Fischsoße aus Spanien importiert, andere stammten aus Kreta und mindestens eines kam aus Rhodos und war als *passum* etikettiert; das war ein sehr spezieller süßer Wein, der aus Rosinen statt aus frischen Trauben hergestellt wurde. In etwa dasselbe Bild vermittelt die Ansammlung von teils gefüllten, teils leeren *amphorae* im heruntergekommenen Haus des Amarantus, vermutlich eine Mischung von Gefäßen aus erster, zweiter und dritter Hand. Etliche waren kretischen Ursprungs (30 anscheinend volle Amphoren müssen kurze Zeit vorher verschifft worden sein), zwei stammten aus Griechenland und ein seltenes Exemplar aus der Stadt Gaza, die im eklatanten Gegensatz zu ihrem heutigen Status im frühen Mittelalter zu einem der berühmtesten und einträglichsten Zentren der Weinproduktion werden sollte.

Beim Importgeschäft handelte man mit mehr als mit den Inhalten von *amphorae* und anderen Krügen, mögen sie nun Wein, Olivenöl oder *garum* enthalten haben. Mikroskopische Analysen haben, wie bereits erwähnt, die Überreste von exotischen Kräutern und Gewürzen (vgl. S. 55) zutage gefördert. Andere Arten von relativ unverwüstlichem Material so wie kunstvolles ägyptisches Glas und farbiger Marmor lassen sich sogar noch leichter nachweisen. Gewöhnliches Tischgeschirr aus Keramik konnte ebenfalls von weit außerhalb kommen. Tatsächlich enthielt eine unversehrt aufgefundene Versandkiste etwa 90 nagelneue gallische Schalen und fast 40 Tonlampen, die vermutlich so kurz vor dem Vesuvausbruch in der Stadt eingetroffen war, dass sie nicht mehr ausgepackt werden konnte. Falls die Archäologen mit ihrer Annahme recht haben, dass diese Lampen nicht in Gallien, sondern in Norditalien hergestellt wurden, dürfte in diesem Fall eine Art »Mittelsmann« eingeschaltet gewesen sein, der für die Zusammenstellung einer gemischten Lieferung verantwortlich war.

Alles in allem können kaum Zweifel bestehen, dass der Hafen von Pompeji – wo immer er genau lag und wie klein er im Vergleich mit den großen Umschlagplätzen von Puteoli und Rom auch gewesen sein mag – ein florierender, internationaler und vielsprachiger Ort gewesen sein muss.

Städtische Gewerbebetriebe

Die Landwirtschaft war nicht auf das Gebiet außerhalb der Stadt beschränkt. Nach gängigen Schätzungen wurden selbst noch in den letzten Jahren vor dem Vulkanausbruch immerhin 10 Prozent der Fläche innerhalb der Stadtmauern landwirtschaftlich genutzt; in früheren Zeiten dürfte der Anteil noch höher gewesen sein. Ein Teil diente der Haltung von Vieh, einer unterschätzten Spezies der pompejanischen Population, da frühere Generationen von Archäologen Tierknochen gerne ignorierten. Doch nicht einmal sie übersahen die Skelette von zwei Kühen, die sich zum Zeitpunkt der Katastrophe im Haus des Fauns befanden, und wir werden uns später in diesem Kapitel mit einer noch spektakuläreren Entdeckung befassen. Auch wurden viele Nutzpflanzen angebaut. Wir haben bereits einen Blick auf einen kleinen »Küchengarten« im Haus des Iulius Polybius geworfen, in dem ein Feigenbaum sowie Öl-, Zitronen- und weitere Obstbäume standen. Es gab in der Stadt aber auch Fälle von eher kommerziellem Nutzpflanzenanbau in viel größerem Stil.

Auf einem offenen Gelände unweit des Amphitheaters, das einst für die Begräbnisstätte gefallener Gladiatoren oder auch für einen Viehmarkt gehalten wurde, förderten in den 1960er Jahren sorgfältige Ausgrabungen einen dicht bepflanzten Weingarten zutage (vgl. Plan 12), in dem zwischen den Rebstöcken auch Öl- und andere Bäume wuchsen, wahrscheinlich auch Gemüse (was man aus dem Fund einer einzelnen karbonisierten Bohne geschlossen hat). Der Weingarten bedeckte etwa einen halben Hektar, und der Wein – mehrere Tausend Liter – wurde nicht nur an Ort und Stelle gekeltert (wie die Weinpresse und große *dolia* zeigen), sondern auch von einem Wirtshaus an

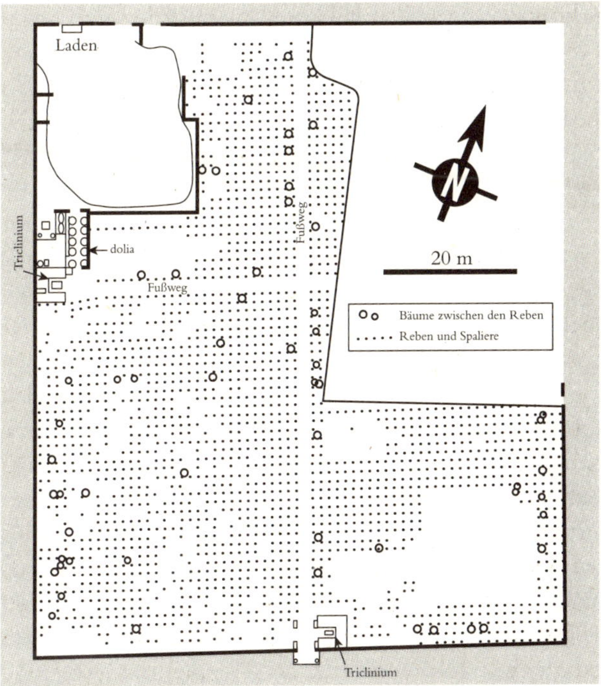

Plan 12. Der Plan eines ausgegrabenen Weingartens. Anhand akribisch durchgeführter moderner Ausgrabungen hat man neuerdings herausgefunden, wie dieser innerhalb der Stadtmauern gelegene kommerzielle Weingarten (mit *triclinia*) bepflanzt war. Er hatte eine strategisch günstige Lage für unterschiedliche Absatzmöglichkeiten. Im Norden grenzte er an die Via dell'Abbondanza; im Süden war er für Kunden aus Richtung Amphitheater leicht zu erreichen.

der Via dell'Abbondanza verkauft oder an Gäste ausgeschenkt, die in einem oder zwei Garten-*triclinia* am Rande des Grundstücks speisten. Und es gab darüber hinaus zahlreiche kleinere Wein-, Obst- und Gemüsegärten (vielleicht mit jenen berühmten Kohlköpfen und Zwiebeln), die alle anhand der Spuren von Wurzelhohlräumen, verkohlten Samen, Pollen und sorgsam angelegten Beeten und Bewässerungssystemen identifiziert wurden. In einem Garten mit einer besonders raffinierten Bewässerungsanlage wurden anscheinend Blumen kommerziell gezüchtet – vielleicht, wie man aufgrund der hohen Zahl von Glaskrügen und Phiolen im angrenzenden Haus vermutet hat, für die Parfümherstellung. Einige ganze neue Arbeiten haben Hinweise auf »Pflanzenschulen« erbracht, die die einheimischen Gärtner mit ihren Stauden beliefert haben dürften.

So braucht man sich nicht weiter zu wundern, dass in den Häusern der Stadt so viele landwirtschaftliche Geräte gefunden wurden: Forken, Hacken, Spaten, Rechen usw. Manche von ihnen wurden zweifellos von Leuten benutzt, die in der Stadt wohnten, aber Tag für Tag auf den Feldern außerhalb der Mauern arbeiteten. Andere jedoch dürften auf Grundstücken im Stadtzentrum verwendet worden sein.

Insgesamt gesehen vermittelte aber ein Gang durch Pompeji nicht den Eindruck von einer Welt, die durch friedliche Gartenarbeit oder andere bäuerliche Tätigkeiten geprägt war. Die Stadt war ein sehr lebendiger Handelsmarkt. Natürlich blieben das Land und die Landwirtschaft höchstwahrscheinlich die wichtigste Grundlage für den Wohlstand während der gesamten Geschichte der Stadt. Pompeji war nicht, wie manche es sich heute gerne vorstellen, ein antikes Gegenstück zum Florenz der Renaissance, wo der ökonomische Erfolg auf Manufakturbetrieben beruhte und die sie kontrollierenden Gilden sowie die gerissenen Financiers, die in diese Betriebe investierten, mit politischer Macht ausgestattet waren. Die Walker und Textilarbeiter des antiken Pompeji waren kein Motor für Wirtschaftskraft. Der »Banker« Lucius Caecilius Iucundus, mit dessen Geschäft wir uns kurz befassen werden, war kein Cosimo de' Medici. Gleichwohl verfügte Pompeji über eine große Bandbreite an Dienstleistungsbetrieben, von Wäschereien bis zur Lampenmanufaktur, und fungierte als Handelszentrum für eine Gemeinde von wahrscheinlich mehr als 30 000 Menschen, die Landbewohner eingeschlossen.

Garant dafür war eine funktionierende Infrastruktur. Der Stadtrat kümmerte sich um die Vereinheitlichung der von den Händlern benutzten Maße und Gewichte. Bereits im 2. Jahrhundert v. Chr. war der offizielle Eichtisch auf dem Forum aufgestellt worden, bei dem man sich an den oskischen Maßeinheiten orientiert hatte (vgl. Abb. 60). Diese Standards wurden, wie aus einer auf dem Tisch angebrachten Inschrift hervorgeht, am Ende des 1. Jahrhunderts mit dem römischen in Einklang gebracht – ein Wechsel, der, auch wenn er vom Stadtrat verordnet war, wohl genauso unausgegoren, umstritten und politisch belastet war wie am Ende des vergangenen Jahrhunderts der britische Wechsel von den Maßeinheiten des Empire (Pfund und Unze) zum metrischen System (Kilo und Gramm).

Doch die Einmischung der Kommunalverwaltung in das Handelsleben der Stadt machte da nicht halt. Wir haben bereits gesehen, dass die Ädilen den Händlern ihre Verkaufsplätze zuwiesen (vgl. S. 101 f.). Sie könnten auch die Markttage festgelegt haben. Ein sehr krakeliges Graffito an der Außenwand eines großen Ladens (»*garum*-Bodensatz zu verkaufen, krugweise«) verzeichnet einen siebentägigen Marktzyklus, der sich ganz ähnlich wie bei uns nach den Wochentagen richtet: »Am Tag des Saturn in Pompeji und Nuceria, am Tag des Sol in Atella und Nola, am Tag der Mondgöttin in Cumae …« Hierbei dürfte es sich eher um einen offiziellen regulären Marktkalender als nur um den einmaligen Plan für eine bestimmte Woche handeln. Das haben zumindest die meisten Archäologen angenommen, wobei sie die Tatsache vom Tisch wischen, dass nach einem anderen Graffito in Cumae am Tag des Sol und in Pompeji am Tag des Merkur Markt war. So oder so scheint dies auf ein bestimmtes Maß an offizieller Planung und versuchter Koordination hinzuweisen.

Wahrscheinlich kontrollierte der Stadtrat auch die bedeutenderen kommerziellen Gebäude der Kommune. Ihre Identifizierung hat sich als schwieriger erwiesen, als man es sich vorstellen würde. Die Frage, wofür viele der großen Bauwerke rund um das Forum tatsächlich genutzt wurden, stellt ja die Archäologie Pompejis, trotz etlicher im Brustton der Überzeugung vorgetragener Behauptungen, vor eines ihrer größten Rätsel. Nach der gegenwärtig favorisierten These ist das lange schmale Bauwerk im Nordwesten des Forums (von dem eine Hälfte nach dem Blitzkrieg der Alliierten rekonstruiert wurde) eine Art Markthalle, vielleicht für Getreide. An der gegenüberliegenden Seite im Nordosten waren der Fleisch- und Fischmarkt. Für die erste

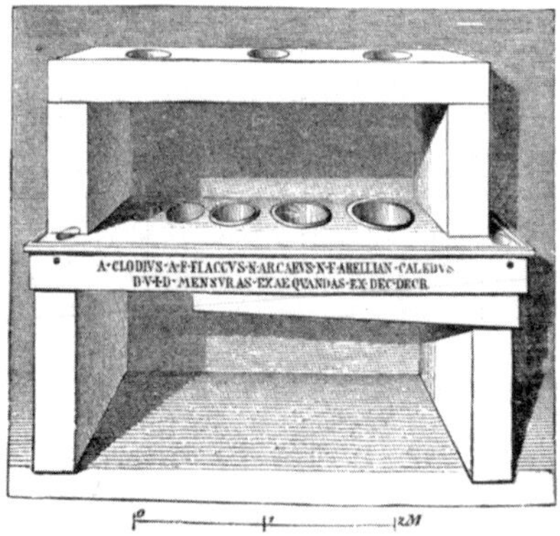

Abb. 60. Schummeln verboten. Auf dem Forum war ein offizieller Eichtisch aufgestellt. Die Maße orientierten sich ursprünglich an dem alten oskischen Standard, wurden aber, wie aus der am Tisch angebrachten Inschrift hervorgeht, im 1. Jahrhundert v. Chr. an das römische System angepasst.

dieser Zuschreibungen gibt es keinerlei Beweis, abgesehen davon, dass sich in der Nähe der offizielle Eichtisch befand. Die zweite Zuschreibung mag zutreffen. Aber das setzt voraus, dass man die im zentralen Bereich gefundene Fischwaage als Beweis sehr ernst nimmt und die möglichen religiösen Elemente sowie die dekorativen Gemälde, die für einen Markt etwas zu elegant erscheinen, herunterspielt (vgl. Abb. 61). Manche Archäologen haben den Bau lieber als einen Schrein oder Tempel deuten wollen – oder (wie William Gell) als einen Schrein plus Speiselokal.

Wie auch immer der offizielle Einfluss auf den einheimischen Kommerz ausgesehen haben mag, besonders auffällig ist allein die Vielfalt der Gewerbe und Geschäfte, die in der Stadt betrieben wurden. Wenn man heute durch die Straßen schlendert, erkennt man auf Anhieb die robusten Steinmühlen und großen Öfen, in denen die Bäcker ihr Brot backten, oder auch die Fässer und Tröge, die von den Walkern bei der Stoffherstellung verwendet wurden. Mittlerweile sind die Vitrinen im Museum von Neapel voll mit den Werkzeugen und Geräten aller möglichen Handwerke, die bei den Ausgrabungen entdeckt wurden: angefangen bei stabilen Beilen und Sägen über verschiedene Waagen, Blei-Lote und Zangen bis hin zu ausgeklügelten medizinischen Instrumenten (manche, wie das gynäkologische *speculum* [vgl. Abb. 7] sind auf unheimliche Weise modern).

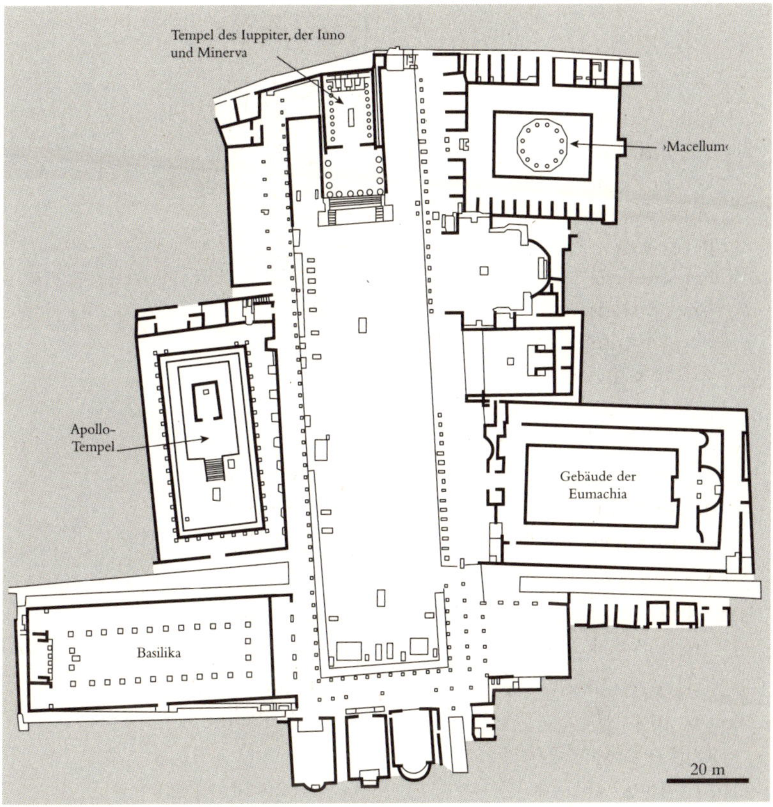

Plan 13. Plan des Forums. Das Verwaltungszentrum von Pompeji, aber bis heute bleiben Name und Funktion zahlreicher Gebäude rund um das Forum unklar.

Diese Objekte können manchmal mit noch erhaltenen Gewerbe- oder Ladenschildern in einen direkten Zusammenhang gebracht werden. Eine grob gearbeitete Tafel beispielsweise, die einst außen an einer Werkstatt angebracht war, scheint die Fähigkeiten von »Diogenes, dem Baumeister« anzupreisen. Dargestellt sind seine Werkzeuge (Blei-Lot, Kelle, Meißel, Holzhammer) sowie ein Phallus als Glückssymbol. Die Bilder solcher Utensilien erscheinen gelegentlich sogar auf Grab-

Abb. 61. Im 19. Jahrhundert gehörten die Gemälde des *macellum* zu denen, die in der gesamten Stadt am meisten bewundert wurden. Dieser Ausschnitt beflügelte die Fantasie der Besucher in besonderem Maße, da man in der Frau eine Malerin mit einer Palette zu erkennen glaubte. In Wirklichkeit hielt sie eine Schale, wie sie bei Opfern verwendet wurde.

steinen und preisen das Handwerk des Verstorbenen. Ein gewisser Nicostratus Popidius, ein Landvermesser, stellte seine Instrumente – Messstäbe, Stangen und die unverwechselbare *groma*, ein Kreuz zur Absteckung von rechten Winkeln – auf dem Grabstein zur Schau, den er für sich selbst, seinen Partner und ihre Kinder in Auftrag gab. Er hatte seinen Lebensunterhalt in einem der für Rom typischen Berufe verdient. Die Landvermesser hatten die Aufgabe, Grundstücke auszuweisen, deren Grenzen festzulegen und bei Landstreitigkeiten als Berater aufzutreten. Genau solch ein Mann war wohl gefragt, als Vespasians Beauftragter Titus Suedius Clemens in der Stadt erschien, um dem

Problem des Staatslandes, das private Eigentümer illegal an sich genommen hatten, nachzugehen.

Gemälde und Skulpturen können diese stummen Werkzeuge mit Leben erfüllen oder zumindest ihre Verwendungsweise illustrieren. Auf den Gemälden vom Leben auf dem Forum haben wir schon reges Markttreiben vorgefunden (alles wurde gehandelt, von Brot bis zu Schuhen). Darüber hinaus zeigt eine andere berühmte Reihe von winzigen bemalten Friesen aus einem der Salons im Haus der Vettier einige reizende Amoretten (Kitsch für diejenigen, die hier den Geschmack von Neureichen entdecken möchten), die allen möglichen handwerklichen Aktivitäten nachgehen. Einige keltern Wein, andere sind mit der Tuch- und Parfümherstellung beschäftigt. Manche scheinen im Girlandengeschäft tätig zu sein (einer anderen kommerziellen Nutzung von Blumen). Wieder andere stellen in einer Werkstatt, die wie eine Schmiede aussieht, Schmuckstücke und große Bronzegefäße her. Dieses Metier ist auch auf einer Marmorplatte anschaulich dargestellt, vielleicht einem früheren Ladenschild, wenn auch einem deutlich eleganteren als üblich. Sie zeigt Bronze- oder Kupferschmiede bei der Arbeit – jedenfalls lassen die im Hintergrund ausgestellten fertigen Produkte dies vermuten – und lenkt das Hauptaugenmerk auf die drei Stufen des Fertigungsprozesses. Links wiegt ein Mann das Rohmaterial auf einer großen Waage ab (und lässt sich dabei von dem hinter ihm stehenden Kind, das auf sich aufmerksam machen möchte, nicht ablenken). In der Mitte schlägt ein Mann mit dem Hammer auf das auf einem Amboss liegende Metallstück, während ein dritter es mit einer Zange festhält. Rechts legt ein vierter Handwerker an eine große Schale letzte Hand an. Und man könnte sich keine bessere Illustration für die in Pompeji allgegenwärtigen Hunde wünschen. Obwohl es so, wie es hier gestaltet ist, irritierenderweise wie eine Art Schnabeltier aussieht, kann das Tier, das auf einem Brett über dem Kopf des letzten Arbeiters kauert, nur ein Wachhund sein.

Eine Fülle schriftlichen Materials, ob in Form von Graffiti oder eher offiziellen Notizen und Denkmälern, ergänzt das Bild oder erinnert uns an Tätigkeiten, die keine solch markanten Spuren hinterlassen haben. Wenn man alle die Berufe, die (abgesehen von so wohlbekannten Metiers wie Töpfer oder Metallarbeiter, die dort nicht ausdrücklich genannt werden) auf diese Weise erwähnt werden, zusammenzählt, kommt man auf mehr als 50 Möglichkeiten, wie man in Pompeji seinen Lebensunterhalt verdiente: vom Weber bis zum Gemmenschneider, vom Architekten bis zum Konditor, vom Barbier bis zu einer ehemaligen Sklavin namens Nigella, die auf ihrem Grabstein als »öffentliche Schweinehirtin« (*porcaria publica*) bezeichnet wird. Abgesehen von ihr kommen Frauen nicht sehr häufig vor, obwohl man ihnen manchmal in unerwarteten Zusammenhängen begegnet. Eine gewisse Faustilla war das, was wir eine kleine Pfandleiherin nennen könnten. Drei Graffiti sind erhalten, auf denen ihre Kunden notierten, was sie verpfändeten, die Zinsen, die sie bezahlten (ungefähr 3 Prozent pro Monat), und in zwei Fällen, was sie an Sicherheiten hinterlegten – zwei Capes und ein Paar Ohrringe.

Viel schwieriger ist es, diese Gewerbe mit den Überresten an der Ausgrabungsstätte in Übereinstimmung zu bringen. Nur bei sehr wenigen charakteristischen Tätigkeiten wie dem Backen oder Walken können wir aufgrund fest installierter Einrichtungen des öfteren ein Geschäft sicher lokalisieren. Bei den meisten an den Straßen gelegenen kleinen Handwerksbetrieben fehlen das Mobiliar und die entsprechende Ausstattung, und es gibt nur gelegentlich eindeutige Relikte, mit Hilfe derer sich herausfinden lässt, was dort einst hergestellt oder verkauft wurde. Dank eines Graffitos (»Gerberei des Xulmus«) haben wir eine Gerberei ausmachen können, und berechtigte Vermutungen haben zur Identifizierung des Mattenwebers und Flickschusters geführt. Auf jeden Fall dürften in ganz gewöhnlich aussehenden Häusern alle möglichen Gewerbe ausgeübt worden sein. Faustilla wird kaum ein Büro gebraucht haben. Das Malergeschäft (vgl. S. 173) lässt sich nur anhand des Schrankes voller Farbtöpfe als solches bestimmen. Und man hätte nur noch ein paar mehr Webstühle und zusätzlich einige junge Sklavinnen in ein Atrium plazieren müssen, um das Weben für den häuslichen Bedarf in ein kommerzielles Unternehmen zu verwandeln.

Abgesehen davon haben wir sogar noch merkwürdigere Wissenslücken. Wie sich aus der Fülle von überall in der Stadt gefundenen Me-

Abb. 62. Dieses Relief evoziert auf ansprechende Weise die Atmosphäre in einer metallverarbeitenden Werkstatt. Diese Szene mit den Arbeitern ist ergänzt durch ein kleines Kind und einen Wachhund. Im Hintergrund sind die fertigen Produkte ausgestellt.

tallgeräten sowie aus den Bildern auf der Marmorplatte und auf den Gemälden am Haus der Vettier schließen lässt, muss die Metallverarbeitung im antiken Pompeji eine wichtige Rolle gespielt haben. Doch es bleiben alle möglichen Rätsel. Wir haben kaum eine Vorstellung, wie die Handwerker an ihre Rohmaterialien kamen. Und bisher hat man außer ein paar kleinen – vermutlichen – Werkstätten und Verkaufsstellen (in einer kam das, soweit bekannt, einzige aus der Antike erhaltene Exemplar der *groma* eines Landvermessers zum Vorschein) lediglich eine größere Schmiede vor der Porta Vesuviana gefunden. Aufgrund der Brandgefahr war dies vielleicht ein Gewerbe, das hauptsächlich außerhalb der Stadt betrieben wurde. Das muss auch für das Töpferhandwerk gegolten haben. Denn innerhalb der Mauern hat man lediglich zwei kleine Töpfereien entdeckt, von denen die eine auf die Lampenherstellung spezialisiert war.

Im restlichen Kapitel wollen wir unsere Untersuchungen zum kommerziellen Leben in Pompeji auf drei Beispiele konzentrieren, bei denen man das Gewerbe mit der Örtlichkeit in Verbindung bringen kann – und fast mit dem Gesicht der betreffenden Person: Es geht um einen Bäcker, einen Bankier und einen *garum*-Produzenten.

Ein Bäcker

Zwischen dem Haus der arbeitenden Maler und der Hauptdurchgangsstraße, der Via dell'Abbondanza, stand eine große Bäckerei, die erst vor kurzem vollständig ausgegraben wurde. Die Bäcker gehörten zum üblichen Straßenbild Pompejis. Mehr als 30 solcher Betriebe sind in der Stadt nachgewiesen. Manche führten sämtliche Produktionsprozesse selber durch: Sie mahlten das Korn, backten das Brot und verkauften es. Andere, wie aus dem Fehlen der Mahlgerätschaften zu erschließen, verwendeten fertiges Mehl. Obwohl sich die Bäckereien bisweilen auf merkwürdige Weise häuften (in einer Straße am nordöstlichen Rand des Forums gab es sieben auf einer Länge von etwas über 100 Metern), fanden sie sich überall in der Stadt, so dass kein Pompejaner ihretwegen einen weiten Weg auf sich nehmen musste. Im übrigen konnte man das Brot auch an vorübergehend errichteten Straßenständen kaufen und es sich gewiss auch per Esel oder Maultier nach Hause liefern lassen (Abb. 25, 64).

In dieser Bäckerei an der Via dell'Abbondanza wurde sowohl gemahlen als auch gebacken – und möglicherweise wurden dort auch Gäste bewirtet (vgl. Plan 14). Es war ein zweistöckiges Anwesen mit einem Balkon, der hoch über der Straße einen Teil der Fassade einnahm. Anders als sonst in Pompeji hat man beträchtliche Teile des Fußbodens des Obergeschosses gefunden und sie so, wie sie auf die darunter befindlichen Räume gestürzt waren, erhalten – fürwahr ein

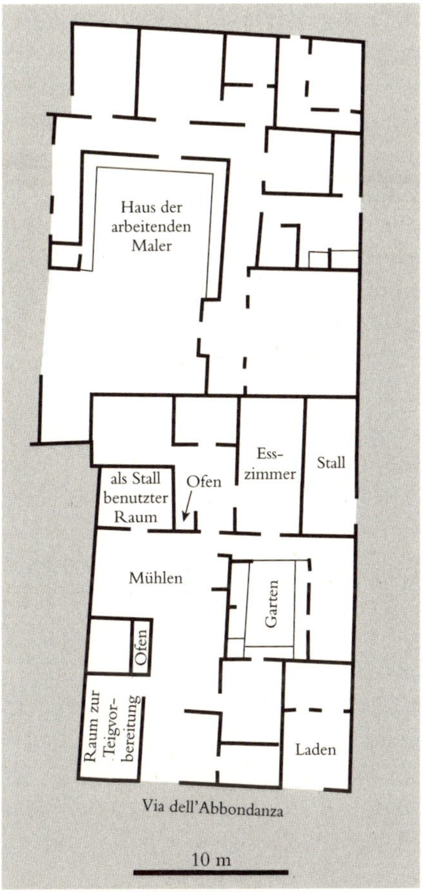

Plan 14. Die Bäckerei der keuschen Liebenden. Eine kommerzielle Bäckerei mit Gästebewirtung. Jedenfalls ist der Speiseraum (*triclinium*) ist hier so groß, dass er höchstwahrscheinlich nicht nur vom Bäcker und seiner Familie benutzt wurde. Zur Zeit des Vulkanausbruchs dienten zwei Räume des Hauses als Stallungen.

Triumph archäologischer Konservierungskunst, aber eine Besonderheit, die es jedem oberflächlichen Betrachter erschwert, sich vom Grundriss und dem Gesamtbild der Örtlichkeit einen Eindruck zu verschaffen. An der Ecke des Hauses stand einer der zahlreichen Straßen- oder Kreuzwegschreine der Stadt: ein auf den Bürgersteig gesetzter plumper Altar, darüber die an die Außenwand gemalte Darstellung eines religiösen Opfers.

Von der Hauptstraße führte die eine Tür direkt in die Backstube, die andere (gleich neben dem Altar) in einen relativ großen, aus zwei Räumen bestehenden Laden. Im Erdgeschoss erscheinen Bäckerei und Laden als völlig voneinander getrennte Einheiten, aber die Position der nach oben führenden Treppe deutet darauf hin, dass die entsprechenden Räumlichkeiten oben miteinander verbunden waren, so dass sich ein Gesamtkomplex ergab. Das Haus gehörte vermutlich einem einzigen Eigentümer, selbst wenn in dem Geschäft wohl noch etwas anderes als Brot verkauft wurde (denn sonst hätte es sicher eine direkte Verbindung zwischen dem Verkaufsraum und der von der Straße aus separat zugänglichen Backstube gegeben). Außerdem gab es noch einen Seiteneingang, der in einen Stall führte. Er lag an dem Weg, der von der Via dell'Abbondanza abzweigte und zwischen der Bäckerei und dem großen Haus des Gaius Iulius Polybius verlief. Dies war die Nebengasse, in der, wie wir in Kapitel 2 gesehen haben, kurz vor dem Vulkanausbruch die Senkgruben der häuslichen Latrine ausgehoben und ausgeleert worden waren und wo der Unrat noch haufenweise herumlag.

Wenn man die Bäckerei durch den Haupteingang betrat, gelangte man in eine große Vorhalle, von der aus eine von mehreren Holztreppen in die Räume im Obergeschoss führte. Wie aus den Graffiti an der linken Wand zu erschließen, die hauptsächlich aus Zahlen bestehen, spielte sich hier ein Teil des Geschäfts ab – die Überprüfung der Brotlieferungen oder vielleicht sogar der Kundenverkauf. Jeder Besucher hätte sicherlich die Bäcker bei der Arbeit sehen und hören können, denn der Hauptofen – der eher einem großen holzbefeuerten Pizzaofen im heutigen Italien ähnelte – stand nur weniger Meter weiter innen (vgl. Abb. 63). Links befand sich der große Raum, in dem der Teig vorbereitet wurde. Dort war ein Fenster eingelassen, um denen, die das Mehl mischten und den Teig kneteten, etwas Licht von außen zu bringen. Sie bearbeiteten den Teig in großen Steintrögen oder brachten ihn auf Holztischen in Form (das Holz ist nicht erhalten, wohl aber die gemauerten Stützen, die die Tische trugen). In dem Raum muss es sehr heiß gewesen sein, die Umgebung schäbig. Doch man hatte versucht, sie etwas zu beleben: Eine Wand zierte das Ge-

Abb. 63. Der große Brotofen aus der Bäckerei der keuschen Liebenden. Er ist ziemlich heruntergekommen und zeigt noch die Risse, die durch das Erdbeben des Jahres 62 und die Erschütterungen, die dem Vulkanausbruch vorausgegangen sein müssen, hervorgerufen wurden.

mälde einer nackten Venus, die sich selbst im Spiegel bewundert. Natürlich denkt man sofort an die Pin-up-Girls in einer modernen Fabrik.

Wenn der Teig fertig und zu Laiben geformt war, wurden die Brote durch eine kleine Luke am Ende des Raumes direkt vor den Ofen geschoben. Manchmal könnte der einzelne Bäcker sein Produkt sogar mit einem Stempel versehen haben. In Herculaneum wurden beispielsweise mehrere karbonisierte Brotlaibe gefunden, bestempelt mit den Worten »Hergestellt von Celer, dem Sklaven des Quintus Granius Verus« – und höchstwahrscheinlich waren einige oder die meisten Arbeiter in unserer Bäckerei ebenfalls Sklaven. Auf der anderen Seite der Luke wurde das Brot auf Bleche gelegt, gebacken, dann herausgenommen und gelagert oder verkauft.

Dieser Ofen hatte schon bessere Tage gesehen. Ein großer Riss in seinem Mauerwerk war geflickt und einige Zeit vor dem Vesuvausbruch verputzt worden – mit Sicherheit nach dem großen Erdbeben des Jahres 62 n.Chr. Aber seitdem waren weitere Risse aufgetreten, vermutlich infolge der Erschütterungen und Erdstöße in den Tagen und Wochen vor der Katastrophe, und überall im Gebäude wurden

Abb. 64. Ein Brotstand – oder vielleicht eine kostenlose Ausgabestelle, finanziert von einem Lokalmatador. Diese aus dem 19. Jahrhundert stammende Kopie des Originalgemäldes vermittelt einen guten Eindruck von der Art der hölzernen Einrichtung, die ursprünglich in Läden oder Verkaufsständen zu finden waren. Heute sind oft nur noch die Nägel erhalten, die hier in den Brettern der Ladentheke zu sehen sind.

Abb. 65. Eine Getreidemühle. Sie war mit Kanthölzern (die in das quadratische Loch eingelassen wurden) versehen, damit der Mühlstein von Sklaven oder Maultieren gedreht werden konnte.

Reparaturarbeiten ausgeführt. Wahrscheinlich war der Ofen noch funktionstüchtig, wenn auch mit einigen Einschränkungen. Bedauerlicherweise wurde hier keine so spektakuläre Entdeckung gemacht wie in einer anderen Bäckerei in der Mitte des 19. Jahrhunderts. In einem fest verschlossenen Ofen wurden 81 Brotlaibe gefunden: fast 2000 Jahre alt, aber ofenfrisch versiegelt. Sie sind alle rund und in acht Stücke geteilt, so wie wir sie von manchen Gemälden kennen (vgl. Abb. 64).

Im hinteren Teil dieses Hauptraumes standen die Getreidemühlen. Ursprünglich gab es vier davon, was diese Bäckerei zu einem der größeren Betriebe der Stadt machte. Pompejanische Mühlen waren nach demselben Schema gebaut und aus Stein gefertigt, der aus Norditalien, unweit der heutigen Stadt Orvieto stammte (ein verblüffendes Beispiel für einen Spezialimport, da man auch auf einheimischen Stein hätte zurückgreifen können, auch wenn dieser vielleicht nicht ganz so gut war). Es war ein einfaches, aus zwei Teilen bestehendes System (vgl. Abb. 65). Das Korn wurde in den oberen Hohlkegel geschüttet, der (mit Hilfe von Kanthölzern und Griffen) gegen den fest eingebauten massiven unteren Block gedreht wurde, um so das Korn zu mahlen, das dann als Mehl auf die darunter befindliche Platte fiel. Doch zum Zeitpunkt des Vulkanausbruchs war in dieser Bäckerei nur eine Mühle funktionstüchtig: Beide Bestandteile waren unbeschädigt und in der richtigen Position. Bei den anderen Mühlen war ein Oberteil defekt und in zweien war der Kalk deponiert, der für die gerade durchgeführten Reparaturen und Renovierungen verwendet wurde.

Wie wurden diese Mühlen gedreht? Von Menschen oder von Tieren? Beides ist möglich, aber hier können wir sicher sein, dass die Arbeit von Maultieren, Eseln oder kleinen Pferden verrichtet wurde. Die Überreste zweier dieser Tiere wurden in dem Teil der Backstube, in dem der Teig geknetet wurde, gefunden, wo sie bei ihrem Fluchtversuch höchstwahrscheinlich unter den einstürzenden Mauern begraben wurden. Ihr Stall befand sich anscheinend in einem der Räume, der sich zu dem Bereich mit den Mühlen hin öffnete – eine einst viel größere Räumlichkeit mit dezenten Wandmalereien, die aber später in einen Viehstall verwandelt und durch eine Krippe ergänzt wurde. Die hier entdeckten Tiere waren aber nicht die einzigen des Hauses. Fünf weitere waren, ohne eine Chance zu entkommen, in einem anderen, auf eine Nebengasse führenden Stall eingesperrt. Bei ihrer Entdeckung wurden sie – anhand der damals üblichen Knochenbestimmungsmethoden – eindeutig als vier Esel und ein Maultier identifiziert, das jüngste Tier vier, das älteste neun Jahre alt. Die modernen Verfahren der DNA-Analyse haben jedoch erbracht, dass zwei dieser Tiere entweder Pferde oder Maultiere (Kreuzung aus Pferdestute und Eselhengst) waren und die drei anderen entweder Esel oder Maulesel (Kreuzung aus Pferdehengst und Eselstute). Die Identifizierung von Tieren ist nach vielen Jahrhunderten offenkundig schwieriger, als sich das ein Laie vorstellen kann.

Die Skelette dieser Tiere im zweiten Stall liegen noch genau da, wo sie gefunden wurden (vgl. Abb. 66), und eines Tages, wenn das Haus endlich für das Publikum geöffnet wird, werden sie einen makabren Anblick bieten. Aber wir verdanken ihnen alle möglichen Erkenntnisse über das Leben in der Bäckerei und über die Welt Pompejis im allgemeinen. Zunächst einmal deutet diese hohe Zahl an Tieren mit einiger Sicherheit darauf hin, dass der Arbeitsablauf in der Bäckerei nur vorübergehend eingeschränkt sein sollte. Man hätte schließlich nicht sieben Tiere behalten und all die Kosten für ihren Unterhalt getragen, wenn man auf Dauer nur eine einzige Mühle hätte betreiben wollen. Es ist auch ein Indiz dafür, dass sie sowohl für das Mahlen des

Abb. 66. Dieses Opfer des Vulkanausbruchs erinnert uns daran, wie wichtig Tiere für die verschiedenen Gewerbe der Stadt waren – für das Betreiben von Maschinen und die Auslieferung von Waren. Sie müssen auch zum Schmutz auf den Straßen erheblich beigetragen haben.

Korns wie auch für die Auslieferung des fertigen Brotes eingesetzt wurden. Und falls sich die Tatsache, dass es keinerlei Spuren eines Wagens gibt, nicht daraus erklärt, dass er von den menschlichen Bewohnern bei ihrem eigenen Fluchtversuch verwendet wurde, dann waren es diese Tiere, die, mit verschiedenen Arten von Körben beladen, diese Lieferungen austrugen.

Aber darüber hinaus hat die sorgfältige Ausgrabung des Stalles den ersten verlässlichen Hinweis auf die Lebensbedingungen der diesmal vierbeinigen Bewohner der Stadt erbracht. Der Boden war hart, eine Mischung aus Bruchsteinen und Zement. Etwas Licht und Luft kam aus einem auf die Nebengasse gehenden Fenster. Eine hölzerne Krippe zog sich an der Längsseite entlang, und dort hatte es auch einen Wassertrog gegeben, der allerdings schon vor dem Vulkanausbruch zusammengebrochen zu sein scheint. Die Position von zwei jener

Skelette lässt vermuten, dass die Tiere an der Krippe angebunden waren, während eines entweder nicht angebunden war oder sich befreit hatte, da es anscheinend durch die Tür auf die Nebengasse fliehen wollte. Das Futter bestand aus Hafer und dicken Bohnen, die auf einem Dachboden über dem Stall gelagert waren. Mit anderen Worten: Es war alles nicht viel anders als heute.

Die Bäckerei hat eine weitere Überraschung zutage gefördert. Die meisten Wohnräume sind relativ klein und schmucklos und beherbergten im Erd- und Obergeschoss vermutlich den Bäcker mit seiner Familie und seinen Sklaven. Es gab einen kleinen Innengarten, der in einer ansonsten ziemlich trüben Umgebung auch als Lichtschacht fungierte und in dem die leicht beschädigten Überreste einer antiken römischen Fliege (die genaue Spezies ist noch Gegenstand der Diskussion) entdeckt wurden. Und auf dem Küchenherd hat man die Reste einer letzten Mahlzeit gefunden: Hier hatte man irgendein Geflügel und ein Stück Wildschwein einfach weiterschmoren lassen. Doch die wirkliche Überraschung ist das überdimensionale und aufwendig dekorierte Esszimmer mit einem auf den Garten gehenden großen Fenster. Zum Zeitpunkt des Vulkanausbruchs wurde der Raum zwar nicht benutzt (wie aus dem dort gefundenen Kalkhaufen zu erschließen), doch er war mit einer Reihe von abwechselnd rot und schwarz bemalten Feldern ausgestaltet, die in der Mitte aller drei Wände jeweils eine Trink- und Bankettszene zeigen mit Paaren, die sich in den Armen liegen (vgl. Tafel 10). Im Vergleich mit einigen wilden pompejanischen Sexszenen scheinen sie die Leidenschaft auf eher schickliche Weise darzustellen und haben dem Anwesen seinen modernen Namen gegeben: Haus der keuschen Liebenden.

Warum ein so großes *triclinium* in dieser bescheidenen Bäckerei? Vielleicht war es der einzige Luxus, den sich der Bäcker leistete. Doch vermutlich bot es ihm eine weitere Zuverdienstmöglichkeit. Es war zwar kein Restaurant im modernen Wortsinn, aber wahrscheinlich ein Ort, wo Leute gegen Bezahlung essen konnten – die Speisen wurden entweder in der angrenzenden Küche zubereitet oder von außerhalb bezogen. Das Ambiente war nicht gerade glamourös. Man erreichte den Raum entweder vom Stall aus oder musste an dem Brotofen und

Tafel 1. Das Musiker-Mosaik soll vermutlich eine Szene aus einer Komödie des griechischen Dramatikers Menander (4. Jahrhundert) darstellen (vgl. S. 347). Es stammt aus der sogenannten Villa des Cicero direkt hinter der Porta Herculanea.

Tafel 2. Diese eindrucksvolle Szene, die sich über die gesamte Gartenmauer eines Hauses zog, zeigt, wie Orpheus die Tiere mit seiner Musik betört (vgl. S. 177).

Tafel 3. Kaiser Nero? Dieses Gemälde aus einem prachtvollen Esszimmer in einem Gebäude vor den Toren Pompejis wurde als Nero in Gestalt des Gottes Apollon gedeutet. In jenem Haus könnte er, wie man vermutet, bei seinem Besuch in Pompeji gewohnt haben – falls er denn wirklich in Pompeji war (vgl. S. 74).

Tafel 4. Rekonstruktion einer typisch farbenfrohen Fassade an der Via dell' Abbondanza. Ganz rechts sieht man einen Kreuzwegaltar, daneben eine offene Kneipe oder eine Ladentheke. Das angrenzende Haus ist mit Wahlaufrufen beschriftet. Hölzerne Vordächer sollen der Straße und den Eingängen Schatten spenden.

Tafel 5. Bei einer Prozession zeigen die Zimmerleute ihr Handwerk. Ganz links befand sich eine Statue ihrer Schutzgöttin Minerva, von der aber fast nur noch der für sie charakteristische Schild erhalten ist. In der Bildmitte sieht man eine Darstellung ihrer Tätigkeit (vgl. S. 402).

Tafel 6. Der Spieltis auf einem Gemälde in der Schenke an der Via di Mercurio (vgl. S. 31 Die leuchtend bunte legere Kleidung widerspricht unserer Vorstellung, nach der die Römer in weiße Togen gekleidet waren.

Tafel 7. Eine der besterhaltenen Szenen vom Leben auf dem Forum stammt aus dem Anwesen der Iulia Felix. Einige Männer studieren eine schriftliche Bekanntmachung, die quer über den Sockeln dreier vor dem Säulengang stehenden Statuen angebracht ist (vgl. S. 107).

Tafel 8. Dieses Modell des Hauses des tragischen Dichters zeigt einen Querschnitt des Hauses von der Eingangstür bis zum im hinteren Teil liegenden Peristyl (vgl. Plan 5). Im Atrium in der Mitte ist der Brunnen in den Boden eingelassen. Im Obergeschoss im vorderen Teil des Hauses ist das Obergeschoss ausgebaut.

Tafel 9. Modell des Peristylgartens im Haus des tragischen Dichters. Die Rückwand ist mit einer Gartenszene bemalt. Im Säulengang sieht man das berühmte Bild mit dem Opfer Iphigenies (vgl. Abb. 55).

Tafel 10. Wandmalerei aus dem großen Esszimmer in der Bäckerei der keuschen Liebenden (S. 297). Auf den ersten Blick eine elegante Szene: bequeme Kissen sowie dekorative Draperien, auf den Tischen ordentlich angeordnete Glasgefäße. Doch die Frau im Hintergrund ist bereits so betrunken, dass sie sich kaum noch auf den Beinen halten kann. Zwischen den beiden Paaren auf den Liegen ist ein Mann bereits umgekippt.

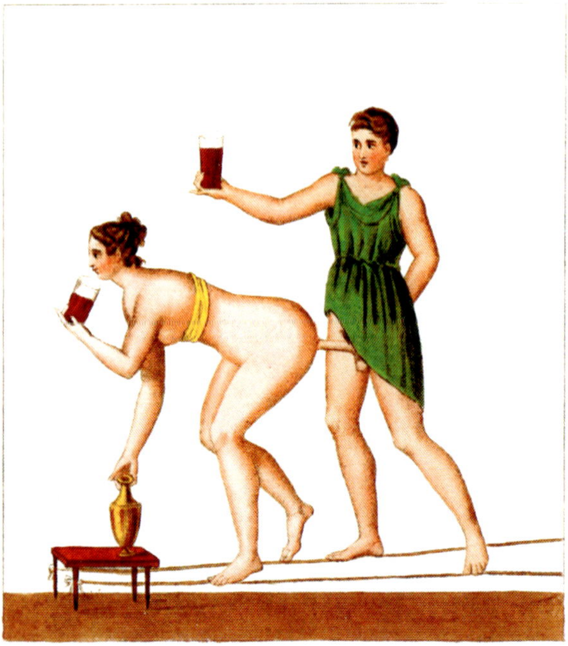

Tafel 11. Balanceakt. Die (aus dem 19. Jahrhundert stammende) Kopie eines nicht mehr erhaltenen Gemäldes aus der Schenke an der Via di Mercurio. Die Seile sind wahrscheinlich der Fantasie des modernen Künstlers entsprungen (vgl. S. 316).

Tafel 12. Ein witziger Einfall, typisch römisch. Bei den Diners der Wohlhabenden sollte dieser hagere ältere Mann auf seinem Tablett alle möglichen Leckerbissen präsentieren (vgl. S. 300).

Tafel 13. Die Gemälde an der Wand des Wirtshauses des Salvius (vgl. S. 341 f.) wirken fast wie »Comics«. Das Paar in der ersten Szene hielt man früher für zwei Männer, bis sich bei der Reinigung des Bildes herausstellte, dass die Person links eine Frau ist. Obwohl die letzte Szene beschädigt ist, wird hinreichend klar, dass sich der Wirt als Autorität aufspielt: »Wenn ihr euch schlagen wollt, geht raus.«

Tafel 14. Unter den zahlreichen Menschen und Göttern auf dem Fries in der Mysterienvilla (vgl. S. 182) gibt es einen Jungen, der etwas aus einer Rolle vorliest, wobei eine Frau, vielleicht seine Mutter, auf ihn aufpasst. Ein Teil des optischen »Scherzes« besteht darin, dass wir als Betrachter weder sehen noch hören können, was der Junge liest.

Tafel 15. Das Gesicht des besiegten Königs Dareios auf dem »Alexander-Mosaik« im Haus des Fauns (vgl. S. 43).

Tafel 16. Die Thermen boten dem gewöhnlichen pompejanischen Badegast einen Eindruck von Luxus. Dieses Gemälde aus dem 19. Jahrhundert lässt das Ambiente der Stabianer Thermen wieder aufleben (vgl. S. 338).

Tafel 17. Dieses Mosaik im Zentrum (*tablinum*) des Hauses des tragischen Dichters (vgl. Plan 5) zeigte eine Gruppe von Schauspielern, die sich auf den Bühnenauftritt vorbereiteten. Da sich die Mimen in Ziegenbockskostüme zwängen, dürfte es sich bei dem Stück um ein Satyrspiel handeln (vgl. S. 348).

Tafel 18. Eine Darstellung des heiligen Bezirks der Isis auf einer Kopie des 19. Jahrhunderts. Die griechische Priesterin Io, eine der Geliebten des Zeus, wird in Ägypten von der Göttin Isis empfangen. Dem Mythos zufolge war Io von der eifersüchtigen Hera verfolgt worden, der Gattin des Zeus, der seine Geliebte irgendwann in eine Färse verwandelt hatte, weshalb sie hier mit Hörnern gezeigt ist. Sie wird von einem Flussgott gestützt (vgl. S. 418).

Tafel 19. Die Gartenmauer im Haus der antiken Jagd, das nach diesem Gemälde benannt ist.

Tafel 20. Die aus dem 19. Jahrhundert stammende Version eines Miniaturfrieses im Haus der Vettier zeigt Amoretten als Metallarbeiter.

Tafel 21. Hier, auf dem Originalgemälde aus dem Haus der Vettier, verunglücken die Amoretten mit ihrem Wagen (vgl. S. 174).

Tafel 22. Ein Blick in eine fremde Welt. Auf diesem Gemälde erleben Pygmäen alle möglichen Abenteuer. Einer reitet auf einem Krokodil, ein anderer wird offensichtlich von einem Flusspferd gefressen, obwohl Hilfe bereitsteht.

Tafel 23. Eine Bildmontage von den Wänden im Haus des tragischen Dichters. Links unten tritt Helena ihre Reise nach Troja an. Rechts, in einer weiteren Episode aus dem Trojanischen Krieg, wird die Kriegsgefangene Briseis Achill weggenommen und Agamemnon übergeben (vgl. S. 202 f.).

den Getreidemühlen vorbeigehen. Doch er war elegant genug ausgestattet, und hier konnten gewiss mit Abstand mehr Leute beköstigt werden als in den engen Durchschnittswohnungen der Armen. In der Stadt dürfte es nicht die einzige Einrichtung dieser Art gewesen sein. In einem anderen Haus findet sich ein ähnlich überdimensionaler Raum mit verdächtig vielen Graffiti, die die Walker feiern. Könnte dies, wie manche Archäologen annehmen, der Ort sein, den die Walker für ihre gemeinsamen Abendtreffs anmieteten?

Wenn er nicht gerade renovierte, produzierte unser Bäcker Brot in relativ großen Mengen, zudem besserte er sein Einkommen noch durch den gastronomischen Betrieb auf. Wir wissen nicht, wer er war. Hingegen können wir dem nächsten pompejanischen Geschäftsmann, den wir unter die Lupe nehmen, einen Namen geben: Es geht um den »Banker« Lucius Caecilius Iucundus.

Ein Bankier

Eine der ungewöhnlichsten Entdeckungen in der Geschichte der Ausgrabungen von Pompeji wurde im Juli 1875 gemacht: Man fand 153 Dokumente, die in einer Holztruhe im Obergeschoss des Gebäudes, das heute als Haus des Caecilius Iucundus bekannt ist, verwahrt waren. Der Haupttext war jeweils ursprünglich in die Wachsschicht geritzt, die auf ein 10 × 12 Zentimeter großes Täfelchen aufgetragen war (die Täfelchen waren oft so zusammengefügt, dass sich ein dreiseitiges Dokument ergab, gelegentlich mit einer in Tinte direkt auf das Holz der Außenteile geschriebenen Inhaltsangabe). Das Wachs ist selbstverständlich verschwunden, aber der Text bleibt lesbar, zumindest teilweise, weil sich der metallene Schreibgriffel oder *stilus* durch die Schicht auf das darunter befindliche Holz durchgedrückt hat.

Von einer Ausnahme abgesehen, verzeichnen alle Dokumente finanzielle Transaktionen, an denen Lucius Caecilius Iucundus zwischen dem Jahr 27 n.Chr. und dem Januar 62 n.Chr., unmittelbar vor dem Erdbeben, beteiligt war. Nur in dem frühesten Text, datiert auf das Jahr 15 n.Chr., wird ein Mann namens Lucius Caecilius Felix, vermutlich Iucundus' Vater oder Onkel, als Vermittler genannt. Die meisten Dokumente haben mit von Iucundus durchgeführten Auktionen zu tun: Empfangsbestätigungen, auf denen die betreffenden Verkäufer der Güter formal erklären, dass Iucundus den fälligen Betrag ausgezahlt hat (d.h. die durch den Verkauf erzielte Summe minus seiner eigenen Provision und anderer Kosten). Auf 16 Dokumenten sind jedoch verschiedene Verträge des Iucundus mit der Stadtverwaltung notiert. Wir neigen heute dazu, Iucundus als »Banker« zu bezeichnen, doch mit dem modernen Begriff lässt sich seine Rolle kaum erfassen. Seine Tätigkeit war eine typisch römische Kombination aus Auktionator, Mittelsmann und Geldverleiher. Tatsächlich profitierte er, wie die Täfelchen verdeutlichen, von beiden Partnern der Auktion – er verlangte nicht nur eine Provision von den Verkäufern, sondern stellte auch den Käufern zur Finanzierung ihrer Erwerbungen zinspflichtige Darlehen zur Verfügung.

Für die Geschichte der pompejanischen Wirtschaft sind diese Dokumente eine wahre Goldgrube. Sie gestatten uns einen unmittelbaren Einblick in die finanziellen Geschäfte eines Pompejaners – in das, was wann und zu welchem Preis gekauft und verkauft wurde. Außerdem stellen sie, da sie von bis zu zehn Zeugen beglaubigt wurden, das umfassendste pompejanische Personenregister dar, das wir haben. Doch einige Vorbehalte sollen nicht unerwähnt bleiben. Wir wissen nicht, warum diese Dokumente aufbewahrt wurden, welchen Anteil sie an den Geschäften, die Iucundus zwischen den Jahren 27 und 62 tätigte, repräsentierten und weshalb gerade sie aufgehoben werden sollten. Warum beispielsweise das einzeln stehende Dokument, das sich auf Felix bezieht? Wurde es aus reiner Sentimentalität, als Erinnerung an Iucundus' Vorgänger aufbewahrt? Wieso häufen sich die Auktionsprotokolle in den Jahren 54–58, wenn der Mann doch bereits seit dem Jahr 27 im Geschäft war? Und weswegen enden sie im Jahr 62? Ist er, wie manche moderne Wissenschaftler spekuliert haben, bei dem Erdbeben umgekommen? Oder wurden die jüngeren Dokumente an einem geeigneteren Ort gelagert und nicht auf den Dachboden verbannt? Eines ist jedoch sicher: Wir haben für keinen Zeitraum ein vollständiges Bild von Iucundus' Aktivitäten. Wir haben nur

Abb. 67. Die Täfelchen des Iucundus umfassten ursprünglich mehrere Seiten. Sie enthielten in Wachs geritzte Transaktionsprotokolle, die durch den Einband geschützt und so relativ sicher aufbewahrt wurden.

eine Auswahl aus seinem Aktenschrank, vielleicht eine willkürliche oder zumindest eine, deren Auswahlkriterien wir heute nicht mehr rekonstruieren können.

Dennoch ist es ein wunderbar anschauliches Material. Das eine sich auf Caecilius Felix beziehende Dokument verzeichnet die Abschlusszahlung für ein von Felix für 520 Sesterze versteigertes Maultier – und es ist der Schlüsselbeweis für den Preis solcher Tiere in Pompeji. Hier waren sowohl der Käufer wie auch der Verkäufer Freigelassene und der Erlös wurde dem Verkäufer nicht von Felix selbst, sondern von einem seiner Sklaven ausgehändigt. Alles wurde besiegelt und nach dem üblichen römischen System, bei dem das Jahr nach den beiden in Rom amtierenden Konsuln angegeben wurde, datiert:

> Die Summe von 520 Sesterzen für den Verkauf eines Maultieres an Marcus Pomponius Nico, den Freigelassenen des Marcus. Es wird bestätigt, dass Marcus Cerrinius Euphrates dieses Geld gemäß dem mit Lucius Caecilius Felix geschlossenen Vertrag bekommen hat. Marcus Cerrinius Euphrates, Freigelassener des Marcus, erklärt, dass er von Philadelphus, dem Sklaven des Caecilius Felix, die oben genannte Summe in bar erhalten hat. (Siegel)
>
> *Ausgestellt in Pompeji, am fünften Tag vor den Kalenden des Juni [28. Mai] im Konsulat des Drusus Caesar und Gaius Norbanus Flaccus [15 n. Chr.].*

Die Auktionsprotokolle des Iucundus geben nicht immer an, was genau gekauft und verkauft wurde. In den meisten Fällen erwähnen sie schlicht »die Auktion von« und nennen den Namen des Verkäufers. Aber mehrere Male beziehen sie sich auf den Verkauf von Sklaven. Im Dezember 56 n.Chr. erhielt eine gewisse Umbricia Antiochis 6252 Sesterze für den Verkauf ihres Sklaven Trophimus. Dieser war offensichtlich sehr wertvoll, da er mehr als viermal so viel einbrachte wie ein anderer Sklave, der ein paar Jahre zuvor für etwas über 1500 Sesterzen den Besitzer wechselte. Wenn man sich vergegenwärtigt, dass er damit etwa dreimal so viel wie das oben erwähnte Maultier kostete, wird man auf irritierende Weise daran erinnert, dass – der Kernpunkt des römischen Sklaventums – menschliche Wesen »zur Ware gemacht wurden«, auch wenn ein römischer Sklave auf eine eventuelle Freilassung hoffen konnte. Von Iucundus ist auch bekannt, dass er für fast 2000 Sesterze einiges »Buchsbaumholz« (ein Holz, das üblicherweise für Schreibtäfelchen verwendet wurde – wenn auch nicht für diese hier: Sie sind aus Pinienholz) und eine große Menge Leinen verkaufte, das Eigentum eines »Ptolemaeus, Sohn des Masyllus, aus Alexandria«. Dies ist ein weiteres hübsches Beispiel für einen Import von der anderen Seite des Mittelmeeres und für einen ausländischen Händler. Der erzielte Preis ist leider nicht auf die Nachwelt gekommen.

Im allgemeinen handelte Iucundus weder mit sehr hohen Geldbeträgen noch bewegte er sich am untersten Ende der Skala. Die größte Summe, die bei einer seiner protokollierten Auktionen erzielt wurde, belief sich auf 38 079 Sesterze. Welche Objekte auch immer hier verkauft wurden (dokumentiert ist nur »die Auktion des Marcus Lucretius Lerus«), ihr Preis war mehr als fünfmal so hoch wie der wahrscheinliche Jahresumsatz des kleinen Bauernhofes, auf den wir weiter oben im Kapitel einen Blick geworfen haben. In dem gesamten Archiv gab es nur drei Zahlungen über 20 000 Sesterze, so wie auch nur drei unter 1000. Der Durchschnittsbetrag lag bei etwa 4500 Sesterzen. Die Provision des Iucundus scheint unterschiedlich hoch gewesen zu sein. Auf zwei der Tafeln ist sie mit 2 Prozent angegeben. In den meisten Fällen können wir aufgrund der an den Verkäufer ausgezahlten

Endsumme nur schätzen, wie hoch die Provision gewesen sein dürfte – und manchmal betrug sie nicht weniger als 7 Prozent. Ob Iucundus damit reich werden konnte, hängt ganz davon ab, wie viele Auktionen er durchführte und um welchen Warenwert es dabei ging.

Doch die Auktionen waren nicht seine einzige Einnahmequelle. Der andere aus 16 Dokumenten bestehende Dokumentensatz betrifft seine Geschäftsverträge mit der Stadtverwaltung. Wie in der römischen Welt üblich, wurde die Eintreibung der städtischen Steuern von Pompeji an private Steuereinnehmer vergeben (die dafür natürlich eine Provision einstrichen). Während seines Berufslebens war Iucundus zumindest eine Zeitlang mit der Einziehung von zwei Steuern befasst: einer Marktsteuer, die vermutlich von Standinhabern erhoben wurde, sowie einer Weidesteuer, die diejenigen bezahlt haben dürften, die in öffentlichem Besitz befindliches Weideland nutzten. Unter seinen Dokumenten finden sich dafür etliche Empfangsbescheinigungen, etwa über 2520 Sesterze pro Jahr für die Marktsteuer oder über 2765 Sesterze für die Weidesteuer (manchmal in zwei Raten entrichtet). Er pachtete – und bearbeitete oder unterverpachtete – auch dem Staat gehörende Besitzungen. Ein Beispiel ist ein Bauernhof mit einer Jahrespacht von 6000 Sesterze. Dieser Betrag scheint an der Grenze dessen gelegen zu haben, was sich Iucundus leisten konnte – jedenfalls wenn nicht Ineffizienz, sondern ein Liquiditätsproblem der Grund für seine zeitweiligen Zahlungsrückstände war. Das andere Beispiel war eine Walkerei (*fullonica*), für die er jährlich 1652 Sesterze aufbringen musste.

Bemerkenswert ist hier wieder die wirtschaftliche Bedeutung der lokalen Verwaltung, die nicht nur Steuern erhob, sondern auch in der Stadt und im Umland Grund und Boden hatte, der gewinnbringend verpachtet wurde. Über einen »Erbhof«, wie im Dokument beschrieben, wird man sich vielleicht nicht wundern. Aber wie die Stadt in den Besitz einer Walkerei gekommen sein soll, ist ein Rätsel. Das Rätsel ist so groß, dass manche Historiker vermutet haben, dass *fullonica* hier nicht Walkerei, sondern »Walkereisteuer« bedeutet. Dies war mit anderen Worten ein weiterer Teil seines Steuereinnahmegeschäftes, nicht etwa ein Beweis dafür, dass er seine Aktivitäten auf das Textil-

und Wäschereigewerbe ausgedehnt hätte. Wer weiß? Doch wie auch immer die Modalitäten für diese und andere Besitzungen ausgesehen haben mögen (Iucundus kann kaum der Einzige gewesen sein, der städtische Liegenschaften in Pacht hatte), die Täfelchen geben uns einen Hinweis darauf, wie diese Geschäfte vonseiten der Stadt organisiert waren. Die Dokumente zeigen, dass die tagtägliche Verwaltung der städtischen Vermögenswerte nicht in den Händen eines gewählten Amtsträgers aus der städtischen Oberschicht lag, sondern in den Händen eines Staatssklaven – oder wie er in den Dokumenten manchmal offiziell bezeichnet wird, eines »Sklaven der Siedler der *colonia Veneria Cornelia*«. Zwei von ihnen sind auf Iucundus' Täfelchen erwähnt: Der erste mit Namen Secundus nahm im Jahre 53 n.Chr. die Pacht für den Bauernhof in Empfang. Er wurde vermutlich durch Privatus ersetzt, an den alle späteren Zahlungen entrichtet wurden.

Alles in allem liefern uns die Dokumente mit den dort aufgeführten Käufern und Verkäufern, den Dienern, Amtsträgern und Zeugen (diese sind am zahlreichsten vertreten) die Namen von etwa 400 Pompejanern, die um die Mitte des 1. Jahrhunderts n.Chr. in der Stadt lebten. Die Bandbreite reicht von Staatssklaven bis hin zu Gnaeus Alleius Nigidius Maius, einem der führenden Männer der politischen Elite und Eigentümer des großen zur Miete stehenden Gebäudekomplexes, mit dem wir uns in Kapitel 3 näher befasst haben. In einem der Auktionsprotokolle des Iucundus wird er als Zeuge genannt. Schon bei einem flüchtigen Blick auf das Archiv zeigt sich die große Bedeutung der sozialen Stellung, die den gesellschaftlichen und geschäftlichen Beziehungen überall in der römischen Welt zugrunde lag. Wenn Sklaven in den Dokumenten auftauchen, werden sie klar und deutlich als Sklaven bezeichnet, mit Angabe des Namens ihrer Eigentümer; ebenso verhält es sich bei den Freigelassenen. Nicht ganz so offensichtlich ist auf den ersten Blick das Ordnungsprinzip bei der Liste der Zeugen. Sorgfältige Analysen aus jüngerer Zeit haben jedoch wenig Zweifel daran gelassen, dass die Namen der Zeugen jeweils nach ihrem Sozialprestige aufgeführt sind. Auf der einen Liste, auf der Nigidius Maius erscheint, steht er beispielsweise an erster Position. Zweimal waren jene hübschen Hierarchisierungen umstritten oder mussten jedenfalls korrigiert werden. Auf zwei Listen hatte sich der Schreiber die Mühe gemacht, einen Namen auszuradieren (oder, genauer gesagt, auszustreichen) und die Rangfolge zu verändern.

Doch bei aller Betonung des sozialen Standes lassen die Täfelchen erkennen, dass es in Pompeji quer durch alle gesellschaftlichen Schichten Käufer und Verkäufer, Geldverleiher und Kreditnehmer gab. Auch wenn sie auf der Liste ganz unten standen, fungierten bei denselben Transaktionen ehemalige Sklaven ebenso als Zeugen wie Angehörige der ältesten und erlauchtesten Familien der Stadt. Auch Frauen waren präsent, allerdings nicht als Zeuginnen. Aber von den auf den Täfelchen erhaltenen 115 sonstigen Namen sind 14 weiblich. Alle genannten Frauen sind Anbieterinnen bei einer Auktion (eine verkauft den Sklaven Trophimus). Das ist natürlich kein hoher Anteil, legt jedoch die Vermutung nahe, dass Frauen im Geschäftsleben der frühen römischen Kaiserzeit »sichtbarer« waren, als es uns etliche der ziemlich düsteren modernen Darstellungen, die sich mit ihrer Rolle und ihrem Ansehen befassen, weismachen machen möchten.

Abgesehen von dem, was sich in den Dokumenten findet, wissen wir von Caecilius Iucundus relativ wenig. Man nimmt an (und sehr viel mehr als eine Annahme ist es nicht), dass er einer Sklavenfamilie entstammte, auch wenn er selbst ein Freigeborener war. Wir wissen nicht, wo seine Auktionen stattfanden und ob er seine Geschäfte von einem – außerhalb seines Wohnsitzes befindlichen – »Büro« aus führte. Sein Haus aber verrät einiges über ihn. Es war groß und reich ausgemalt, was als bester Beweis für ein einträgliches Geschäft gelten kann. Zur Dekoration gehörte das Bild einer großen Raubtierjagd an der Gartenmauer, das aber mittlerweile bis zur Unkenntlichkeit verblasst ist; ferner ein Gemälde mit einem Paar beim Liebesakt, jetzt im Geheimkabinett des Archäologischen Nationalmuseums von Neapel, das sich einst im Säulengang des Peristyls befand (ein berührendes oder leicht ordinäres Exponat, je nach Standpunkt des Betrachters); außerdem ein unglaublich freundlicher Wachhund auf einem Mosaik an der Haustür; und jene berühmten Reliefplatten aus Marmor, die offenbar das Erdbeben des Jahres 62 darstellen (vgl. Abb. 5).

Möglicherweise haben wir sogar ein Porträt des Bankiers. Im Atrium des Hauses wurden zwei viereckige Pfeiler (oder Hermen) eines Typus gefunden, der in der römischen Welt üblicherweise als Basis für Porträtköpfe aus Marmor oder Bronze verwendet wurde. Bei männlichen Porträts waren auf halber Höhe der Herme die Genitalien angebracht, was, ehrlich gesagt, ziemlich sonderbar aussieht. Bei einem dieser Pfeiler sind die Genitalien und der Bronzekopf erhalten – das sehr individualistische Porträt eines Mannes mit schütterem Haar und einer auffälligen Warze auf der linken Wange (vgl. Abb. 68). Beide tragen exakt die gleiche Inschrift: »Felix, Freigelassener, errichtete dies für unseren Lucius«. Die genaue Beziehung zwischen diesem Felix und Lucius einerseits und dem Lucius Caecilius Felix und dem Lucius Caecilius Iucundus der Täfelchen andererseits ist uns nicht bekannt. Der Felix der Herme könnte der Bankier sein oder auch ein gleichnamiger Freigelassener der Familie. Der Lucius Caecilius Iucundus der Täfelchen hat mit dieser Statue vielleicht gar nichts zu tun. Doch obwohl manche Archäologen aufgrund des Stils daran festhalten, dass das Porträt vor der Mitte des 1. Jahrhunderts n. Chr. entstanden sein müsse, ist es nicht ganz von der Hand zu weisen, dass dieser sehr nüchtern dreinblickende Mann niemand anderer ist als unser Auktionator, Mittelsmann und Geldverleiher.

Die Täfelchen des Caecilius Iucundus sind nicht die einzigen Aufzeichnungen dieser Art, die in Pompeji gefunden wurden. Im Jahre 1959 entdeckte man direkt vor den Toren der Stadt ein weiteres großes Versteck mit Unterlagen aus dem 1. Jahrhundert n. Chr. Sie berichten ausführlich über alle möglichen juristischen und geschäftlichen Transaktionen im Hafen von Puteoli – Verträge, Darlehen, Schuldscheine und Bürgschaften –, an denen eine Familie von »Bankern« aus Puteoli, die Sulpicii, beteiligt war. Darüber, wie die Dokumente in der Nähe von Pompeji landeten, etwa 40 Kilometer von Puteoli entfernt an der anderen Seite der Bucht von Neapel, können wir nur spekulieren.

Ein besonders interessanter Fund aus Pompeji selbst besteht aus einigen Wachstäfelchen, die zusammen mit etlichen Silbersachen im Ofen einer Thermenanlage versteckt waren. Sie dokumentieren das Darlehen, das eine Frau namens Dicidia Margaris einer gewissen Poppaea Note, einer Freigelassenen, gegeben hatte. Als Sicherheit für das Darlehen stellte Poppaea Note zwei ihrer eigenen Sklaven zur Verfügung, »Simplex und Petrinus oder wie immer sie heißen mögen«. Wenn sie bis zum folgenden 1. November ihr Darlehen nicht zurückzahlen würde, war Dicidia Margaris befugt, die Sklaven zu verkaufen, um an ihr Geld zu kommen, »an den Iden [13.] des Dezember [...] auf dem Forum in Pompeji bei vollem Tageslicht«. Genaue Vereinbarungen wurden getroffen für den Fall, dass der Erlös der Sklaven über oder unter dem geschuldeten Betrag liegen sollte. Wieder ist es bemerkenswert, dass es zwei Frauen waren, die ein Geschäft abschlossen (auch wenn Dicidia Margaris hier durch ihren männlichen Vormund vertreten ist). Bemerkenswert ist auch, dass die Sklaven gleichsam im Paket als lebende Sicherheit gestellt wurden. Doch noch verblüffender ist das Datum des Dokumentes: Die Vereinbarungen stammen aus dem Jahr 61 n. Chr., doch offenbar hielt man sie noch 18 Jahre danach für so wichtig, dass man sie sicher verwahren wollte und zusammen mit dem Familiensilber versteckte. Warum? Gab es vielleicht einen noch nicht beigelegten Streit wegen der Rückzahlung des Darlehens oder wegen des Verkaufs der Sklaven, so dass eine der Frauen dachte, man könne die schriftliche Abmachung noch brauchen?

Unweigerlich stellt sich hier die Frage nach dem in Pompeji herrschenden Grad der Alphabetisierung und zu welchen Zwecken die damit verbundenen Fähigkeiten verwendet wurden. Man bekommt leicht den Eindruck, dass sehr viele Bewohner lesen und schreiben konnten und auch durchaus gebildet waren. Mehr als 10 000 Textstücke – die meisten sind auf Latein verfasst, einige aber auch auf Griechisch oder Oskisch und zumindest eines auf Hebräisch – sind hier bezeugt. Wahlplakate, Graffiti und alle möglichen Mitteilungen – Preislisten, Ankündigungen von Gladiatorenkämpfen, Ladenschilder – bedecken die Wände. Viele der Graffiti bewegen sich im üblichen Rahmen und reichen von Bitten um Hilfe (»In diesem Laden ist ein Bronzegefäß abhandengekommen. Wer es zurückbringt, erhält eine Belohnung von 65 Sesterze«) bis hin zu machohaften Prahlereien (»Hier habe ich viele Frauen gefickt«). Doch manche von ihnen sind intellektuell anspruchsvoller. So finden wir beispielsweise über 50 Zitate oder Adaptionen von wohlbekannten Klassikern der lateinischen Literatur, darunter Zeilen von Vergil, Properz, Ovid, Lukrez und Seneca, eine Stelle aus Homers *Ilias* (auf Griechisch) nicht zu vergessen. Es gibt noch viele andere poetische Fragmente, entweder originale Schöpfungen irgendeines pompejanischen Verskünstlers oder Teile eines eher populären Repertoires.

Heutige Lateinstudenten, denen die merkwürdige Gattung der römischen Liebesdichtung zu schaffen macht, wo der aus dem Haus der Freundin ausgesperrte Liebhaber der verschlossenen Tür seine Qualen mitteilt, werden es amüsant finden, genau ein solches Gedicht an einer Tür in Pompeji zu finden:

Könnte ich doch meine Arme um deinen Nacken geschlungen halten
Und Küsse drücken auf deine schönen Lippen …

Kritiker haben es als eine ziemlich schwache poetische Leistung gewertet, als ein Werk, bei dem wahrscheinlich mehrere ungenau zitierte Verse zu einem nicht gänzlich befriedigenden Ganzen kompiliert wurden. Zudem können sie sich nur schwer entscheiden, ob der Sachverhalt, dass das Gedicht von einer Frau geschrieben und an eine andere Frau gerichtet ist, wörtlich zu nehmen ist (oder ob dies nicht ein weiterer Hinweis auf eine verpfuschte Arbeit ist).

Neuerdings bestreiten Historiker und Archäologen sehr gerne, dass jenes Textmaterial, so reizvoll und lebendig es auch sei, den Nachweis erbringe, dass viele Pompejaner lesen und schreiben konnten und sehr bildungsbeflissen waren. Die Bruchstücke aus den bedeutenden Werken der Literatur machten, so ihre Argumentation, zunächst einmal viel Eindruck. Doch bei näherer Betrachtung zeige sich, dass es sich dabei verdächtigerweise meist um die Anfänge von Werken oder ihre berühmtesten Einzeiler handele. So zitierten etwa 26 der 36 Belege aus Vergils *Aeneis* die Anfangsworte des ersten oder zweiten Buches des Epos (und vier weitere die Anfangsworte des siebten oder achten Buches). Dies lasse eher auf eine Vertrautheit mit bekannten Sentenzen als auf ernsthafte literarische Kenntnisse schließen. Die Fähig-

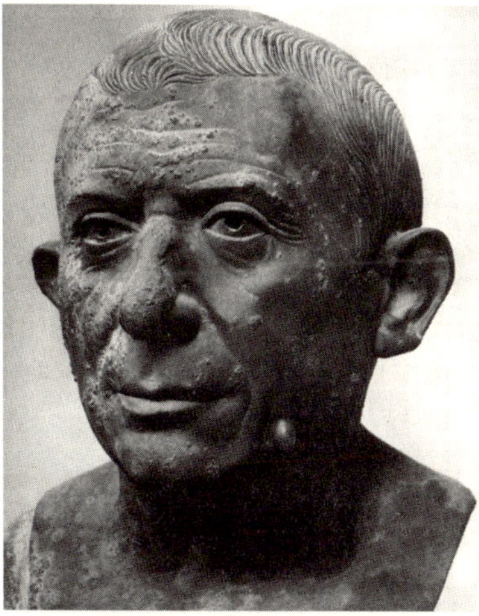

Abb. 68. Dieses im Haus des Caecilius Iucundus gefundene Bronze-Porträt könnte den Bankier höchstpersönlich zeigen oder auch jemanden aus seiner Großfamilie oder einen seiner Vorfahren. In jedem Fall ist es das anschauliche Bild eines Pompejaners mittleren Alters mit Warzen und allem, was sonst noch dazugehört.

keit, *Arma virumque cano* … (»Vom Krieg singe ich und dem Helden …«, *Aeneis* 1,1) an die Wände zu kritzeln, beweist genauso wenig eine enge Vertrautheit mit dem Text Vergils, wie »Sein oder Nichtsein« eine enge Vertrautheit mit Shakespeare dokumentiert.

Es ist auch umstritten, bis in welche Schichten unterhalb der Elite die Fähigkeit des Lesens und Schreibens hinunterreichte. Es mag eine plausible Vorstellung sein, dass ordinäre Graffiti über sexuelle Heldentaten von den ärmeren und weniger gebildeten Angehörigen der pompejanischen Gesellschaft verfasst wurden. Doch *de facto* besteht keinerlei Grund zu der Annahme, dass die oberen Kreise der städtischen Gesellschaft darüber erhaben waren, sich mit ihren Eroberungen zu brüsten (übrigens wurde eines der *Aeneis*-Zitate im Bordell entdeckt). Man hat auch betont, dass viele der Graffiti überhaupt nicht außen an den Häusern, sondern auf den Innenwänden, gelegentlich ziemlich weit unten, gefunden wurden – noch dazu in den Häusern der Reichen. Sie seien also nicht von der gewöhnlichen Straßendirne, sondern wohl von den Mitgliedern wohlhabender Familien verfasst worden und manchmal auch (wie aus der Höhe zu erschließen) von deren Kindern.

All dies spricht dagegen, den schönen Schein der Alphabetisierung Pompejis für bare Münze zu nehmen. Doch die des öfteren vorgebrachte Behauptung, dass außer den Mitgliedern des Stadtrates, der sonstigen männlichen Elite und ein paar Händlern oder Handwerkern kaum jemand lesen und schreiben konnte, ist deshalb nicht zwangsläufig richtig. Des Rätsels Lösung sind nicht die Graffiti, auch wenn sie noch so sehr dazu einladen. Viele von ihnen könnten tatsächlich von den Kindern der Wohlhabenden hingekritzelt worden sein. Der Schlüssel findet sich auch nicht bei den Wahlplakaten, die vielleicht nur von wenigen Leuten gelesen oder zur Kenntnis genommen wurden. Aufschlussreicher sind Dokumente, wie wir sie im Dossier des Iucundus finden, der sorgfältig aufbewahrte Darlehensvertrag zwischen Poppaea Note und Dicidia Margaris oder auch die Etiketten auf den Wein-*amphorae*, die angeben, woher die Ware kam und wohin sie geliefert werden sollte. Sie beweisen, dass viele Leute deutlich unterhalb der Schicht der Wohlhabenden des Lesens und Schreibens kundig gewesen sein müssen, wenn sie ihr Leben organisieren, ihre Arbeit verrichten und ihren Lebensunterhalt verdienen wollten.

Der *garum*-Hersteller

Anhand der Etiketten auf Tongefäßen unterschiedlicher Form und Größe sowie anhand der Mosaiken in seinem Atrium können wir das *garum*-Geschäft des Aulus Umbricius Scaurus und seiner Familie nachzeichnen. Die Fischsoße war ein Grundelement der römischen Küche und konnte bei fast allen Speisen als Gewürz verwendet werden. Im günstigsten Fall könnte sie heutigen fernöstlichen Soßen geähnelt haben, die aus fermentiertem Fisch hergestellt werden (*nuoc-mam* aus Vietnam oder *nam-pla* aus Thailand). Möglicherweise war es aber auch ein wahrhaft stinkendes Gebräu aus eingesalzenem verfaultem Fisch. Anscheinend hatten die Römer dem Produkt gegenüber eine genauso ambivalente Einstellung wie wir. In einem Spottvers amüsiert sich der Satiriker Martial (1. Jahrhundert) köstlich über einen Mann mit dem Namen Flaccus [»der Schlappe/Schlaffe«] – welche Ironie! –, der noch eine Erektion bekommen konnte, nachdem seine Freundin sechs Portionen *garum* zu sich genommen hatte. An einer anderen Stelle bezeichnet derselbe Dichter – offenbar ernsthaft – dieselbe Substanz als »edel« oder »vornehm«. Im allgemeinen gibt es zahlreiche antike Hinweise auf ihren penetranten Geruch, ob man ihn nun mag oder nicht.

Zur Herstellung von *garum* wurden Fischstücke eingesalzen und mehrere Monate in einem Fass gelagert, wo sie in der Sonne fermentieren sollten (bei der koscheren Version, vgl. S. 38, achtete der Produzent vermutlich sehr genau darauf, welche Fischteile verwendet wurden). Mehrere Soßen unterschiedlicher Qualität waren das Ergebnis. Die klare Flüssigkeit, die sich nach dem Gärungsprozess oben absetzte, war das *garum* – inwiefern es sich von dem *liquamen*, ebenfalls ein gängiger Begriff, unterschied, entzieht sich unserer Kenntnis. Was unten im Fass zurückblieb, war das *allec*, Bodensatz, das ebenfalls zum Kochen benutzt werden konnte. Ein weiteres Nebenprodukt war eine Salzlake, die sogenannte *muria*. Dieser wichtigste Teil der Produktion muss in oder vielmehr bei Pompeji stattgefunden haben, da laut Plinius die Stadt für ihr *garum* sehr bekannt war. Doch in der Stadt selbst gibt es keine Spuren von den dafür benötigten Vorrichtungen. Wahrscheinlich wurde das *garum* außerhalb der Stadt in der Nähe der Küste in großen Salzsiedepfannen zubereitet. Das Geschäft innerhalb der Stadt diente eher dem Vertrieb als der Produktion. Die Soße wurde in sechs großen *dolia* gelagert, dann – für den Verkauf vorn im Laden – in *amphorae* und andere kleinere Gefäße abgefüllt. Spuren von *allec* in Gestalt von Sardellengräten haben sich in den *dolia* erhalten.

Mit Sicherheit vertrieben Umbricius Scaurus und seine Familie alle die verschiedenen Fischsoßen, die sie wahrscheinlich selbst herstellten und die auf den Etiketten der Krüge sorgfältig gekennzeichnet waren. Diese rühmten die Spitzenqualität der Produkte mit der üblichen Übertreibung einer Verkaufswerbung: So hieß es nicht einfach »beste Fischsoße« (*liquaminis flos*), sondern »allerbeste Fischsoße« (*liquaminis flos optimus*) oder »absolut beste Fischsoße« (*liquaminis floris flos*); sie hoben auch ihre nur aus Makrelen hergestellten *garum*-Varianten hervor, die von Feinschmeckern am meisten geschätzt wurden. Aber die

Etiketten informieren uns auch über die Handelsstrukturen und die Art der Geschäftsverbindungen dieser Familie. So ist auf manchen ausdrücklich angegeben, dass das *garum* »aus der Fabrik des Scaurus« stammt. Andere verweisen etwa auf »die Fabrik des Aulus Umbricius Abascantus« oder »die Fabrik des Aulus Umbricius Agathopus«. Diese Namen lassen vermuten, dass die betreffenden Männer Sklaven des Umbricius Scaurus gewesen waren und jetzt Betriebe oder andere *garum*-Verkaufsstellen führten, die teilweise noch immer von ihrem früheren Herrn abhängig waren. Andere Etiketten belegen, dass die Umbricii Scauri noch ein paar Eisen mehr im Feuer hatten. Eines zeigt, dass sie auch *garum* aus Spanien (dem größten Massenproduzenten von Fischsoße in der römischen Welt) importierten, um es in Pompeji weiterzuverkaufen.

Außergewöhnlich an diesem *garum*-Geschäft ist der hohe Gewinn, den es abwarf. Die überwiegende Mehrheit der zahlreichen Gewerbe und Läden in Pompeji waren Kleinbetriebe und bei den meisten von ihnen dürfte der Profit entsprechend bescheiden gewesen sein; er reichte zu gerade mal etwas mehr als zum Überleben. Das bei den Leichnamen gefundene oder in der Kasse zurückgelassene Bargeld bestätigt dies. Der Betrag übersteigt selten 1000 Sesterze. Doch die Größe des Hauses und die Menge der erhaltenen Produkte legen nahe, dass Scaurus ein kleines Vermögen erworben hatte. Soweit wir wissen, war diese Familie nicht vor dem 1. Jahrhundert n.Chr. in Pompeji aktiv oder bekannt. In der Mitte des 1. Jahrhunderts war Aulus Umbricius Scaurus mit *garum* reich geworden und sein gleichnamiger Sohn hatte als einer der beiden jährlich gewählten *duoviri* eines der höchsten Ämter der Stadtverwaltung erreicht. Er starb früh, vor seinem Vater; ein Denkmal außerhalb der Porta Herculanea erinnert an ihn:

> In Erinnerung an Aulus Umbricius Scaurus, Sohn des Aulus, aus der Gens Menenia, *duumvir* mit Gerichtsbarkeit. Der Stadtrat bewilligte das Grundstück für dieses Denkmal und 2000 Sesterze für seine Bestattung und ließ eine Reiterstatue auf dem Forum aufstellen. Sein Vater Scaurus errichtete dies für seinen Sohn.

Dies entspricht nicht ganz den großzügigen Mitteln, die man etwa zur selben Zeit für die Bestattung des Marcus Obellius Firmus (vgl. S. 9 f.) bereitgestellt hatte. Aber es sind noch immer großartige Ehren für einen der prominentesten Männer der Stadt. Wir sollten jedoch festhalten, dass wir, wenn wir keine anderen Informationen über die geschäftlichen Aktivitäten dieser Familie besäßen, aufgrund des Grabsteins niemals vermutet hätten, dass die Umbricii Scauri Neureiche waren, die ihr Vermögen mit verfaultem Fisch gemacht hatten.

Dies ist eine der Ursachen, warum es so schwer ist, der römischen Wirtschaft auf den Grund zu kommen und herauszufinden, wer oder was sie in Gang hielt.

Kapitel 6
Wer regierte die Stadt?

Wahl, Wahl, Wahl

Der jüngere Aulus Umbricius Scaurus war in der Lokalpolitik so erfolgreich, wie man es sich nur erhoffen konnte. Er war von seinen Mitbürgern gewählt worden, um für ein Jahr den Dienst eines der beiden *duoviri* zu versehen, der »zwei Männer«, der ranghöchsten Amtsträger der Stadt. Auch wenn es auf seinem Grabstein nicht erwähnt wird, muss er vorher ein anderes Jahresamt, das des Ädilen (*aedilis*), bekleidet haben. Diese niedrigere Position machte nämlich einen Mann nicht nur fast automatisch zum lebenslänglichen Mitglied des Stadtrates (des *ordo* der Dekurionen), sondern erlaubte ihm auch die Bewerbung um das höhere Amt. Mit anderen Worten: Niemand konnte *duumvir* (der korrekte Singular von *duoviri*) werden, ohne vorher Ädil gewesen zu sein. Nur ein Amt in der Stadt war prestigeträchtiger als das der regulären *duoviri*. Alle fünf Jahre waren die *duoviri* zusätzlich verpflichtet, die neuen Ratsmitglieder zu ernennen und die Liste der einheimischen Bürger zu aktualisieren, eine Aufgabe, die in dem speziellen Titel *duoviri quinquennales* ihren Ausdruck fand. Diese Männer waren die wirklich hohen Tiere in der Stadt. Einer, dem wir später in diesem Kapitel begegnen werden, war fünfmal *duumvir* gewesen, wozu zwei Amtszeiten als *quinquennalis* gehörten. So erfolgreich Umbricius Scaurus auch war – jene Höhen hatte er nicht erreicht.

Das Besondere dieser jährlichen Wahlen in Pompeji wird auf den mehr als 2500 – in deutlichen roten oder schwarzen Buchstaben verfassten – Wahlplakaten eingefangen. Sie finden sich an den Außenwänden einiger Häuser und überdecken sich teilweise, da die Bekanntmachungen für jede neue Kampagne einfach über die des letzten Jahres gemalt wurden. Sie häufen sich erwartungsgemäß in den

Hauptdurchgangsstraßen der Stadt, wo sie von möglichst vielen Menschen gesehen werden konnten. Doch man sieht sie auch an den Fassaden von Grabmalen, manchmal sogar im Inneren großer Anwesen – wie im Haus des Iulius Polybius, in dem es (ebenso wie an der Fassade) einen Aufruf gibt, Gaius Iulius Polybius' Wahl zum *duumvir* zu unterstützen.

Die Mitteilungen folgen einem ziemlich einheitlichen Muster. Angegeben wird der Name des Kandidaten und die von ihm angestrebte Position eines Ädilen oder *duumvir* (es können auch zwei Kandidaten genannt sein, die vermutlich eine gemeinsame Bewerbung abgesprochen haben). Sie verzeichnen oft, aber nicht immer, diejenigen, die ihn unterstützen, und manchmal wird auch ein Grund für die Empfehlung angegeben. Typische Formulierungen sind »Wählt bitte Popidius Secundus, einen hervorragenden jungen Mann, zum Ädilen« oder »Africanus und Victor setzen sich dafür ein, Marcus Cerrenius zum Ädilen zu wählen« entsprechen dem typischen Format. Bisweilen wenden sie sich sogar direkt an potentielle Wähler: »Bitte wählt Lucius Popidius Ampliatus, den Sohn des Lucius, zum Ädilen – damit seid ihr, Trebius und Soterichus, gemeint.«

Von Zeit zu Zeit erfährt man auch den Namen des Schreibers, da das Verfassen dieser Aufrufe offenbar einen Experten verlangte. Insgesamt haben wir fast 30 Namen solcher qualifizierter PR-Männer, die für ihre Dienste ganz gewiss ein Honorar verlangten. Das war natürlich kein Fulltime-Job. Ein Mitglied eines Schreiberteams verdient, wie er kundtut, seinen Lebensunterhalt als Walker (»Mustius, der Walker, trug die Tünche auf«). Diese Männer scheinen manchmal ein festes »Revier« gehabt zu haben. Aemilius Celer beispielsweise, der die Ankündigung einer Gladiatoren-Show »eigenhändig bei Mondschein« verfasste (vgl. S. 112), signierte Wahlplakate vor allem in einem nördlichen Stadtgebiet unweit seines eigenen Domizils (wie aus einem weiteren Graffito »Hier wohnt Aemilius Celer« zu erschließen). Ein Schild, das dazu aufforderte, sich für Lucius Statius Receptus als *duumvir* einzusetzen, unterzeichnete er mit »geschrieben von Aemilius Celer, seinem Nachbarn«. Und weil er offenbar befürchtete, die Konkurrenz könne mit einem Topf Farbe oder einer Handvoll Kalk auftauchen, fügte er diese Warnung hinzu: »Wenn ihr das böswillig zukleistert, soll euch etwas Schlimmes passieren.« Darüber, wie jene Männer ihr Stück Wand, auf das sie ihre Slogans schrieben, aussuchten, können wir nur spekulieren. Doch sie müssen normalerweise zumindest das stillschweigende Einverständnis des jeweiligen Hauseigentümers gehabt haben. Andernfalls liefen sie Gefahr, dass jene sorgfältig aufgemalten Worte am nächsten Tag überstrichen waren.

Obwohl die Schilder ziemlich stereotyp sind, bieten sie uns alle möglichen Informationen über das politische Leben Pompejis. Die Namen der Wahlhelfer können ihre eigene gelegentlich merkwürdige Geschichte erzählen. Manchmal sind es offenbar einfache persönliche Empfehlungen, selbst wenn sie höchstwahrscheinlich auf das sanfte Drängen des Kandidaten selbst gegeben wurden. Ein paar berufen sich auf Titus Suedius Clemens, den Bevollmächtigten des Kaisers Vespasian (vgl. S. 71 f.), der einmal sein kaiserliches Amt nutzte, um die städtische Verwaltung zu beeinflussen (oder sich in sie einzumischen). Sie erklären ausdrücklich, dass ihr Kandidat »von Suedius Clemens unterstützt« werde. Wieder andere behaupten, für eine bestimmte Gruppe städtischer Bürger zu sprechen. So bekunden etwa die Walker, Müller, Hühnerzüchter, Weinleser, Mattenhersteller, Salbenverkäufer, Fischer und die Isis-Anhänger ihre Unterstützung für einen bestimmten Kandidaten. Einige dieser Gruppen sind etwas rätselhaft. Wer sind die »Campanienses«, die sich für die Wahl des Marcus Epidius Sabinus zum Ädilen einsetzen? Oder die »Salinienses«, die sich für Marcus Cerrinius stark machen?

Mit einiger Sicherheit erhalten wir hier einen Einblick in die Infrastruktur der pompejanischen Wahlorganisation. Bei den römischen Wahlen wurde die gesamte Wählerschaft üblicherweise in Untergruppen unterteilt. Jede dieser Gruppen stimmte für sich ab und hatte als solche ein einziges Votum. Sieger war der Kandidat, der die Unterstützung der Mehrzahl der Gruppen erhielt. Im Vergleich zur Massenversammlung der Demokratie des antiken Athen, wo per Handzeichen gewählt wurde, wurde dieses System wegen seiner Komplexität oft negativ beurteilt, doch tatsächlich ähnelt es eher dem Wahlsystem der meisten modernen Staaten. Höchstwahrscheinlich bezeichnen die auf den Schildern genannten Campanienses und Salinienses ebenso wie die Forenses und Urbulanenses vier Wählergruppen, die sich vier Stadtbezirken zuordnen lassen und vielleicht nach den verschiedenen Stadttoren benannt sind (wie wir bereits gesehen haben [vgl. S. 33], war das, was für uns die Porta Herculanea ist, für die antiken Bewohner die Porta Salis oder Saliniensis). Auch im Umland dürfte es entsprechende Wahlbezirke gegeben haben.

Am Wahltag, so müssen wir uns vorstellen, fanden sich die einheimischen Bürger auf dem Forum ein, unterteilt in ihre verschiedenen Bezirke, gaben ihr Gruppenvotum ab und feierten dann diejenigen als Sieger, die die Stimmen der Mehrheit der Bezirke auf sich vereinigt hatten. Das genaue Abstimmungsverfahren ist nicht so ganz klar, aber mit ziemlicher Sicherheit gab es irgendeine Form von geheimer Wahl. Nach einer klugen Idee aus jüngerer Zeit dienten die Wahlhürden, die an den Zugängen zum Forum heute noch zu sehen sind, hauptsächlich dem Zweck, diejenigen fernzuhalten, die nicht wahlberechtigt waren.

Alle diese Wähler waren Männer. Abgesehen von der gelegentlichen Monarchie, die eine oder zwei Königinnen hervorbrachte, gab es in der griechischen und römischen Welt keine Stadt und keinen Staat, der Frauen irgendeine formale politische Macht zugestand. Nirgends durften Frauen wählen. Aber eine der Überraschungen auf den Wahlplakaten Pompejis ist die Tatsache, dass auf mehr als 50 von ihnen eine Frau oder eine Gruppe von Frauen genannt werden, die einen Kandidaten unterstützen. Zeigt dies ein aktives Interesse von Frauen an einem politischen Prozess, aus dem sie ausgeschlossen waren? Bisweilen ja – selbst wenn es sich dabei nicht immer um ein streng politisches Engagement handelte. Taedia Secunda zum Beispiel, die ihren Namen unter die Bewerbung des Lucius Popidius Secundus um das Ädilenamt setzte, war, wie auf dem Wahlplakat ausdrücklich angegeben, dessen Großmutter. In vielen anderen Fällen dürften die Frauen die Kandidatur aus familiärer oder persönlicher Loyalität befürwortet haben. Allein der Umstand, dass es als sinnvoll galt, ihre Unterstützung zu bezeugen, ist indes ein weiteres Indiz für die *Sichtbarkeit* von Frauen im öffentlichen Leben von Pompeji.

Aber manchmal könnte es mit diesen Slogans mehr auf sich gehabt haben als auf den ersten Blick zu erkennen. An der Außenwand einer Bar an der Via dell'Abbondanza finden sich etliche Frauennamen, die für verschiedene Kandidaten werben: Asellina, Aegle, Zmyrina und Maria. Dies könnten durchaus die Frauen gewesen sein, die dort als Bardamen arbeiteten (die einzelnen Namen, von denen zwei, Aegle und Zmyrina, eindeutig griechischen Ursprungs sind, legen nahe, dass sie Sklavinnen waren). Vielleicht hatten sie ihre Lieblingskandidaten und beauftragten die örtlichen Schilderschreiber, diese Vorlieben zur Schau zu stellen. Möglicherweise ist es aber auch ein Scherz, ein Stück negativer Propaganda. Irgendein Straßenecken-Satiriker oder ein politischer Gegner hatte die üblichen Wahlplakate anfertigen lassen – aber die Namen der einheimischen Bardamen, die diese Wahl angeblich unterstützten, eingefügt.

Wer immer diese Plakate gesponsert haben mag, Gaius Iulius Polybius und seine Freunde waren sicherlich nicht erfreut. Denn auf dem Schild, auf dem sich Zmyrina für »C.I.P.« ausspricht (Iulius Polybius war so bekannt, dass seine Initialen ausreichten), hat jemand später genau das getan, woran Aemilius Celer dachte, als er jedem, der seine handwerkliche Arbeit verschandeln sollte, »etwas Schlimmes« androhte. Hier ist zumindest teilweise etwas Entsprechendes passiert. Denn auf dem Plakat ist just Zmyrinas Name von einer Kalkschicht überdeckt, während der Rest noch lesbar ist, so als ob der auf das Amt erpichte Kandidat es darauf angelegt hätte, lediglich jenen gefährlichen, weil kontraproduktiven Hinweis auf Unterstützung auszulöschen.

Die Bekanntgabe einer solch zweifelhaften Unterstützung scheint in der Tat die Art von Negativpropaganda gewesen zu sein, die bei pompejanischen Wahlen mehr als einmal betrieben wurde. Keines der bisher gefundenen Plakate geht auf die Schwächen eines speziellen Kandidaten ein oder versucht, die Wählerschaft davon abzubringen, ihm ihre Stimme zu geben. Allerdings finden wir auch einige wirklich sehr seltsame Befürworter. Möglicherweise war das Plakat, auf dem sich die »späten Zecher« für die Bewerbung des Marcus Cerrinius Vatia um das Ädilenamt aussprechen, nur ein Scherz im Anschluss an eine ihrer nächtlichen Sauftouren. Hingegen kann die Unterstützung durch »die Taschendiebe«, »die entlaufenen Sklaven« oder »die Müßiggänger« kaum anders zu verstehen sein denn als Aufforderung, gegen ihn zu stimmen.

Wie begründeten die Anhänger, dass man für den Kandidaten ihrer Wahl stimmen sollte? Wenn überhaupt Gründe angegeben werden, dann sind sie meist genauso stereotyp wie die Aufrufe selbst. Das immer wieder verwendete Lieblingswort ist *dignus*, »würdig« oder »für das Amt geeignet«. Der Begriff ist im Lateinischen emotionsgeladener und ist mit »öffentlichem Ansehen« und »öffentlicher Ehre« konnotiert (so ging etwa Caesar, um seine *dignitas* zu wahren, im Jahre 49 v. Chr. über den Rubikon und begann den Bürgerkrieg gegen seinen Rivalen Pompeius). Aber es gibt auf diesen Plakaten kaum eine Andeutung, was man tun muss, um ein solches Ansehen zu erwerben oder zu rechtfertigen oder zu einem erfolgreichen Ädilen oder *duumvir* zu werden. Ein (allerdings seit langem verschwundenes) Graffito – anscheinend kein Wahlaufruf – lobte Marcus Casellius Marcellus als »guten Ädilen und bedeutenden Spiele-Veranstalter«. Die vereinzelten Versuche, einen konkreten Grund für die Wahlunterstützung anzugeben, laufen auf wenig mehr als »er liefert gutes Brot« hinaus (das kann sich entweder auf Gaius Iulius Polybius' Qualitäten als Bäckereibesitzer beziehen oder auf irgendwelche Pläne für eine kostenlose Brotverteilung) oder auf »er wird das Geld der Stadt nicht verschleudern« (was auf Bruttius Balbus' ökonomische Besonnenheit im Umgang mit den lokalen Finanzen hinweisen könnte – oder wahrscheinlich eher auf seine Bereitschaft, öffentliche Interessen großzügig aus seiner Privatschatulle zu bedienen).

Natürlich ist es auch möglich, dass zwischen den Wählern alle möglichen Debatten über ihre politischen Ansichten und über die Stadtpolitik geführt wurden – beim Essen, auf dem Forum oder in den Kneipen – und dass diese in den standardisierten Formulierungen dieser Plakate niemals ihren Niederschlag fanden. Pompeji könnte eine Stadt mit hoher politischer Kultur gewesen sein. Aber es ist ebenso denkbar, dass für die Männer in der Stadt sowie auch für die Frauen familiäre Beziehungen, persönliche Loyalität und Freundschaft bei der Wahl eines Kandidaten den Ausschlag gaben. Taedia Secunda ist die

Einzige, die ihre Verwandtschaft offen zugibt, während sich etliche Wahlkämpfer als »Klient« oder »Nachbar« des betreffenden Bewerbers zu erkennen geben. Das ist selbstverständlich immer noch »Politik«, hat aber einen ganz anderen Beigeschmack. Mit Sicherheit hatten die Plakate eine eher deklaratorische als persuasive Funktion, d.h., sie sollten Unterstützung signalisieren und waren weniger darauf angelegt, die Wähler mit Hilfe von Argumenten zu einer Meinungsänderung zu bewegen – ein Prozess, der (wenn Gaius Iulius Polybius, wie man annehmen darf, tatsächlich in dem Haus lebte, das nach ihm benannt ist) seine logische Konsequenz darin hatte, dass für einen Kandidaten innerhalb seines eigenes Hauses geworben wurde.

Noch hat man kein Plakat gefunden, auf dem die Wahl des jungen Aulus Umbricius Scaurus um die Ädilität oder das Amt des *duumvir* empfohlen wird. Das ist keine allzu große Überraschung, da er vermutlich einige Jahrzehnte vor dem Vesuvausbruch und sogar noch vor dem Erdbeben des Jahres 62 im Amt war. Es gibt allerdings einige Wahlplakate, die aus früheren Perioden der Stadtgeschichte erhalten sind. Ein paar reichen sogar bis in die Zeit kurz vor der Gründung der römischen Kolonie im Jahre 80 v.Chr. zurück, und fast ein Dutzend ist auf Oskisch verfasst. Doch die große Mehrheit stammt – erwartungsgemäß – aus den letzten Lebensjahren der Stadt, also aus der Zeit nach den durch das Erdbeben angerichteten Schäden und den dadurch notwendig gewordenen Renovierungsarbeiten. In dieser Epoche erscheinen mehrere Kandidaten auf deutlich mehr als 100 verschiedenen Plakaten. Historiker haben aus dieser Fülle von Beweisstücken noch detailliertere Schlüsse über die pompejanische Politik zu ziehen versucht als aus den Formulierungen selbst.

Manche der kompliziertesten Untersuchungen waren bestrebt, zunächst eine relative Ordnung in die erwähnten Wahlkampagnen zu bringen – um dann, falls möglich, eine vollständige Chronologie der pompejanischen Wahlen für das letzte Jahrzehnt herauszuarbeiten. Wer kandidierte in welchem Jahr für welches Amt? Die diesen Studien zugrundeliegende Methode ist tatsächlich eine »Archäologie« der bemalten Wandflächen und stützt sich darauf, dass Wahlmitteilungen nicht übertüncht oder auf andere Weise entfernt wurden, wenn die spezielle Kampagne vorüber war, sondern dass sie im nächsten Jahr einfach mit neuen Aufrufen für die neuen Kandidaten überstrichen wurden. Wenn man mit der obersten Farbschicht beginnt, sieht man, dass für manche Kandidaten die Wahlempfehlungen in sehr großer Zahl erhalten sind und anscheinend niemals durch andere übermalt waren. Folglich dürften dies die Amtsbewerber bei den letzten Wahlen gewesen sein, die im Jahre 79 n.Chr. stattfanden (vermutlich im Frühjahr, da die Amtsperiode im Juli begann). Damit hätte im letzten Lebensjahr der Stadt Marcus Sabellius Modestus gemeinsam mit Gnaeus Helvius Sabinus für die Ädilität kandidiert – gegen Lucius Popidius Secundus und Gaius Cuspius Pansa. Nach derselben Theorie hätten sich Gaius Gavius Rufus und Marcus Holconius Priscus um das Amt des *duumvir* beworben.

Beim Ablösen der verschiedenen Schichten besteht die nächste Aufgabe darin, herauszufinden, welche Plakate welche überdecken – also welche früher bzw. später sind. Auf dieser Grundlage sollte sich die mutmaßliche Chronologie der Kandidaten erstellen lassen. Doch hier ist es nicht damit getan, die allerletzten Kandidaten zu identifizieren. Da die Mauern zerfallen und die Farben verblassen, ist es nicht immer leicht, die genaue zeitliche Reihenfolge der verschiedenen Mitteilungen zu bestimmen, ganz abgesehen davon, dass es wirklich kompliziert ist, die Hinweise aus verschiedenen Stadtteilen miteinander in Einklang zu bringen. Es gibt keine einzige Kandidatenliste, nicht einmal aus den 70er Jahren n.Chr., von der jedermann überzeugt ist. Dennoch besteht in einem Punkt allgemeiner Konsens: Es gab sehr viel mehr Kandidaten für das Amt des Ädilen als für das des *duumvir.* Nach einer Berechnung für die Zeit zwischen 71 bis 79 bewarben sich stets nur zwei Männer pro Jahr um das Duumvirat, es gab, anders gesagt, genauso viele Kandidaten wie Stellen.

Wenn das so war (und in manchen Jahren war dies sicherlich der Fall), können die Plakate nicht die Absicht gehabt haben, die Wähler dazu aufzurufen, sich für einen bestimmten Bewerber zu entscheiden. Auf den ersten Blick lässt dies auch die pompejanische Demokratie in einem düsteren Licht erscheinen, d.h., so lebendig sich die demokratische Kultur auch gegeben haben mochte, das Volk hatte bei der

Wahl seiner höchsten Amtsträger keine Alternative. Denn da in Pompeji (wie in römischen Städten allgemein) niemand *duumvir* werden konnte, ohne vorher Ädil gewesen zu sein, und da jedes Jahr nur zwei Ädilen gewählt wurden, gab es um den höheren Posten qua Definition so gut wie keine Konkurrenz.

Manchmal wurde um das Ädilenamt hart gestritten: Gnaeus Helvius Sabinus, ein Kandidat des Jahres 79, war vorher zumindest einmal bei dem Versuch, sich wählen zu lassen, gescheitert, soweit wir dies aus Plakaten, die älteren Datums sein müssen, erschließen können. Um das Duumvirat musste man nur dann konkurrieren, wenn mehr als zwei der wählbaren Männer den Posten im selben Jahr bekleiden wollten – vielleicht weil sie besonderen Wert darauf legten, in das prestigeträchtigere Amt eines *duumvir quinquennalis* gewählt zu werden, oder weil sie die Funktion mehr als einmal innehaben wollten. Wenn nicht jeder Ex-Ädil für die Stelle des *duumvir* zur Verfügung stand (ein paar dürften in der Zwischenzeit verstorben oder weggezogen sein oder hatten ihre Meinung hinsichtlich eines öffentlichen Amtes geändert), dann müssten manche Männer, einfach nur um die Lücken zu füllen, mehr als einmal *duumvir* geworden sein. Mit anderen Worten: Der heißumkämpfte Zugang zu einer öffentlichen Karriere und zu Ruhm und Ansehen in Pompeji war die Ädilität.

Wenn man über das politische Leben in Pompeji nachdenkt, muss man sich vor allem vergegenwärtigen, dass die Zahl der Wähler gering war. Kehren wir noch einmal zu den im letzten Kapitel vorgelegten ungefähren Schätzungen der Gesamtbevölkerung zurück: 12 000 in der Stadt, 24 000 im Umland. Nach einer sehr groben Faustregel, die bei solchen Kalkulationen üblicherweise angewendet wird, war vermutlich die Hälfte dieser Menschen Sklaven. Und von den dann Verbleibenden müssen mehr als 50 Prozent Frauen und Kinder gewesen sein, die nicht wählen durften. Somit käme man in der Stadt auf etwa 2500 und in der umliegenden Umgebung auf um die 5000 Wahlberechtigte. Anders gesagt: Die Zahl der in Pompeji ansässigen Wähler entsprach in etwa der Zahl der Schüler einer großen britischen Gesamtschule oder US-amerikanischen High School. Alles in allem, also einschließlich derer, die im Umland wohnten, unterschritt die Zahl der Wähler die der Studentenschaft an einer durchschnittlichen britischen Universität um mehr als die Hälfte.

Diese Vergleiche sind insofern nützlich, als sie uns einen Eindruck von den Proportionen geben. In derzeitigen Diskussionen über pompejanische Wahlen wird viel über die Rolle von »Wahlkampfberatern« oder über die verschiedenen Methoden der »Anhängermobilisierung« geredet, und ich selbst habe von »PR-Männern« und mehr als einmal von einer Wahl»kampagne« gesprochen. Doch alle diese Ausdrücke lassen an einen Prozess denken, der viel zu groß angelegt und viel zu durchorganisiert ist. Natürlich können alle möglichen ideologischen Kontroversen die pompejanische Bevölkerung gespalten haben, insbesondere zu der Zeit, als die Stadt nach dem Bundesgenossenkrieg die Siedler aufnehmen musste, und wir haben verschiedene Hinweise auf interne Spannungen (vgl. S. 62f.). Aber man kommt unweigerlich zu dem Schluss (den die Wahlplakate selbst auch nahelegen), dass in den letzten Lebensjahren der Stadt die meisten Wahlen als eine Art Erweiterung familiärer, freundschaftlicher und anderer persönlicher Beziehungen geführt wurden. Man hat sich oft gefragt, wie in einer Gemeinde wie Pompeji – wo es nicht die Spur einer offiziellen Regelung gab, seine Identität und seine Wahlberechtigung nachzuweisen – die Teilnahme an den Wahlen kontrolliert wurde. Wie wurden beispielsweise Sklaven oder Fremde daran gehindert, bei der Abstimmung zu erscheinen und sich politische Rechte anzumaßen? Die Antwort ist ganz einfach. Wenn die paar Tausend Wähler auf dem Forum angekommen, durch die Schranken gelassen und in ihre verschiedenen Wahlbezirke aufgeteilt waren, ließ sich jeder Eindringling leicht identifizieren. In Pompeji kannte jeder jeden.

Die Bürden des Amtes?

Für das Verständnis der politischen Kultur Pompejis spielt nicht nur die Größe der Stadt eine Rolle. Die Frage ist auch, wie autonom die Gemeinde war und welche Entscheidungen in ihren Zuständigkeitsbereich fielen. In Pompeji kamen die männlichen Bürger zusammen, um ihre Ädilen und *duoviri* zu wählen. Die Bürgerversammlung hatte sonst keine Funktionen (alle weiterreichenden Befugnisse, die sie einst in der vorrömischen Epoche besaß, waren verlorengegangen, als die Stadt zu einer römischen Kolonie wurde). Sie wählte aber, da die Ädilen in den Stadtrat oder *ordo* berufen wurden, indirekt auch den Rat – oder, wie wir gleich sehen werden, die Mehrzahl seiner Mitglieder. Doch welche Aufgaben hatten diese gewählten Magistrate? Welche Vollmachten hatten sie oder der *ordo*? Warum könnte die Wahl der Bürger wichtig sein? Pompeji war seit dem frühen 1. Jahrhundert v.Chr. eine römische Stadt und konnte als solche keinen großen Einfluss auf Krieg und Frieden oder auf die nationale Politik nehmen. Die diesbezüglichen Entscheidungen wurden in der Hauptstadt getroffen. Allerdings war es römische Praxis, den Gemeinden die Regelung ihrer lokalen Angelegenheiten zu überlassen. Worum also ging es genau?

Einige Hinweise stammen aus der Stadt selbst. Erhaltene Inschriften auf Grabsteinen, an öffentlichen Gebäuden oder auf den Sockeln von Statuen, aber auch die Wachstäfelchen von Lucius Caecilius Iucundus und andere weniger offizielle Dokumente geben Auskunft über die Aktionen oder Beschlüsse der lokalen Amtsträger und des Stadtrates oder nehmen auf sie Bezug. Wir haben bereits gesehen, dass der *ordo* das pompejanische Maß- und Gewichtssystem mit den römischen Normen in Einklang brachte und dass die Ädilen den Händlern ihre Verkaufsstände zuwiesen oder den von ihnen gewählten Standort bestätigten. Den Täfelchen des Iucundus lässt sich außerdem entnehmen, dass lokale Steuern erhoben wurden und die Stadt selbst Grund und Boden besaß, der vom Stadtrat und den gewählten Magistraten verpachtet wurde, auch wenn die laufende Verwaltung in den Händen eines »Staatssklaven« lag. Die Titel der beiden wichtigsten pompejanischen Ämter geben ebenfalls einen klaren Hinweis auf die Art einiger der mit ihnen verbundenen Pflichten. Die »*duoviri* mit Gerichtsbarkeit« waren vermutlich mit juristischen Angelegenheiten befasst. Die Ädilen müssen sich, soweit sich das aus den Aufgaben der Ädilen in Rom erschließen lässt, insbesondere um die Bausubstanz der Stadt, die Gebäude und Straßen, gekümmert haben. Tatsächlich

Abb. 69. Was spielte sich im bedeckten Theater ab? Diese aus dem 19. Jahrhundert stammende fantasievolle Darstellung einer musikalischen und tänzerischen Aufführung gibt die Art der dort inszenierten Darbietungen nur sehr unzureichend wieder. Aber sie vermittelt eine gewisse Vorstellung davon, wie das heutige Freilicht-Theater ausgesehen haben könnte, als es noch überdacht war.

werden sie manchmal nicht als Ädilen bezeichnet, sondern als »*duoviri*, zuständig für die Straßen und sakralen und öffentlichen Bauten«.

Weitere Aktivitäten sind in anderen Texten erwähnt. So steht außer Frage, dass der Stadtrat befugt war, Statuen für lokale Notabeln oder Angehörige der kaiserlichen Familie zu errichten. Außerdem stellte er bisweilen den Platz für solche Ehrenbezeugungen zur Verfügung: Ein Privatmann konnte zwar die Initiative ergreifen und selber eine Statue finanzieren, brauchte aber die Erlaubnis des *ordo*, um sie in der Öffentlichkeit zu präsentieren. Ebenso konnte der Stadtrat Gelder für ein Staatsbegräbnis von prominenten Gemeindemitgliedern und für eine prestigeträchtige Grabstätte bewilligen. Bei den öffentlichen Bauprojekten legte der Stadtrat das Budget fest, die *duoviri* beauftragten dann die Firmen und mussten die Arbeiten am Schluss abnehmen. Auf dieses Verfahren bezieht sich eine Inschrift am Eingang des bedeckten Theaters (oder »Odeons«), das in den ersten Jahren der Kolonie erbaut worden war (vgl. Abb. 69): »Gaius Quinctius Valgus, Sohn des Gaius, und Marcus Porcius, Sohn des Marcus, Duovirn, vergeben auf Beschluss der Dekurionen die Erbauung des bedeckten Theaters und sie selbst nehmen die Abnahme vor.« Diese Tradition reichte bis in die vorrömische Zeit der Stadt zurück. Wie wir gesehen haben, bezeugt die oskische Inschrift auf der Sonnenuhr in einer der größten städtischen Thermen, dass die Uhr von einem der städtischen Magistrate im 2. Jahrhundert v. Chr., Maras Atinius, Sohn des Maras (ein guter oskischer Name), »aus Bußgeldern« finanziert worden war.

Wenn hier vor allem Ehrenstatuen, Bestattungen und Bauwerke hervorgehoben werden, entsteht vielleicht ein falscher Eindruck. Aber es ist nun einmal so, dass viele unserer Belege von Statuensockeln, Grabsteinen und Inschriften an öffentlichen Bauten stammen. Doch das dem allen zugrundeliegende Thema der Schenkung, Wohltätigkeit und privater wie öffentlicher Freigebigkeit spielt eine wichtige Rolle. Denn unabhängig von dem, was sie sonst noch taten, wurde von den gewählten Amtsträgern auf jeden Fall erwartet und sogar gefordert, dass sie der Gemeinde großzügige Spenden zukommen ließen. Dieselben beiden *duoviri*, die sich um die Errichtung des bedeckten Theaters kümmerten, ließen auch das Amphitheater auf eigene Kosten erbauen und »übergaben es für immer den Einwohnern der Kolonie«.

Die Geschenke, die Aulus Clodius Flaccus im frühen 1. Jahrhundert n. Chr. in allen seinen drei Amtszeiten als *duumvir* der Stadt jeweils machte, waren zwar bescheidener, aber noch immer sehr stattlich und werden auf seinem Grabstein detailliert verzeichnet. Beim ersten Mal veranstaltete er Spiele zu Ehren Apollos auf dem Forum – mit einer Parade, Stieren und Stierkämpfern, Boxern, musikalischen Darbietungen und einem Varieté, worin ein sehr bekannter Akteur namens Pylades auftrat. (Hier zeigt sich eine weitere bemerkenswerte Nutzung des Forums, und angesichts jener Stiere versteht man, warum die Zu- und Ausgänge verschlossen werden konnten.) In seiner zweiten Amtszeit als *duumvir quinquennalis* gab er ein weiteres Mal Spiele auf dem Forum, die den früheren ähnelten, nur fehlte die Musik. Und am nächsten Tag präsentierte er im Amphitheater »Athleten«, Gladiatoren und wilde Tiere (Eber und Bären); einige Kämpfe bezahlte er allein, andere zusammen mit seinem Kollegen. Beim dritten Mal war es entweder eine weniger aufwendige Veranstaltung oder sie war auf dem Grabstein wortkarger beschrieben: »Zusammen mit seinem Kollegen gab er Spiele mit einer erstklassigen Truppe und zusätzlicher Musik.«

Wettkämpfe und Schauspiele waren offenbar die übliche Art von Wohltätigkeit. Als *duumvir quinquennalis* veranstaltete Gnaeus Alleius Nigidius Maius in den 50er Jahren ein großes Gladiatorenspiel, »ohne Kosten für die Staatskasse«, wie eine der an die Wände gemalten Ankündigungen betont. Aber stattdessen konnten auch Baumaßnahmen in Auftrag gegeben werden. Eine Reihe von Inschriften im Amphitheater bezeugen, dass verschiedene Magistrate in einigen Bereichen steinerne Sitzgelegenheiten (sie sollten vermutlich die ursprünglichen Holzbänke ersetzen) einrichten ließen »anstelle von Spielen und Lichtern, auf Beschluss der Dekurionen«. Das bedeutet, dass der *ordo* ihnen erlaubte, das erforderliche Geld für eine bessere Ausstattung auszugeben, statt damit eine Show und irgendwelche »Lichter« zu finanzieren. Vielleicht gingen manche Schauspiele nachts bei einer speziellen Beleuchtung über die Bühne?

Ein *duumvir* oder Ädil ließ der Staatskasse auch direkte Zahlungen zukommen. Aulus Clodius Flaccus stellt fest, dass er »für sein [erstes] Duumvirat der Stadt 10 000 Sesterze bezahlte«. Dies dürfte der Betrag gewesen sein, der – wie wir aus anderen Teilen des Römischen Reiches wissen – normalerweise von lokalen Amtsträgern und neuen Mitgliedern des *ordo* entrichtet wurde. Die Summe dieser Gebühren machte einen beträchtlichen Teil eines städtischen Budgets aus. Zweifellos betonten die Erben des Flaccus diese spezielle Zahlung, weil sie zum Ausdruck bringen wollten, dass er mehr als das Übliche gespendet hatte.

In der römischen Welt lag der lokalen Amtsführung eine Philosophie zugrunde, die sich von der unseren ganz und gar unterscheidet. Wir sind der Meinung, dass die Stadträte für die Kosten, die ihnen beim Repräsentieren der Gemeinde entstehen, entschädigt werden müssen. Die Römer hingegen erwarteten, dass man sich für das Privileg, Mitglied des *ordo* oder ein gewählter Amtsträger zu sein, erkenntlich zeigte: Der Status hatte seinen Preis. Anders gesagt: Wenn es mehrere Bewerber um einen Posten gab, hatten die Pompejaner die Wahl zwischen rivalisierenden Wohltätern.

Es gibt ein Dokument, das man bei den Ausgrabungen nie gefunden hat und das uns über die Details der kommunalen Verwaltung, die Pflichten ihrer Magistrate und die Regelungen für den Stadtrat hätte Auskunft geben können. Als römische Kolonie muss Pompeji eine formale Satzung oder Charta (lat. *lex*) gehabt haben, die, höchstwahrscheinlich in Bronze gegossen, in einem Tempel oder einem anderen städtischen Bauwerk öffentlich zur Schau gestellt war. Eine solche Charta ist niemals aufgetaucht – vielleicht wurde sie gleich nach dem Vulkanausbruch von Bergungsmannschaften in Sicherheit gebracht (oder gestohlen). Daher haben Wissenschaftler den Versuch gemacht, ein Bild der pompejanischen Satzung aufgrund ähnlicher Dokumente, die sich erhalten haben, zu erstellen. Dies lässt sich vor allem damit rechtfertigen, dass römische Rechtsvorschriften meist überall in der römischen Welt in derselben Weise angewendet wurden. Was beispielsweise für eine Kolonie in Spanien festgelegt war, galt vermutlich auch für Pompeji.

An diesem Argument ist vieles richtig (auch wenn wir dazu neigen, den Römern auf dem Gebiet von Recht und Gesetz – wie auch in vielen anderen Bereichen – bei weitem zu viel Gleichförmigkeit zuschreiben). Die erhaltenen Statuten entsprechen in mancherlei Hinsicht gewiss den Praktiken, für die wir in Pompeji noch andere Anhaltspunkte gefunden haben. In einer spanischen Charta werden die *duoviri* und Ädilen ganz offiziell dazu verpflichtet, Spiele zu veranstalten und diese teilweise aus eigenen Mitteln zu finanzieren. In der Juristensprache der *lex* lautet dies so:

> »Welche auch immer mit Ausnahme derjenigen, die als erste nach Erlass dieses Gesetzes gewählt werden, duoviri sein werden, diese sollen in ihrer Amtszeit Gladiatorenspiele oder Theaterspiele veranstalten für die Götter und Göttinnen Iuppiter, Iuno und Minerva vier Tage lang, und zwar den größeren Teil eines jeden Tages über, soweit dies möglich ist, gemäß der Entscheidung der Dekurionen. Bei diesen Spielen oder Veranstaltungen soll ein jeder von ihnen von seinem eigenen Geld nicht weniger als 2000 Sesterze aufwenden, und es soll erlaubt sein, vom öffentlichen Geld nicht mehr als 2000 Sesterze für jeden einzelnen Duumvir zu nehmen und auszugeben. Und sie sollen dies ohne persönliche Haftung tun.«

Dies ist ein typisches Beispiel für einen sorgfältig abgefassten römischen Text: Man beachte, dass explizit festgelegt wurde, dass die Veranstaltungen »den größeren Teil des Tages« einzunehmen haben (mit nur einem Morgenspektakel war es nicht getan). Mit hoher Sicherheit war, wie aus dem Grabstein des Aulus Clodius Flaccus zu erschließen, eine sehr ähnliche Klausel auch Bestandteil der pompejanischen Charta.

Die erhaltenen Satzungen erinnern uns auch an die Art von Problemen, die die pompejanische Version berücksichtigt haben muss. Sie reichen von speziellen Fragen zu gesetzlichen Praktiken und Verfahrensweisen (welche Fälle konnten vor Ort verhandelt werden oder unter welchen Umständen sollten sie an Gerichtshöfe in Rom verwiesen werden?) bis zu Terminierungen der Sitzungen des *ordo* oder Anordnungen zum Wohnort der Dekurionen (die obengenannte spanische Verfassung fordert eine fünfjährige Residenzpflicht in der Stadt oder in einem Umkreis von einer Meile). Es ist indes schwer zu sagen, wie genau alle diese Einzelheiten in dem verlorenen pompejanischen Dokument ihren Niederschlag fanden.

Eine andere Klausel in der spanischen Fassung gibt präzise an, welche Bediensteten jeder der Amtsträger haben sollte und wie sie zu entlohnen sind. Sie ist in demselben formellen Gesetzesstil verfasst:

> »Die *duoviri*, welche auch immer ihr Amt ausüben, sollen das Recht und die Macht haben, dass jeder von ihnen zwei Liktoren [Träger der Symbole der Amtsgewalt], einen Accensus [Amtsboten], zwei Schreiber, zwei Boten, einen Buchhalter, einen Ausrufer, einen Haruspex [Priester für Eingeweidebeschau] und einen Flötenspieler hat [...]. Diejenigen, die den *duoviri* zur Verfügung stehen, sollen folgenden Lohn haben: ein Schreiber 1200 Sesterze, ein Accensus 700 Sesterze, ein Liktor 600 Sesterze, ein Bote 400 Sesterze, ein Buchhalter 300 Sesterze, ein Haruspex 500 Sesterze, ein Ausrufer 300 Sesterze.«

Das ist nicht nur akribisch formuliert. Man beachte auch, wie im Text unmissverständlich klargestellt wird, dass dieses Personal jedem *duumvir* zusteht (allerdings scheint man, ein Zeichen mangelnder Sorgfalt, das Honorar für den Flötenspieler vergessen zu haben). Die Passage verdeutlicht auch auf anschauliche Weise die Funktion eines lokalen Amtsträgers und die Art, wie er ihr gerecht werden konnte. Der *haruspex* und der Flötenspieler verweisen auf die religiösen Pflichten des *duumvir* (ein *haruspex* prüfte die Eingeweide von Opfertieren und suchte nach Zeichen der Götter [vgl. Kapitel 9]). Die Schreiber – sie sind bei weitem am besten bezahlt – und der Amtsdiener zeigen, dass mit dem Posten viel Schreibarbeit verbunden war, obwohl der Ausrufer erkennen lässt, dass Informationen sowohl mündlich wie auch schriftlich verbreitet wurden. Die Erwähnung der Liktoren, Amtsdiener, die in Rom die *fasces*, das Rutenbündel mit Beil, das offizielle Symbol der Befehlsgewalt, trugen, lässt darauf schließen, dass sich die *duoviri* mit einem gewissen Maß an Pomp und Zeremoniell umgaben.

Abb. 70. Eine Skizze vom Inneren der Basilika auf dem Forum, eines für eine Kleinstadt imposanten Bauwerks. Die Säulen waren für die lokalen Graffiti-Künstler ein geeigneter Platz, um ihre Botschaften zu hinterlassen.

Die Frage ist, ob die pompejanischen *duoviri* auf die Dienste eines vergleichbaren Mitarbeiterstabes zurückgreifen konnten. Diese Leute tauchen in den in der Stadt gefundenen schriftlichen Belegen jedenfalls nur selten auf – erwähnt werden kaum mehr als der einzelne »Staatssklave«, der laut Aussage der Täfelchen des Iucundus für die Stadt arbeitet, und eine Gruppe von vier »Buchhaltern«, deren Unterschriften an der Wand eines Wirtshauses festgehalten sind. Wenn sie also nur vereinzelt in Erscheinung treten, beweist dies nicht, dass es sie nicht in größerer Anzahl gab – gemäß dem altbekannten Spruch der Archäologen: »Das Fehlen des Nachweises für ein Faktum ist nicht der Nachweis für das Fehlen eines Faktums.« Trotzdem legt das spärlich erhaltene Material die Vermutung nahe, dass die pompejanischen *duoviri* über weniger Personal als manche ihrer Kollegen andernorts verfügten. Hätte er ein solches Gefolge gehabt, dann hätte allein die Rechnung für die Löhne fast 75 % von dem ausgemacht, was Aulus Clodius Flaccus bezahlte, als er sein Amt als *duumvir* antrat.

Doch hier gibt es noch einen bedeutsameren Punkt. Wir müssen uns nämlich immer bewusst sein, dass viele der im Brustton der Überzeugung vorgebrachten Behauptungen heutiger Wissenschaftler über die Funktionsweise der pompejanischen Verwaltung sich nicht auf Beweise stützen, die in der Stadt oder ihrer Umgebung gefunden wurden, sondern aus Dokumenten abgeleitet sind, die sich auf andere

– wenn auch vergleichbare – Gemeinden beziehen. Natürlich kann es richtig sein, dass, wie oft dargelegt, der *ordo* in Pompeji 100 Mitglieder hatte oder dass die *duoviri* und die Ädilen die *toga praetexta* trugen (die Toga mit Purpurstreifen, die Amtstracht der Senatoren in Rom). Es ist jedoch nur eine Vermutung, gegründet auf das, was man von anderen ähnlichen Städten weiß.

Unsere vielleicht frappierendste Wissenslücke hinsichtlich der Verwaltung der Stadt betrifft die einfachen alltäglichen Gepflogenheiten des politischen Lebens in Pompeji. Was passierte beispielsweise bei einer Sitzung des *ordo* der Dekurionen? Wie verbrachte ein *duumvir* oder Ädil seinen Tag? Eine noch schlichtere Frage: Wo ging man dem offiziellen politischen Geschäft nach? Hauptsächlich auf dem Forum, wie man aus gutem Grund vermutet, aber wo genau, entzieht sich unserer Kenntnis. Nach üblicher Annahme waren die drei Gebäude am südlichen Rand der Piazza mit der lokalen Verwaltung verbunden und werden auf zahlreichen modernen Stadtplänen als »Sitz des Stadtrates«, »Regierungsbüro« und »Archiv« ausgewiesen (vgl. Plan 13). Aber die einzigen Anhaltspunkte dafür sind ihre Lage, die Tatsache, dass sie keinem anderen offenkundigen Zweck dienten und dass der Stadtrat und andere Magistrate gewiss einen Versammlungsort brauchten. Nicht eben schlagende Argumente: In Rom tagte der Senat oft in einem Tempel – warum nicht auch hier?

Rechtsfälle könnten auf dem Forum in dem großen und aufwendig dekorierten Gebäude, das als Basilika bekannt ist (vgl. Abb. 70), verhandelt worden sein. Vielleicht führte der *duumvir* die Prozesse und verkündete seinen Urteilsspruch von dem am äußersten Ende errichteten Podest – doch die Tatsache, dass sich direkt vor dem Podest der Sockel für eine Statue befindet, die den Blick verstellt hätte, macht diese Rekonstruktion weniger plausibel, als sie auf den ersten Blick erscheinen mag. Jedenfalls würde man unter der Prämisse, dass dies ein ständiger Gerichtssaal ohne sonstige Funktion war, die Zeit, die in der Stadt auf juristische Angelegenheiten verwandt wurde, stark überschätzen. Die Römer mögen auf dem Gebiet des Rechts genial gewesen sein, doch es ist anzunehmen, dass in Pompeji, wie auch sonst in der antiken Welt, die meisten Konflikte beigelegt und die meisten

Verbrechen bestraft wurden, ohne dass die vollen Rechtsmechanismen zum Tragen kamen. Auch die *duoviri* könnten relativ inoffiziell vorgegangen sein, wie wir auf den Bildern des Forums gesehen haben, wo im Säulengang anscheinend irgendein Streit geschlichtet wurde (vgl. Abb. 28).

Im Zusammenhang mit der Basilika wissen wir mit Sicherheit eines, nämlich dass dort viele Leute herumstanden, die eine Menge Zeit hatten: Denn sie ist der Ort in der Stadt, wo man die meisten Graffiti gefunden hat – mehrere Hunderte. Kaum eines von ihnen hat einen erkennbaren juristischen Bezug (die hingekritzelte Maxime »Ein winziges Problem wird riesig, wenn man es nicht zur Kenntnis nimmt« könnte allerdings an einen klaren juristischen Verstand appellieren). Die meisten dieser Graffiti sind in der Art von Straßenjargon verfasst, dem wir bereits begegnet sind; dazu gehört ein bemerkenswertes Distichon, das einem unglückseligen Mann namens Chius noch schmerzhaftere Hämorrhoiden wünscht, als er schon hat (»damit sie noch stärker brennen als vorher«). Ein Graffito könnte sich jedoch auf die *duoviri* und ihr Gefolge beziehen, wenn auch unter dem Deckmantel eines groben Wortspiels. Es lautet: »Wer einen *accensus* fickt, verbrennt sich den Schwanz.« Im Lateinischen kann *accensus* »entflammt« bedeuten. So entspricht dies auf den ersten Blick eher dem üblichen derben Humor (»Wenn du einen Entflammten fickst …«). Doch das Wort *accensus* hat noch eine weitere Bedeutung, die in den Satzungen römischer Städte belegt ist: Es bezeichnet den »Amtsdiener« des *duumvir* oder Ädilen. Könnte es dann nicht eine ganz andere Art von Scherz sein – über sexuelle Avancen, die man den Assistenten des *duumvir* macht?

Vielleicht ist dies ein Hinweis darauf, wie wir uns das öffentliche Leben Pompejis vorstellen sollten: weniger förmlich und zugleich weniger vertraut als das Bild, das – beruhend auf der gehobenen lateinischen Literatur, kombiniert mit Gemälden und Romanen des 19. Jahrhunderts sowie mit modernen Sandalenfilmen – uns so oft vorschwebt. Wir können nicht darauf hoffen, die Versammlung des pompejanischen *ordo* einigermaßen genau rekonstruieren zu können. Wir wissen weder, wo oder wie oft sie zusammentrat, noch wie viele

Mitglieder sie hatte oder über welche speziellen Themen debattiert wurde. (»Manipulierte« sie normalerweise die Wahlen für das Duumvirat, indem sie im voraus festlegte, welche Ex-Ädilen sich bewerben sollten? Diskutierte sie über die Verwaltungsprobleme des städtischen Bauernhofes oder über Lucius Caecilius Iucundus' Pachtrückstände?) Es ist indes sehr unwahrscheinlich, dass sich hier stocksteife in die Toga gekleidete Personen drängten, die in einem gewichtigen und ernsthaften Ton Reden hielten und dabei so taten, als seien sie die Herrscher der Welt (das ist vermutlich selbst für den Senat in Rom eine irreführende Vorstellung). Alles dürfte viel bodenständiger und sehr viel weniger pompös gewesen sein – und für unsere Begriffe wohl sogar ein wenig schäbig.

Dasselbe gilt für die Tätigkeit der *duoviri* und der Ädilen. Natürlich muss die Ausübung dieser Ämter mit einigem würdevollen Pomp verbunden gewesen sein. Das legen zumindest der Grabstein des Aulus Clodius Flaccus sowie die Äußerungen nahe, die sich in anderen städtischen Satzungen über Liktoren und noble Togen finden. Dennoch muss man wohl zu dem Schluss kommen, dass die alltägliche Realität insgesamt weniger imposant war und dass es viel lockerer und formloser zuging. Es ist nicht schwer, sich für jene hohen Tiere der Stadt, wie Wissenschaftler es oft taten, ein eindrucksvoll klingendes Tagesprogramm auszudenken: Danach empfingen sie nach dem Aufstehen bei der morgendlichen *salutatio* ihre Klienten, begaben sich anschließend auf das Forum, gingen finanziellen Geschäften nach, unterzeichneten Verträge, befassten sich mit Rechtsfällen, pflegten in den Thermen ihre Kontakte, hatten Gäste zum Abendessen … Fast alle diese Aktivitäten sind hinreichend belegt (und interessanterweise geht aus den Tageszeiten, die auf den signierten Dokumenten aus Puteoli [vgl. S. 248] notiert sind, hervor, dass die Finanzgeschäfte tatsächlich vor allem in der ersten Morgenhälfte abgewickelt wurden). Doch wie regelmäßig und systematisch ein solcher Tagesablauf war und inwieweit wir herausfinden können, was mit den meisten dieser Aktivitäten genau verbunden war, ist eine andere Sache. Wie fleißig diese Magistrate waren, wie viele Stunden pro Tag sie sich ihren offiziellen Pflichten widmeten, auf welche Fachkenntnisse sie bei der Verwaltung der städtischen Angelegenheiten zurückgreifen konnten, wie sie ihre Rechtsgeschäfte betrieben, wenn viele von ihnen vermutlich keine oder nur eine geringe juristische Ausbildung hatten – all das sind für uns nur einige der ungelösten Rätsel im Leben von Pompeji.

Das Gesicht des Erfolges

Wir wissen sehr viel mehr über die pompejanischen Magistrate als über die praktischen Details der lokalen Verwaltung. Selbst für jene früheren Perioden, aus denen keine Wahlplakate erhalten sind (damit sind auch die Namen der Amtsbewerber verloren), können wir in zahlreichen Fällen noch immer herausfinden, wer die gewählten *duoviri* und Ädilen waren und sogar in welchem Jahr sie amtierten. Es ist äußerst mühsam, aus den Namen und Daten, die sich beispielsweise auf den Täfelchen des Iucundus finden, aus den Inschriften, in denen die Sponsoren von Bauwerken oder Gladiatorenveranstaltungen erwähnt werden, und anhand der Namen und Titel, die auf Grabsteine eingemeißelt sind, eine entsprechende Liste zu erstellen.

Der Erfolg all dieser Bemühungen ist, dass uns aus einigen Jahrzehnten die Namen von über der Hälfte der lokalen Amtsträger bekannt sind; in der Regierungszeit des Augustus und Tiberius steigt diese Zahl (z.T. wegen der damals besonders regen Bautätigkeit in Pompeji) auf mindestens drei Viertel. Manche von ihnen bleiben nur Namen. Andere können wir näher kennenlernen: Wir erfahren etwas über ihre individuellen Leistungen und Bestrebungen und die Art, wie sie sich verewigen wollten. Nur ganz gelegentlich können wir einen Namen mit einem Gesicht verbinden.

Diese Magistrate entsprachen alle einem bestimmten Typus. In Pompeji konnte sich nicht jeder für ein Amt bewerben, nicht einmal jeder freie Bürger. Wenn das System so war wie in anderen Städten der römischen Welt, mussten diejenigen, die für das Amt des Ädilen oder *duumvir* kandidieren wollten, einige formale Bedingungen erfüllen: Sie mussten männlich, erwachsen, frei geboren, angesehen und wohlhabend sein. Das bedeutet beispielsweise, dass kein ehemaliger

Sklave einen dieser hochrangigen öffentlichen Posten bekleiden konnte. Ein Sklave, dem ein römischer Bürger die Freiheit geschenkt hatte, wurde selbst zum Bürger und durfte wählen, eine – im Vergleich mit anderen Sklavenhaltergesellschaften – fast einzigartige Strategie der Integration. Doch erst in der nächsten Generation – denn für die Söhne galt eine solche Einschränkung nicht – durfte die Familie eines Ex-Sklaven jeden Posten in der lokalen Verwaltung bekleiden. Das bedeutet auch, dass die Armen nicht bloß durch die verschiedenen Auflagen von einer Amtsbewerbung abgehalten wurden (denn wie hätten sie sich die bei Amtsantritt fällige Gebühr und die geforderten Wohltätigkeiten leisten können?). Sie waren auch formal daran gehindert, weil sie nicht das Mindestvermögen vorweisen konnten: In anderen Städten waren 100 000 Sesterze das übliche Minimum. Es gab auch Gesetze, die mehrere schlecht beleumdete Berufsgruppen, etwa Schauspieler, ausschlossen und ein Mindestalter für das Amt festsetzten: In Pompeji durfte niemand unter 25 oder vielleicht auch 30 Jahren Ädil werden.

Dennoch gab es unter den pompejanischen Magistraten noch immer eine große Bandbreite: Sie reichte von denen, die gerade einmal die Vermögensvoraussetzungen erfüllten, bis zu Männern mit sehr beträchtlichen Mitteln; vom heimischen Landadel bis zu den Neureichen. Die Familie des Aulus Umbricius Scaurus hatte, wie wir gesehen haben, erst in jüngster Zeit viel Geld mit *garum* verdient. Gaius Iulius Polybius' Name deutet darauf hin, dass seine Familie von einem Sklaven des kaiserlichen Haushaltes abstammte. Andere wie Marcus Holconius Rufus, dem wir gleich begegnen werden, gehörte zu einer Familie, die in Pompeji seit Generationen eine bedeutende Rolle spielte und deren Reichtum sich hauptsächlich auf ihre Ländereien gründete.

Generationen von Wissenschaftlern haben nach einem Muster für diese Variationen gesucht. Können wir beispielsweise Perioden ausmachen, in denen die Neureichen stärker in den Vordergrund treten? Vielleicht nach einem Erdbeben? Trotz eines riesigen Arbeitsaufwands (verbunden mit viel Einfallsreichtum) bietet der einzige sichere Schluss, den man ziehen kann, keine Überraschung. Einige alte Familien spielten seit dem frühen 1. Jahrhundert v. Chr. bis zum Vulkanausbruch in der städtischen Hierarchie eine führende Rolle. In dieser Zeit kamen Mitglieder neuerer Familien oftmals in ein öffentliches Amt und stellten etwa 50 Prozent der Ädilen und *duoviri*, scheinen aber in der Elite nur selten dauerhaft Fuß gefasst zu haben. Mit anderen Worten: Eine gemischte Gesellschaft, aber eine, in der althergebrachtes Vermögen immer noch etwas galt.

Hin und wieder treffen wir bei einem der *duoviri* auf einen Fremden, der von außerhalb der Gemeinde kam. Das mag ein Verstoß gegen die Residenzpflicht gewesen sein, doch in diesen Fällen war das kaum ein Grund zur Aufregung: Bei dem betreffenden Amtsträger handelte es sich um den Kaiser höchstpersönlich oder um einen kaiserlichen Prinzen. Caligula war zweimal *duumvir* in Pompeji, einmal im Jahre 34 n. Chr. während der Regierungszeit des Tiberius (übrigens war er damals von dem für das Amt geforderten Mindestalter weit entfernt) und einmal sechs Jahre später als Kaiser. Als Caligula im Januar 41 n. Chr. ermordet wurde, hatte er seine Amtszeit als *duumvir quinquennalis* zur Hälfte hinter sich. Man scheint gar nicht erst erwartet zu haben, dass er in der Praxis irgendwelche Pflichten des Duumvirats übernehmen würde, denn beide Male gab es zusätzlich einen »Präfekten mit Gerichtsbarkeit«, der, wie auf einer Inschrift ausdrücklich vermerkt, im Auftrag des Kaisers handelte. Ein solcher »Präfekt« erwies sich auch sonst als nützliche Ersatzperson. Erfahrene Männer, die offensichtlich als zuverlässig galten, wurden zu *praefecti* ernannt, um in einer Notsituation die Führung zu übernehmen, so etwa nach den Unruhen im Amphitheater und nach dem Erdbeben des Jahres 62.

Wie könnte es zu Caligulas Duumvirat gekommen sein? Und von wem ging die Initiative aus, vom Kaiserpalast oder von Pompeji? Eine Möglichkeit ist, dass die Zentralmacht in Rom dadurch, dass sie einen Kaiser oder Prinzen – wenn auch nur ehrenamtlich – in der lokalen Verwaltung einsetzte, die städtischen Angelegenheiten mehr oder weniger zu kontrollieren versuchte. Es war, anders gesagt, entweder eine Strafe oder ein Hilfegesuch nach einer Krise in der Führung der Stadt. Man kann sich schwer vorstellen, dass der verrückte Caligula jemals tatsächlich eher eine Stütze als ein Hindernis gewesen sein könnte;

vielleicht aber wurden durch eine wenn auch nur nominelle kaiserliche Präsenz die Überprüfungen und das Eingreifen der Zentralregierung erleichtert. Es ist jedoch wahrscheinlicher, dass ein Kaisername unter den *duoviri* als Ehre für die Stadt betrachtet wurde, und dann wäre die Initiative von den Pompejanern ausgegangen. Caligulas Zustimmung zur Amtsübernahme wäre somit das Ergebnis sorgfältiger Verhandlungen zwischen Pompeji und den Palastvertretern gewesen – vergleichbar den schwierigen Protokollvereinbarungen, die den Besuch irgendeines Mitglieds des britischen Königshauses bei einem Schulfest absichern.

Um Ehre ging es auch bei einigen außergewöhnlichen Berufungen in den Stadtrat. Ein kleiner Kerl, Numerius Popidius Celsinus, wurde im Alter von nur sechs Jahren in den *ordo* »ohne Bezahlung« aufgenommen, weil er den Wiederaufbau des Isis-Tempels aus eigenen Mitteln finanziert hatte. Das sagt jedenfalls die Inschrift – vermutlich veranlasste der Vater, ein ehemaliger Sklave, im Namen seines Sohnes den Wiederaufbau und ebnete so dem Jungen den Weg in die einheimische Elite. Ein weiterer Stadtrat von sehr jungen Jahren war ein junger Angehöriger jener alteingesessenen Oberschichtfamilie, deren Begräbnisstätte in Scafati entdeckt wurde (vgl. S. 212). Decimus Lucretius Iustus war erst acht Jahre alt, als er gratis in den Stadtrat berufen wurde; er starb mit 13. Mit einiger Sicherheit hatten solche »Ehrenmitglieder« innerhalb des *ordo* keine vollen Rechte. Dokumente aus anderen Teilen der römischen Welt deuten darauf hin, dass es unterschiedliche Ränge von Stadtverordneten gegeben haben könnte, von denen manche in den Diskussionen kein Rederecht besaßen. Wie dem auch sei, unser Bild des *ordo* wird durch ein paar Kinder auf verblüffende Weise ergänzt.

Im Hinblick auf Wohlstand, Einfluss und Macht waren die Ädilen, *duoviri* und Stadträte die *crème de la crème* der pompejanischen Gesellschaft. Sie bildeten die herrschende Klasse – oder die Klasse der Dekurionen, wie sie heute oft genannt wird (abgeleitet von lat. *decurio* in der Bedeutung »Stadtrat«). Dennoch konnten diese hohen Tiere der Stadt den reichen Polit-Größen der Hauptstadt nicht das Wasser reichen. Für die Pompejaner waren 100 000 Sesterze (falls der Betrag für die Stadt stimmt) ein beträchtliches Vermögen. Seit der Regierungszeit des Augustus brauchte man das Zehnfache dieser Summe, nämlich eine Million Sesterze, um in Rom als Senator in den höchsten Rang der gesellschaftlichen Hierarchie aufzusteigen. Tatsächlich stammten zahlreiche römische Senatoren aus der italischen Provinz, doch es gibt keinen einzigen, von dem wir mit Sicherheit wissen, dass er aus Pompeji oder einer pompejanischen Familie kam. Sie mochten in der dortigen Gegend attraktive Anwesen mit Meeresblick besessen haben, aber es war nicht ihr Stammsitz.

Das soll nicht heißen, dass die pompejanischen Bürger ohne Einfluss und ohne Verbindungen mit der Welt der Hauptstadt gewesen wären. Nachdem sie im Bundesgenossenkrieg die römische Staatsbürgerschaft erworben hatten und bevor die unter dem ersten Kaiser Augustus (31 v.Chr. – 14 n.Chr.) eingeführte Alleinherrschaft demokratische Wahlen in der Hauptstadt faktisch unmöglich gemacht hatte, waren die Pompejaner in Rom stimmberechtigt, sowohl bei den Wahlen wie auch bei der Gesetzgebung – falls sie sich die Mühe machen wollten, dorthin zu reisen. Meistens gehörten sie zum selben Stimmbezirk, der »Gens Menenia«, deren Namen sie bei ihren formalen Titeln weiterhin mit aufführten (»Aulus Umbricius Scaurus, Sohn des Aulus, aus der Gens Menenia [vgl. S. 254]), selbst als die Wahlen schon lange abgeschafft waren. Einige von ihnen hatten indes engere Beziehungen zum römischen Machtzentrum, wie wir der Karriere eines prominenten Pompejaners entnehmen können. Es geht um Marcus Holconius Rufus, einen fünfmaligen *duumvir* und zweimaligen *duumvir quinquennalis*, der zur Zeit des Kaisers Augustus lebte. Als nicht eben typischer Stadtrat war er Angehöriger einer alteingesessenen Familie, die für ihre Weinproduktion bekannt war (der »horconianische« oder »holconianische« Wein wird von Plinius als lokale Spezialität erwähnt). Er ist der mächtigste Pompejaner, den wir kennen, und dürfte einen bedeutenden Einfluss auf seine Stadt gehabt haben.

Die lebensgroße Marmorstatue des Marcus Holconius Rufus, die sich heute im Archäologischen Nationalmuseum in Neapel befindet, stand einst an einer Kreuzung, an der breitesten Stelle (fast einer kleinen Piazza) der Via dell'Abbondanza bei den Stabianer Thermen gleich neben einem großen Bogen, der die Straße überspannte und Standbilder von anderen Mitgliedern seiner Familie getragen haben könnte (vgl. Abb. 71). Das war nicht weit vom Forum, wo sich die Mehrzahl der anderen Statuen lokaler Größen und kaiserlicher Granden befanden, die von einem dankbaren (oder kühl berechnenden) Stadtrat errichtet worden waren – dabei waren dem Kaiser und seinen Verwandten die besten Plätze auf der Piazza vorbehalten, während die Einheimischen so um sie gruppiert waren, dass sie der kaiserlichen Familie nicht die Show stahlen. Doch Holconius Rufus hob sich wohl durch einen etwas größeren Abstand von den anderen ab, was wahrscheinlich der Grund für den Erhalt der Statue ist. Nach der Katastrophe scheinen sich die römischen Bergungsmannschaften direkt auf die Standbilder auf dem Forum gestürzt zu haben, so dass von späteren Archäologen nur noch sehr wenige gefunden wurden. Die Plünderer müssen Holconius Rufus übersehen haben, der, in einiger Entfernung von der Hauptgruppe, etwas die Straße abwärts stand.

Die Statue zeigt einen stolzen Militär mit kunstvoll gestaltetem Brustpanzer und Umhang, der in seiner rechten Hand ursprünglich einen Speer hielt. Als sie in den 1850er Jahren entdeckt wurde, waren noch deutliche Farbspuren zu erkennen: Der Umhang war einst rot, die Tunika unter dem Brustschild weiß mit einem gelben Rand, die Schuhe waren schwarz. Es ist ein herrliches Kunstwerk. Das einzig Irritierende ist der Kopf, der etwas zu klein wirkt. Tatsächlich ist er auch zu klein. Der Originalkopf ist nämlich ersetzt worden, vielleicht weil er beim Erdbeben des Jahres 62 beschädigt wurde (das vermutet man jedenfalls). Eine genauere Untersuchung zeigt, dass der jetzige Kopf ursprünglich gar nicht für unsere Statue gefertigt wurde. Man hat einen anderen Porträtkopf mit den Gesichtszügen des Holconius Rufus versehen und ihn in die Halsöffnung des Standbildes eingefügt.

Wessen Porträt war es nun, das bei dieser antiken Version von Identitätsdiebstahl die Demütigung einer Demontage und Überarbeitung über sich ergehen lassen musste? Nach einer genialen Vermutung hatte der Ersatzkopf zu einem Standbild des Kaisers Caligula gehört, das nach dessen Ermordung im Jahre 41 nicht mehr gebraucht wurde. Es ist nicht nur sehr wahrscheinlich, dass die Stadt – angesichts seiner

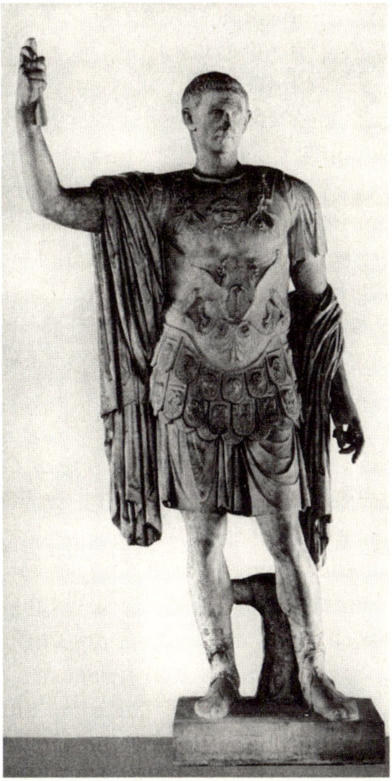

Abb. 71. Marcus Holconius Rufus, einer der erfolgreichsten Bürger Pompejis, dessen Statue sich bei den Stabianer Thermen befand. Aufgrund seines imposanten Aussehens könnte er ein Kaiser sein. Sein Kopf war wohl tatsächlich das umgestaltete Porträt des Kaisers Caligula.

beiden Amtszeiten als *duumvir* – eine Statue Caligulas in Auftrag gegeben hatte, sondern die Archäologen, die den überarbeiteten Kopf genau untersucht haben, glauben auch einige aufschlussreiche Spuren von Caligulas spezieller Haartracht erkennen zu können, die sich bei der ansonsten vollständigen Umgestaltung noch erhalten haben. Uns erscheint die Vorstellung, dass der Kopf eines in Ungnade gefallenen Kaisers für Holconius Rufus recycelt wurde, etwas lächerlich, aber diese Praxis der ausgetauschten Köpfe ist bei den Porträtstatuen der römischen Welt in der Tat überraschend normal.

Unterhalb der Statue gibt es eine Inschrift, die auf dem Postament bei den Stabianer Thermen noch sichtbar ist, genaue Auskunft über die wichtigsten Ämter, die Holconius Rufus innehatte. Dort ist seine mehrfache Bekleidung des pompejanischen Duumvirats bezeugt. Doch an erster Stelle steht der Titel »Militärtribun auf Geheiß des Volkes«. In der römischen Armee war der Militärtribun ein alteingeführter Posten für junge Männer der Offiziersklasse. Aber »auf Geheiß des Volkes«? Dies scheint nicht auf einen echten militärischen Dienst hinzudeuten, sondern auf eine Ehrenstelle, die der Kaiser Augustus auf die Empfehlung von Gemeinden verlich, daher »auf Wunsch des Volkes«. Damit verbunden war der formale römische Rang eines »Ritters« (der nach dem Senator zweithöchste Rang) – für den Empfänger zweifellos erfreulich und für den Kaiser in mancherlei Hinsicht nützlich. Wie der römische Biograf Sueton über diese generelle Maßnahme in seinem *Leben des Augustus* schreibt, erhebe der Kaiser Leute in den Ritterstand: »damit es in diesen Kolonien nicht an Adel und bürgerlichem Nachwuchs fehle«, und auch nicht an Loyalität, hätte er hinzufügen können.

Höchstwahrscheinlich brachte diese Ehre auch einen Kontakt mit dem Kaiser oder dessen näherer Umgebung mit sich. Denn laut Inschrift war Holconius Rufus auch »Ehrenbürger der Stadt« (*patronus coloniae*), eine halboffizielle Stellung, in der man im Namen der Stadt mit den zuständigen Stellen in Rom verhandeln konnte (vom *patronus* durfte man beispielsweise erwarten, dass er dabei half, einem Prinzen oder Kaiser ein lokales Duumvirat zu verschaffen). Schließlich war er in der Stadt noch »Augustus-Priester«. Sogar schon vor seinem Tod wurde dem ersten Kaiser ein breites Spektrum von beinahe gottgleichen (vgl. S. 408) religiösen Ehrungen zuteil, die hier in Pompeji von dem loyalen Holconius Rufus koordiniert wurden.

Bei einem erneuten Blick auf die Statue können wir jetzt den Sinn des militärischen Aufzuges erkennen. Es besteht kein Grund zu der Annahme, dass Holconius Rufus jemals im Heer gedient hätte. Der kunstvoll ausgearbeitete Brustharnisch ist ein optisches Andenken an sein prestigeträchtiges, aber völlig unkriegerisches Militärtribunat. Für die Betrachter, die die Denkmäler in der Stadt Rom kannten, war es außerdem eine nette – wenn auch etwas übertriebene – Anspielung auf eines der aufwendigsten neuen Bauprojekte des Augustus, das sogenannte Augustus-Forum. Das Zentrum dieser mitten in Rom gelegenen großen Anlage, die voll war mit Standbildern, Kunstwerken und leuchtend bunten Marmorskulpturen, bildete der Tempel des Mars Ultor (»Mars der Rächer«) – eine vielleicht überflüssige Erinnerung daran, dass der Kriegsgott Mars an den Mördern von Augustus' Onkel und Adoptivvater Iulius Caesar Rache genommen hatte. Die Originalstatue des Gottes auf dem Augustus-Forum ist nicht erhalten. Aber aufgrund mehrerer Fassungen und Repliken können wir sicher sein, dass das Design auf Holconius Rufus' Brustharnisch dem auf dem Panzer des Mars nachgestaltet war. Anders gesagt: Unser hohes Tier aus Pompeji ist hier als einer der göttlichen Schutzherren des Augustus dargestellt worden.

Es ist vielleicht keine Überraschung, dass sich der Einfluss des Augustus in einigen der Bauprojekte widerspiegelt, die Holconius Rufus als *duumvir* sponserte. In seiner dritten Amtsperiode ließ er, wie wir wissen, im Apollo-Tempel etliche Renovierungen durchführen – indem er ihn höher baute. Denn laut einer erhaltenen Inschrift zahlten er und sein Kollege 3000 Sesterze an den Eigentümer des Nachbarhauses (der vermutlich Einspruch erhoben hatte) als Entschädigung dafür, dass man ihm mit der neuen Wand Licht wegnahm. Später indes finanzierte er zusammen mit Marcus Holconius Celer (seinem Bruder oder Sohn) ein sehr viel größeres und kostspieligeres Verschönerungsprogramm für das aus dem 2. Jahrhundert v.Chr. stammende alte große Theater (vgl. Plan 15). Wiederum geben Inschriften, die sich ursprünglich wohl über dem Haupteingang befanden, darüber Auskunft, dass die Holconii »auf eigene Kosten den überdachten Gang, die Logen und Sitzreihen« errichten ließen.

Diese Liste lässt für uns die Auswirkungen der Veränderungen nicht recht deutlich werden. Es wurde nämlich nicht nur die Zahl der Plätze erhöht, sondern der renovierte überdachte Gang wurde auch zur Trennwand zwischen den neuen Plätzen in den oberen Rängen (ausdrücklich vorgesehen für die Armen, Sklaven und vielleicht auch Frauen) mit ihrer eigenen schlichtweg schäbigen Eingangstreppe, die von außerhalb des Bauwerks in das Theater führte, und den exklusiven Sitzen unterhalb, die den männlichen Oberschichtbürgern vorbe-

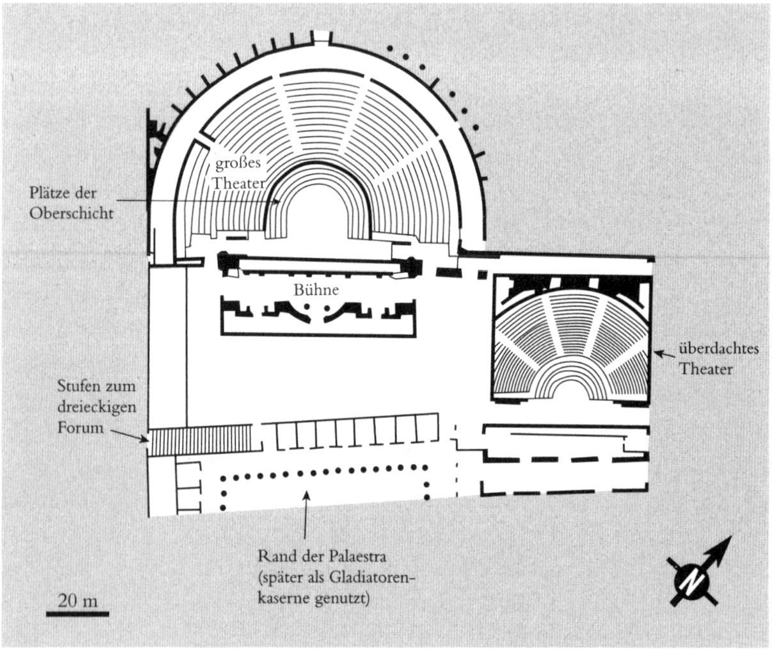

Plan 15. Grundriss des großen Theaters und seiner Umgebung. Das große Theater war von Marcus Holconius Rufus nach den Prinzipien der augusteischen Herrschaft renoviert und erweitert worden. Die männliche Elite saß vorn, sorgfältig getrennt von den gewöhnlichen Leuten dahinter. An dieses Bauwerk grenzen sowohl das überdachte Theater wie auch die *palaestra* an, die in den letzten Jahren der Stadt von den Gladiatoren genutzt wurde (vgl. Abb. 94), und darüber hinaus das dreieckige Forum mit dem alten Tempel der Minerva und des Herkules.

halten waren. Diese Renovierung stand mit anderen Worten genau im Einklang mit den Prinzipien des Kaisers Augustus, die vorsahen, dass die Zuschauer im Theater sorgfältig nach ihrem sozialen Status geschieden waren – eine Trennung, die nicht wie in der Welt des modernen Theaters über den Preis der Eintrittskarten bewirkt wurde, sondern gesetzlich geregelt war. Es ist kein Zufall, dass es im Theater neben weiteren Inschriften zu Ehren des Holconius Rufus auch eine gibt, die den Kaiser Augustus preist.

Dies ist ein gutes Beispiel dafür, wie die Wünsche des Kaisers und wie grundsätzliche Veränderungen im Zentrum der römischen Welt in Orten wie Pompeji durch Mittelsmänner vom Schlage eines Holconius Rufus – der sozusagen seinen Fuß in beiden Lagern hatte – ihren Niederschlag fanden. Es liefert auch einen schönen Hinweis darauf, wie der Erfolg einer Familie über Generationen hinweg gesichert werden konnte. Falls Holconius Rufus hoffte, dass die großzügigen Spenden, die er und Celer für das Theater gemacht hatten, helfen könnten, das Ansehen der Holconii auch in Zukunft sicherzustellen, dürfte er jedenfalls nicht enttäuscht worden sein. Einer jener Männer, die bei den allerletzten Wahlen der Stadt für das Amt des *duumvir* kandidierten, war Marcus Holconius Priscus, sehr wahrscheinlich sein Enkel oder Urenkel.

Jenseits der männlichen Elite?

Aufgrund der Wahlplakate, der Wohltätigkeitsberichte und der Liste von *duoviri* und Ädilen kann man leicht den Eindruck bekommen, dass in Pompeji nur die männliche Elite zählte. Formal gesehen ist das in mancherlei Hinsicht auch richtig: Ohne das erforderliche Vermögen konnte niemand eines jener Spitzenämter bekleiden, ebenso wenig ein ehemaliger Sklave, mochte er inzwischen auch noch so reich sein, und auch keine Frau, so fähig, ehrgeizig oder blaublütig sie auch war. Dennoch gibt es zahlreiche Anhaltspunkte dafür, dass andere mehr oder weniger offizielle Gruppen von Bürgern, die in der sozialen Hackordnung weiter unten standen, die öffentliche Welt Pompejis beeinflussen konnten und es auch taten. Und es gibt klare Hinweise auf einflussreiche Frauen im politischen Zentrum der Stadt.

Kehren wir für einen Augenblick zu der Begräbnisstätte zurück, die vor kurzem außerhalb von Pompeji in Scafati entdeckt wurde. Das vornehmste der Familienmitglieder, derer man dort ehrend gedachte (vermutlich Decimus Lucretius Valens; sein Name ist nicht erhalten), war wie Marcus Holconius Rufus römischer Ritter. Dieser Status war ihm von Kaiser Tiberius verliehen worden. Er hatte sehr aufwendige Gladiatorendarbietungen gesponsert, und der Stadtrat hatte ihm – wir würden es mittlerweile auch nicht anders erwarten – »zum Dank für seine Großzügigkeit«, wie die Inschrift lautet, eine Reiterstatue auf öffentliche Kosten errichten lassen und ihm ein Begräbnis (das Wort selbst ist nicht erhalten), eine Grabstätte und eine offizielle Leichenrede bewilligt.

All das ist noch nicht überraschend. Doch die Inschrift berichtet von weiteren Ehrenbekundungen. Die *Augustales* und ihre Kultdiener widmeten ihm zusammen mit den *nates* und *scabillarii* (und vielleicht war noch eine andere Gruppe beteiligt – das nächste Wort ist nämlich leider kaum zu entziffern) *statuae pedestres*, lebensgroße Standbilder. Die *forenses*, denen wir bereits begegnet sind, stifteten ihm »Schilde« (d.h. sein Porträt auf Schilden). Die *nates* und *scabillarii* stellen uns vor ein größeres Rätsel. Nach der plausibelsten Vermutung handelte es sich bei jenen *scabillarii* um die »Klapperschläger« im Theater, da das Wort mit lat. *scabellum* zusammenhängen könnte, der Bezeichnung für eine große mit dem Fuß geschlagene Kastagnette, die oft bei Pantomimen (vgl. S. 350) zum Einsatz kam. Falls dies zutrifft, könnten die *nates* Kissenverkäufer gewesen sein, da Kissen eine wünschenswerte Annehmlichkeit waren, wenn man stundenlang auf den harten Steinsitzen ausharren musste. Aber diese Interpretation stützt sich hauptsächlich auf die einzige uns bekannte Bedeutung des lateinischen Wortes *natis/nates*, »Gesäß«.

Doch wer auch immer diese verschiedenen Gruppen genau gewesen sein mögen, es besteht kein Zweifel, dass es in der Stadt außer dem Stadtrat zahlreiche Organisationen gab, die nicht nur ein Interesse daran gehabt haben könnten, einen angesehenen Bürger zu ehren, sondern die auch über die institutionelle Struktur verfügten, eine solche Entscheidung zu treffen (und durchzusetzen), und die vor allem auch das nötige Geld dafür hatten. Nicht nur auf Lucretius Valens' Grabstein wird ein »Gefolge« erwähnt, sondern es gibt auch ein paar sehr fragmentarische Listen, von denen eine mit Sicherheit auf die 40er Jahre v.Chr. datiert werden kann, die von »Vorstehern« und

»Kultdienern« berichten – einer Mischung aus Sklaven, Ex-Sklaven und Freigeborenen. Sie leiteten eine Art städtischen Verein, der sich vermutlich um die Kreuzungen und die dort häufig entdeckten Altäre kümmerte. Andernorts wird auch auf den Vorort »Pagus Augustus Felix Suburbanus« Bezug genommen, der nicht nur seine eigenen Amtsträger hatte, sondern auch als Wohltäter auftrat, indem er einige Sitzreihen im Theater finanzierte. Nach Meinung mancher Wissenschaftler war dies hauptsächlich ein ländlicher Wahlbezirk mit speziellen sozialen und institutionellen Funktionen. Aber die Tatsache, dass er im Jahre 7 v. Chr. neu organisiert wurde, hat andere dazu veranlasst, ihm eine etwas andere Rolle zuzuschreiben. Denn genau im selben Jahr strukturierte Augustus die lokalen Nachbarschaftsvereine in Rom um, indem er sie teilweise in Loyalitätsorganisationen umwandelte, die auf den Kaiser fokussiert waren. Stand hinter diesem »Pagus Augustus Felix Suburbanus« der Einfluss oder eine Initiative Roms? Wie wir in Kapitel 9 sehen werden, war die religiöse Verehrung des römischen Kaisers in Pompeji mit organisierten Gruppen von Stadtbewohnern verbunden, die einer relativ niedrigen Schicht angehörten.

Unterhalb der Stufe des *ordo* sind die Hinweise, wie nicht anders zu erwarten, sehr viel spärlicher, und es ist auch noch schwieriger, exakt zu bestimmen, was diese Gruppen taten, wie sie sich zusammensetzten oder wie »offiziell« sie waren. Vermutlich gab es einen gewissen Statusunterschied zwischen den »Kissenverkäufern« (wenn sie denn welche waren) und den *forenses*. Aber worin genau bestand er? Manche Organisationen befanden sich sogar am Rande der Legalität. Wie Tacitus berichtet, bestand eine Reaktion auf den Aufruhr im Amphitheater darin, die »ungesetzlich gegründeten Vereine« aufzulösen. Welche waren es?

So undurchsichtig diese Gruppen sind, das Entscheidende ist indes nicht nur, dass es in der Stadt Organisationen gab, die diejenigen aufnahmen, die keinen Zugang zum *ordo* gehabt haben dürften. Sie scheinen zudem nach ähnlichen Prinzipien wie die örtliche Elite vorgegangen zu sein und manchmal auch ähnliche Auszeichnungen verliehen zu haben. Auch auf diesem Niveau spielte die Wohltätigkeit eine wichtige Rolle – ob es dabei um Statuen ging oder um die Renovierung des Theaters. Pompeji zeichnete sich durch eine Kultur des *Gebens* aus, und dies auf allen Stufen. Jedes öffentliche Amt war mit öffentlicher Großzügigkeit verknüpft.

Die vermutlich wichtigste dieser Gruppen waren die *Augustales*, eine jener Organisationen, die Decimus Lucretius Valens Ehrungen bewilligten und die fast einem *ordo* von ehemaligen Sklaven entsprochen haben könnten. In Pompeji ist diese Gruppe nur sehr lückenhaft dokumentiert: Wir haben jede Menge Hinweise auf einzelne Mitglieder, erfahren aber kaum, womit die *Augustales* als Kollegium befasst waren. Wieder müssen wir unser Bild aus dem zusammensetzen, was wir von anderen Städten Italiens wissen. Aus ihrem Namen geht relativ deutlich hervor, dass sie mit der religiösen Verehrung des Augustus und späterer Kaiser zu tun hatten, dennoch waren sie keine spezialisierte »Priesterschaft« im engeren Sinne. Meistens finanzierten sie Bankette und Bauwerke und zahlten sogar – wie die Angehörigen des *ordo* – eine Gebühr für die Aufnahme in die Gruppe.

Die – auf Friedhöfen außerhalb von Pompeji befindlichen – großen Grabdenkmäler einiger dieser als *Augustales* bezeichneten Männer deuten darauf hin, dass sie wohlhabend und in der Stadt sehr einflussreich waren. Insbesondere die Grabinschrift des Gaius Calventius Quietus (höchstwahrscheinlich ein Ex-Sklave) rühmt »seine Großzügigkeit«, deretwegen ihm »auf Beschluss des Stadtrates und mit Zustimmung des Volkes« ein *bisellium* zuerkannt worden sei, ein spezieller und besonders ehrenvoller Sitz im Theater, mit dem die männliche Führungsschicht der Stadt ausgezeichnet wurde (vgl. Abb. 72). Was die Marci Holconii Rufi Pompejis von Männern wie Gaius Calventius Quietus hielten, können wir heute nicht mehr wissen. Aber zumindest im Tod unterscheidet er sich in nichts von den Mitgliedern der ältesten Familien mit Grundbesitz. Auch in einer so streng hierarchisch gegliederten Gesellschaft standen selbst jenen, die nicht zur Klasse der Dekurionen gehörten, verschiedene Wege zu Ruhm und Ansehen offen, und ihre Chancen waren zahlreicher, als es auf den ersten Blick den Anschein haben könnte.

Doch die größte Überraschung in dieser hierarchisch gegliederten männlichen Welt findet sich direkt auf dem Forum. Das bedeutendste

Abb. 72. Dieses Grabmal eines ehemaligen Sklaven, das wie üblich an einer Straße vor den Toren der Stadt errichtet war, rühmt die bürgerlichen Ehrungen des Gaius Calventius Quietus. Die Grabdenkmäler der alteingesessenen Aristokraten Pompejis lassen sich von denen der Neureichen mitunter kaum unterscheiden.

– sich am südöstlichen Rand erhebende – Gebäude des Platzes wurde zur Regierungszeit des Augustus errichtet (vgl. Plan 13 und Abb. 73). Wie bei so vielen Bauten auf dem Forum ist seine Funktion seit langem umstritten: Markt, Sklavenmarkt, Multifunktionshalle? Aber es ist klar, woher die Anregung kam. Wie bereits gesehen, waren zwei der Statuen an seiner Fassade Kopien vom Augustus-Forum. Die plastisch gestalteten Türrahmen aus Marmor, geschmückt mit Akanthus-Ranken, spiegeln den zeitgenössischen Stil der Hauptstadt und erinnern sehr stark an die eines anderen berühmten augusteischen Bauwerks, des Friedensaltars (Ara Pacis). Einige Kunsthistoriker haben die Konzeption des Baus mit dem riesigen Säulengang verglichen, den die Frau des Augustus, die Kaiserin Livia, in Rom hatte errichten lassen.

Dieser Vergleich ist in mehrfacher Hinsicht zutreffend. Denn dieses sogenannte Gebäude der Eumachia wurde ebenfalls von einer Frau finanziert. Inschriften über den beiden Eingängen verkündeten, dass Eumachia, eine Priesterin der Stadt, Tochter einer angesehenen Familie, die in eine andere einflussreiche Familie hineingeheiratet hatte, den Bau »im eigenen Namen und in dem ihres Sohnes […] auf eigene Kosten« errichtete. An einem Ende des Gebäudes stand ihre Statue (vgl. Abb. 74), gestiftet von den Walkern (daher die Vermutung, dass

Abb. 73. Das aus dem 19. Jahrhundert stammende detaillierte Modell der Ausgrabungen, ausgestellt im Archäologischen Nationalmuseum von Neapel, zeigt das Gebäude der Eumachia. Rechts sieht man die Via dell'Abbondanza, in der Mitte den großen offenen Hof von Eumachias Stiftung, davor den Säulengang des Forums.

die gesamte Anlage eine Halle der Tuchmacher gewesen sein könnte). Von Eumachia wissen wir fast gar nichts und können über all die verschiedenen Umstände, die sie zur Errichtung dieses Monuments veranlasst haben mögen, sowie über ihre mehr oder weniger starke aktive Beteiligung an der Planung und Ausgestaltung nur spekulieren. Höchstwahrscheinlich war sie bestrebt, die Karriere ihres Sohnes voranzutreiben. Eines ist jedoch klar: Das fertige Werk ist ebenso nachhaltig mit ihrem Namen verbunden wie das Theater mit dem des Holconius. Auf ähnliche Weise wie dieser steht Eumachia als Symbol dafür, dass die Kultur der Hauptstadt gezielt nach Pompeji gebracht wurde. Und Eumachia war nicht die einzige Wohltäterin dieser Art. Eine auf dem Forum entdeckte Inschrift bekundet, dass ein anderer

Abb. 74. Die Statue der Eumachia aus dem Gebäude, das sie auf dem Forum stiftete. Aufschlussreich für uns ist, dass diese bescheiden gekleidete Frau eines der größten Bauwerke der Stadt finanzieren konnte.

der dortigen bedeutenden Bauten das Werk einer weiteren Priesterin war, einer Frau namens Mammia.

Wir sollten deshalb aber die Macht, die Frauen in dieser Stadt hatten, nicht überschätzen. Das Amt einer Priesterin war, auch wenn es sich um eine öffentliche Funktion handelte, nicht mit dem eines *duumvir* zu vergleichen. Selbst Wohltätigkeit im großen Stil bedeutete noch lange keine formale Macht. Dennoch ist auch Eumachia ein Beispiel dafür, dass die Stadt ihren Bürgern verschiedene Möglichkeiten bot, öffentliche Bedeutung zu erlangen. Sie ist ein weiteres »Gesicht des Erfolgs«.

Kapitel 7

Die Freuden des Körpers: Speisen, Wein, Sex und Thermen

Siebenschläfer als Vorspeise?

Ein merkwürdiges Objekt aus Ton, das in der Mitte der 1950er Jahre in einem kleinen Haus unweit des Amphitheaters in Pompeji ausgegraben wurde, hat man sehr rasch als Siebenschläfer-Gefäß identifiziert (vgl. Abb. 75). Man stellt sich vor, dass das in diesem Gefäß lebende Tier die in die Seitenwände eingelassenen spiralförmigen Rillen hinauf- und hinunterlief (das römische Gegenstück zu einem Hamsterrad). Von außen konnten einige Futterschälchen gefüllt werden und eine Reihe kleiner Löcher sorgten für Luft und etwas Licht. Denn das Gefäß war oben mit einem Deckel versehen, um die Tiere nicht entwischen zu lassen und vielleicht auch um durch die ständige Dunkelheit deren innere Uhr so durcheinanderzubringen, dass sie keinen Winterschlaf hielten – obwohl ebenso so gut zu erwarten wäre, dass die Finsternis sie erst recht dazu verführt haben könnte.

So unglaubwürdig diese Vorstellung auch erscheinen mag, der seltsame Topf entspricht fast genau der Beschreibung eines Schriftstellers, der sich im 1. Jahrhundert v. Chr. mit landwirtschaftlichen Fragen befasste: »Siebenschläfer werden in Gefäßen gemästet«, schreibt er, »die viele Leute sogar in ihren Häusern haben. Die Töpfer wählen dafür eine besondere Form. Sie versehen ihre Seiten mit Rillen und einer Schale für das Futter. In diese Schalen füllt man Eicheln, Walnüsse oder Kastanien. Bei verschlossenem Deckel werden die Tiere in der Dunkelheit fett.« Von diesen Töpfen hat man in Pompeji und seiner näheren Umgebung noch mehrere Exemplare gefunden. Somit besteht kein Zweifel, dass in der römischen Küche ein gut gemästeter Siebenschläfer als Delikatesse gelten konnte. Das einzige erhaltene römische Kochbuch – eine Kompilation aus dem 4. oder 5. Jahrhundert

Abb. 75. Ein pompejanisches Siebenschläfer-Gefäß. Gelegentlich verspeisten die Römer tatsächlich, wie in den Filmen dargestellt, Siebenschläfer. Diese wurden in solch einem kleinen (etwa 20 Zentimeter hohen) Tongefäß mit Deckel gehalten und gemästet, bevor man sie verzehrte. Die Rillen in der Gefäßwand dienten den todgeweihten Tieren als Laufstrecke.

n. Chr.; der angebliche Verfasser, ein bekannter Feinschmecker namens Apicius, lebte allerdings Jahrhunderte früher und hatte höchstwahrscheinlich gar nichts mit dem Buch zu tun – enthält auch ein Rezept für gefüllte Siebenschläfer (»Man fülle die Siebenschläfer mit Schweinemett, ebenso mit dem zerstoßen Fleisch von allen Gliedmaßen der Siebenschläfer, gewürzt mit Pfeffer, Nüssen, *silphium* [vielleicht eine Art Fenchel] und Fischsoße«). Und bei Trimalchios ausgefallenem Bankett, dem Mittelstück von Petrons Roman *Satyrica*, gehörten zu den Vorspeisen »in Honig getauchte und mit Mohnsamen bestreute Siebenschläfer«.

Diese armen Tierchen spielten in der römischen Küche allerdings eine geringere Rolle als sie es in modernen Fantasievorstellungen über den Luxus und die Exzesse der römischen Essgewohnheiten tun, die wiederum zu den berühmtesten und am stärksten mythologisierten Aspekten des römischen Lebens gehören. Das üppige Bankett, bei dem Männer und Frauen mehr oder weniger dürftig bekleidet gemeinsam zu Tisch liegen, von Massen von Sklaven mit Trauben versorgt werden oder sich gefüllte Siebenschläfer in *garum*, dargereicht auf silbernen Tabletts, schmecken lassen, ist ein Bild, das uns aus Sandalenfilmen und sogar TV-Dokumentationen vertraut ist. Und die eher bizarren Gerichte der römischen Küche werden regelmäßig bei studentischen Toga-Partys imitiert ebenso wie von vereinzelten unerschrockenen, wenn auch kurzlebigen modernen Restaurants (irgendein Sardellen-Gebräu ist gewöhnlich ein blasser Abklatsch der typisch römischen Fischsoße und gezuckerte Mäuse ersetzen die echten Siebenschläfer).

In diesem Kapitel werden wir uns mit einer Reihe von pompejanischen Vergnügungen näher befassen, angefangen beim Essen und Trinken bis hin zum Sex und Baden. Dabei werden wir sehen, dass (wie das Siebenschläfer-Gefäß bereits gezeigt hat), das heutige populäre Bild der Römer nicht gänzlich falsch ist. Aber in allen Bereichen stellt sich heraus, dass das Bild komplizierter und interessanter ist als das Stereotyp einer hedonistischen, exzessiven Gesellschaft, die derben Sex liebte.

Der Mensch ist, was er isst

Die Römer waren an der Mythologisierung ihres Essens und Trinkens selbst beteiligt. Die Biografen der Kaiser äußerten sich ausführlich über die Tischsitten des Herrschers. Bei den Banketten konnte man seine Gastfreundschaft genießen, aber auch die Hierarchien der römischen Kultur nachdrücklich bestätigt sehen. Die folgende Geschichte mag stimmen oder nicht (wahrscheinlich eher nicht): Elagabalus, ein besonders merkwürdiger Kaiser des 3. Jahrhunderts n. Chr., veranstaltete angeblich farblich differenzierte Gastmähler (an einem Tag waren alle Speisen grün, an einem anderen blau); und um sicherzustellen, dass die weniger angesehenen Gäste wussten, welcher Platz ihnen zukam, ließ er ihnen Speisen aus Holz oder Wachs vorsetzen, während er selbst die essbare Version verzehrte. Andere römische Schriftsteller diskutierten in allen Einzelheiten die Regeln und Konventionen des Oberschichtbanketts. Sollten sich die Frauen gemeinsam mit den Männern zu Tisch legen oder besser aufrecht sitzen bleiben? Welche Position auf der gemeinsamen Kline war die ehrenvollste? Wann sollte man höflicherweise beim Gastmahl erscheinen? (Antwort: weder als erster noch als letzter, weshalb man unter Umständen eine Weile draußen herumlungern musste, um den richtigen

Zeitpunkt abzupassen.) In welcher Reihenfolge sollten die verschiedenen Speisen verzehrt werden?

Daneben beschäftigten ausgefallene kulinarische Kreationen die römische Fantasie ebenso wie sie die unsere beflügeln. Bei Trimalchios fiktivem Gastmahl ist es ein Running Gag, dass keine Speise das ist, was sie zu sein scheint (etwa so wie bei Trimalchio selbst – ein ehemaliger Sklave, der sich als Aristokrat ausgibt). Bei einem Gang gab es Wildschwein, umgeben von Ferkeln, die sich dann als Gebäck herausstellten. Als das Wildschwein tranchiert wurde, stieg aus seinen Innereien ein Schwarm Drosseln auf. Ein eher profanes Kunststück, das aber auf eine ähnliche »Irreführung« angelegt war, wird in Apicius' Kochbuch empfohlen. Ein denkwürdiges Rezept ist das von einem »Sardellenauflauf ohne Sardelle«. Eine Mischung aus allen möglichen Fischarten, »Seenesseln« und Eiern, die jeden Gast hinters Licht zu führen verspricht: »Am Tisch wird niemand erkennen, was er isst.«

In Pompeji selbst finden wir Wandmalereien mit der Darstellung extravaganter Gastmähler, die zu unserem modernen Stereotyp eines römischen Banketts sehr schön passen. Eine Szene (vgl. Tafel 10) im Speiseraum der Bäckerei der keuschen Liebenden zeigt zwei Paare, die auf mit Decken und Kissen ausgestatteten Klinen lagern. Das Bild zeigt zwar keine sexuellen Ausschweifungen, wohl aber andere Typen des Exzesses. Die Getränke stehen auf zwei neben den Liegen plazierten Tischen. Sie wurden bereits in beträchtlichen Mengen genossen, da ein Mann auf einer der Klinen bereits umgekippt ist, während im Hintergrund eine Frau von ihrem Partner oder einem Sklaven gestützt werden muss. Auf einem anderen Gemälde aus demselben Zimmer ist eine ähnliche Szene dargestellt, aber diesmal unter freiem Himmel. Über die Klinen spannen sich Sonnensegel, und ein Sklave mischt in einer großen Schüssel den Wein (in der Antike wurde der Wein gewöhnlich mit Wasser gemischt).

In der Casa del Triclinio, so genannt nach den Gemälden im Esszimmer, finden wir weitere Variationen zu diesem Thema. In einer Szene sitzt ein Mann, der gerade erst dazugestoßen sein muss, auf einer Kline und lässt sich von einem Sklaven die Schuhe ausziehen, während sich ein anderer Gast bereits übergeben muss (vgl. Abb. 76).

Abb. 76. Die aus dem 19. Jahrhundert stammende Kopie eines Gemäldes aus der Casa del Triclinio zeigt ein römisches Gastmahl. Man beachte, dass die Diener, ob Sklaven oder Freigeborene, kleiner dargestellt sind als die Gäste. Aber sie machen sich hier sehr nützlich: Einer (links) zieht einem Gast die Schuhe aus, ein anderer (rechts) kümmert sich um jemanden, der sich bereits übergeben muss.

In einer weiteren Szene, in der Künstler die Gäste auf den Liegen mit ihren Vorführungen unterhalten, sehen wir einen verblüffenden Einrichtungsgegenstand. Was auf den ersten Blick wie ein leibhaftiger Kellner aussieht, ist in Wirklichkeit die Bronzestatue eines jungen Mannes, der ein Tablett mit Speisen und Getränken in Händen hält.

Passen also die Esszimmer und Bankettgepflogenheiten Pompejis zu den Bildern an den dortigen Wänden? Teilweise schon. Wie wir in Kapitel 3 gesehen haben, war diese förmliche Art des Dinierens selbst für die städtische Elite wahrscheinlich auf spezielle Anlässe beschränkt, da man meistens im Vorbeigehen aß, sich allenfalls an einen Tisch setzte oder im Peristyl niederließ. Dennoch hat man einige *triclinia* ausgegraben, die sich durch erlesene Details und außergewöhnlichen Luxus auszeichnen – wie beispielsweise das Garten-*triclinium* im Haus des goldenen Armbands mit seinem glänzenden Marmor und sanft plätschernden Wasser (vgl. Abb. 35). Auch das silberne Tafelservice und andere Teile eines eleganten Essgeschirrs, die gelegentlich in und um Pompeji gefunden wurden, beschwören das Bild eines üppigen römischen Diners mit all seinen Stereotypen, Scherzen und kulturellen Klischees herauf.

Im Haus des Menander wurden 118 silberne Objekte, meist Teile eines Essgeschirrs, gefunden. Sie waren sorgfältig in Tücher gewickelt und in einer Holzkiste in einem Keller unter der privaten Thermenanlage des Hauses versteckt. Die Stücke könnten hierhergebracht worden sein, als die Hausbewohner flohen, wahrscheinlicher ist aber – da es keine Anzeichen für übereiltes Packen gab –, dass sie während häuslicher Renovierungsarbeiten hier verwahrt wurden. Zu dieser Sammlung gehören zusammenpassende Trinkgefäße, Teller, Schüsseln und Löffel (Messer wurden wohl aus einem robusteren Material hergestellt). Es gibt sogar zwei silberne Pfeffer- oder Gewürzstreuer, à la Trimalchio getarnt, einer als winzige *amphora*, der andere als Parfümfläschchen.

Ende des 19. Jahrhunderts wurden einige Meilen außerhalb der Stadt, in einem Landhaus in Boscoreale, über 100 Silbersachen zutage gefördert. Höchstwahrscheinlich waren sie aus Sicherheitsgründen beim Vulkanausbruch in einem tiefen Weinfass versteckt worden, in dem auch der Körper eines Mannes – vielleicht des Besitzers oder eines potentiellen Räubers – gefunden wurde. Unter dem wertvollen Geschirr befanden sich auch etliche Becher, die wiederum an Trimalchios Gastmahl erinnern. Mitten bei seinem Fest wurde ein silbernes Skelett auf den Tisch gebracht, das Trimalchio dazu veranlasste, ein schauderhaftes Liedchen zum Thema »Iss, trink und sei fröhlich, denn morgen bist du tot« anzustimmen (ein Lieblingstopos der populären römischen Moralphilosophie). Zwei der silbernen Becher aus Boscoreale zieren eine fröhliche Runde – von Skeletten (vgl. Abb. 77). Mehrere tragen die Namen geschätzter griechischer Philosophen, begleitet von passenden philosophischen Slogans: »Vergnügen ist das Ziel des Lebens« usw.

In einigen Fällen können wir eine fast völlige Übereinstimmung feststellen zwischen den Gegenständen, die auf den Bankett-Gemälden an den pompejanischen Wänden abgebildet sind, und denen, die bei den Ausgrabungen in der Stadt gefunden wurden. Die Silbersachen, die an den Wänden eines aufwendigen Grabmals gezeigt werden, könnten fast zum Essgeschirr aus dem Hause des Menander gehören. Noch bemerkenswerter ist die freistehende Bronzestatue, die man in einem großen Raum (einem ehemaligen Esszimmer, das zum Zeitpunkt des Vesuvausbruchs als Abstellraum oder als Lager genutzt wurde) im Haus des Polybius entdeckt hat. Die Figur, die den typischen »archaischen« Stil der griechischen Skulptur des 6. Jahrhunderts v. Chr. kopiert, streckt ihre Arme aus, vermutlich um ein Tablett zu halten. Obwohl man oft angenommen hat, dass sich auf diesem Tablett Lampen befunden haben, was die Statue zu einem kunstvollen und kostspieligen Leuchter gemacht hätte, könnte es ebenso gut ein »stummer Diener« gewesen sein, der so wie auf dem Gemälde in der Casa del Triclinio ein Tablett mit Speisen und Getränken in Händen hält. Diese Idee findet sich zweifellos in kleinerem Maßstab bei einigen Arrangements aus einem anderen Haus der Stadt: Vier ältere Männer, nackt, mit langen baumelnden Penissen, halten jeder ein kleines Tablett für Appetithappen, Leckerbissen oder irgendwelche Delikatessen in Händen (vgl. Tafel 12). Einem Teil dieses Designs war ein überraschendes Nachleben beschieden: Die baumelnden Penisse beiseitelassend, vermarktet ein bekannter italienischer Hersteller von Küchenzubehör ein teures Modell genau dieses Tabletts.

Doch es gibt gute Gründe für die Annahme, dass sich selbst bei den feierlichsten Anlässen die Realität der pompejanischen Bankette von den sie umgebenden Bildern erheblich unterschieden haben dürfte und deutlich weniger aufwendig oder elegant war. Die Wandgemälde könnten, mit anderen Worten, eher das Ideal eines Essens (mit Erbrechen und allem, was dazu gehörte) als die Wirklichkeit widergespie-

Abb. 77. Eine pfiffige Botschaft für eine üppige Dinnerparty. Dieser Silberbecher aus Boscoreale zeigt einige fröhliche Skelette, neben denen moralische Sinnsprüche eingraviert sind.

gelt haben. Natürlich dürften Decken und Kissen die fest installierten Liegen aus hartem Stein deutlich komfortabler und attraktiver gemacht haben. Und zweifellos dürfte die – durch einige Übung erlernte – Sitte, mit der rechten Hand zu essen, während man sich halb liegend auf den linken Ellbogen stützte, als völlig natürlich gegolten haben. Tatsächlich scheint es dennoch in vielen der pompejanischen Esszimmer, in denen die Klinen noch erhalten sind, bei den Gastmählern unbequem und beengt zugegangen sein. Selbst bei der Spitzeneinrichtung des Tricliniums im Hause des goldenen Armbandes hat man den Eindruck, dass allein das Besteigen der Liegen schwierig gewesen sein könnte, zumindest für die weniger Agilen. Einige Holzstufen oder ihr menschliches Pendant in Gestalt von Sklaven könnten das Problem gemildert, aber nicht vollständig gelöst haben. Außerdem würden wir finden, dass diese Klinen mit drei Gästen überbelegt waren. Möglicherweise empfanden das die Pompejaner nicht anders. Aus der Tatsache, dass die verschiedenen Teile der silbernen Tafelgeschirre für zwei und nicht für drei Personen ausgelegt waren, könnte man schließen, dass das kanonische Prinzip »drei auf einer Kline« in der Realität nicht immer angewandt wurde.

Die Bedienungsmodalitäten sind ebenfalls rätselhaft. In einem großen Repräsentationsraum würden bewegliche Liegen für Flexibilität und viel Platz sorgen. Nicht so die »eingebauten« Klinen. Dort, wo es feste Liegen gibt, findet sich in der Mitte oft auch noch ein fester Tisch, auf den die Speisen und Getränke gestellt worden sein müssen. Doch er war nicht groß, und mit neun (oder auch nur sechs) Tellern und Trinkgefäßen dürfte er schon ziemlich voll gewesen sein. Das legt die Vermutung nahe, dass tragbare Tische sowie Sklaven eine wichtige Rolle gespielt haben, aber auch für sie ist wenig Platz – zumal die Dienerschaft nicht wie in einem heutigen Restaurant *hinter* die Gäste treten konnte, um Speisen und Getränke nachzufüllen. Und was ist, wenn wie im Haus des goldenen Armbands der zentrale Tisch ein Wasserbecken ist? Hier kann uns Plinius der Jüngere möglicherweise weiterhelfen, der sich vom ausbrechenden Vesuv bewusst fernhielt und die Gefahr überlebte, während sein Onkel ihn aus der Nähe ansah und dabei umkam. In einem seiner Briefe beschreibt er ein Landhaus, das er in der Toskana besaß. Zu ihm gehörte ein kunstvoll angelegter Garten mit einem Essbereich an einem Ende. Vor diesem befand sich ein Wasserbassin, das durch unter den Liegen verlaufende Rohre gespeist wurde. Wie er erklärt, wurden für die Gäste größere Schüsseln auf den Rand des Beckens gestellt, während kleinere Schüsseln und Beilagen auf Schiffchen und künstlichen Vögeln auf dem Wasser schwammen. Dies könnte auch im Haus des goldenen Armbands so praktiziert worden sein. Wenn ja, muss man wohl annehmen, dass, so elegant das Arrangement in der Theorie auch war, einige der Speisen und erst recht die Gäste ziemlich nass wurden.

Das wirft die Frage auf, welche Art von Speisen in diesen Esszimmern mit ihren fest installierten Elementen wohl serviert wurden. Unter dem Einfluss von Petron sind wir geneigt, uns üppige, aufwendige Gerichte vorzustellen: ganze Wildschweine, gefüllt mit echten Vögeln, sind da nur eine von vielen extravaganten Optionen. Und manche der in Pompeji gefundenen Küchengerätschaften deuten tatsächlich darauf hin, dass komplizierte Kreationen möglich waren, wenn auch nicht ganz so spektakuläre wie bei Trimalchios Gastmahl. Zu den Funden gehören sehr viele große Kochtöpfe, Bratpfannen,

Abb. 78. Pompejanische Küchengeräte, die sich für die Vorbereitung eines Banketts eignen. Unten sieht man große Eimer und andere Behälter, oben raffiniertere Utensilien – Kellen, Pfannen, Formen und etwas, das wie Pochierpfannen für Eier aussieht.

Durchschläge, Siebe und kunstvolle Formen für Cremes (verblüffend ähnlich den Formen, die heute noch für Götterspeise verwendet werden: langohrige Kaninchen und dickbauchige Schweine; vgl. Abb. 78). Vermutlich war der damit verbundene Aufwand in einem großen Raum mit beweglichen Liegen gut zu bewerkstelligen. Nicht aber in den kleinen Räumen, mögen sie auch noch so elegant gewesen sein. Dort erwecken praktische Details wie der zur Verfügung stehende Platz und das Essen mit einer Hand den Verdacht, dass das, was aufgetischt wurde, oft klein und einfach oder zumindest schon in mundgerechte Bissen zurechtgeschnitten war. Dem Bild opulenter römischer Gastmähler, wie es in Filmen gezeigt wird, müssen wir eine oft beengtere und unbequemere Wirklichkeit entgegensetzen, in der es nichts Gehaltvolleres gab als das, was ein modernes Fingerfoodbuffet zu bieten hat, bei dem man die Appetithappen nur peinlich unbeholfen zu sich nehmen kann.

Nicht dass diese Überlegungen für die Armen eine Rolle gespielt hätten, für die gefülltes Wildschwein und in Honig getauchter Siebenschläfer vermutlich nicht einmal Teil ihrer wildesten Fantasien waren. Speisen im *triclinium* war etwas für die Wohlhabenden oder für die Klasse unter ihnen, die gelegentlich eine spezielle Mahlzeit an einem Ort wie dem Speiseraum in der Bäckerei der keuschen Liebenden eingenommen haben mögen, wo man gegen Bezahlung auf diese Weise essen konnte (selbst wenn sich dieser Raum nicht eben glamourös zwischen den Lasttieren und den Getreidemühlen befand). Die alltägliche Nahrung der meisten Pompejaner hatte nichts Aufsehenerregendes. Tatsächlich muss immer wieder dieselbe, wenn auch gesunde Kost auf dem Speiseplan gestanden haben: Brot, Oliven, Wein, Käse (eher eine Art Ricotta als Cheddar), Obst, Hülsenfrüchte und ein paar Gemüsesorten aus dem Bauerngarten. Fisch dürfte ebenfalls dazu gehört haben (gefangen in der nahen Bucht, die damals weniger verschmutzt war als heute), seltener Fleisch. Die bei weitem gängigste Fleischsorte war Schwein, und das vermutlich eher in Form von Würstchen oder Blutwurst als in Form eines großen Rostbratens. Hühner und Eier boten ebenso wie Schaf- oder Ziegenfleisch einige Abwechslung.

So stellt sich der Fleischverzehr der Pompejaner bei der Ausgrabung selbst der größeren Häuser dar. Bei den knapp ein Jahr dauernden Untersuchungen des Hauses der Vestalinnen wurden beispielsweise 250 identifizierbare Tierknochen gefunden (mehr als 1500 konnten nicht zugeordnet werden). Fast ein Drittel davon stammte von Schweinen, etwas über 10 Prozent von Schafen oder Ziegen, nur 2 Prozent von Kühen. Dies ergibt ein grobes Bild, bei dem vermutlich einige Kategorien unterrepräsentiert sind (die insgesamt zwölf identifizierbaren Hühnerknochen scheinen unglaublich wenig); und die hohe Zahl von »nicht-identifizierbaren Objekten« setzt natürlich ein Fragezeichen hinter alle endgültigen Schlussfolgerungen. Dennoch passt dies gut zu den Hinweisen, die wir aus der gesamten römischen Welt haben, nämlich dass üblicherweise Schweinefleisch verzehrt wurde. Das in der Villa Regina entdeckte Schwein (vgl. S. 216) dürfte für den Esstisch bestimmt gewesen sein.

Die Grundnahrungsmittel der gewöhnlichen Pompejaner veranschaulicht eine ordentlich geschriebene Liste, die in die Atriumwand eines Hauses mit zugehöriger Kneipe im Zentrum der Stadt eingeritzt ist. Wie bei Graffiti dieser Art üblich, gibt es keine Erklärung für ihren Zweck, aber anscheinend wurde auf dieser Liste vermerkt, welche Lebensmittel (und einige andere wesentliche Dinge) zu welchem Preis innerhalb von acht Tagen eines unbekannten Monats eines unbekannten – aber wohl nicht lange vor dem Vesuvausbruch liegenden – Jahres gekauft wurden. Vermutlich hat hier jemand – ein Hausbewohner oder Besucher – versucht, sich über seine (oder – was durchaus auch denkbar ist – ihre) letzten Ausgaben einen Überblick zu verschaffen. Wir können die lateinischen Begriffe für die Waren nicht mehr allesamt dekodieren: Die *sittule*, die acht *asses* kosteten (auf einen Sesterz kamen vier *asses*), könnten ein Eimer gewesen sein; das *inltynium* zum Preis von einem *as* war vielleicht eine Lampe; hinter den *hxeres* zu einem *denarius* (oder 16 *asses*) könnten sich Trockenfrüchte oder Nüsse verbergen – wenn ja, waren sie ziemlich teuer.

Falls es der vollständige Bericht eines Wocheneinkaufs war (und das ist die große Frage), deutet er auf eine eintönige Ernährungsweise, es sei denn, der Betreffende hatte noch einen Vorrat an anderen Lebensmitteln oder baute selbst welche an. Täglich kaufte er ein oder mehrere Brote, von denen es drei unterschiedliche Sorten gab: »Brot«, »Schrotbrot« und »Sklavenbrot«. Am ersten Tag der Liste wurden acht *asses* für »Brot« ausgegeben. Am zweiten acht für »Brot« und zwei für »Sklavenbrot«; am letzten Tag wurden zwei *asses* sowohl für Brot als auch für »Schrotbrot« aufgewendet. Das »Sklavenbrot« könnte entweder eine Abrechnungskategorie gewesen sein oder sich auf die Form des Laibes bezogen haben. Aber es war nicht dasselbe wie »Schrotbrot«, da an einem der betreffenden Tage beide Sorten gekauft wurden. Wie auch immer, die Liste ermöglicht uns nicht nur einen Einblick in die Vielfalt der Produkte einer pompejanischen Bäckerei, sondern unterstreicht auch die Bedeutung des Brotes als Grundnahrungsmittel der pompejanischen Durchschnittskost. Mit insgesamt 54 *asses* (oder 13 ½ Sesterzen) war es der größte wöchentliche Ausgabenposten.

Danach kamen Öl, das an drei Tagen für insgesamt 40 *asses* gekauft wurde, und Wein, der ebenfalls an drei Tagen gekauft und für den zusammen 23 *asses* ausgegeben wurden. Die selteneren oder kostengünstigeren Waren reichten von »Würstchen« (für ein *as*) und Käse (zwei Sorten, gekauft an vier Tagen, für insgesamt nur 13 *asses*) bis hin zu Zwiebeln (fünf *asses*), Lauch (ein *as*), Sprotten (zwei *asses*) und vielleicht – wie das Wort vermuten lässt – irgendeinem Produkt aus Rindfleisch (*bubella* für ein *as*). Die Ernährung bestand hauptsächlich aus Brot, Öl, Wein und Käse, dazu einigen wenigen Extras, aber nur wenig Fleisch. Zwei andere kürzere Listen, die anscheinend ebenfalls Lebensmitteleinkäufe verzeichnen, bestätigen das allgemeine Bild. Auf beiden wird Brot erwähnt. Auf der einen stehen außerdem Wein (ein *as*), Käse (ein *as*), Öl (ein *as*), Schmalz (drei *asses*) und Schweinefleisch (vier *asses*), auf der anderen, die den kurz zuvor erfolgten Besuch eines Gemüsemarktes widerspiegeln könnte, Kohl, Rote Bete, Senf, Minze und Salz (alles zu jeweils einem *as*, mit Ausnahme des teuren Kohls, der zwei *asses* kostete).

Angesichts dieser einfachen und gesunden Ernährungsweise, auf die diese Listen hinzuweisen scheinen, kann man leicht romantisch werden. Tatsächlich gerieten römische Dichter – eine finanziell gut gestellte Gruppe trotz ihrer Behauptungen, arm zu sein – häufig ins Schwärmen über die bekömmliche Kost der Bauern. Preiswerter einheimischer Wein und etwas einfaches Brot und Käse sei, so jubelten sie, besser als ein Bankett, wenn man in der richtigen Gesellschaft sei. Das mag in der Tat so gewesen sein. Aber die Ernährungsgewohnheiten des durchschnittlichen Pompejaners hatten sehr wenig mit den römischen Gastmählern in modernen Filmen oder auch mit den Bankett-Darstellungen an den Wänden Pompejis zu tun. Falls wir die Wahl hätten, dürften die meisten von uns, wenn wir ehrlich sind, lieber bei Trimalchio dinieren.

Eine Gesellschaft von Gaststättenbesuchern

Die beste Art, einer Mahlzeit aus Brot, Käse und Obst zu entfliehen, war auswärts essen zu gehen. Denn in den kleinen Unterkünften über einem Laden oder einer Werkstatt gab es nur begrenzte oder gar keine Möglichkeiten, etwas zu kochen, was ein wenig abwechslungsreicher gewesen wäre. Pompeji hat man sich lange als eine billige Gaststättenkultur vorgestellt, mit Imbissstuben, Wirtshäusern und *thermopolia* (wie sie in modernen Reiseführern oft genannt werden, obwohl dies gewiss nicht der gängige antike Begriff war), die die Straßen säumten und potentielle Kunden anlockten – angefangen bei Besuchern, die viel Zeit hatten, bis zu Stadtbewohnern, die keine angenehme eigene Bleibe hatten. So sind denn auch die den Bürgersteigen zugewandten gemauerten Theken mit den großen eingelassenen Fässern (*dolia*) und den Regalen dahinter eines der vertrautesten Elemente in der pompejanischen Straßenszene (vgl. Tafel 4).

Mit ihrem oft leuchtenden Farbenschmuck zeigen diese Theken die gesamte Bandbreite des pompejanischen Dekorationsgeschmacks: manchmal verkleidet mit einem hübschen Patchwork aus farbigem Marmor, manchmal elegant bemalt mit floralen Motiven, manchmal verziert mit derben phallischen Bildern. An den Häuserfassaden könnten Symbole oder Reklameschilder angebracht gewesen sein, die für das werben, was einen im Inneren erwartete. Ein Lokal mit einem kleinen Weingarten unweit des Amphitheaters präsentierte an seiner Außenwand einen wunderschönen Phönix direkt neben dem Slogan: »Der Phönix ist glücklich und du kannst das auch sein.« Dieses Lokal gehörte Euxinus, dem »Herrn Gastfreundschaft« (vgl. S. 32). Es ist eine hübsche Vorstellung, dass er den freundlichen Empfang in seinem Restaurant mit einem Gemälde des mythischen Vogels, der sich aus der Asche erhob, ankündigte. Besser konnte sich der Wirt nicht damit brüsten, dass im »Phönix« die Lebensgeister wieder geweckt wurden.

Bei den Ausgrabungen in Pompeji hat man bisher über 150 solcher Etablissements gefunden (für die gesamte Stadt schätzt man ihre Zahl auf deutlich über 200). Man bekommt leicht den Eindruck, dass es in der Stadt von Fastfood-Lokalen nur so wimmelte, die eine hungrige

Bevölkerung mit sättigenden Eintöpfen und Wein aus den in die Theken eingelassenen *dolia* versorgten – wenn auch in einer weniger »familienfreundlichen« Atmosphäre als heute bei McDonald's. Denn römische Autoren neigen ja dazu, solche Restaurants und Wirtshäuser als zwielichtige Lokalitäten darzustellen, die mit einer Reihe von Lastern verbunden waren, die über den übermäßigen Konsum von Alkohol und billigen Nahrungsmitteln hinausgingen. Sie galten als Orte der sexuellen Ausschweifung, der Prostitution, des Glückspiels und des Verbrechens, wo die Wirte, allesamt Ganoven und Betrüger, die Kunden skrupellos ausnahmen.

So schreibt der Dichter Horaz etwa vom Verwalter seines Landgutes, dass er sich nach den anrüchigen Vergnügungen der Stadt sehne: »Dem Bordell und der schmierigen Schenke«, eine zweifellos charakteristische Kombination und ein Hinweis auf das, was dort alles im Angebot war. In einer zugegebenermaßen extravaganten Satire beschwört Juvenal das Bild einer Kneipe am römischen Hafen Ostia herauf, die von allen möglichen widerwärtigen Typen frequentiert wird, angefangen bei Dieben, Mördern und Henkern bis hin zu Sargschreinern und den Eunuchenpriestern der Göttin Kybele, die sich eine Auszeit nehmen, um sich zu betrinken. Auch manche Kaiser waren anscheinend der Meinung, dass Kneipen gesetzlich kontrolliert werden müssten. So soll Nero den Verkauf von gekochten Speisen mit Ausnahme von Gemüse und Bohnen untersagt haben. Vespasian erlaubte nur noch Bohnen. Doch wie wirkungsvoll diese Verbote waren – und auf welche Weise genau sie das moralische Klima verbessern sollten –, ist unklar.

Sex, Prostitution, Glücksspiel und Verbrechen: All das gab es sicherlich in Pompeji, ob in Gaststuben oder andernorts. Aber die Realität von großen Teilen der Wirtshausszene war weniger reißerisch und zudem vielfältiger, als jene Schriftsteller und Gesetzgeber der römischen Oberschicht – immer bereit, harmlose populäre Vergnügungsorte als moralisch verwerflich zu brandmarken – uns weismachen wollen. Die pompejanischen Funde zeigen ein deutlich komplizierteres und differenzierteres Bild dieser Etablissements, als oftmals angenommen wird.

Zunächst einmal: Gab es in der Stadt wirklich 200 Lokale? Bei einer geschätzten Bevölkerungszahl von 12 000 käme jeweils eines auf 60 Einwohner, egal ob Männer, Frauen, Sklaven oder Babys. Natürlich muss die Einwohnerzahl hier nicht besonders aussagekräftig sein. Denn in den Imbissstuben wurden viele Besucher versorgt: Seeleute aus dem Hafen, Leute, die für einen Tag vom Land in die Stadt gekommen waren, oder solche, die auf einer längeren Wegstrecke einen Zwischenstopp einlegten. Eine Stadt hat wahrscheinlich immer mehr Einrichtungen, als für die ständigen Bewohner gebraucht werden. Trotzdem scheinen 200 Lokale eine beträchtliche Überversorgung darzustellen (und für die Gastwirte kaum eine Goldgrube), besonders wenn man an all die Leute denkt, die diese Lokale kaum aufgesucht haben dürften – beispielsweise viele der Sklaven oder die Damen der Oberschicht.

Tatsächlich kann eine große Zahl der Etablissements, die wir jetzt als »Imbissstuben« (oder welcher Subkategorie von »Schenke« oder »Wirtshaus« wir den Vorzug geben) bezeichnen, etwas ganz anderes gewesen sein. Die Theken, die eingelassenen *dolia* und die Regale werden gewiss dazu gedient haben, irgendetwas zu verkaufen, aber es könnten sehr verschiedenartige Produkte gewesen sein, nicht unbedingt nur Speisen und Getränke für den sofortigen Verzehr. Die Wahrscheinlichkeit ist mit anderen Worten hoch, dass manche dieser Gasthäuser in Wahrheit Lebensmittelläden oder Ähnliches waren, die an ihren Theken Nüsse, Linsen und Bohnen anboten.

Selbst in den Fällen, in denen das Etablissement tatsächlich eine Imbissstube war, kann die übliche Vorstellung von einem Wirt, der aus den großen in die Theke eingelassenen Gefäßen Wein und Eintopf schöpfte, nicht richtig sein. Diese Gefäße bestanden aus porösem Ton, und es gibt kein Anzeichen dafür, dass sie mit Harz verpicht waren. Auch dürfte es äußerst schwierig gewesen sein, sie zu reinigen oder auch die letzten Reste irgendeiner Flüssigkeit aus ihnen herauszuholen. Im nahe gelegenen Herculaneum, wo Spuren ihrer Inhalte des öfteren erhalten sind, waren sie anscheinend mit Trockenobst, Bohnen oder Kichererbsen gefüllt – zumindest manches davon könnte als Imbiss verkauft worden sein. Der Wein befand sich in Krügen auf dem Fußboden oder in Wandregalen, wie sich aus den gelegentlichen

Überresten von Befestigungen und Stützen erschließen lässt, und wurde vermutlich direkt in Servierkrüge abgefüllt. Warme Nahrungsmittel könnten auf einem separaten Herd zubereitet und aus der Pfanne serviert worden sein.

Wie anrüchig genau diese Örtlichkeiten waren, ist ein strittiger Punkt. Nur teilweise überzeugend sind die Versuche, im Grundriss der Stadt eine rudimentäre Unterteilung in verschiedene Zonen auszumachen und die Schenken und Bordelle mit Arealen »abweichenden Verhaltens« in Verbindung zu bringen, die in einiger Entfernung von den für formelle, öffentliche und feierliche Anlässe vorgesehenen Stadtbezirken liegen. Es stimmt schon, dass – wie wir in Kapitel 2 gesehen haben – diese Etablissements in unmittelbarer Nähe des Forums weniger zahlreich vertreten sind als in anderen belebten Stadtgebieten (pfiffige Wirte wählten offensichtlich gern einen Standort, wo sie mit möglichst viel Publikumsverkehr rechnen konnten). Aber diese relativ geringe Zahl ist nicht nur teilweise irreführend (drei befanden sich, wie dargelegt, an der Stelle des heutigen Restaurants), sondern hier können auch alle möglichen anderen Faktoren wie Grundstücks- oder Mietpreise eine Rolle gespielt haben. Allerdings besteht kein Zweifel, dass die Lokale – wie wir mit Blick auf das eine oder andere sehen werden – die Freuden von Essen, Alkohol und Sex miteinander kombinierten.

Die Frauen, deren Namen auf den Wahlplakaten an der Wand der Taverne in der Via dell'Abbondanza (vgl. S. 260) auftauchten (und manchmal wieder unkenntlich gemacht waren), arbeiteten dort vermutlich als Bardamen oder Kellnerinnen: Asellina, Zmyrina, Aegle und Maria. Die Lokalität wurde im frühen 20. Jahrhundert zwar nur teilweise ausgegraben, doch wir können uns sehr gut vorstellen, wie weit sich ihre Annehmlichkeiten jenseits des einen Raumes, den wir jetzt sehen, erstreckten – wenn es dort vier Bardamen gab, muss sie schon eine gewisse Ausdehnung gehabt haben. Die erhaltene Dekoration und die Sammlung von Objekten, die bislang auf dem Grundstück zutage gefördert wurden, vermitteln uns dennoch einen guten Eindruck vom Ambiente und der Einrichtung einer pompejanischen Schenke.

Die unteren Teile der Außenmauern waren rot gestrichen und darüber befanden sich die Wahlplakate. An der Fassade gibt es kein offenkundiges Laden- oder Reklameschild, doch an der Straßenecke zwei Häuser weiter muss das Bild von einigen eleganten Trinkgefäßen aus Bronze potentielle Kunden auf ein nahes Wirtshaus aufmerksam gemacht haben. Dieses hat zur Straße hin eine weite Öffnung, die allerdings durch die L-förmige Theke teilweise verstellt ist: ein solide gemauertes Stück, dessen Seiten rot bemalt sind und das oben mit einem Mosaik aus Marmorfragmenten versehen ist. Vier *dolia* sind in die Theke eingelassen, und an einem Ende befindet sich ein kleiner Herd mit einem eingebauten Bronzebehälter, in dem wahrscheinlich Wasser erhitzt wurde – das antike Pendant zu einem Wasserkessel. Die Weinkrüge waren hinter der Theke an die Wand gestellt, wo sich auch (nach den Fundorten der verschiedenen Objekte zu urteilen) ein Holzregal mit weiterem Zubehör befand. Im hinteren Teil des Raumes führte eine Treppe nach oben.

Die Gäste wurden von einer Bronzelampe begrüßt, die zur Straßenseite hin über der Theke hing (vgl. Abb. 79). Diese originelle Kreation fanden die Ausgräber damals so schockierend, dass sie bei der ersten Veröffentlichung der Funde auf eine Abbildung verzichteten. Die Lampe selbst hängt nämlich an der kleinen Bronzefigur eines fast nackten Pygmäen, dessen enormer Phallus fast genauso groß ist wie er selbst. Obwohl sein rechter Arm beschädigt ist, dürfte er ein Messer in der Hand gehabt haben, so als ob er seinen überdimensionierten Penis abschneiden wollte, aus dessen Spitze bereits ein neues Mini-Glied herauswächst. Zur Krönung des Ganzen baumeln an den verschiedenen Teilen des Gesamtwerks noch sechs Glocken. Es ist eines von mehreren Objekten dieser Art, die in Pompeji oder seiner näheren Umgebung gefunden wurden (weshalb wir hinsichtlich des Messers relativ sicher sein können). Über der Theke hängend, fungierte es als eine Kombination aus Lampe, Windspiel und Tresenklingel. Willkommen in der Welt des Wirtshauses?

Das Leben spielte sich hier sowohl zur Tag- als auch zur Nachtzeit ab, wie sich aus den sieben anderen Tonlampen, die in dem einen Raum entdeckt wurden, erschließen lässt (ein elegantes Exemplar hat

Abb. 79. Mit Glocken dran …? Diese außergewöhnliche Phallus-Lampe hing über einem Wirtshauseingang. Nachts sorgte sie für etwas Licht und muss im Luftzug wie ein Windspiel geklirrt haben. Die kleine Statue in der Mitte ist nur etwas über 15 Zentimeter groß.

die Form eines Fußes). Die übrigen zutage geförderten Objekte waren ein Sammelsurium aus praktischen und eher anspruchslosen Gegenständen, manchmal mit einem Hauch von Luxus und Kaprice. Es gab etliche Bronzekrüge für Wasser oder Wein sowie einen Bronzetrichter, der ein wichtiges Utensil gewesen sein muss, um den Wein aus den Vorratsbehältern in die Servierkrüge umzufüllen. Der Trichter war für die Schenke so typisch, dass er mit allem, was sonst zum Trinken gehörte, auf dem gemalten Hinweisschild an der Ecke abgebildet war. Glas scheint das bevorzugte Material für Trinkgefäße gewesen zu sein – und war im allgemeinen auf pompejanischen Tischen sehr viel üblicher, als wir es uns aufgrund der relativ wenigen erhaltenen Stücke vorstellen. Es ging nicht nur beim Vulkanausbruch häufig zu

Bruch, sondern ihm war auch in der Moderne ein widriges Schicksal beschieden. So wurden mehrere Glasgefäße aus dieser Kneipe im Zweiten Weltkrieg zerstört. Zu den Funden gehörten ursprünglich einige schöne Schalen und Becher aus dünnem Glas (desgleichen eine rätselhafte gläserne Mini-*amphora* mit einem Loch im Boden, vielleicht damit man winzige Mengen eines bestimmten Aromastoffes in Wasser oder Wein träufeln konnte). Hinzu kamen einige billigere Tontassen und -teller und zwei wunderschöne Kannen (die eine in der Form eines Hahns, die andere in der eines Fuchses) und das eine oder andere Messer.

Im übrigen gibt es genügend Spuren, die darauf hindeuten, dass die gesamte Räumlichkeit ursprünglich nicht so kahl war, wie sie sich heute darbietet. Beinerne Beschläge und Scharniere verweisen auf die Existenz einiger hölzerner Einrichtungsgegenstände, möglicherweise Schränke oder Truhen. Die letzten Einnahmen wurden ebenfalls entdeckt: insgesamt 67 Münzen, einige (sie belaufen sich auf knapp über 30 Sesterze) von höherem Wert, der Rest in *asses*, Zwei-*as*-Stücken oder winzigen Viertel-*asses*. Aufgrund der exakten Spuren, die sie auf der Theke hinterließen, lässt sich vermuten, dass dort meist mit *asses* bezahlt wurde; einige Münzen wurden sogar in den *dolia* gefunden – vielleicht wurden diese Behälter in der Theke auch auf solche Weise genutzt. Die meisten der höheren Münzen waren in dem dahinter stehenden Regal verwahrt. Diese Summe an Bargeld passt gut zu anderen Hinweisen bezüglich der Preise in einem pompejanischen Wirtshaus. Ein Graffito in einem anderen Etablissement zeigt, dass man einen einfachen Wein (ein Glas? einen Krug?) für ein *as* haben konnte, etwas Besseres für zwei *asses* und einen Spitzen-Falerner für vier *asses* oder einen Sesterz (wenn man Plinius Glauben schenken darf, dass man einen Falerner mit einer Flamme entzünden konnte, muss es sich dabei allerdings eher um Brandy als um Wein gehandelt haben, solange er nicht mit Wasser gemischt war). Abgesehen von dem die Gäste begrüßenden Pygmäen könnten einzig noch die Bruchstücke einiger Spiegel auf eine gewisse Sittenlosigkeit hindeuten.

Doch was zählt, ist das Verhalten des Personals und der Kunden. Und das kann man aus der konkret fassbaren Umgebung nicht zwingend erschließen. Einen wertvollen Einblick in die Atmosphäre eines Wirtshauses und Informationen über die Leute und alles Sonstige liefern uns zwei Serien von Gemälden in zwei anderen Schenken der Stadt – dort sollten die Bilder an den Wänden die Gäste offensichtlich mit Szenen aus dem »Tavernenleben«, das sie dort gerade genossen, unterhalten. So humoristisch, parodierend und idealisierend sie auch sein mögen, bieten sie uns dennoch den besten Zugang zur pompejanischen Wirtshauskultur.

Die erste Serie stammt aus dem sogenannten Wirtshaus (oder Schenke) des Salvius (»Mister sicherer Hafen«), einem kleinen Etablissement auf einem begehrten Eckgrundstück im Stadtzentrum: vier Bilder, die ursprünglich an einer Wand des vorderen Hauptraumes gegenüber der Theke zu sehen waren und jetzt im Nationalmuseum in Neapel sicher untergebracht sind (vgl. Tafel 13). Links tauschen ein Mann und eine Frau ziemlich unbeholfen einen Kuss; beide sind in leuchtende Farben gewandet – sie trägt einen gelben Umhang, er eine rote Tunika. Über den Figuren steht: »Ich möchte nicht mit Myrtalis … [das entscheidende Wort ist leider nicht erhalten].« Was immer der Mann nicht mit Myrtalis tun wollte oder wer die Frau war, werden wir niemals wissen. Vielleicht wird hier die Unbeständigkeit der Leidenschaft – das war früher nicht viel anders als heute – dargestellt: »Ich will mich nicht mehr mit Myrtalis abgeben, ich reiße jetzt dieses Mädchen auf.« Angesichts der steifen Haltung der beiden könnte das gezeigte Mädchen aber auch Myrtalis sein, und der springende Punkt ist, dass der Mann auf diese Begegnung nicht allzu scharf ist.

In der nächsten Szene bedient eine Kellnerin zwei Zecher, die sich allerdings um den Wein zanken. Einer der beiden sagt: »Hier«, der andere: »Nein, der ist für mich.« Die Kellnerin will sich heraushalten: »Wer ihn will, soll ihn nehmen«, sagt sie zu ihnen. Und anscheinend um die beiden etwas zu reizen, bietet sie dann den Wein einem anderen Gast an: »Oceanus, komm und trink etwas.« Das ist keine respektvolle Bedienung, und die Kellnerin ist nur allzu bereit, patzig zu werden. Nach der Trinkszene wird ein Würfelspiel gezeigt und dort deutet sich ein weiterer Streit an. Zwei Männer sitzen an einem

Tisch. Einer ruft: »Ich habe gewonnen«, während der andere protestiert: »Das ist keine Drei, das ist eine Zwei.« In der letzten Szene der Bilderserie sind sie zu Schlägen und Beleidigungen übergegangen: »Du Mistkerl, ich hatte die Drei, ich habe gewonnen.« »Nein, jetzt hör aber auf, du Schwanzlutscher, ich habe gewonnen.« Das ist zu viel für den Wirt, der sie hinauswirft. »Wenn ihr euch schlagen wollt, geht raus«, sagt er in typischer Gastwirtmanier. Von den Kunden, die das Bild anschauten, erwartete man wohl, dass sie die Botschaft verstanden.

Die Gemälde deuten auf eine vertraute und etwas nervöse Mischung aus Sex, Alkohol und Spiel, jedoch auf keine besondere moralische Verruchtheit: ein Kuss, viel beschwipstes Geplänkel (aber niemand übergibt sich wie auf den Bildern des Esszimmers), eine Reiberei wegen eines Spiels, die ein wenig außer Kontrolle gerät, und ein Wirt, der nicht will, dass man seine Kneipe demoliert. Dieselbe Art von Bildern finden wir in der anderen Schenke mit Wandgemälden ein paar Blocks weiter, die, ebenfalls günstig an einer Straßenecke gelegen, nach ihrem Standort heute üblicherweise als Osteria della Via di Mercurio bezeichnet wird. Sie hatte ein Hinterzimmer mit direktem Zugang zur Straße, und seine vier oder höchstens fünf Tische wurden vermutlich vom Tresen nebenan bedient. An den Wänden dieses Raumes befanden sich die Gemälde genau in der richtigen Blickhöhe für die an den Tischen sitzenden Gäste. Manche haben Überschriften, die hier aber nicht zum ursprünglichen Gemälde gehörten, sondern als Graffiti von den Kunden eingeritzt worden waren.

Wieder finden wir Männer (Trinken scheint in dieser Welt eine *männliche* Angelegenheit gewesen zu sein), die sich ihre Gläser von einer mehr oder weniger bereitwilligen Bedienung nachfüllen lassen. Auf einem Gemälde schenkt ein Kellner (oder vielleicht auch eine Kellnerin) einem Gast nach, der ihm sein Glas darreicht. Über seinem Kopf steht: »Gib mir ein wenig kaltes Wasser« – um es mit dem Wein im Glas zu mischen. In einer anderen ähnlichen Szene lautet die hingekritzelte Überschrift: »Noch einen Becher Setiner«; gemeint war der Lieblingswein des Kaisers Augustus, der angeblich besonders gut war, wenn er mit Schnee gekühlt war. Auch hier gibt es Darstellungen von Glückspielen (vgl. Tafel 6) und eine besonders anschauliche Innenansicht eines Lokals (vgl. Abb. 80). Eine Gruppe von – vermutlich – Reisenden (zwei von ihnen tragen typische Kapuzenumhänge) sitzt zum Essen an einem Tisch. Über ihnen sieht man, wie das Problem der Vorratshaltung in diesen kleinen Räumen gelöst werden konnte: Eine Auswahl von Lebensmitteln, darunter Würstchen und Kräuter, hängen an den Nägeln eines Bretts oder vielleicht auch einer an der Decke angebrachten Vorrichtung.

Auf einem Gemälde, das einst die Hinterwand dieses Raumes schmückte, ist indes ein verblüffend anderes Thema dargestellt. Das Bild ist seit langem verloren oder zerstört (erhalten sind nur zwei menschliche Füße und Schienbeine) und lediglich von Kupferstichen aus dem 19. Jahrhundert bekannt (vgl. Tafel 11). Es scheint einen außergewöhnlichen Balanceakt zu zeigen. Ein Mann und eine fast nackte Frau stehen auf zwei Seilen, wobei beide ein großes Glas Wein in der Hand halten oder aus ihm trinken. Und als ob das nicht schon schwierig genug wäre, dringt der Mann auch noch mit seinem großen Penis von hinten in die Frau ein. Man stellt mit einiger Erleichterung fest, dass das Originalbild nicht ganz so bizarr war, wie es der Kupferstich vermuten lässt. Denn höchstwahrscheinlich wurden die Seile von dem modernen Künstler hinzugefügt, der die schwachen Überreste der Vorzeichnungslinien oder vielleicht auch die gemalten Schatten fälschlich für diese einfallsreichen Dinger hielt. Doch selbst ohne diesen speziellen Balanceakt steht das Ganze in einem provozierenden Gegensatz zu dem schicklichen Kuss in dem anderen Lokal. Was ist hier eigentlich dargestellt? Nach Meinung mancher Archäologen ist es eine Szene, die von einer aufreizenden Nummer im örtlichen Theater inspiriert ist (und dann könnte der große Penis die Requisite eines Pantomimus sein). Andere kommen aufgrund der Tatsache, dass die sonstigen Bilder allesamt das Leben in der Schenke zeigen, zu dem Schluss, dass dies eine der Aktivitäten sein muss, die im Lokal selbst stattfanden – ob es sich nun um ein Do-it-yourself-Varieté handelte oder um etwas, was die Zecher am Ende des Abends mit den Bardamen getan (oder sich erhofft) haben könnten.

Legt dieses Gemälde nahe, dass wir die Anklagen der römischen

Abb. 80. Wirtshausszene. Diese aus dem 19. Jahrhundert stammende Zeichnung zeigt vier Männer an einem Tisch, die, bedient von einem auffällig kleinen Kellner, ein Getränk zu sich nehmen. Über ihnen hängen einige Lebensmittelvorräte des Gasthauses.

Autoren ernster nehmen sollten? Gewiss, zusätzlich zu den Scherzen über das Essen und Trinken, Spielen und Flirten gibt es zahlreiche Hinweise darauf, dass die sexuellen Begegnungen in zumindest einigen dieser Gasthäuser über das Küssen hinausgingen. An der Außenwand eines Lokals gibt es beispielsweise ein kleines Graffito (hineingeschrieben in ein großes O eines Wahlplakates): »Ich habe die Wirtin gefickt.« Andernorts finden wir an der Wand die Namen von Frauen in einem eindeutig erotischen Kontext, manchmal mit einer Tarifangabe: »Die Sklavin Felicla zwei *asses*«, »Das Sklavenmädchen Successa ist gut im Bett«. Und es gibt sogar etwas, was man als Preisliste gedeutet hat: »Acria vier *asses*, Epafra 10 *asses*, Firma drei *asses*.«

Bei der Interpretation eines solchen Materials ist jedoch Vorsicht geboten. Wenn wir heute »Tracy ist eine Hure« oder »Für einen Fünfer bläst dir Donna einen« als Schmiererei an der Wand eines Lokals oder eines Wartehäuschens sehen, würden wir nicht automatisch denken, dass die Genannten tatsächlich Prostituierte sind. Und wir würden auch nicht annehmen, dass in der dortigen Gegend »ein Fünfer« der präzise Preis für diese sexuellen Dienste ist. All das können genauso gut Beleidigungen wie Fakten sein. Das gilt auch für Pompeji – trotz der Versuche einiger allzu optimistischer heutiger Wissenschaftler, aufgrund von Hinweisen dieser Art Listen pompejanischer Prostituierter zu erstellen oder sogar einen Durchschnittspreis für den Job zu errechnen. Jene »Preisliste« ist vielleicht nichts dergleichen. Die Angabe *asses* ist nämlich eine moderne Ergänzung. Das Original hat nur drei Namen mit einer Zahl.

Doch die Häufung von explizit erotischen Kritzeleien im Umkreis einiger Lokale lässt sich nicht wegdiskutieren, schon gar nicht, wenn passende Dekorationen hinzukommen. Daraus hat man gefolgert, dass einige Schenken in der Stadt wirklich Schenken waren, mit ein wenig Sex nebenher, während andere weniger als Wirtshäuser denn als echte Bordelle fungierten. Sowohl die Gaststätte an der Via dell'Abbondanza, auf die wir einen Blick geworfen haben, als auch die an der Via di Mercurio wurden schon oft als solche identifiziert: die erste vor allem wegen der Pygmäen-Lampe, die zweite aufgrund der Seiltänzer (und vielleicht eines anderen Gemäldes, bei dem nur ein Kopf erhalten ist, das aber ursprünglich ein Paar beim Sex gezeigt haben könnte). Nach Schätzungen aus jüngerer Zeit sind dies nur zwei von insgesamt 35 Bordellen in der Stadt. In Pompeji kam mit anderen Worten auf ungefähr 75 frei geborene männliche Erwachsene jeweils ein Bordell. Selbst wenn man die Besucher, die Landbewohner und die Sklaven hinzurechnet, die ihr Taschengeld auf diese Weise ausgegeben haben mochten, scheint das Verhältnis auf den ersten Blick überaus hoch – ein Niveau der sexuellen Versorgung, das die schlimmsten Befürchtungen der christlichen Moralisten hinsichtlich der heidnischen Exzesse bestätigen könnte.

Das ist in Kürze das »pompejanische Bordellproblem«. Kann man sich wirklich vorstellen, dass es in dieser kleinen Stadt 35 Bordelle gegeben hat? Oder gab es, wie die nüchternste Schätzung besagt, nur eines? Woran können wir, wenn wir auf eines stoßen, ein Bordell erkennen? Wie kann man ein Wirtshaus und ein Bordell auseinanderhalten?

Bordellbesuche

Die römische Sexualkultur war anders als die unsere. Wie wir in Pompeji gesehen haben, waren Frauen in der römischen Welt sehr viel sichtbarer als in zahlreichen anderen Teilen des antiken Mittelmeerraumes. Sie gingen einkaufen, sie konnten mit Männern dinieren, sie waren wohlhabend und machten großzügige Spenden. Dennoch wurde die Welt der Sexualität ebenso wie die der Politik von Männern beherrscht. Macht, Status und Glück wurden durch den Phallus symbolisiert. Daher finden sich Phallus-Darstellungen in einer fast unvorstellbaren Vielfalt überall in der Stadt.

Für heutige Besucher ist dies einer der rätselhaftesten, wenn nicht befremdlichsten Aspekte Pompejis. In früheren Generationen reagierten die Wissenschaftler darauf so, dass viele dieser Objekte aus den Augen der Öffentlichkeit entfernt, im »Geheimkabinett« des Nationalmuseums von Neapel verwahrt oder auf andere Weise unter Verschluss gehalten wurden. (Bei meinem ersten Besuch der Ausgrabungsstätte in den 1970er Jahren war die phallische Figur am Eingang des Hauses der Vettier zugedeckt und wurde nur auf Nachfrage enthüllt.) Neuerdings ist es Mode geworden, die Aufmerksamkeit von ihrem sexuellen Charakter abzulenken und sie als »magisch«, »apotropäisch« oder »Schutz vor dem bösen Blick« zu deuten. Aber dennoch sind es zwangsläufig sexuelle Symbole. Es gibt Phalli, die einen an Torwegen begrüßen, Phalli über Brotbacköfen, Phalli eingraviert in die Straßenoberfläche und jede Menge Phalli mit Glocken daran – und Flügeln (vgl. Abb. 81). Eine der fantasievollsten Kreationen, die einst im pompejanischen Windhauch klirrte, ist der urige Phallus-Vogel, eine Kombination aus (wie ich vermute) Scherz und unverhohlener Verherrlichung dessen, was die Essenz der Männlichkeit darstellt.

In dieser Welt erfüllten die angesehenen begüterten Ehefrauen –

d.h. die Bewohnerinnen der größeren pompejanischen Häuser – zwei Hauptfunktionen: Sie hatten zunächst einmal die gefährliche Aufgabe, Kinder zu gebären (im antiken Rom starben sehr viele Frauen im Kindbett, wie überhaupt in jeder Epoche bis zur Moderne), alsdann waren sie für das Haus und den Haushalt verantwortlich. Ein Grabstein aus Rom trifft den Nagel genau auf den Kopf. Es ist ein Epitaph, das ein Ehemann für seine Frau Claudia errichtet hatte. Gelobt wird ihre Schönheit, ihre Konversationsgabe, ihre Eleganz; doch das Fazit lautet: »Sie gebar zwei Söhne […], kümmerte sich um das Haus, widmete sich der Wollarbeit.« Das Leben ärmerer Frauen könnte in der Praxis – ob als Ladenbesitzerin, Wirtin oder Geldverleiherin – abwechslungsreicher gewesen sein, doch ich bezweifele, dass sie sich in ihrem grundlegenden Rollenverständnis sehr voneinander unterschieden. In dieser Gesellschaft konnten Frauen nicht über ihr Leben, ihr Schicksal oder ihre Sexualität bestimmen. Die Geschichten, die römische Dichter und Geschichtsschreiber von frivolen, lasterhaften und anscheinend »befreiten« Frauen der Hauptstadt erzählen, sind teilweise reine Fantasie, teilweise treffen sie nur auf solch wirkliche Ausnahmegestalten zu, wie es sie im Kaiserhaus gab. Die Kaiserin Livia war keine typische Römerin.

Im Kern war für die Männer der Oberschicht die sexuelle Penetration gleichbedeutend mit Vergnügen und Macht. Die Sexualpartner konnten beiderlei Geschlechts sein. Sexuelle Beziehungen unter Männern waren in der römischen Welt weit verbreitet, aber es gibt nur äußerst schwache Hinweise auf die »Homosexualität« als alleinige sexuelle Präferenz, geschweige denn als bewusst gewählte Lebensform. Alle Römer heirateten, es sei denn, sie starben zu jung. Sexuelle Treue gegenüber der Ehefrau stand nicht hoch im Kurs und wurde auch nicht sonderlich bewundert. Bei der Suche nach dem körperlichen Vergnügen waren die Frauen, Töchter und Söhne von anderen Männern der Elite tabu (und eine Überschreitung dieser Grenze konnte gesetzlich hart bestraft werden). Für diese Dienste standen Sklaven und bis zu einem gewissen Grad die sozial niedriger Gestellten, sowohl Männer wie Frauen, zur Verfügung. Es war nicht einfach nur so, dass niemand etwas dagegen hatte, wenn ein Mann mit seinem

Abb. 81. Der »Phallus-Vogel« war eine der außergewöhnlichsten mythischen Kreaturen der römischen Welt. Eindrucksvoll, mächtig – oder nur albern?

Sklaven schlief. Das war, zumindest zum Teil, ja der *Zweck* von Sklaven. Ärmere Bürger, die nicht spontan auf ein entsprechendes Angebot an beflissenen Sexsklaven zurückgreifen konnten, gingen stattdessen zweifellos zu Prostituierten. Wie beim Essen konnten sich die Reichen »hausintern« versorgen, während sich die Armen woanders umschauen mussten.

Nicht dass dies einem sorglosen sexuellen Paradies gleichkam, nicht einmal für Männer. Wie in den meisten aggressiven phallischen Kulturen ist die Macht des Phallus von Ängsten begleitet – ob hinsichtlich der sexuellen Treue der Ehefrau (und damit der Vaterschaft der Kinder) oder hinsichtlich der eigenen Fähigkeit, dem männlichen Ideal zu genügen. In Rom konnte schon die Unterstellung, dass ein Mann in der Rolle der Frau von einem anderen Mann penetriert worden sei, ausreichen, um eine politische Karriere zu ruinieren. Tatsächlich betreffen viele der Beleidigungen, die von Wissenschaftlern manchmal als Zeichen für die römische Missbilligung der Homosexualität gedeutet werden, lediglich die Männer, die die passive Rolle übernahmen. Und um wieder nach Pompeji zurückzukehren: Welche sonstigen Assoziationen auch immer mit jenem winzigen Bronze-Pygmäen verbunden gewesen sein mögen, der für alle Zeit dabei beobachtet wird, wie er seinen Riesenpenis attackiert, so zeigt sich hier sicherlich ein gewisses sexuelles Unbehagen. Das Ganze mag ja komisch, fantastisch und karnevalesk gemeint gewesen sein. Dennoch fällt es schwer, hierin nicht auch eine eher unangenehme Botschaft zu sehen.

Es trifft auch nicht zu, dass die individuellen Beziehungen zwischen römischen Männern und Frauen so undifferenziert und mechanisch waren, wie es mein kurzer Überblick nahelegen könnte. Es gab alle möglichen Arten von liebevollen und zärtlichen Beziehungen, egal, ob zwischen Ehemann und Ehefrau, Herrn und Sklaven, Liebhaber und Geliebter. Ein teures goldenes Armband beispielsweise, das bei dem Leichnam einer Frau in einer Siedlung vor den Toren Pompejis gefunden wurde, trägt die Inschrift: »Vom Herrn für sein Sklavenmädchen.« Es erinnert uns daran, dass es sogar in solchen Ausbeutungsstrukturen Zuneigung geben kann (wenngleich wir natürlich nicht wissen, inwieweit diese Zuneigung von dem betreffenden »Sklavenmädchen« erwidert wurde). Und die pompejanischen Außen- und Innenwände zeigen viele anschauliche Zeugnisse von Leidenschaft, Eifersucht und Herzeleid, mit denen wir uns, wenn auch auf anachronistische Weise, durchaus identifizieren können: »Marcellus liebt Praestina und sie schert sich einen Dreck darum«, »Restitutus hat viele Mädchen betrogen«. Trotzdem waren die römischen Sexualbeziehungen im Prinzip ziemlich brutal und nicht eben frauenfreundlich.

In diesem Kontext hatte die Prostitution sowohl auf den Straßen (oder im Bordell) als auch in der römischen Fantasie ihren Platz. Für die römische Regierung konnte die Prostitution eine Einnahmequelle sein. Kaiser Caligula etwa soll eine Prostituiertensteuer eingeführt haben – darüber, wie sie im Einzelnen erhoben wurde, wo sie Anwendung fand und wie lange sie in Kraft blieb, kann man nur spekulieren. Abgesehen von den Einnahmen war es nicht das Hauptanliegen der Behörden, die täglichen Aktivitäten der Prostituierten zu kontrollieren, sondern sie wollten eine klare Linie zwischen ihnen und den »angesehenen« Bürgerinnen ziehen, insbesondere den Ehefrauen der römischen Oberschicht. Die Prostitution gehörte (wie der Beruf des Gladiators und Schauspielers) zu einem bunten Spektrum von Tätigkeiten, die offiziell als *infamis* oder »schändlich« galten, ein Stigma, das mit gewissen rechtlichen Nachteilen verbunden war.

Manche Prostituierte waren sowieso Sklavinnen, aber auch diejenigen, die freie Bürgerinnen waren, genossen beispielsweise nicht den Schutz vor körperlichen Strafen, der gewöhnlich mit dem römischen Bürgerrecht einherging. Zuhälter und männliche Prostituierte (sie galten nach der Logik der römischen Sexualität als feminin) konnten für kein öffentliches Amt kandidieren. Der Überlieferung nach durften weibliche Prostituierte nicht einmal normale Frauenkleider anziehen, sondern mussten die Toga eines Mannes tragen. Damit überschritten sie die Geschlechtergrenzen und unterschieden sich deutlich von ehrbaren Bürgerinnen.

Prostituierte spielten in der römischen Fantasie vielleicht eine noch größere Rolle als in der Realität, angefangen bei Bildern von »glücklichen Nutten« bis hin zu den tragischen Entführungsopfern, die als Liebesdienerinnen verkauft wurden, oder denjenigen, die als Zielscheibe für öffentlichen Abscheu oder Spott herhalten mussten. In römischen Theaterkomödien des 3. und 2. Jahrhunderts v. Chr. ist die Prostitution ein wichtiges Thema. Einer der typisch romantischen Plots dieser Stücke handelt von dem jungen Mann aus guter Familie, der sich in eine Prostituierte, eine Sklavin, verliebt, die wiederum einem niederträchtigen Zuhälter untersteht. Trotz ihrer Liebe ist eine Heirat unmöglich, selbst wenn der junge Mann das Geld aufbringen könnte, um sie freizukaufen, da der Vater für seinen Sohn eine solche Ehefrau nicht akzeptieren würde. Aber es gibt ein Happy End. Denn wie sich herausstellt, war das Objekt seiner Begierde in Wirklichkeit die ganze Zeit über ein ehrbares Mädchen: Sie war entführt und an den Zuhälter verkauft worden. Somit war sie im Grunde genommen gar keine »echte« Prostituierte. Zumindest in der Komödie dürfen wir einen Blick auf die unbequeme Wahrheit werfen, dass die Grenze zwischen Respektabilität und Prostitution nicht ganz so eindeutig sein könnte, wie wir uns das vorgestellt haben.

Vor diesem Hintergrund haben Archäologen versucht, die Aufenthaltsorte der pompejanischen Prostituierten ausfindig zu machen und die konkreten Überreste der Bordelle zu identifizieren. Die Gesamtzahl, auf die sie kommen, ist dabei ganz von den von ihnen angelegten Kriterien abhängig. Für manche reicht die Existenz von erotischen Bildern, um auf einen Ort für käuflichen Sex zu schließen. Nach dieser Interpretation ist im Haus der Vettier ein neben der Küche gelegenes kleines Zimmer, ausgeschmückt mit drei Gemälden, auf denen ein Paar, Mann und Frau, auf einem Bett Sex haben, eindeutig ein Ort der Prostitution – eine sehr lukrative Nebenerwerbsquelle für die Besitzer (oder den Koch). Dazu würde überdies ein winziges Graffito passen, das, in den Vorbau des Hauses eingeritzt, die Dienste der »Eutychis« für zwei *asses* anbieten könnte. Andererseits mag dieser Raum auch just auf diese Weise dekoriert worden sein, um einem Lieblingskoch eine Freude zu machen (vielleicht war das Zimmer hier neben der Küche seine Unterkunft), und dann hätte die – Eutychis betreffende – hingekritzelte Information (oder Beleidigung) damit überhaupt nichts zu tun.

Andere setzen den Qualifikationsmaßstab für ein Bordell deutlich höher an. So nennt ein Wissenschaftler drei Bedingungen, die mit größerer Zuverlässigkeit auf einen Ort hindeuten, der vorrangig für kommerziellen Sex genutzt wurde: ein gemauertes Bett in einem kleinen für die Kundschaft leicht zugänglichen Raum; Gemälde mit explizit sexuellen Szenen; und eine Anhäufung von Graffiti im Stile von »Ich habe hier gefickt«. Wenn alle diese Bedingungen erfüllt sein müssen, verringert sich selbstverständlich die Zahl der Bordelle in der Stadt – auf die Zahl 1. Nach dieser Argumentation könnten in den oberen Räumen oder in den Hinterzimmern von Wirtshäusern manche Leute durchaus für Sex gezahlt haben, aber das sind dann keine Bordelle im strengen Wortsinn.

Dem Archäologen stellen sich hier alle möglichen Arten von Fallen. Wir haben bereits festgestellt, wie schwierig es ist, die erotischen Graffiti zu interpretieren und zu entscheiden, ob die schlichten Einzelzimmer mit gemauerten Betten und direktem Zugang zur Straße Orte der Prostitution waren oder vielleicht doch nur sehr kleine Unterkünfte für die Armen (warum sollen wir eigentlich annehmen, dass steinerne Betten für die Prostitution besonders geeignet waren?). Doch die Schlüsselfrage betrifft den Unterschied zwischen einem echten Bordell und den vielen anderen Örtlichkeiten in der Stadt, wo Sex und Geld nicht völlig voneinander getrennt waren.

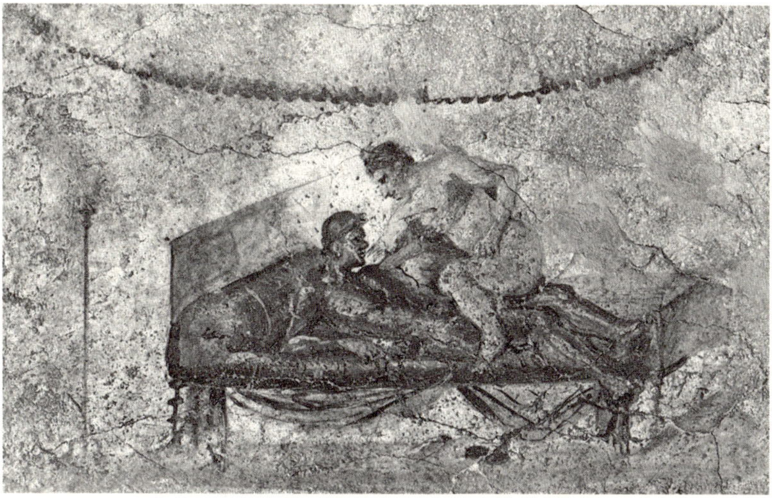

Abb. 82. Dieses Bild mit einer Liebesbegegnung aus dem Bordell zeigt eine luxuriösere Umgebung, als das Bordell sie geboten haben dürfte. Ein dickes Kissen auf dem Bett sorgt für Bequemlichkeit. Links daneben steht eine Lampe, ein Hinweis darauf, dass wir uns eine nächtliche Szene vorstellen sollen.

Wahrscheinlich haben wir uns etwas zu leicht täuschen lassen, zum einen von den beharrlichen Versuchen der Römer, die Prostituierten als klar getrennte Klasse von Frauen (oder Männern) anzusehen, zum anderen von dem fest etablierten Bild des Bordells und des Zuhälters in der römischen Komödie. Die meisten der pompejanischen Prostituierten waren vermutlich die Art von Bardamen oder Wirtinnen (oder Blumenverkäuferinnen, Schweinehüterinnen oder Weberinnen), die manchmal nach der Arbeit mit Kunden schliefen, manchmal für Geld, manchmal an Ort und Stelle, manchmal auch nicht. Ich habe starke Zweifel, dass viele von ihnen tatsächlich Togen trugen (ein Paradebeispiel der Legendenbildung um die römische männliche Oberschicht), dass sie sich als Prostituierte verstanden oder ihren Arbeitsplatz als Bordell definierten – die moderne Massagepraxis ist genauso wenig ein Bordell wie ein Hotel, in dem man auf Nachfrage stundenweise ein Zimmer mieten kann. Anders gesagt: Bei der Suche nach dem pompejanischen Bordell bewegt man sich in einer falschen Kategorie. Käuflichen Sex gab es – wie Essen, Trinken oder Schlafen – annähernd überall in der Stadt.

Mit Ausnahme eines Falles: Ein Gebäude, fünf Gehminuten östlich vom Forum, direkt hinter den Stabianer Thermen, wird den härtesten Kriterien für eine solche Identifizierung allesamt gerecht. Es verfügt über fünf kleine Kammern, jede mit einem eingebauten Bett und einer Reihe explizit erotischer Gemälde, die zeigen, wie Paare in ganz verschieden Positionen Geschlechtsverkehr haben (vgl. Abb. 82). Dort befinden sich immer noch fast 150 Graffiti, darunter zahlreiche vom Typ »Ich habe hier gefickt« (allerdings sind nicht alle von dieser Art: Zumindest fühlte sich jemand bemüßigt, ein Vergil-Zitat hinzukritzeln). Es ist ein ziemlich dunkler und schäbiger Ort. An einer Ecke gelegen, ist er von beiden Straßen aus zugänglich (vgl. Plan 16). Was heute der Haupteingang in dem Einbahnstraßensystem ist, mit dem man der Massen von Touristen Herr werden will, dürfte auch in der Antike der Haupteingang gewesen sein. Wenn man hier das Haus betritt, gelangt man in einen breiten Gang mit drei Kammern auf der rechten und zwei auf der linken Seite. Am Ende des Gangs versperrt eine gemauerte Wand den Blick auf das, was dahinter liegt. Dies erweist sich als die Latrine – man hat also offenkundig dafür gesorgt, die Privatsphäre der Toilettenbenutzer zu schützen, oder man wollte sicherstellen, dass nachfolgende Freier nicht durch den Anblick eines anderen Kunden auf der Toilette begrüßt wurden.

Im Zuge einer kurz vor dem Vulkanausbruch durchgeführten Renovierung (im Gips hat man den Abdruck einer Münze aus dem Jahre 72 n.Chr. gefunden) wurden die Wände überwiegend weiß gestrichen. Hoch über dem Eingang zu den Kammern befinden sich die erotischen Gemälde mit Männern, die ihre Partnerinnen auf unterschiedliche Weise lieben: Mal liegen sie hinter ihnen, mal unten oder oben usw. Es gibt lediglich zwei signifikante Abweichungen. Auf einem Bild ist eine männliche Gestalt mit nicht nur einem, sondern zwei großen erigierten Phalli (wohl nach dem Motto »zwei sind besser als einer«) dargestellt; auf einem anderen Bild liegt ein Mann auf einem Bett, während eine Frau daneben steht. Sie gibt sich nicht dem Liebes-

Plan 16. Das Bordell. Nichts Ausgefallenes. Das Bordell war klein und beengt. Außer der Latrine gab es nur fünf winzige an einen Flur angrenzende Kammern. Wo das Geld den Besitzer wechselte, ist völlig unklar – ebenso wie die Nutzung des Obergeschosses. War es eine getrennt vermietete Wohnung oder lebten dort der Zuhälter und die Mädchen?

dienst hin, sondern schaut auf eine Art Tafel – die vielleicht in einem hübschen selbstreferentiellen Scherz ein erotisches Gemälde zeigt.

In den kleinen Kammern befinden sich kurze gemauerte Betten, die (so möchte man hoffen) mit Kissen und Decken ausgestattet waren oder zumindest etwas, das ein wenig weicher war als der harte Stein. Es gibt heute keine Hinweise darauf, dass die Kammern in irgendeiner Weise abgeschirmt waren. Doch das mag eine Folge der groben Ausgrabungstechniken der 1860er Jahre sein. Wenn der Blick auf die Latrine durch eine massive Wand versperrt war, kann man sich schlecht vorstellen, dass nicht wenigstens ein Vorhang vor jene Eingänge gezogen werden konnte. Die meisten, wenn auch nicht alle Graffiti stammen aus dem Inneren der Kammern, und aufgrund dieser Schreibfetzen können wir in etwa erschließen, wer das Bordell wie benutzte.

Die Männer, die hierherkamen, hatten keine Bedenken, ihre Namen auf der Wand zu hinterlassen. Soweit wir sagen können, sind unter ihnen keine der bekannten Angehörigen der pompejanischen Elite vertreten. Prostituierte wurden, wie bereits erwähnt, wahrscheinlich von denjenigen besucht, die nicht auf die sexuellen Dienste ihrer eigenen Sklaven zurückgreifen konnten. Der einzige Mann, der seinen Beruf klar angibt, war ein »Salbenverkäufer«. Tatsächlich ist diese Graffiti-Sammlung eines der besten uns vorliegenden Indizien dafür, dass sehr viele relativ einfache Menschen in Pompeji über gewisse Lese- und Schreibkenntnisse verfügten. Die meisten von ihnen unterschreiben als Individuen: »Florus«, »Felix hat mit Fortuna geschlafen«, »Posphorus hat hier gefickt«. Aber gelegentlich machten die Kunden anscheinend auch gemeinsame Sache: »Hermeros hat hier mit Phileteros und Caphisus gefickt.« Das war vielleicht Gruppensex, aber sehr wahrscheinlich ein Homo-Abend.

Die Prostituierten selbst sind schwerer einzuordnen. Unter den Namen an den Wänden finden sich einige griechische oder östliche Frauennamen (darunter interessanterweise auch eine Myrtalis [vgl. S. 314]), die oft auf Sklavinnen verweisen. Allerdings könnten es auch »Künstlernamen« gewesen sein, die man sich für den Job zugelegt hatte und die uns daher nichts über die wirkliche Herkunft der betreffenden Mädchen sagen. Es gibt keinen eindeutigen Hinweis auf irgendwelche männliche Prostituierte, obwohl einige Graffiti sexuelle Praktiken andeuten (etwa Analverkehr: lat. *pedicare*, was sich üblicherweise auf Männer bezieht), die nicht absolut ausschließen, dass hier ebenso Männer wie Frauen arbeiteten. Wo Preise angegeben werden, liegen sie eher über den »zwei *asses*«, die wir oft an Wirtshauswänden finden. Ein Mann beispielsweise verkündet, dass er »einen guten Fick für einen *denarius* [d.h. 16 asses] gehabt« habe. Das könnte bedeuten, dass der Sex, den man mit einer Kellnerin so nebenbei hatte, billiger war als im Bordell. Es könnte ein weiterer Hinweis darauf sein, dass die »zwei *asses*« eher eine übliche Beleidigung als ein wirklicher Preis waren.

Die Verteilung der Graffiti innerhalb des Gebäudes kann uns sogar noch mehr erzählen. Eine jüngere Studie hat darauf aufmerksam gemacht, dass die ersten beiden Kammern direkt neben dem Haupteingang fast drei Viertel der Graffiti enthalten. Wieso? Vielleicht weil sie nicht ausschließlich dem Sex vorbehalten waren, sondern auch als Wartezimmer dienten. Die Männer hatten also Zeit, hier ihre Gedanken und Prahlereien in den Gips zu ritzen. Aber die wahrscheinlichere und einfachere Antwort: Diese Kammern neben der Straße wurden häufiger genutzt. Man kam herein und nahm die erste freie »Nische«.

Darüber, wie der Bordellbetrieb geregelt war, können wir nur spekulieren. Waren die hier arbeitenden Mädchen Sklavinnen, die einem Zuhälter mit einem gut durchorganisierten Geschäft gehörten? Oder war alles vielmehr zwanglos? Oder waren die Damen eher freischaffend? Einen wichtigen Anhaltspunkt liefert ein Obergeschoss, das durch einen getrennten Zugang von der Seitenstraße aus zu erreichen war. Es hatte fünf Zimmer, von denen eines deutlich größer war als die anderen und die durch einen Balkon verbunden waren, der als Korridor zwischen ihnen fungierte. Hier gibt es weder eingebaute Betten noch erotische Gemälde noch sind irgendwelche Graffiti erhalten (allerdings kann man dort insgesamt viel weniger Dekoration ausmachen). Es gibt keine Hinweise darauf, was sich in diesem Stockwerk abspielte. Vielleicht wurde auch hier der Prostitution nachgegangen. Oder die Mädchen könnten hier gewohnt haben (und nach dieser Version dürfte der Zuhälter den größeren Raum belegt haben). Oder aber das Geschoss hatte gar keine direkte Verbindung mit dem Bordell, sondern war eine separate Mietwohnung (Adresse: »Über dem Bordell«). In dem Falle könnten die Prostituierten in jenen kleinen Kammern einfach nur gearbeitet, gelebt und geschlafen haben.

Offen gestanden ist es eine ziemlich trostlose Örtlichkeit. Und das wird kaum besser durch die Besuchermassen, die jetzt – seit der vor wenigen Jahren erfolgten Renovierung – schnurstracks hierher strömen. Normalerweise bietet sich dem Touristen nur ein kurzes Vergnügen. Man hat errechnet, dass der Durchschnittsbesuch etwa drei Minuten dauert. Die einheimischen Fremdenführer tun mittlerweile ihr Bestes, um den Ort attraktiv zu machen, indem sie etwas abwegige Geschichten über die eigenartigen Begegnungen erzählen, die dort einst stattfanden. So kann man folgende Erklärung hören: »Die Gemälde dienten einem praktischen Zweck. Die Prostituierten konnten nämlich kein Latein. Deshalb mussten die Kunden auf ein Bild zeigen, bevor sie hineingingen, damit die Mädchen wussten, was man von ihnen wollte.«

Ein schönes Bad

Auf einem Grabstein aus Rom, der irgendwann im 1. Jahrhundert n.Chr. für einen ehemaligen Sklaven, Tiberius Claudius Secundus, von seiner Partnerin Merope errichtet wurde, steht die folgende pikante Beobachtung: »Die Bäder, der Wein, die Liebe – sie ruinieren unsere Körper; aber sie machen das Leben aus – die Bäder, der Wein, die Liebe.« Tiberius Claudius Secundus ist nicht allzu schlecht damit gefahren, immerhin wurde er 52 Jahre alt. Doch der hier verkündete verschrobene Gedanke war höchstwahrscheinlich eine populäre römische Maxime. Eine andere Version findet sich beispielsweise sogar in der weit entfernten Türkei: »Mit Bädern, Wein und Liebe wird man schneller vom Schicksal heimgesucht.«

In diesem Kapitel haben wir uns bisher mit dem Wein und dem Sex im antiken Pompeji befasst. Was ist mit den Bädern, jenen drei großen Thermenanlagen in der Stadt (die heute nach ihrer Lage als Stabianer, Forums- und Zentrale Thermen bezeichnet werden) und einer Reihe kleinerer in Privatbesitz befindlicher kommerzieller Einrichtungen, die auf eine öffentliche oder halböffentliche Kundschaft ausgerichtet waren?

Das römische Bad war gleichbedeutend mit römischer Kultur: Wohin auch immer die Römer gingen, die römischen Thermen folgten ihnen. Baden in diesem Sinne war nicht nur schlicht eine Methode, sich zu waschen, auch wenn Sauberkeit ein Teil seiner Zweckbestimmung war. Es war eine Mischung aus sehr vielfältigen und (für uns) unterschiedlichen Aktivitäten: Man schwitzte, trainierte, ging ins Dampfbad, schwamm, machte Ballspiele, nahm Sonnenbäder, ließ sich »abschaben« und abreiben. Es ging noch über ein türkisches Bad hinaus und bot alle möglichen Extras, die man gegen Aufpreis in Anspruch nehmen konnte, angefangen bei den Diensten des Barbiers bis hin zu – in den imposantesten großstädtischen Anlagen – Bibliotheken. Die Thermen, die alle diese Aktivitäten beherbergen sollten, gehörten zu den größten, ausgeklügeltsten und raffiniertesten Bauwerken in der römischen Welt. In Pompeji nehmen die drei wichtigsten Thermen zusammen genommen eine größere Fläche ein als das Forum, obwohl sie im Vergleich zu den riesigen Anlagen der Hauptstadt winzig sind. Der Gesamtkomplex der pompejanischen Forumsthermen würde leicht in das aus dem 3. Jahrhundert n. Chr. stammende Schwimmbecken der Caracalla-Thermen in Rom hineinpassen.

Die Bäder nivellierten die sozialen Unterschiede, waren aber zugleich auch einer jener Orte, wo die Ungleichheiten der römischen

Gesellschaft überaus deutlich zum Vorschein traten. Alle außer den ganz Armen besuchten die Bäder, einschließlich mancher Sklaven – selbst wenn sie nur das Gefolge ihrer Herren bildeten. Die Superreichen hatten ihre eigenen privaten Bäder zu Hause, so wie in dem grandiosen Haus des Menander in Pompeji. Doch im allgemeinen dürften die Wohlhabenden zusammen mit denen gebadet haben, die weniger begütert waren als sie selbst. Mit anderen Worten, was für die Essensgewohnheiten galt, traf hier nicht zu: Man badete *auswärts*.

Einerseits stutzten die Badekonventionen jeden auf Normalmaß. Wenn man nackt oder halbnackt badete (für beide Praktiken gibt es Belege), unterschied sich der Arme im Prinzip nicht von dem Wohlhabenden – auch wenn dieser möglicherweise gesünder war und eine stattlichere Figur hatte. Hier präsentierte sich die römische Gesellschaft, und zwar vor sich selbst – ohne all jene üblichen Kennzeichen gesellschaftlichen, politischen oder ökonomischen Ranges: ohne gestreifte Togen, spezielle »senatorische« Sandalen usw. Es war nach den Worten eines modernen Historikers »ein Loch in der Ozonschicht der sozialen Hierarchie«.

Andererseits ist in den Geschichten, die römische Autoren über Bäder und Badende erzählen, immer wieder von Konkurrenz, Eifersucht, Angst, sozialen Unterschieden und Prahlerei die Rede. Dies war zum Teil eine Frage des schönen Körpers, für Männer und Frauen gleichermaßen. Nach dem Bericht eines antiken Biografen konnte es die Mutter des Kaisers Augustus nicht mehr über sich bringen, die Thermen zu besuchen, nachdem auf ihrem Körper während der Schwangerschaft ein hässliches Mal erschienen war (tatsächlich war es ein Zeichen für die göttliche Abkunft ihres Sohnes). Und der Dichter Martial schrieb ein pointiertes Epigramm über einen Mann, der, vermutlich in den Thermen, über Leute mit Leistenbrüchen lachte, bis er eines Tages beim Baden bemerkte, dass er selbst davon betroffen war.

Aber es ging auch wieder darum, den eigenen Rang zur Schau zu stellen (und auszuspielen). Eine berühmte Episode aus dem 2. Jahrhundert v. Chr. handelt von der Frau eines Konsuls, die durch Italien reiste und in einer Stadt unweit von Pompeji die Thermen der Männer aufsuchen wollte (die Einrichtung der Männer muss besser ausgestattet gewesen sein als die der Frauen). So ließ sie nicht nur die Männer hinauswerfen, sondern ihr Mann ließ den lokalen gewählten *quaestor* auch noch auspeitschen, weil er sie nicht schnell genug vertrieben und die Thermen nicht sauber gehalten hatte.

Eine hübsche Variante zu diesem Thema mit einem glücklicheren Ende betrifft Kaiser Hadrian. Bei einem Thermenbesuch (denn sogar Kaiser konnten in der Öffentlichkeit baden – oder Wert darauf legen, es hin und wieder zu tun) soll er gesehen haben, wie sich ein aus der Armee ausgeschiedener Soldat den Rücken an der Wand rieb. Auf Nachfrage erklärte der Mann, dass er es sich nicht leisten könne, sich von einem Sklaven abfrottieren zu lassen. Daraufhin schenkte ihm Hadrian einige Sklaven und das Geld für ihren Unterhalt. Als er bei späterer Gelegenheit dorthin zurückkam, sah er eine ganze Gruppe von Männern, die sich den Rücken an der Wand rieben. Anlass für einen weiteren Akt kaiserlicher Großzügigkeit? Nein. Er schlug ihnen vor, sich gegenseitig abzureiben.

Es gab auch eine etwas heikle Ambivalenz hinsichtlich des moralischen Charakters der Thermen. Natürlich hielten zahlreiche Römer das Baden für gesundheitsfördernd, und so könnte es auch von Ärzten empfohlen worden sein. Doch gleichzeitig gab es den starken Verdacht, dass es die Moral untergrub. Nacktheit, Luxus und die Freuden der Erholung im heißen Dampfbad stellten in den Augen vieler eine gefährliche Kombination dar. Es war nicht nur der Lärm, der den Philosophen Seneca verärgerte, als er sich darüber beklagte, dass er über einer Thermenanlage wohnte (vgl. S. 151 f.).

Archäologen tendieren dazu, die römischen Bäder genauso zu standardisieren und zu normieren wie die römischen Häuser. Den verschiedenen kalten und heißen Räumen, die man nacheinander besuchte, werden eine Menge lateinischer Namen zugewiesen: *frigidarium* (Kaltbad), *tepidarium* (Warmbad), *caldarium* (Heißbad), *laconicum* (Schwitzbad), *apodyterium* (Umkleideraum) usw. Diese Begriffe wurden durchaus manchmal von den Römern verwendet. So erwähnt eine Inschrift in den Stabianer Thermen in Pompeji die Installation eines *laconicum* und eines *destrictorium* (Raum, in dem man sich nach dem Sport Öl und Schmutz von der Haut schabte). Aber es waren nicht die Wörter des Alltagsgebrauchs, wie es die modernen Grundrisse und Reiseführer suggerieren. Ich bezweifele sehr stark, dass viele Römer wirklich gesagt haben: »Ich treffe dich im *tepidarium.*«

Auch waren in den Bädern die Prozeduren nicht so festgelegt, wie wir uns das aufgrund dieser imposanten lateinischen Begriffe vorstellen sollen. Archäologen sind fast immer allzu erpicht darauf, die römischen Sitten zu systematisieren. Obwohl uns von Experten der römischen Badekultur oft gesagt wird, dass man beim Thermenbesuch nach und nach wärmere Räume aufsuchte, bevor man zum Anfang zurückkehrte, um abschließend ein kaltes Tauchbad zu nehmen, gibt es dafür keine sicheren Belege. Man konnte wohl ganz unterschiedliche Abläufe wählen (und tatsächlich vertreten einige Fachleute den entgegengesetzten Standpunkt, nämlich dass man sich vom Heißen zum Kalten bewegte). Auch gibt es keinerlei Grund für die Annahme, dass ein Besuch stets mindestens zwei Stunden in Anspruch nahm oder dass die Männer immer nur nachmittags in die Thermen gingen. Die Praxis war höchstwahrscheinlich wesentlich vielfältiger, die Prozeduren sehr viel individueller, als es uns das moderne Bestreben, Regeln und Normen aufzustellen, weismachen will.

Die vielfältigen Sport- und Unterhaltungsmöglichkeiten, die ein relativ großer Thermenkomplex bot, werden uns deutlich vor Augen geführt, wenn wir einen Blick auf die Stabianer Thermen in Pompeji werfen (vgl. Plan 17). Als eine der drei größten öffentlichen Badeanlagen im Zentrum der Stadt wurden sie – wie so vieles andere – zur Zeit des Vulkanausbruchs gerade renoviert; nur die Frauenabteilung war voll funktionstüchtig. Tatsächlich muss in Pompeji im Jahre 79 der Baderaum ziemlich knapp gewesen sein. Von den öffentlichen Bädern waren nur die Forumsthermen voll ausgenutzt. Eine brandneue Anlage (die Zentralen Thermen) wurde gerade gebaut und nach dem letzten Schrei gestaltet, war aber noch nicht fertiggestellt. Sogar die privaten kommerziellen Einrichtungen – sie waren meist kleiner als die von der Stadt betriebenen und könnten hinsichtlich ihrer Kundschaft wählerischer gewesen sein – waren nicht alle in einem guten Zustand und für das Publikum geöffnet. Eine war beispielsweise schon seit vielen Jahren ruiniert (vielleicht ein kommerzieller Flop), und die sogenannten Sarno-Thermen im Untergeschoss eines Wohnblocks (vgl. S. 150f.) wurden gerade renoviert. Die Bäder auf dem Anwesen der Iulia Felix, »elegante Räumlichkeiten mit Thermen für anspruchsvolle Kunden«, wie es in der Vermietungsanzeige heißt (vgl. S. 154), gehörten zu den wenigen, die in Betrieb waren – und dürften angesichts der wahrscheinlich hohen Nachfrage eine wahre Goldgrube gewesen sein.

Die Stabianer Thermen waren die ältesten der Stadt und stammten aus einer Zeit lange vor der Gründung der römischen Kolonie. Die verschiedenen Bauphasen sind sehr schwer gegeneinander abzugrenzen (zumal auch noch die Aufzeichnungen einer größeren Studie über die Anlage bei der Bombardierung Dresdens im Zweiten Weltkrieg vernichtet wurden). Der allererste Bau an der Ausgrabungsstätte, den manche Archäologen sehr früh, nämlich in das 5. Jahrhundert v.Chr., datiert haben, hatte die Form eines Trainingsplatzes (*palaestra*) und verfügte über eine Reihe von »Sitzbädern« in griechischem Stil. Doch die Thermen, die wir heute sehen, waren das Ergebnis einer größeren, in der Mitte des 2. Jahrhunderts vollzogenen Neugestaltung, verbunden mit einer Reihe von Verbesserungen und Modernisierungen, die bis zum Untergang der Stadt andauerten. Dazu gehörte auch die Wasserversorgung, die jetzt direkt vom Aquädukt statt aus dem früheren Brunnen gespeist wurde (vgl. Abb. 83). Sie befanden sich vermutlich in öffentlichem Besitz und standen unter öffentlicher Verwaltung – nicht nur wegen ihrer Größe (dass ein so großer Komplex ein privates Unternehmen sein könnte, ist schwer vorstellbar), sondern auch wegen der Inschriften, die die Investition öffentlichen Geldes bezeugen: die Sonnenuhr, deren auf Oskisch verfasster Text darüber Auskunft gibt, dass sie aus Bußgeldern finanziert wurde; und der Bau des *laconicum* und *destrictorium* durch *duoviri* des 1. Jahrhunderts v.Chr. »aus den Mitteln«, wie die Inschrift feststellt, »die diese von Rechts wegen entweder für Spiele oder ein Bauwerk ausgeben mussten«.

Der Haupteingang befand sich an der Via dell'Abbondanza, ganz in der Nähe der Statue des Marcus Holconius Rufus, dort, wo sich die Straße zu einer kleinen Piazza weitet. Etliche Läden lagen direkt an

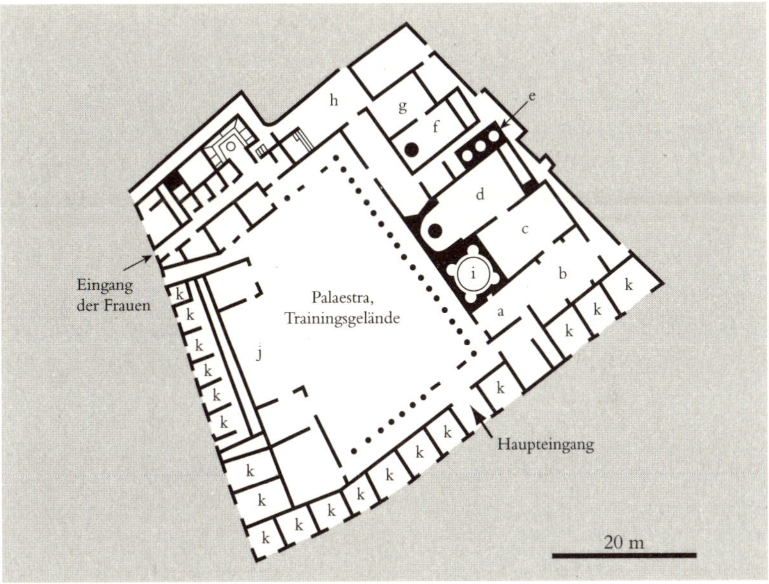

Plan 17. Die Stabianer Thermen
a Eingang zum Männerbadetrakt **b** Umkleideraum der Männer **c** Warmbad **d** Heißbad **e** Ofen **f** Heißbad **g** Warmbad **h** Umkleideraum der Frauen **i** Tauchbecken **j** Schwimmbecken **k** Läden

der Straße, aber wenn man durch die Vorhalle ging, kam man in einen Säulenhof, den Übungs- und Aufenthaltsbereich. Irgendwo dort könnte das Geld den Besitzer gewechselt haben. Denn während in manchen öffentlichen Bädern der Eintritt frei war, erhoben andere eine geringe Gebühr. Wir wissen nicht, wie es hier war, doch am einfachsten wäre es gewesen, wenn sich die Kasse am Eingang zur Hauptbadeanlage (*a*) befunden hätte.

Die Anordnung der Badesäle ist überaus praktisch. Die Stabianer Thermen werden durch einen einzigen Holzofen beheizt, der mit dem unter dem Fußboden befindlichen Heizsystem oder »Hypokaustum« verbunden war. Als frühestes Beispiel für dieses System, das in der römischen Welt noch erhalten ist (es wurde vermutlich in Kampa-

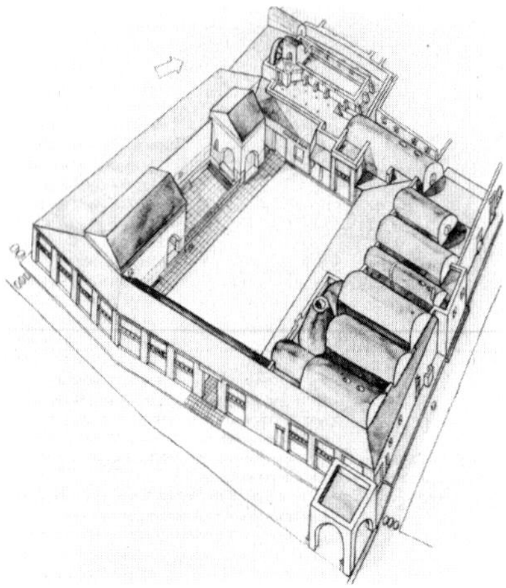

Abb. 83. Die Stabianer Thermen. In der Mitte dieser Rekonstruktionszeichnung sieht man das offene Trainingsgelände. Rechts befinden sich die Gewölbesäle, die die Badeanlagen für die Männer und Frauen beherbergten. Die Via dell'Abbondanza verläuft an der Vorderseite des Komplexes (links unten) – dort befindet sich auch der große Bogen, der mit der Familie des Marcus Holconius Rufus in Verbindung gebracht wird.

nien erfunden), konnte es die Räume sehr viel stärker beheizen als das frühere Kohlenbecken-System, das in den Forumsthermen noch Anwendung fand (vgl. Abb. 84). Das Grundprinzip war, dass die Fußböden der Säle, die beheizt werden sollten, auf kleinen Ziegelpfeilern ruhten, so dass unter ihnen die Luft zirkulieren konnte. Diese wurde durch das Feuer erhitzt – je näher ein Raum am Ofen lag, desto wärmer wurde er. Das Arrangement in den Stabianer Thermen ermöglicht die Beheizung von paarweise angeordneten Räumen auf beiden Seiten des Feuers: zweier sehr heißer Räume (*d*) und des kleineren Raumes (*f*) sowie zweier warmer Räume (*c*) und des kleineren Raumes (*g*).

Warum gab es diese beiden Abteilungen? Die kleinere war den Frauen vorbehalten, die hier von den Männern getrennt badeten. Sie benutzten nicht den imposanten Haupteingang an der Via dell'Abbondanza, sondern betraten die Bäder durch eine Tür in einer Seitenstraße, auf der angeblich das Schild »Frauen« aufgemalt war (es kam bald nach den ersten Ausgrabungen zum Vorschein und ist heute völlig unleserlich). Von dort ging es aber nicht in einen luftigen Hof, sondern sie mussten einen langen schmalen Flur durchqueren, bevor sie eine Stelle erreichten, an der sie vielleicht gegen Bezahlung ihre

Abb. 84. Bronzenes Kohlenbecken aus den Forumsthermen mit einem für Pompeji charakteristischen visuellen Gag. Das Becken hatte ein Mann namens Marcus Nigidius Vaccula den Thermen gespendet. Da »Vaccula« »Kuh« bedeutet, versah er diese Metallarbeit mit einer Kuh als Emblem.

Kleider lassen konnten (*h*), um dann ihre eigenen kleineren Räume zu betreten. Ebenso waren die Forumsthermen organisiert, auch dort gab es einen zweiten weniger aufwendigen Bereich mit Badesälen für die Frauen. In den Zentralen Thermen waren keine solcherart getrennten Einrichtungen vorgesehen: Entweder waren die Frauen ausgeschlossen, badeten zu anderen Zeiten, oder aber man badete gemeinsam – was für die antiken Moralisten ein rotes Tuch gewesen sein dürfte.

Die Männer, die die Stabianer Thermen besuchten, hatten zahlreiche Wahlmöglichkeiten. Sie ließen ihre Kleider im Umkleideraum (*b*), einem mit schönen Stuckarbeiten ausgeschmückten Raum, wo die individuellen Nischen für die Sachen der Badenden noch immer erhalten sind (vgl. Abb. 85). Vermutlich gehörte zum Personal der Thermen auch ein Aufseher für diese Einrichtung, aber römische Schriftsteller erzählen viele Geschichten von kleinen Diebstählen in den Thermen. Seine Wertsachen ließ man wohl besser zu Hause. Draußen konnten sich die Männer dann allen möglichen Spielen und sportlichen Übungen widmen. Es gab ein Schwimmbecken (*j*) und, falls die Entdeckung einiger Steinkugeln etwas besagt, vielleicht einen Platz, wo man eine Art Boccia spielen konnte. Das Einölen und Abschaben, das mit dem römischen Sport üblicherweise einherging, könnten die Sklaven des Besuchers (die eigens dafür mitgenommen wurden) besorgt haben, oder es geschah in Form der hadrianischen Selbsthilfe. Doch in den Thermen könnte es auch dafür Personal gegeben haben – allerdings wissen wir nicht, wo sich das von den *duoviri* erbaute *destrictarium* befand. Im Inneren der Badeanlage konnte man in der Hitze schwitzen, in den kleinen Becken (ähnlich einem modernen Warmwasserbecken) herumsitzen oder ins Kaltbecken eintauchen (*i*) – man hält dies für eine Weiterentwicklung des früheren *laconicum*.

Für diejenigen, die in kleinen schäbigen Häusern lebten oder über ihren Werkstätten ihr Dasein fristeten, müssen diese Bäder ein wahrer Volkspalast gewesen sein (vgl. Tafel 16). Sie waren nicht nur herrlich geräumig, man konnte nicht nur schwimmen und planschen und alle möglichen Sportarten, die einem Spaß machten, betreiben, sondern sie waren auch aufwendig ausgeschmückt. Die Tonnengewölbe der Badeanlage waren reich bemalt, die Räume von der Sonne, die durch runde Deckenöffnungen einströmte, durchflutet. Die Räume, in die keine Sonne fiel, wurden durch das hell blinkende Licht zahlreicher Lampen erleuchtet. In einem Flur der Forumsthermen wurden 500 Lampen gefunden.

Nicht nur dem modernen Besucher drängt sich die Frage auf, wie hygienisch es hier zuging. Die Becken waren nicht gechlort, um die Verunreinigung durch Urin und andere wenig sterile körperliche Ausscheidungen abzumildern. Auch wurde das Wasser in den verschiedenen Becken nicht immer wieder rasch erneuert, selbst wenn es bisweilen den Versuch gab, ihnen ständig frisches Wasser zuzuführen, das die Verschmutzung zumindest verringert hätte. Die Warmwasserbecken der Badeanlage müssen eine Brutstätte von Bakterien gewesen sein (so wie viele europäische Heilbäder des 18. Jahrhunderts). Martial scherzt über die Fäkalien, die in ihnen landeten, und der römische Medizinschriftsteller Celsus gibt den vernünftigen Rat, bei einer frischen Wunde auf einen Thermenbesuch zu verzichten (»normalerweise führt das zu Wundbrand«). Mit anderen Worten: Für den einfachen pompejanischen Badegast mögen die Thermen ein Ort des Staunens, des Vergnügens und der Schönheit gewesen sein – sie könnten ihm aber auch den Tod gebracht haben.

Abb. 85. Der Männerumkleideraum in den Stabianer Thermen vor der Restaurierung. Deutlich zu erkennen sind die mit Stuck geschmückte Decke und rechts die »Spinde« für die Kleidung.

Angesichts der Nacktheit und der (zumindest in der römischen Fantasie) möglichen Begegnungen von Männern und Frauen, wurden die Bäder erwartungsgemäß auch mit Sex in Verbindung gebracht. So wie bei den Wirtshäusern hat man in manchen von ihnen Bordelle vermutet, die unter einem anderen Namen figurierten und in denen Prostituierte Freier abschleppten. Das Problem beschäftigte auch römische Rechtsschriftsteller und Juristen. Bei dem Versuch herauszuarbeiten, wer genau von Rechts wegen aufgrund seiner Beteiligung an der Prostitution als *infamis* bestraft werden müsse, zitiert ein Autor eine »in gewissen Provinzen« (anders gesagt, nicht in Italien) bekannte Praxis, wo der Thermenverwalter Sklaven beschäftigt, die die Kleidung der Badegäste bewachen und noch sehr viel mehr Dienste im Angebot haben. Römische Rechtswissenschaftler dachten darüber nach, ob er – theoretisch – als Zuhälter zu gelten habe.

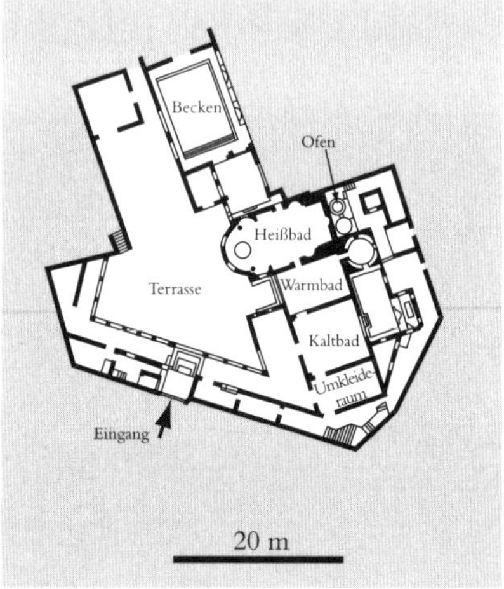

Plan 18. Die Vorstadtthermen. Diese kleinen in Privatbesitz befindlichen kommerziellen Bäder waren um eine große zentrale Terrasse mit Meeresblick angelegt. Die berühmten erotischen Gemälde stammen aus dem Umkleideraum.

In Pompeji begegnen wir diesem Problem ganz real in einer Thermenanlage direkt vor den Stadtmauern, unweit der Porta Marina, die heute unter dem Namen Vorstadtthermen bekannt ist. Diese Bäder, die in den 1980er Jahren ausgegraben wurden, waren eine private kommerzielle Einrichtung und befanden sich im Erdgeschoss eines Gebäudes, in dem es oben private und andere Unterkünfte gab. Sie sind viel kleiner als die öffentlichen Thermenkomplexe in der Stadtmitte und verfügten anscheinend über keine Frauenabteilung. Ihre Attraktivität muss in den herrlichen Ausblicken aufs Meer bestanden haben, die die Badegäste von einer weiträumigen Sonnenterrasse aus genießen konnten (hierher kam man nicht, um Sport zu treiben). Im frühen 1. Jahrhundert n.Chr. erbaut, wurden auch sie zur Zeit des Vulkanausbruchs gerade renoviert.

Ihre Berühmtheit in der Moderne verdanken sie dem Umkleideraum. Hoch oben auf einer Wand sieht man noch immer acht Szenen mit akrobatischen Formen des Geschlechtsverkehrs; meistens sind Paare beteiligt (einmal *könnten* es zwei Frauen sein), aber es gibt auch ein Trio und ein Quartett beim Gruppensex (vgl. Abb. 86). Diese Szenen sind heute nur noch an einer Wand erhalten, doch ursprünglich dürften sie zwei weitere Wände geziert haben, so dass alles in allem

Abb. 86. Der Umkleideraum in den Vorstadtthermen. Die Einzelheiten des Designs mögen heute schwer zu erkennen sein, doch im unteren Register sieht man etliche perspektivisch dargestellte numerierte Kästen (hier III–VI). Über jedem Kasten ist eine Sexszene gezeigt.

vielleicht 24 verschiedene Sexpositionen gezeigt wurden. Unter den erotischen Szenen finden wir Gemälde mit etlichen Holzkästen oder Körben, die alle mit einer Zahl versehen sind (I–XVI sind noch erhalten). Was ist der Sinn dieser Sexbilder, und warum sind sie mit Darstellungen numerierter Kästen kombiniert?

Höchstwahrscheinlich erklärt sich dies durch die einfache Tatsache, dass dies der Umkleideraum war. Anders als das Gegenstück in den Stabianer Thermen gab es dort keine eingebauten Nischen für die Aufbewahrung der Kleidung, sondern man erkennt noch die Spuren eines Bretts, das unter den Gemälden rings um den Raum verlief – dort könnten einzelne Kästen oder Körbe abgestellt worden sein. Und die darüber befindlichen Bilder mit den verschiedenen numerierten Körben sollten wohl den Badegast auf amüsante Weise daran erinnern, wo er seine Sachen gelassen hatte: »Nummer VI – das ist das

Trio.« Andere haben die Interpretation noch weiter treiben wollen und kommen zu der Annahme, dass diese Gemälde als Werbung für ein Bordell im Obergeschoss fungierten oder sogar die verschiedenen Alternativen zeigten, die im Angebot waren (»Eine halbe Stunde von der Nummer VII bitte«). Vielleicht war es hier auch so (wie »in gewissen Provinzen«), dass die Sklavinnen des Umkleideraums zugleich auch als Prostituierte arbeiteten. Möglicherweise muss das Graffito nahe einem der Aufgänge zum Obergeschoss, das anscheinend für die Dienste der Attice zum (hohen) Preis von 16 *asses* Reklame macht, mit diesen Gemälden in Verbindung gebracht werden.

Wir wissen es nicht. Doch die Geschichte hat einen Haken. Obwohl acht von ihnen noch heute in einem recht guten Zustand sind, scheinen alle einige Zeit vor dem Vulkanausbruch übermalt worden zu sein. Die Dekoration im Rest des Raumes blieb unangetastet: Jemand wollte also nur diese Bilder verschwinden lassen. Warum? Nach einer Auffassung gab es einen neuen Thermen-Verwalter (einen, der nicht mehr an dem vermuteten Bordell im Obergeschoss finanziell beteiligt war). Allerdings könnte es auch eine noch einfachere Erklärung gegeben haben.

Vielleicht waren ja manche Pompejaner irgendwann einmal der Sexbilder überdrüssig.

Kapitel 8

Spaß und Spiele

Das Würfelspiel

Ein römischer Historiker des 4. Jahrhunderts n. Chr., der für die Armen nichts übrig hatte, berichtete voller Verachtung von dem seltsamen Schnaufen, das man spätnachts in den Wirtshäusern der Stadt Rom hören konnte. Es hatte nichts mit irgendwelchen sexuellen Vergnügungen zu tun, sondern kam von den Spieltischen. Die Spieler waren so stark auf ihre Würfel konzentriert, dass sie, wenn sie den Atem durch ihre bebenden Nasenlöcher einzogen, dieses abstoßende Geräusch produzierten. Dies ist eine der seltenen Gelegenheiten, wo wir den Sound des römischen Lebens unmittelbar rekonstruieren können, ein Geräusch, das in den pompejanischen Kneipen zweifellos laut vernehmbar war. Wie aus den Gemälden, die wir im letzten Kapitel betrachtet haben, zu erschließen, waren Essen und Trinken häufig von Würfel- und sonstigen Spielen begleitet.

Wir wissen nicht genau, mit welchem Spiel die Männer auf den Gemälden beschäftigt waren. Römische Brettspiele gab es, wie bei uns, in vielen verschiedenen Variationen und mit unterschiedlichen Namen. »Kleine Räuber« oder vielleicht »kleine Soldaten« (*latrunculi*) war eines der beliebtesten und wurde mit Sicherheit in Pompeji gespielt. Ein Wahlplakat offeriert nämlich einem Kandidaten die – möglicherweise unerwünschte – Unterstützung der »*latrunculi*-Spieler«. Ein anderes Spiel, das in der römischen Literatur oftmals erwähnt wird, hieß »Zwölf Schriften« (*duodecim scripta*). Für keines von ihnen ist eine Spielanleitung erhalten, und es gibt alle möglichen Versuche von Wissenschaftlern, aufgrund gelegentlicher Hinweise das Spiel zu rekonstruieren. Bei *latrunculi* könnte es beispielsweise darum gegangen sein, die Steine des Gegners zu blockieren oder einzuschließen ähnlich wie beim modernen Damespiel. Doch die meisten folgten und folgen dem auch heute noch gültigen Grundprinzip: Je nachdem, was er gewürfelt hatte, durfte der Spieler seinen Stein oder seine Steine auf dem Brett bewegen oder in Richtung Ziel schieben; zwar entschied beim Würfeln der reine Zufall über den Erfolg, aber beim Ziehen der Steine konnte man zweifellos eine unterschiedliche Geschicklichkeit an den Tag legen. Kaiser Claudius besaß auf diesem Gebiet zweifellos eine ausreichende Sachkenntnis, um ein (leider verlorenes) Buch über die Kunst der *alea* zu schreiben, des Oberbegriffs für solche Würfelspiele.

Wettabschlüsse auf das Ergebnis waren ebenfalls ein wesentliches Element. Bei den Spielen im Wirtshaus konnten die Kontrahenten viel Geld gewinnen oder auch verlieren. Ein Graffito aus Pompeji prahlt mit einem besonders spektakulären Gewinn: »In Nuceria habe ich beim *alea*-Spiel 855 ½ *denarii* gewonnen – ehrlich, das ist wahr.« Dies war eine große Summe, gleichbedeutend mit 3422 Sesterzen, fast dem vierfachen Jahressold eines Legionssoldaten. Die meisten Gewinne müssen viel niedriger gewesen sein, wenn der glückliche Gewinner von Nuceria so nachdrücklich auf die Wahrheit seiner Behauptung pocht. Gleichwohl hilft es uns, das gesellschaftliche Niveau der pompejanischen Gaststättenkultur ein wenig besser zu verstehen. Jene Männer mögen einfache Leute und nach den Maßstäben der lokalen Oberschicht sehr arm gewesen sein, aber sie hatten noch immer etwas Zeit und Geld. Das Glückspiel ist und war kein Hobby der Mittellosen.

Die römischen Behörden erließen gegen Spiele und Wetten dieser Art Gesetze, und zwar mit einem Engagement, das sie bei der Regulierung der Prostitution niemals an den Tag legten. Die Gesetzgebung war ohne Zweifel wirkungslos und ein eklatantes Beispiel für Doppelmoral. Denn es ist klar, dass all diese Spiele (wie es die Leidenschaft des Kaisers Claudius zeigt) in sämtlichen Bevölkerungsschichten verbreitet waren. Das Glücksspiel war eine so typisch römische Gepflogenheit, dass im 1. Jahrhundert v.Chr. ein exzentrischer Theoretiker erklären konnte, Homer müsse ein Römer gewesen sein, da er die Freier der Penelope in der *Odyssee* beim Würfelspiel beschreibe. Tatsächlich sind aus Pompeji keine Spielbretter erhalten, obwohl man andernorts in der römischen Welt einige Exemplare gefunden hat. Die Pompejaner spielten vermutlich auf Holzbrettern. Und es wird viel darüber diskutiert, ob die Objekte, die manchmal als Würfelbecher identifiziert wurden, in Wirklichkeit nicht kleine Trinkbecher waren. Allerdings hat man überall in der Stadt, auch in den Häusern der Superreichen, Spielsteine und Würfel entdeckt: im Haus des Menander beispielsweise zwei hübsche Würfel und eine Handvoll Spielsteine.

Was die Römer einschränken wollten, war eher das Spielen in den Wirtshäusern als das in den Privathäusern. Teilweise gewiss deshalb, weil es die sozialen und ökonomischen Hierarchien zu destabilisieren drohte. Eine Kultur, die ihre Mitglieder so streng nach der Höhe ihres Vermögens klassifizierte, wehrte sich fast notgedrungen gegen die Vorstellung, dass das bloße Würfeln den Status einer Person verändern könne. Unter diesem Aspekt war der Mann, der in Nuceria seinen unverhofft hohen Gewinn erzielt hatte, nicht nur einfach ein Glückspilz, sondern eine gefährliche Störung der Gesellschaftsordnung. Nach einer interessanten unlängst vorgetragenen Auffassung hängen die Probleme, die die römische Elite mit den Spielen im Wirtshaus hatte, aber auch mit allgemeineren Fragen der römischen Kultur zusammen, nämlich mit der Frage nach der Nutzung der Muße (*otium*). Wie sollte man sie angemessen verbringen? Welches war der rechte Zeitpunkt? Passten besondere Freizeitaktivitäten nur in spezielle Kontexte? War das Spielen innerhalb der Wände eines reichen Privathauses akzeptabel, in einem Wirtshaus jedoch nicht?

Ob angemessen oder eindeutig unangemessen, Würfeln und Spielen gehörten zu den beliebtesten pompejanischen Freizeitvergnügungen. Wenn wir jetzt gleich andere Möglichkeiten des *otium* betrachten – die Shows und Schauspiele, die mit ihren Theatern und Amphitheatern in den archäologischen Aufzeichnungen sehr viel mehr Eindruck hinterlassen haben als ein schlichtes Würfelspiel –, sollte man bedenken, dass in Pompeji mehr Stunden am Spielbrett verbracht (oder vertan) wurden als jemals bei den Schauspielen oder Gladiatorenkämpfen.

Von Stars fasziniert?

Pompeji war eine Theaterstadt. Im Jahre 79 n.Chr. verfügte es über zwei ständige Theater aus Stein, die allerdings mehr oder weniger baufällig waren. Eines war bereits im 2. Jahrhundert v.Chr. errichtet, aber von Marcus Holconius Rufus renoviert und erweitert worden, so dass es etwa 5000 Menschen aufnehmen konnte (vgl. Abb. 87). Teile der permanenten Backsteinbühne sind noch erhalten, desgleichen die Vorrichtungen für den Vorhang (anders als im modernen Theater gab es in Pompeji keinen fallenden Vorhang, sondern er wurde von unten hochgezogen). Das andere, das direkt daneben lag, war ein kleineres bedecktes Theater, das 2000 Zuschauern Platz bot. In den ersten Jahren nach Gründung der römischen Kolonie wurde es von denselben Männern errichtet, die für das Amphitheater verantwortlich waren (vgl. Abb. 69). Als in den 50er Jahren v.Chr. das erste ständige steinerne Theater in der Stadt Rom erbaut wurde, finanziert aus der Beute der von Pompeius dem Großen im Osten geführten Kriege, besaß das kleine Pompeji seit fast zwei Jahrzehnten bereits zwei Theater.

Wenn man die reicheren Häuser der Stadt durchwandert oder die Bilder und Mosaiken betrachtet, die heute im Museum von Neapel ausgestellt sind, ist man überdies ständig mit Darstellungen der Bühne, der Schauspiele und Theateraufführungen konfrontiert. Das Haus des Menander ist, wie wir gesehen haben, nach dem Gemälde des griechischen Komödienschreibers des 4. Jahrhunderts v.Chr. benannt, das sich in der zentralen Nische des Peristyls befindet, direkt gegenüber dem Haupteingang des Hauses (vgl. Abb. 44). Menander ist sitzend gezeigt und hält eine Papyrus-Rolle. Sowohl unter dem Stuhl als auch auf der Rolle ist sein Name deutlich zu lesen. Ihm gegenüber gab es noch eine ähnliche Figur, die zwar jetzt stark verblasst ist, aber höchstwahrscheinlich einen weiteren Dramatiker zeigte, möglicherweise Euripides.

Eine hübsche Ergänzung zu dem Menander-Gemälde sind zwei Mosaiken aus der Villa Ciceros direkt vor den Stadtmauern. Aus erlesenen kleinen *tesserae* gefertigt, sind sie von ihrem Künstler »signiert«: Dioskurides von Samos. Auf dem einen sind drei Frauen dargestellt,

Abb. 87. Der Blick auf die Bühne des großen Theaters – und auf die in den vorderen Reihen befindlichen breiteren Sitze für die Oberschicht. Die Holzbühne auf diesem Foto wurde für eine moderne Aufführung eingefügt.

die um einen Tisch sitzen und etwas trinken, auf dem anderen sieht man eine Gruppe von Musikern mit Tamburin, Zimbel und Flöte (vgl. Tafel 1). Alle Figuren tragen Theatermasken (eine der Frauen ist eine eindrucksvolle »alte Hexe«), was signalisiert, dass es sich hier um Theaterszenen und nicht um das reale Leben handelt. Aber auf welches Stück beziehen sie sich? Ein Glücksfund ähnlicher Mosaiken auf der griechischen Insel Lesbos, diesmal aber mit Titeln, macht es fast sicher, dass dies Szenen aus Komödien des Menander sein sollen: Die Frauen stammen aus seinem *Die Frauen beim Frühstück*, die Musiker vermutlich aus *Die Besessene* (hier wird mit Hilfe der Musik überprüft, ob das Mädchen, das behauptet, besessen zu sein, tatsächlich besessen ist). Mittlerweile hat man eine Szene aus einer Tragödie des Euripides, *Die Herakliden*, auf einem Gemälde im Hause des Casca Longus identifiziert. Wieder sind die Charaktere vollständig maskiert. Das Gemälde bildet das Gegenstück zu einer Szene aus einer nicht identifizierbaren Komödie: Es zeigt einen herrlich dickbäuchigen alten Sklaven, der vor einem jungen Paar herumschwadroniert.

Man interessierte sich auch für die Welt hinter der Bühne. Auf dem Mosaik, das in der Mitte des *tablinum* im Hause des tragischen Dichters den Ehrenplatz einnimmt, machten sich Schauspieler für den Bühnenauftritt fertig (vgl. Tafel 17). Das Stück, auf das sie sich vorbereiteten, war keine traditionelle Tragödie oder Komödie, sondern ein »Satyrspiel« – eine Art deftiger Burleske, die im 5. Jahrhundert v. Chr. im Theater von Athen nach drei Tragödien aufgeführt wurde und dem Publikum eine dringend benötigte kleine Aufheiterung bot. In dieser Szene trägt das Paar ganz links bereits das typische Bockskostüm des bei einem solchen Schauspiel auftretenden Chors (ein Chor aus Satyrn – Wesen, halb Ziegenbock, halb Mensch). Die anderen aus der Gruppe sind noch nicht ganz fertig. Der Schauspieler hinten zwängt sich noch in sein Kostüm (ein weiteres Ziegenbock-Outfit), der Flötist übt seine Melodien, während der Regisseur in der Mitte seine letzten Anweisungen erteilt. Vor seinen Füßen und auf dem Tisch liegen Masken, die man noch aufsetzen wird – obwohl sie auch ein Indiz dafür sein können, dass es sich hier um eine Theaterszene handelt. Tatsächlich gehören in Pompeji Masken wie diese zu den verbreitetsten Elementen der häuslichen Dekoration; entweder befinden sie sich auf jenen fantasievollen extravaganten Architekturgemälden oder sie schweben mitten auf den Wänden. Es ist fast so, als habe das Theater die Vorlage für die gesamte großartige Wandmalerei von Pompeji geliefert: Die Gemälde machten das Haus zu einem Theater.

Die große Frage ist, wie diese Gemälde und Mosaiken mit den noch erhaltenen Überresten der Theater zusammenpassen. Bei anderen Gelegenheiten haben wir gesehen, dass das Innendekor eines Hauses oder einer Gaststätte die Aktivitäten der Bewohner und der Betrachter der Bilder auf idealisierte oder humoristische Weise widerspiegeln kann – ob sie nun trinken, speisen oder sich dem Glücksspiel hingeben. Zeigen diese den Klassikern des griechischen Dramas entlehnten Szenen auf den Fußböden und Wänden der pompejanischen Häuser, dass die lokalen Theater der Schauplatz für deren Neuinszenierung waren? Wenn die *duoviri* im Rahmen der von ihnen geforderten Großzügigkeit gegenüber der Stadt Theaterspiele sponserten, brachten sie dann alte und ziemlich anspruchsvolle Lieblingsdramatiker wie Menander und Euripides auf Griechisch oder in lateinischer Übersetzung wieder auf die Bühne?

Ein paar moderne Wissenschaftler sind dieser Meinung. Doch wir haben, um es kurz zu machen, nur sehr wenige eindeutige und gesicherte Informationen darüber, was in diesen beiden Theatern aufgeführt wurde und wie oft solche Vorstellungen stattfanden. Anders als bei den Gladiatorengefechten, für die wir fast das antike Gegenstück von Programmen haben, sind für die Bühnenstücke keine Theaterzettel oder Reklameplakate erhalten. Die meisten Historiker glauben nicht, dass das klassische griechische Drama in pompejanischen Theatern eine große Rolle spielte. Unter den an die Wände gekritzelten Literaturzitaten gibt es dafür jedenfalls keine Beispiele (tatsächlich befindet sich dort überhaupt kein erkennbares Zitat aus einem Theaterstück, mit Ausnahme einer einzelnen Zeile aus einer Tragödie Senecas). Und viele der Gemälde und Mosaiken mit Darstellungen des klassischen Dramas beruhten zweifellos auf berühmten Werken der griechischen Kunst und waren als ein eher allgemeiner Nachhall der kulturellen Welt des antiken Griechenlands und seiner Symbole gemeint. Sie nahmen keinen direkten Bezug auf lokale Aufführungen.

Auf der Liste der beliebtesten Stücke für die pompejanische Bühne stehen gewöhnlich verschiedene italische Genres. Oft zitiert werden die sogenannten »Atellanischen Farcen«, eine Komödienart, von der nur wenige Fragmente erhalten sind, die aber als genuin oskische Erfindung gilt. Da in ihr stereotype Charaktere auftreten, wie Manducus, der Vielfraß, oder Bucco, das Großmaul, hat man sie mit den Moralitäten des Mittelalters verglichen. Zum Repertoire gehörten auch andere Formen der römischen Komödie, wie sie etwa in den Stücken des Plautus und Terenz erhalten sind, sowie Aufführungen, die nach unserer Definition eigentlich nicht dem Theater zuzuordnen sind. Nach einer Vermutung war das bedeckte Theater gar nicht für das Drama konzipiert, sondern als Versammlungshalle für die frühen Siedler errichtet worden.

Alle diese Annahmen könnten durchaus zutreffen, mehr aber auch nicht. Eine gründliche kriminalistische Arbeit ermöglicht uns aber sehr wohl, die Hauptthemen der pompejanischen Bühne etwas genauer zu erfassen. Wissenschaftler haben erst kürzlich ihre Aufmerksamkeit auf zwei dramatische Gattungen gerichtet – auch sie sind weitgehend verloren –, die in den letzten etwa 100 Jahren vor dem Untergang Pompejis sowohl bei den Kaisern als auch bei den Armen in Italien äußerst beliebt waren. Es geht um den Mimus und den Pantomimus. Der Mimus konnte vielerlei Gestalt annehmen: Aufgeführt wurde er als Straßentheater, in Privathäusern, als kurzes unterhaltsames Zwischenstück im Theater oder auch als Hauptprogramm. Als deftige Form der Komödie hatte er Titel wie »Die Hochzeit«, »Der Tuchwalker« oder »Die Weberinnen« (vielleicht, wie ein Wissenschaftler meint, das antike Pendant zu einem Stück namens »Die schwedischen Masseusen«) und wurde sowohl von Männern als auch Frauen gespielt, die, was ungewöhnlich ist, keine Masken trugen. Manchmal wurde gemäß den Vorgaben eines vom Archimimus (»Chef-Mime«) erfundenen Plots improvisiert, manchmal lag ein schriftlicher Text vor. Trotz des Begriffs und unseres eigenen Verständnisses von »Mimus« war die Darstellung nicht gänzlich pantomimisch, sondern eine Mischung aus Worten, Musik und Tanz.

Der Pantomimus war eine andere Gattung, üblicherweise eher tragisch als komisch, und darf gewiss nicht mit den gleichnamigen modernen Darbietungen verwechselt werden. Der antike Pantomimus ist eher der Vorläufer des modernen Balletts als unserer »Pantomime«. Er wurde angeblich im 1. Jahrhundert v. Chr. in Rom eingeführt und zeigte in der Hauptrolle einen Star, der eine virtuose Tanz- und Mimusvorstellung (in unserem Sinne des Wortes »Mimus«) gab, unterstützt von einem Libretto, das von den Nebendarstellern des Ensembles, männlichen wie weiblichen, rezitiert wurde. Diese bildeten einen »Hintergrundchor«, begleitet von einem Orchester. Das *scabellum*, große Kastagnetten, war ein typischer und lautstarker Teil der Show. Der Star übernahm ganz allein die verschiedenen Rollen des Stücks, daher sein Name »*panto*-mimus«, »einer, der *alles* nachahmt«. Dabei wechselte er die Maske (sie hatte, wie im herkömmlichen antiken Theater, eher einen geschlossenen als einen offenen Mund), um die

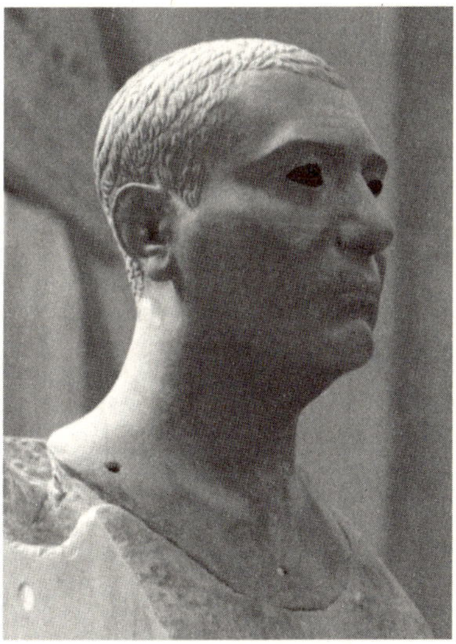

Abb. 88. Schauspieler und Wohltäter? Dies ist eines von zwei Bronze-Porträts in Pompeji, mit denen der Mimus-Schauspieler Gaius Norbanus Sorex, obwohl Angehöriger eines »schändlichen« Berufes (vgl. S. 322), öffentlich geehrt wurde. Ein weiteres Porträt desselben Mannes ist aus Nemi, unweit von Rom, bekannt.

unterschiedlichen Rollen, die er spielte, zu verdeutlichen. Alle möglichen Themen kamen zur Aufführung und entstammten dem Repertoire der klassischen griechischen Tragödie, wie etwa Euripides' *Bakchen* oder die Geschichte der Iphigenie. Nach Ansicht heutiger Historiker war der Pantomimus mehr als nur eine degenerierte Form des Theaters. In der römischen Welt war er für die Allgemeinheit vermutlich eine der Hauptquellen, aus der diese ihr Wissen über den Mythos und die Literatur der Griechen schöpfte.

Es gibt klare Anzeichen dafür, dass in Pompeji der Mimus und insbesondere der Pantomimus eine große Attraktion darstellten, im Theater ebenso wie an anderen Veranstaltungsorten. Ein Porträt im Isis-Tempel erinnert an einen Mann namens Gaius Norbanus Sorex, »einen Schauspieler, der die zweite Rolle spielte«. Eine andere Statue desselben Mannes befand sich im Gebäude der Eumachia auf dem Forum (der Sockel mit der Inschrift ist erhalten, das Porträt nicht) und eine weitere im Diana-Heiligtum in Nemi, direkt vor den Toren Roms, wo er als »Mimus-Schauspieler in der zweiten Rolle« bezeichnet wird. Vermutlich gehörte er zu einer fahrenden Mimus-Truppe, die an verschiedenen Orten in Mittel- und Süditalien auftrat. Obwohl er nicht der Hauptdarsteller des Ensembles war, hatte er in Pompeji genug geleistet (vielleicht hatte er nach dem Erdbeben zur Restaurierung des Isis-Tempels beigetragen), um mit zwei Bronze-Porträts geehrt zu werden. Die Tatsache, dass er als Schauspieler von Rechts wegen *infamis* (»ehrlos«) war, scheint dem öffentlichen Gedenken nicht im Wege gestanden zu haben, »auf einem vom Stadtrat bewilligten Grundstück« im Zentrum von Pompeji.

Uns sind bereits einige Hinweise auf Pantomimus-Aufführungen in der Stadt begegnet. Nach den genauen Worten auf seinem Grabstein traten bei der Show, die Aulus Clodius Flaccus bei den Spielen zu Ehren Apollos (vgl. S. 269) ausrichtete, »Pantomimen, darunter auch Pylades« auf. Pylades hieß der Lieblingspantomime des Kaisers Augustus, der bei einigen seiner privaten Gastmähler als Tänzer agierte. Möglicherweise war in Pompeji der Auftritt dieses berühmten Schauspielers von Flaccus gesponsert worden, oder aber es war ein späterer Star, der einen bekannten Bühnennamen übernommen hatte – eine bei antiken Schauspielern übliche, uns aber verwirrende Praxis. Eine weitere Grabinschrift, das Epitaph des Decimus Lucretius Valens (vgl. S. 287 f.), erwähnt beiläufig die laute Musik des Pantomimus. Denn falls meine Übersetzung korrekt ist, waren die »Klappern-Schläger« oder »Kastagnetten-Spieler« (*scabillarii*) eine der Gruppen, die den Toten mit Statuen geehrt hatten.

Die Begeisterung der Pompejaner für den Pantomimus lässt sich aus ein paar Graffiti erschließen, die zwar schlecht erhalten und schwer zu entziffern, aber dennoch aufschlussreich sind. Allem Anschein nach beziehen sie sich auf verschiedene Mitglieder einer Pantomimen-Truppe, geleitet von einem gewissen Actius Anicetus, der auch im nahe gelegenen Puteoli unter dem Namen »Gaius Ummidius Actius Anicetus, der Pantomime« überliefert ist. »Actius, Bühnenstar« lautet eine offenkundige Fan-Botschaft, gekritzelt auf ein Grab vor den Stadttoren, »Auf Actius, komm bald zu deinen Leuten zurück«, heißt es in einer anderen. Und möglicherweise sind diejenigen, die sich selbst gelegentlich als »Aniceti ani« bezeichnen, eher die selbsternannten Fans des Anicetus als die Mitglieder des Ensembles. Einige

Abb. 89. Auf diesem Wandgemälde aus einem pompejanischen Privathaus könnten durchaus pantomimische Vorführungen dargestellt sein. Verschiedene Charaktere stehen vor einer Fassade, ähnlich der des großen Theaters.

dieser Nebendarsteller kann man aber auf jeden Fall in weiteren pompejanischen Graffiti ausfindig machen. In den privaten Thermen eines großen Hauses hat jemand die Worte *histrionica Actica* oder »Actius' Schauspielerin« an die Wand geschrieben, vielleicht ein Bewunderer eines weiblichen Mitglieds der Truppe, der ihren genauen Namen nicht kannte. Andernorts wird ein Mann namens Castrensis in den Graffiti so oft neben Actius Anicetus erwähnt, dass auch er zum Ensemble gehört haben dürfte. Das gilt auch für einen Horus: »Auf Actius Anicetus, auf Horus« heißt es in einem Graffito. Wir scheinen es mit einer beliebten Gruppe aus insgesamt vielleicht sieben oder acht Mitwirkenden zu tun zu haben.

Nachdem wir uns über die Popularität des Pantomimus im Klaren sind, können wir nun zu den pompejanischen Wandgemälden zurückkehren. Denn unter all jenen Bildern, die die ferne Welt des klassischen griechischen Theaters heraufbeschwören, gibt es ein oder zwei, die tatsächlich Hauptkomponenten der pompejanischen Bühne einfangen können. Am aufschlussreichsten das bombastische Gemälde eines Bühnenbildes, das jetzt fast bis zur Unkenntlichkeit verblasst ist. Doch auf früheren Zeichnungen sehen wir etwas, das mit seinem großen zentralen Eingang an die ausgefeilte architektonische Kulisse im großen Theater von Pompeji erinnert (vgl. Abb. 89). Nach einem klugen Vorschlag zeigt dieses besondere Gemälde einen Pantomimus über den Mythos des Marsyas, der die Flöten der Göttin Minerva an sich nahm und Apollo zu einem musikalischen Wettstreit herausforderte. Falls diese Deutung zutrifft, sind in den ins Bühnenbild integrierten großen Nischen von links nach rechts Minerva, Apollo und Marsyas dargestellt, so wie sie vom Star-Tänzer jeweils repräsentiert wurden. Der Chor hält sich derweil im Hintergrund.

Näher können wir heute der pompejanischen Theaterrealität nicht kommen.

Blutige Spiele

Wenn die Pompejaner ausgingen, konnten sie ein Schauspiel besuchen, das viel blutiger war als dieser harmlose, wenn auch derbe Pantomimus. Als Lord Byron die berühmte Formulierung prägte »hingemetzelt, um Rom einen Festtag zu schenken«, meinte er genau, was er sagte. Eine der Möglichkeiten der römischen Freizeitgestaltung war dabei zuzusehen, wie Männer gegen wilde Tiere kämpften und Gladiatoren manchmal bis zum Tod gegeneinander fochten. Ein enorm hoher Aufwand an wissenschaftlicher Gelehrsamkeit wurde aufgeboten, um insbesondere herauszufinden, wo und wann die ersten Gladiatoren auftraten. Kamen sie über die rätselhaften Etrusker nach Rom? War die Institution eine epochemachende süditalische Erfindung aus dem Gebiet von Pompeji? Lagen ihren prähistorischen Ursprüngen Menschenopfer zugrunde? Und vielleicht noch mehr Anstrengungen wurden unternommen, um zu eruieren, warum sich die Römer überhaupt für solche Darbietungen begeisterten. Ersetzten sie die »echten« kriegerischen Auseinandersetzungen? Fungierten sie als kollektives Ventil zur Spannungsabfuhr in einer stark hierarchisch geordneten Gesellschaft, die sich an feste Regeln zu halten hatte? Oder waren die Römer sogar noch blutrünstiger als jene modernen Zuschauer, die sich an Box- oder Stierkämpfen erfreuen?

Das aus Pompeji erhaltene Material hilft uns bei diesen Fragen nicht viel weiter. Die Antworten werden bestenfalls immer spekulativ bleiben. Was wir den pompejanischen Bauwerken, Gemälden und

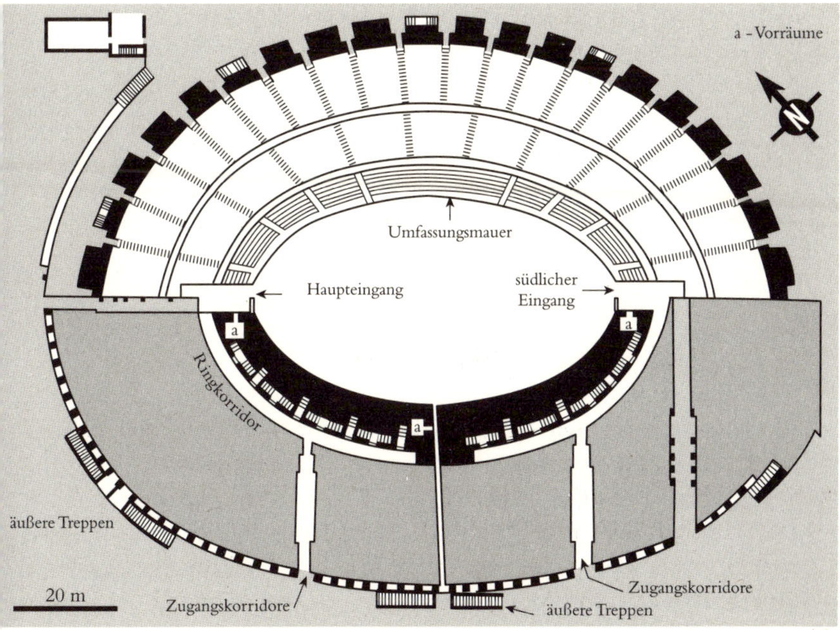

Plan 19. Das pompejanische Amphitheater. Der Plan zeigt die Anordnung der Sitzplätze (oben) und (unten) das System der internen Korridore und Zugänge, die unter den Zuschauerplätzen verliefen und von oben weitgehend unsichtbar waren.

Graffiti allerdings entnehmen können, liefert uns in der römischen Welt die beste Einsicht in die konkrete Infrastruktur und Organisation von Tierhetzen und Gladiatorenspielen sowie in das Leben (und Sterben) der Gladiatoren. Wir haben Plakatankündigungen der Shows und der dabei gebotenen Annehmlichkeiten. Wir können das Lager der Gladiatoren besuchen und sehen, was sie an seine Wände schrieben. Wir können sogar Cartoons mit wirklichen Gladiatorenkämpfen inspizieren, die die Wettkampfergebnisse aufführen und angeben, ob der Unterlegene getötet wurde oder mit dem Leben davonkam. Hier kommen wir der Alltagskultur des römischen Amphitheaters näher, als wenn wir die bombastischen Berichte antiker Schriftsteller über die spektakulären Schauspiele lesen, die gelegentlich von römischen Kaisern veranstaltet wurden und bei denen – jedenfalls laut Aussage der Autoren – Menschen massenhaft niedergemetzelt und ganze Menagerien von Tieren abgeschlachtet wurden.

Das Amphitheater, in dem die meisten Gladiatorenschauspiele und Tierhetzen stattfanden, ist noch immer eines der eindrucksvollsten Monumente von ganz Pompeji. Am äußersten Stadtrand aus den großzügigen Spenden des Gaius Quinctius Valgus und Marcus Porcius in den 70er Jahren v. Chr. errichtet (vgl. S. 59, 62), ist es, soweit sich das nachweisen lässt, das früheste permanente steinerne Bauwerk dieser Art, und selbst nach den Maßstäben der römischen Metropole weist es eine beträchtliche Größe auf. Das Kolosseum in Rom, das 150 Jahre später in einer Stadt mit einer Gesamtbevölkerung von etwa einer Million erbaut wurde, ist nur etwas über doppelt so groß: Das Kolosseum konnte ungefähr 50 000 Zuschauern Platz bieten, das pompejanische Amphitheater etwa 20 000. Der Besuch von Amphitheatern kann heute enttäuschend sein: Der erste Eindruck ist großartig, die Details lassen dann aber zu wünschen übrig. Es ist nicht immer der Mühe wert, sie genauer zu betrachten. In Pompeji können wir jedoch aus dem, was man entdeckt hat, die manchmal überraschende Geschichte des Amphitheaters rekonstruieren.

Der Plan des Bauwerks, so wie er sich im Jahre 79, als der Bau verschüttet wurde, darbot, vermittelt uns eine gute Vorstellung davon, wie das Amphitheater organisiert war. Die Zuschauerplätze um die Arena waren sorgfältig hierarchisch abgestuft. Die vorderen Reihen waren für die einheimische Elite reserviert, die sich breiter Sitze erfreute und einen freien Blick auf das Geschehen hatte – was aber den Nachteil hatte, dass man den Aktionen und den frei herumlaufenden wilden Tieren bisweilen bedrohlich nahe war. Falls die Vorschriften, die Kaiser Augustus in Rom erlassen hatte, auch hier galten und durchgesetzt wurden, waren die Frauen vermutlich nach ganz hinten verbannt. Die Zuschauer betraten das Bauwerk auf unterschiedlichen Wegen, je nachdem, wo sie saßen. Diejenigen, die ihre Plätze im Hauptsitzbereich hatten, stiegen über die steilen Treppen außerhalb des Baus zu einem Gang hinauf, der oberhalb der Sitzreihen um das

Abb. 90. Die Arena des Amphitheaters. Die vorderen Sitzreihen für die Oberschicht sind klar zu erkennen, deutlich abgehoben vom Hauptsitzbereich dahinter. Die Haupteingänge für die Gladiatoren und Tiere liegen an beiden Enden des ovalen Kampfareals.

gesamte Bauwerk herumlief. Von dort gingen sie über die entsprechenden Treppen wieder zu ihren Sitzen hinunter. Die mit den noblen Plätzen nahmen einen der unteren Eingänge, die in einen rings um die Arena verlaufenden inneren Korridor mündeten. Von dort aus erreichten sie über eine der Treppen die vorderen Sitzreihen. Bei diesem System mussten die Reichen niemals einem Angehörigen des Pöbels über den Weg laufen oder ihn im Gedränge berühren. Und damit sie gleichsam auf der sicheren Seite waren, gab es eine massive Barriere zwischen den der Elite vorbehaltenen Plätzen und denen der restlichen Bevölkerung darüber.

Der Haupteingang, durch den die Honoratioren ihren Einzug hielten, befand sich im Norden und war mit Statuen geschmückt. Die Gladiatoren und Tiere dürften ebenfalls hier den Bau betreten und verlassen haben oder aber auf der gegenüberliegenden Seite im Süden. Anders als beim Kolosseum in Rom gab es unter dem Arenaboden keine Keller oder unterirdischen Gänge, in denen sich die wartenden Kämpfer (Menschen oder Tiere) so lange aufhielten, bis sie an der Reihe waren und durch Klapptüren in den Blickpunkt der Öffentlichkeit befördert wurden. Der einzige Ort, an dem die Männer oder (kleineren) Tiere vor ihrem Kampf warten konnten, waren die beengten Räume (a) neben den Haupteingängen. Die größeren Tiere müssen in Käfigen außerhalb gehalten worden sein; sie bildeten eine Art Mini-Zoo, zweifellos zum Amüsement und Schrecken der vorbeikommenden Zuschauer.

Was ist verlorengegangen? Zunächst einmal die Holzsitze. Selbst in den letzten Phasen des Amphitheaters waren nicht alle Plätze aus Stein. Wo jetzt Gras wächst, waren die Sitze aus Holz. Die steinernen Exemplare waren Stück für Stück hinzugefügt worden, gespendet von verschiedenen einheimischen Offiziellen. Als Quinctius Valgus und Marcus Porcius das Monument in Auftrag gaben, bestanden die tragenden Elemente aus Mauerwerk, alle Sitze aber aus Holz. Noch enttäuschender ist, dass die Malereien ebenfalls verloren sind. Bei den ersten Ausgrabungen im Jahre 1815 wurden leuchtend bunte Dekorationen entdeckt, die die Umfassungsmauer der Arena direkt unter den Plätzen der Oberschicht zierten. Sie verschwanden alle in der Kälte des folgenden Winters – glücklicherweise jedoch erst, nachdem sie von an der Ausgrabungsstätte arbeitenden Künstlern kopiert worden waren.

Die Gemälde zeigten eine herrliche Fülle mythologischer Gestalten (eine auf einer Kugel schwebende Viktoria mit einem Palmzweig in Händen, ein Symbol des Erfolges, war ein immer wiederkehrendes Motiv) und Darstellungen der Gladiatorenausrüstung, die an Statuen angelehnt waren. Doch die zentralen Paneele ließen die Kämpfe in der Arena aufleben. Szenen mit wilden Tieren, die durch eine wilde Gebirgslandschaft stürmten, erinnerten an die Hetzjagden, die hier aufgeführt wurden (und an die Bilder auf einigen Gartenmauern). Der Künstler hatte seiner Kreativität freien Lauf gelassen und Löwen hinzugefügt, die, soweit wir wissen, niemals an den Darbietungen in Pompeji beteiligt waren, auch wenn sie die Fantasie der Zuschauer bevölkerten.

Abb. 91. Der Beginn eines Kampfes. Zu den verlorenen Gemälden auf der Umfassungsmauer der Arena gehörte diese Szene mit einem Gladiatorenpaar, das sich auf sein Gefecht vorbereitet. Interessanterweise sind die Kämpfer im Vergleich mit den anderen Personen – dem Schiedsrichter und den Helfern – in der Unterzahl.

Selbstverständlich gab es auch Gladiatoren. Auf einem der Gemälde ist der Anfang eines Gefechts dargestellt (vgl. Abb. 91). Der Schiedsrichter steht zwischen zwei Gladiatoren, die für ihren Kampf noch nicht fertig gerüstet sind. Der Gladiator links bläst auf einem großen gebogenen Horn mit einem dekorativen Griff ein Signal, um den Beginn der Veranstaltung anzukündigen. Hinter ihm warten zwei Diener mit seinem Schild und Helm. Sein Kontrahent rechts ist bereits mit seinem Schild bewehrt, sein Diener muss ihm aber noch den Helm und das Schwert reichen. Im Hintergrund sieht man zwei Viktorien, die den Sieger mit einem Palmzweig und einem Kranz auszeichnen werden. Ein weiteres Bild zeigt das Ende eines Aufeinandertreffens zweier ziemlich stämmiger Kämpfer. Der Verlierer hat seinen Schild fallen lassen und hält ein hoffnungslos verbogenes Schwert in der Hand, während aus seinem linken Arm Blut rinnt.

Diese besonderen Dekorationen wurden in den letzten Jahren der Stadt angebracht, nach dem Erdbeben des Jahres 62, denn anders als die beiden Theater war das Amphitheater zur Zeit des Vulkanausbruchs voll funktionsfähig. Jenes berühmte Gemälde vom Aufruhr im

Amphitheater im Jahre 59 n. Chr. (vgl. Abb. 16) dürfte darauf hindeuten, dass der neue Entwurf ein weniger komplexes Design ersetzte. Wenn wir uns auf die akkurate Wiedergabe des Künstlers verlassen können, war die Umfassungsmauer zum Zeitpunkt des Aufruhrs mit Marmorimitationen bemalt, ein typisch römischer Einfall. Aber ob Marmorimitationen oder blutrünstige Kampfszenen, wie so oft täuscht die monochrome Nüchternheit der erhaltenen Ruinen über das strahlende, ja knallbunte originale Erscheinungsbild des Monumentes hinweg.

Das Amphitheater war nicht die einzige Vergnügungsstätte. Einige der mit den Gladiatorendarbietungen verbundenen Festivitäten dürften sich auf die angrenzende sogenannte große Palaestra ausgedehnt haben – ein weiträumiges offenes Gelände, umgeben von Kolonnaden und Alleen mit schattenspendenden Bäumen, mit einem Schwimmbecken in der Mitte. Auch wenn man nicht weiß, wann die Palaestra angelegt wurde und welche Funktion sie ursprünglich hatte, so zeigt die Größe der Wurzeln jedenfalls, dass die Bäume über 100 Jahre vor dem Vulkanausbruch angepflanzt worden sein dürften. Nach einer Theorie diente die Palaestra hauptsächlich als Trainingsplatz für die städtische Jugend, oder zumindest für die wohlhabenden jungen Männer, die – nach den Prinzipien des Kaisers Augustus – in einem paramilitärischen »Corps« (einer Kreuzung aus Pfadfindern und territorialer Armee) organisiert waren. Doch für diese Vermutung gibt es herzlich wenig Anhaltspunkte. Die auf den Kolonnaden erhaltenen Graffiti lassen stattdessen auf eine bunte Mischung aus Muße und geschäftlicher Nutzung schließen: Die Palaestra diente sowohl als schattiger Park wie auch als Markt unter freiem Himmel und als Schule. Sie muss sich dann von ihrer besten Seite gezeigt haben, wenn sie den 20 000 Menschen im Amphitheater einen Ort für eine Pause bot, für Essen und Trinken und für das Verrichten ihrer Notdurft. Soweit wir sagen können, gab es im Amphitheater keine Latrine: 20 000 Menschen – und außer auf den Treppen und in den Korridoren nirgends ein Platz, um sich zu erleichtern.

Ankündigungen für bevorstehende Shows im Amphitheater, im selben Stil und von denselben Plakatmalern verfasst wie die Wahlaufrufe,

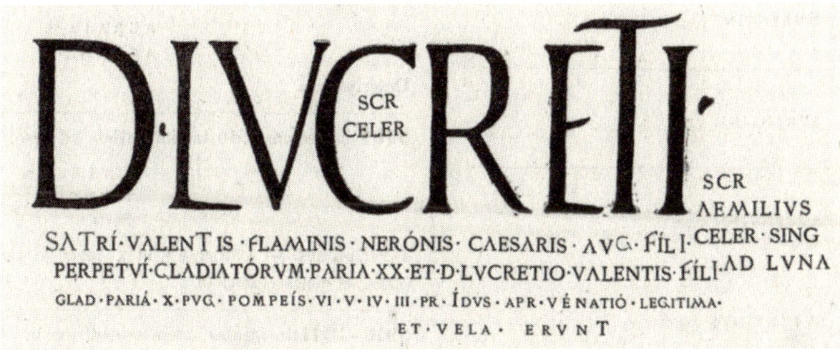

Abb. 92. Eine elegante Ankündigung. Die sorgfältige Arbeit des Schildermalers Aemilius Celer gibt die von Decimus Satrius Valens veranstalteten Gladiatorenspiele bekannt (die Übersetzung ist auf S. 362 nachzulesen).

liefern uns alle möglichen Informationen über die Identität der Sponsoren, über das Programm, über die Dauer der Veranstaltung sowie die Annehmlichkeiten oder eventuelle zusätzliche Attraktionen. Dieser Hinweis lässt sich manchmal mit Gedenkinschriften auf Gräbern in Zusammenhang bringen, auf denen Familien damit prahlen konnten, dass der Verstorbene großzügig Schauspiele finanziert hatte. Denn Gladiatorendarbietungen und Tierhetzen waren, wie wir bereits gesehen haben, ein wichtiger Teil der Wohltätigkeitskultur in der Stadt. Gewählte Magistrate pflegten diese Shows in ihrem Amtsjahr zu geben. Desgleichen die staatlichen Priester, wobei wir in einem Fall sogar von einem *Augustalis* wissen. Auch Männer, die – wie Livineius Regulus im Jahre 59 n.Chr. – aus edlen oder unedlen Motiven um die Gunst der Einheimischen buhlten, gehörten zu den Organisatoren. Bisweilen betonen die Ankündigungen ausdrücklich, dass die Schauspiele »nicht auf Staatskosten« veranstaltet werden. Vielleicht war es üblich, dass sich auch der Stadtrat an den Kosten beteiligte. Jedenfalls gibt es kein Indiz dafür, dass die Zuschauer Eintritt zahlen mussten. Offenbar handelte es sich um eine unentgeltliche Form der Unterhaltung.

Eine besonders lange Folge von Darbietungen, die sich über fünf

Tage erstreckte, wurde auf dem Plakat angekündigt, das jener eifrige pompejanische Schildermaler Aemilius Celer (vgl. Abb. 92) an einer Hauswand hinterließ. Bei dieser Gelegenheit informierte er seine Leser, dass er »ganz allein bei Mondlicht« gearbeitet habe (vgl. S. 112). Die Bekanntmachung hatte einen typischen Wortlaut: »Decimus Lucretius Satrius Valens, ständiger Priester des Prinzen Nero, Sohn des Kaisers, bietet 20 Gladiatorenpaare auf. Sein Sohn Decimus Lucretius Valens bietet 10 Gladiatorenpaare auf. Sie werden am 8., 9., 10., 11. und 12. April in Pompeji kämpfen. Es wird eine Tierhetze nach den üblichen Regeln geben, außerdem Sonnensegel.«

Es steht außer Frage, dass dieser Akt der Großzügigkeit das Prestige und die Reputation des Satrius Valens mehren sollte, dessen ersten beiden Namen mit etwa zehnmal so großen Buchstaben wie alles andere geschrieben sind. Er sponserte diese Spiele in seiner Eigenschaft als Priester, aber indem er seinen Sohn an dem Unternehmen beteiligte (mochten unter dessen Namen auch nur halb so viele Gladiatoren auftreten), beabsichtigte er zweifellos auch, dem jungen Mann den Weg in die Kommunalpolitik zu ebnen. Ort und Datum sind sehr knapp angegeben. Offenbar war es überflüssig darauf hinzuweisen, dass das Spektakel im Amphitheater stattfinden würde. Wir wissen, dass in vielen italischen Städten, so auch in Rom, das Forum für Shows genutzt werden konnte, und wir haben gesehen, dass das pompejanische Forum einmal Schauplatz von Tiervorführungen war. Doch die typische Kombination aus Gladiatoren und Tierhetze muss ausgereicht haben, damit die Menschen wussten, wohin sie zu gehen hatten. Die entscheidende Mitteilung war, dass der Veranstaltungsort *Pompeji* war. An den Mauern in der Stadt waren nämlich auch Ankündigungen für Shows in anderen Orten zu lesen – Nola, Capua, Herculaneum, Cumae – für diejenigen, die Lust hatten, sich dorthin zu begeben. Den Leuten musste auch keine genaue Zeit mitgeteilt werden. Wenn man das Datum wusste, konnte man von der üblichen Anfangszeit ausgehen.

Die längste Veranstaltungsreihe, von der wir in Pompeji wissen, erstreckte sich über fünf Tage. Viele sind für nur einen Tag angekündigt, manche für zwei, drei oder vier Tage. Selbst unter der Annahme, dass die meisten gewählten Amtsträger sowie einige Priester sich für diese blutigen Spektakel entschieden, um ihrer Wohltätigkeitspflicht der Stadt gegenüber nachzukommen, und selbst wenn es aus vielleicht kommerziellen Gründen ein paar Extra-Darbietungen gab, kann das Amphitheater an kaum mehr als 20 Tagen pro Jahr für Spiele genutzt worden sein. Die meiste Zeit über muss es leer und verschlossen gewesen sein oder diente irgendwelchen anderen Zwecken, für die man ein großes offenes Terrain benötigte. Möglicherweise für den Pantomimus?

Wie sich bei den Spielen des Satrius Valens und seines Sohnes die Gladiatorengefechte und Tierhetze über die fünf Tage verteilten, ist nicht bekannt. Wir wissen nicht, wie lange jedes Paar zu kämpfen pflegte. Aber bei anderen Anlässen traten bei einer lediglich eintägigen Show 30 Fechterpaare auf, dazu kam eine Tierhetze. Steht also zu vermuten, dass Satrius Valens' Großzügigkeit vor allem darin bestand, seine Kämpfer in größeren Abständen über die anberaumte Zeit zu verteilen? Oder traten die Gladiatoren an mehr als einem Tag auf? Manche Plakate geben an, dass für einen toten oder verwundeten Kämpfer »Ersatzmänner« vorhanden seien. Manchmal ist auch klar, dass einzelne Akteure bei denselben Spielen mehrfach antraten. Vielleicht war das bei Satrius Valens auch so. Aber standen ihm genügend Tiere zur Verfügung, um an allen fünf Tagen Tierhetzen zu veranstalten?

Am Ende der Ankündigung wird mitgeteilt, dass die Hetze »nach den üblichen Regeln« (*legitima*) ablaufen wird. Die Bedeutung dieser Formulierung ist nicht ganz klar, auch wenn einige Historiker glauben, dass damit bloß »die Tierhetze, die normalerweise bei einem Gladiatorenschauspiel veranstaltet wird« oder eben »eine regelgerechte Jagd« gemeint sei. Wir erfahren außerdem, dass – vermutlich auf Extra-Kosten des Sponsors – Segel über dem Bauwerk aufgezogen werden, die den Zuschauern im Falle eines heißen Sonnentages Schatten spenden sollen. Selbst im milden Mittelmeerklima scheinen sich die Organisatoren dieser Events über das Wetter Gedanken gemacht zu haben. Wie aus den überlieferten Daten zu erschließen, scheinen die besonders heißen Monate, Juli und August, für die Shows nicht eben beliebt gewesen zu sein. Aber nasses Wetter konnte auch ein Problem darstellen. So fügen manche Plakate vorsichtshalber eine Warnung hinzu: »Falls das Wetter es erlaubt.«

Satrius Valens und sein Sohn (falls sie für den Wortlaut des Plakates verantwortlich waren) erwähnen keines der anderen Extras, das viele wohlhabende Sponsoren der Spiele spendieren: *sparsiones*. Mit diesem Begriff kann alles gemeint sein, was über dem Publikum »verspritzt« oder »ausgegossen« wurde. Manchmal wurden die Zuschauer auf ihren Plätzen mit parfümiertem Wasser besprayt, manchmal wurden kleine Geschenke in die Menge geworfen (wie bei einer modernen Christmas-Pantomime, bevor dies aufgrund der Gesundheits- und Sicherheitsbestimmungen verboten wurde). Eine solch überschwengliche Geste, zumal über fünf Tage, überstieg vielleicht die Großzügigkeit sogar dieser Familie.

Auch erwähnen Satrius und sein Sohn, anders als manch sonstige Veranstalter, keinen speziellen Anlass oder kein spezielles Ereignis, dessen mit ihrer Show gedacht werden soll. Eines der interessantesten Beispiele dafür findet sich im Zusammenhang mit den eintägigen Darbietungen, die Gnaeus Alleius Nigidius Maius »zur Einweihung der Malerarbeit« sponserte. Niemand weiß genau, worum es sich bei dieser »Malerarbeit« handelte. Aber nach einer hübschen Vermutung wurden diese Vorführungen als Feiertag inszeniert, um der Vollendung jener herrlichen Gemälde zu gedenken, die einst die Umfassungsmauer der Arena zierten.

Dank etlicher in der Stadt gefundener Gemälde und Skulpturen, die die Spiele im Amphitheater und manchmal auch die mit ihnen verbundenen Feste und Rituale darstellen, können wir das Bild, das sich aus den Veranstaltungsplakaten ergibt, weiter ergänzen. Ein wertvolles Beweisstück stammt von einem der städtischen Friedhöfe und muss einst ein aufwendiges Grab geschmückt haben (vgl. Abb. 93). Es zeigt drei Skulpturenbänder. Auf dem unteren Band ist eine Tierhetze abgebildet. Ein Teil des Spektakels besteht anscheinend darin, dass Tiere aufeinander losgehen. Hier attackieren zwei Hunde eine Ziege und einen wilden Eber. Die menschlichen Fechter haben es mit den größeren Tieren zu tun. Einer stößt seinen Spieß in einen Stier, ein anderer erledigt einen Eber. Ein dritter hat seinen Kampf gegen einen

Abb. 93. Auf jedem Register dieser Bildhauerarbeit sind verschiedene Elemente der Gladiatorenspiele gezeigt. Oben: die Prozession zum Amphitheater. In der Mitte: die eigentlichen Gladiatorengefechte. Unten: Bei den Tierkämpfen fällt rechts ein menschlicher Fechter einem Bären zum Opfer, während links ein Stier getötet wird.

Bären verloren, der bereits ein großes Stück Fleisch aus ihm herausreißt, zur großen Verzweiflung zweier Diener.

Auf dem breitesten Band in der Mitte sind verschiedene Gruppen von Gladiatoren zu sehen, manche mitten im Kampf, andere beim Siegesjubel, wieder andere sind besiegt zusammengebrochen. Was in der Szene am stärksten ins Auge fällt, ist die Tatsache, dass es in der Arena genauso viele Diener und Magistrate wie Gladiatoren gibt. Nicht weniger als fünf stützen einen Kämpfer, der fast schon zu Boden gestürzt ist. Weitere fünf auf der rechten Seite kümmern sich um ein Paar, das seinen Kampf unterbrochen hat: Einer wird an seinem verwundeten Bein behandelt, dem anderen werden Erfrischungen gereicht. Man fühlt sich hier auf etwas irritierende Weise an moderne Sportler und ihre Trainer erinnert.

Noch interessanter ist das obere Skulpturenband. Es zeigt nämlich die umfangreichen Präliminarien der Spiele, die wir – fasziniert oder angeekelt von den blutigen Seiten des Spektakels – nur allzu leicht vergessen. Die Veranstaltung begann mit einem Umzug durch die Straßen der Stadt. Hier hat er bereits das Amphitheater erreicht, wie die Sonnensegel an den oberen Bildrändern zeigen dürften. Rechts wird die Prozession von zwei Musikanten und drei Liktoren angeführt, die, wie andernorts erwähnt, zum Gefolge der lokalen *duoviri* gehören. Hinter ihnen sieht man ein merkwürdiges Podest, von vier Männern auf den Schultern getragen. Auf ihm hocken zwei Figuren, vermutlich Modelle, an einem Amboss, eine holt mit einem Hammer zum Schlag aus. Man könnte erwarten, dass bei diesem Festzug die Götter geehrt werden (und tatsächlich wurden bei religiösen und staatlichen Prozessionen oft Götterstatuen auf Podesten wie diesem einhergetragen), doch was haben diese kleinen Schmiede hier zu suchen? Höchstwahrscheinlich sollte auf diese Weise ihr Metallhandwerk gefeiert werden, ihre Kunstfertigkeit, auf der das ganze Spektakel beruhte. Alsdann kommt ein Mann mit einem Plakat, auf dem der Sponsor der Show oder der Grund für die Veranstaltung angegeben sein könnte. Der nächste trägt einen Palmzweig, das Symbol des Sieges. Ihm folgt ein Mann in der Toga, zweifellos der Sponsor höchstpersönlich. Ihm schließt sich eine Prozession von Männern an, die jeweils ein Stück der Gladiatoren-Ausrüstung präsentieren, das Ergebnis der Mühen der Schmiede. Den Schluss bilden ein Trompeter sowie zwei weitere Diener; sie führen Pferde mit sich, die offensichtlich mit allem Drum und Dran für einen festlichen Anlass herausgeputzt sind.

Wir erhalten hier einen ungewöhnlichen Einblick in die Rituale, die verschiedenen Schauspiele und die Beteiligung der Bürger – vom Sponsor bis zu den Schmieden –, die den Rahmen für diese blutigen Spiele bildeten. War es auch mit all dem vorbei, als die Darbietungen im Jahre 59 für zehn Jahre aus Pompeji verbannt wurden? Was auch immer der Grund für den Aufruhr gewesen sein mag (eine Kombination aus gereizter Stimmung, lokalen Rivalitäten und alkoholbedingter Ausgelassenheit oder aber irgendwelche dunkle Machenschaften), ein solch totales Verbot dürfte das Leben der Stadt, die gemeinsamen Aktivitäten, das Mäzenatentum und die hierarchischen Strukturen sehr stark beeinträchtigt haben.

Nein, mit der Aussetzung der Spiele war vermutlich nicht auch alles andere vorbei. Tacitus' lateinischer Bericht ist in diesem Punkt vage: Er erwähnt nur das Verbot von »*derartigen* öffentlichen Menschenansammlungen«. Ein paar erhaltene Ankündigungen verweisen auf bevorstehende Spiele mit Tierhetzen, Athleten, Sonnensegeln und *sparsiones*. Das umfasste alles, was sich das Publikum erhofft haben mochte – mit Ausnahme der Gladiatoren. Ihnen am nächsten kommen noch die »Athleten«. Höchstwahrscheinlich beziehen sich diese Ankündigungen auf Schauspiele, die zwischen den Jahren 59 und 69 veranstaltet wurden. Das Verbot bezog sich mit anderen Worten nur auf die Gladiatoren. Alles andere lief fast ganz normal weiter, auch wenn viele Pompejaner gewiss der Meinung waren, dass Athleten und selbst Tierhetzen nur ein armseliger Ersatz für die Hauptattraktion einer Show darstellten. Tatsächlich handelt es sich bei einem jener Schauspiele um die von Nigidius Maius »zur Einweihung der Malerarbeit« veranstalteten Feierlichkeiten. Wenn mit jener »Malerarbeit« wirklich die Dekoration der Umfassungsmauer der Arena gemeint war, muss es als traurige Ironie gewirkt haben, dass jene herrlichen Bilder von kämpfenden Gladiatoren in einer Show eingeweiht wurden, in der überhaupt keine Gladiatoren auftreten durften.

Lieblinge der Frauen

Bislang haben wir die Schauspiele aus der Perspektive der Zuschauer und Sponsoren betrachtet. Doch was war mit den Gladiatoren und den Tierkämpfern? Wer waren sie? Wie waren sie organisiert? Können wir ihre Sicht auf das Amphitheater rekonstruieren? Musste das Leben eines Gladiators blutbefleckt und kurz sein?

Gladiatoren waren fast immer Männer. Obwohl heutige Wissenschaftler über die gegen alle Regeln verstoßende Rolle weiblicher Gladiatoren oft sehr in Erregung geraten, gibt es in der gesamten römischen Welt in Wahrheit nur eine Handvoll möglicher Kandidatinnen. In Pompeji gibt es überhaupt keine. Formalrechtlich standen die Gladiatoren am untersten Ende der römischen Gesellschaft. Viele von ihnen waren Sklaven, andere verurteilte Verbrecher: Diese mussten in der Arena kämpfen, ob sie wollten oder nicht. Ein paar andere waren Freiwillige. Wenn man sich als Gladiator verdingte, war dies vielleicht eine der in der römischen Welt sehr wenigen Möglichkeiten, sich aus der bittersten Armut zu befreien. Das Überleben ließ sich, zumindest kurzfristig, für einen hohen Preis erkaufen, der sich in einem gefährlichen Dasein allerdings nicht erschöpfte. Mit der Gladiatorenlaufbahn war wohl auch der Verlust der alltäglichen Freiheit verbunden, fast wie bei einem Sklaven, und man stand unter der Kontrolle des Managers der Truppe, lat. *lanista*.

Der *lanista* war ein wichtiger Vermittler in dem gesamten Geschäft von Gladiatorenspielen und Tierhetzen (und für ihn war es tatsächlich ein Geschäft). Die Männer aus der Oberschicht, die die Schauspiele sponserten, besaßen keine eigenen Gladiatoren, die sie hätten auftreten lassen können. Wenn sie eine Show geben wollten, dürften sie mit einem dieser Manager über den Preis verhandelt haben. Einen regen Handel mit Fechtern scheint es nicht gegeben zu haben, so dass es auch nicht sehr viele *lanistae* gab, unter denen man hätte auswählen können, aber in Pompeji kennen wir immerhin die Namen von dreien, die in den letzten 40 Jahren der Stadt tätig waren.

Am besten bezeugt ist ein Mann namens Numerius Festus Ampliatus. In einer Ankündigung an der Basilika auf dem Forum wird beispielsweise mitgeteilt, dass »die Gladiatoren›familie‹ [*familia*] des Numerius Festus Ampliatus am 15. und 16. Mai […] wieder kämpfen wird«. Wie üblich wird Ampliatus' Truppe als seine »Familie« oder sein »Haushalt« bezeichnet (eher ein Indiz für die breite Bedeutungsspanne des lateinischen Wortes *familia* als der dreiste Euphemismus, den man darin sehen könnte). Da kein Sponsor genannt ist, könnte die Show eine rein kommerzielle Veranstaltung gewesen sein, die – wie aus dem Wort »wieder« zu erschließen – aus einem früheren Erfolg Kapital schlagen will. Ampliatus war mit Sicherheit nicht nur auf dem pompejanischen Markt tätig. Eine weitere Ankündigung macht auf den Auftritt seiner *familia* in der – im Norden, auf halbem Wege nach Rom gelegenen – Stadt Formiae aufmerksam.

Zur Aufgabe des *lanista* gehörte die Rekrutierung der Gladiatoren für seine Truppe, was vermutlich bedeutete, dass er bei einheimischen Sklavenversteigerungen auf Talentsuche ging. Nach ihrer Anwerbung aber mussten sie trainiert werden. Von Gladiatoren wurde erwartet, dass sie Spezialfunktionen mit unterschiedlicher Ausrüstung erfüllen konnten. Der »Thraker« (*Thrax*) focht beispielsweise mit einem gebogenen Kurzschwert und einem kleinen Schild. Die »Fischköpfe« (*murmillones*, so genannt nach dem Fisch-Emblem auf ihren Helmen) hatten einen großen Langschild. Der »Netzkämpfer« (*retiarius*) kämpfte mit Dreizack und Netz, in das er seinen Gegner einzuwickeln versuchte. Die Kunst des *lanista* bestand wohl darin, seine Männer für diese Rollen zu trainieren und für ausgeklügelte Zusammenstellungen zu sorgen: So war etwa ein Fischkopf gegen einen Netzkämpfer eine beliebte Kombination.

Um Lücken zu füllen oder zeitweise einen Starfechter in seine Dienste zu nehmen, könnte er gelegentlich zusätzliche Männer aus anderen Gladiatorentruppen engagiert haben. Ein Graffito, das sich jetzt nicht mehr an einer pompejanischen Wand, sondern im Museum von Neapel befindet, scheint fast das Programm eines einst viertägigen Schauspiels wiederzugeben. Aufgeführt wird der Name des *lanista*, Marcus Mesonius, gefolgt von den verschiedenen Gefechten mit den Namen der Gladiatoren und der jeweiligen Sieger. Einige von ihnen werden als »julianische« oder »neronische« Gladiatoren bezeichnet, was bedeutet, dass sie in den kaiserlichen Gladiatorenschulen in Capua ausgebildet wurden. Sie müssen von Mesonius entweder auf Dauer oder vorübergehend angeworben worden sein. Der Vergleich mit dem Fußballtransfermarkt liegt auf der Hand – mit dem Unterschied, dass die Gladiatoren echte Kämpfe bestritten und nicht mit einem Ball auf einem Spielfeld herumkickten.

Wahrscheinlich trainierte der *lanista* auch die Tierkämpfer (die weitgehend unter denselben Bedingungen wie die eigentlichen Gladiatoren angestellt worden waren) und beschaffte zudem die Tiere für die Hetzjagd. Die Ankündigung von Ampliatus' »Wiederholungsshow« schließt gewiss auch eine Jagd ein, und es bedurfte auf jeden Fall keiner besonderen Sachkenntnis, um die Tiere zu erwerben und unterzubringen. In Rom ließen die Kaiser bisweilen so exotische Tiere wie Löwen, Elefanten oder Nashörner zur Schau stellen (und töten) – man erwarb sie in weit entfernten Teilen des Reiches und transportierte sie, man weiß nicht wie, in die Hauptstadt. Um ein junges Flusspferd von Ägypten nach London zu schaffen, brauchte man im Jahre 1850 ein spezielles Dampfschiff mit einem 2000-Liter-Tank, dazu kleinere Tiere für seine Ernährung sowie zahlreiche Wärter. Wie die römischen Agenten des Kaisers vergleichbare Transporte bewältigen konnten, ist ein völliges Rätsel. Aber in Pompeji gab es nichts, was ähnlich exotisch gewesen wäre. Aufgrund aller uns vorliegenden Belege besorgte man sich die Tiere an Ort und Stelle; und selbst dann waren es eher Hunde und Ziegen als Bullen und Bären. In Wirklichkeit erinnerte die pompejanische Arena mehr an einen modernen »Streichelzoo« als an ein Raubtiergehege.

Die Gladiatoren und Tierkämpfer lebten meist dort, wo sie arbeiteten. Zwei Örtlichkeiten in Pompeji hat man als Gladiatorenkasernen identifiziert. Wie genau das Dasein der Gladiatoren dort aussah, wie viele es waren und in welchem Maße sie dort ghettoisiert waren, ist äußerst unklar – und sehr viel weniger gesichert, als es das in den Filmen *Spartacus* oder *Gladiator* vermittelte Bild vermuten lässt. Auch weiß man nicht, ob diese Gebäude eine einzelne *familia* ständig beherbergten oder ob sie nur vorübergehende Unterkünfte für durchziehende Truppen waren. Beide Bauten stehen jedoch in sehr enger Verbindung mit den Gladiatoren.

Das erste Gebäude war ursprünglich ein ansehnliches Privathaus im Norden der Stadt, das im frühen 1. Jahrhundert n. Chr. umgestaltet wurde, um in den um ein großes Peristyl gelegenen Räumen Gladiatoren zu beherbergen. Der Innenhof könnte (so nehmen wir jedenfalls an) als Trainingsplatz gedient haben. Die Verbindung mit den Gladiatoren steht außer Zweifel, da mehr als 100 Graffiti von oder über Gladiatoren überall im Peristyl zu finden sind. Dieser Bau wurde jedoch in den letzten Jahren der Stadt nicht genutzt. Vielleicht nach dem Erdbeben des Jahres 62 oder als nach dem Ende des Gladiatorenverbots die Spiele wieder aufgenommen wurden, bezogen die Gladiatoren Quartier in einem großen, von Säulen umgebenen offenen Anwesen, das mit dem großen Theater verbunden war.

Dabei scheint es sich um ein großes Trainingsgelände gehandelt zu haben, das von Gladiatoren-Unterkünften gesäumt war (vgl. Abb. 94). Viele von ihnen hatten innen eine Galerie aus Holz, so dass sich eine zweistöckige Wohnung ergab, bei einer Belegung mit zwei oder drei

Abb. 94. Dieses große offene Areal, umgeben von Unterkünften, diente in den letzten Jahren der Stadt als Trainingsgelände für Gladiatoren – die dort gefundenen Ausrüstungsgegenstände (vgl. Abb. 95) legen zumindest diesen Schluss nahe.

Gladiatoren dennoch eine ziemlich beengte Bleibe. Spuren von Betten wurden nicht gefunden, bestenfalls schliefen sie also auf Matratzen direkt auf dem Fußboden. Dieses Bild wird gerne ergänzt: Einige der größeren Zimmer an der Ostseite könnten als Gemeinschaftsräume gedient haben, und über ihnen befand sich vielleicht die Wohnung des *lanista* oder eines seiner Sub-Manager. Kann ja sein. In Wirklichkeit deutet wenig darauf hin, es ist lediglich moderne Fantasie. Möglicherweise wurde sogar eine der Kammern, in der eiserne Fesseln gefunden wurden, als Gefängnis oder Bestrafungsraum genutzt – allerdings waren die Skelette, die man bei den Ausgrabungen des 18. Jahrhunderts dort gefunden hat, allem Anschein nach nicht angekettet. Und die Fesseln müssen, ehrlich gesagt, auch gar nichts mit den Gladiatoren zu tun gehabt haben.

Wie können wir so sicher sein, dass dies Gladiatorenquartiere waren? Die einfache Antwort: weil man in zehn der am Peristyl gele-

Abb. 95. Einer der Bronzehelme, die man in der Gladiatorenkaserne gefunden hat. Wie die anderen ist er so reich verziert (hier mit einem Bild der Göttin Roma) und in einem so guten Zustand, dass man sich schlecht vorstellen kann, dass er im aktiven Kampf getragen wurde. Vielmehr dürfte er zum Outfit der Gladiatoren bei Paraden oder sonstigen zeremoniellen Anlässen gehört haben.

genen Räume außergewöhnlich viele bronzene Waffen und Teile der Ausrüstung von Gladiatoren entdeckte, nämlich 15 reichverzierte Bronzehelme, 14 Schienbein-, sechs Schulterschützer und eine kleine Auswahl an Dolchen und anderen Waffen. Die meisten sind mit Szenen aus dem klassischen Mythos oder mit Emblemen der römischen Macht aufwendig dekoriert. Ein Helm zeigt beispielsweise ein Bild der Göttin Roma, umgeben von besiegten Barbaren, Gefangenen und Siegestrophäen (vgl. Abb. 95). Auffälligerweise sind die Exemplare allesamt in einem perfekten Zustand. Nicht eines zeigt irgendwelche Kampfspuren. Sie gehörten wohl zu den Paradestücken, die bei der Eröffnungsprozession der Spiele präsentiert wurden. Wenn dies zutrifft, ist von der alltäglichen Kampfausrüstung der Gladiatoren nichts mehr erhalten.

Die Aussichten für diese Fechter waren düster, aber nicht ganz so schlecht, wie man befürchten könnte. Die gute Nachricht für sie war, dass sie eine wertvolle Ware darstellten. Viele von ihnen dürften für einen hohen Preis gekauft worden sein. Und ein großer Teil der finanziellen Mittel des *lanista* dürfte für das Training und den Unterhalt der gesamten Truppe verwendet worden sein. Dieser wird nicht die Absicht gehabt haben, sein Geld zu verschwenden. Selbst wenn Gladi-

Abb. 96. Diese anschauliche Darstellung dreier Gladiatorengefechte in Nola (der Ort ist neben den Namen des obersten Gladiatorenpaares erwähnt) wurde an der Außenseite eines Grabmals gefunden. Einer der Kämpfer ist Debütant. Das mittlere Register zeigt M(arcus) Attilius, der als »Novize« gekennzeichnet ist (»T« für *tiro*). Nach seinem ersten Sieg (»V« steht für *vicit*) ist er gerade dabei, seinen zweiten Kampf gegen den erfahreneren L(ucius) Raecius Felix zu gewinnen. Die Musikanten oben erinnern uns daran, wie laut es bei diesen Spielen zugegangen sein muss.

atorendarbietungen, bei denen niemand getötet wurde, wohl kaum Publikumsmagneten waren und selbst wenn der Sponsor eine Gegenleistung für sein Geld sehen wollte, war es garantiert im Interesse des Managers der Truppe, die Todesrate auf ein Minimum zu beschränken. Gewiss war es auch Teil der Abmachung zwischen dem *lanista* und dem Veranstalter, dass der Sponsor, wenn ein Fechter verlor, die Menge in der Regel dazu auffordern sollte, den Besiegten zu begnadigen und ihn nicht auf der Stelle umbringen zu lassen. Selbstverständlich muss dies auch dem instinktiven Gefühl der Gladiatoren entsprochen haben. Da sie zusammen trainierten und lebten und dabei zweifellos zu Freunden wurden, werden sie kaum darauf aus gewesen sein, sich gegenseitig umzubringen.

Das ist jedenfalls das Bild, das uns die pompejanischen Graffiti vermitteln, die die Ergebnisse von speziellen Gefechten verzeichnen. Eines der anschaulichsten Beispiele liefern etliche Zeichnungen mit zusätzlichen Beschriftungen, die auf einem Grabmal gefunden wurden und viertägige Spiele im nahe gelegenen Nola illustrieren (vgl. Abb. 96). Unter den Gladiatoren sind alte Haudegen mit 13 oder 14 Begegnungen sowie ein Debütant, der seine ersten beiden Kämpfe bestreitet. Keiner der Unterlegenen wird getötet, denn neben ihrem Bild steht jeweils der Buchstabe »M« für *missus* oder »begnadigt«. Der ebenfalls angegebenen »Leistungsbilanz« der Gladiatoren (»14 Kämpfe, 12 Siege«) lässt sich entnehmen, dass zwei der Verlierer schon wenigstens zweimal verschont wurden. In der Veranstaltung des Mesonius gab es an einem Tag neun Paarungen. Von diesen 18 Gladiatoren können wir noch acht als klare Sieger identifizieren, fünf Männer wurden begnadigt, drei getötet. Gelegentlich wird von einem pompejanischen Gladiator berichtet, der mehr als 50 Kämpfe austrug.

Selbst wenn eine Niederlage oftmals nicht den Tod bedeutete, so muss nach unseren Maßstäben die Verlustrate doch ziemlich hoch gewesen sein. Nach einer etwas weniger optimistischen Betrachtungsweise bedeuten drei Todesfälle unter 18 Gladiatoren, dass die Todesquote pro Show 1 von 6 betrug. Wenngleich hier nur eine kleine Stichprobe betrachtet wird, passt diese Berechnung zur Gesamtzahl an Kämpfen für diejenigen Gladiatoren, für die eine solche Gesamtzahl dokumentiert wurde. Natürlich gibt es auch einige wenige ›Oldies im Ring‹, aber für nur ein Viertel der Gladiatoren, die uns bekannt sind, wurden mehr als zehn Kämpfe verzeichnet. Wenn wir umgekehrt annehmen, dass drei Viertel am Leben waren, bevor es zu ihrem zehnten Gefecht kommen konnte, bedeutet das eine Todesrate von etwa 13 % pro Kampf. Selbst unter der Voraussetzung, dass sie nicht sehr häufig in der Arena auftraten (nach einer Schätzung geschah dies zwei- oder dreimal pro Jahr), konnten sie damit rechnen, dass sie, wenn sie im Alter von 17 ihre Laufbahn begannen, spätestens mit 25 tot waren.

Auch wenn ein Gladiator kein langes Leben haben mochte, so konnte er vielleicht doch berühmt werden. Es gab mit Sicherheit einige Stars, deren Namen in den Ankündigungen der Spiele groß herausgestellt wurden. Zu ihnen gehörte auch ein *bestiarius* namens Felix, dessen Kampf gegen mehrere Bären auf einem Plakat besonders hervorgehoben wurde. Die Darstellungen von Gladiatoren in ihrer typischen Rüstung finden sich auch überall in der Stadt und in jeder denkbaren Form. Sie erscheinen als Figurinen, als Bilder auf Tonlampen und als Griffe von Bronzeschalen. Die über ein Meter hohe Statue eines Gladiators in einer Schenke nahe dem Amphitheater scheint als eine Art Markenzeichen oder Wirtshausschild gedient zu haben. Die Gladiatoren dürften ihren Bildnissen überall in der Stadt begegnet sein.

Nach gängiger Meinung hatten sie für die Frauen von Pompeji und überall in der römischen Welt einen enormen Sexappeal. Der Satiriker Juvenal erfindet eine Dame der römischen Oberschicht, die mit einem brutalen Kerl durchbrennt, offensichtlich angezogen von dem antiken Gegenstück zu »rauhem Umgang« und von dem Glamour, der mit seinem gefährlichen Leben verbunden war. Zweifellos dachten die Römer über den Gladiator in diesen Kategorien. Wenn wir jedoch diesem Fantasiegebilde in der Realität von Pompeji nachzuspüren versuchen, treffen wir auf eine Geschichte, die uns vor voreiligen Schlüssen warnt. Wie wir bereits gesehen haben (vgl. S. 12), ist der Mythos von der vornehmen Pompejanerin, die in der Gladiatorenkaserne mit ihrem Liebhaber, einem Gladiatoren, *in flagranti* ertappt wurde, genau das: ein Mythos. Aber manche der sonstigen Anhaltspunkte für den Sexappeal der Gladiatoren erfordern ebenfalls, dass wir uns die Sache noch einmal anschauen.

Einige der berühmtesten Graffiti von Pompeji handeln von zwei besonderen Gladiatoren und ihrem weiblichen Fanclub. »Celadus, Schwarm der Mädchen«, »Celadus das Idol der Mädchen«, »Cresces, der Netzkämpfer, zeigt's den Mädchen der Nacht, des Tages und all den anderen«. Es wäre eine hübsche Vorstellung, dass manche verliebte Pompejanerinnen durch die Stadt streiften und ihre Leidenschaft für Celadus und Cresces an den Mauern, an denen sie vorbeikamen, verewigten. Und so werden die Kritzeleien von heutigen Wissenschaftlern tatsächlich häufig interpretiert. Aber so einfach ist es nicht. Diese Graffiti wurden im Inneren der alten Gladiatorenkaserne entdeckt. Sie entspringen nicht der Fantasie der Mädchen, sondern sind von den Gladiatoren höchstpersönlich verfasst – zugleich machohafte Prahlereien und schmerzliche Wunschträume von ein paar jungen Kämpfern, die nur ein kurzes Leben vor sich hatten und vielleicht niemals ihr Mädchen bekamen oder zumindest nicht für lange.

Wenn das Alltagsleben eines antiken Menschen rekonstruiert werden soll, kommt es sehr darauf an, wo genau die Belege gefunden wurden.

Kapitel 9

Eine Stadt voller Götter

Jene anderen Einwohner

In Pompeji wimmelte es nur so von Göttern und Göttinnen. Was auch immer sie vom Rest meines Berichtes gedacht hätten, die Bewohner der antiken Stadt wären gewiss überrascht gewesen, dass ich die verschiedenen Gottheiten, die in ihrem Leben eine so wichtige Rolle spielten, bis jetzt eher vernachlässigt habe. In der Stadt gab es buchstäblich Tausende von Bildern dieser Götter und Göttinnen. Wenn man sie alle zusammenrechnet, die großen und die kleinen, und jede Darstellungsform berücksichtigt, überstieg ihre Zahl vermutlich die der menschlichen Bevölkerung.

Natürlich kamen sie in allen Arten, Formen, Größen und Materialien daher – angefangen bei dem großen Gemälde einer Pin-up-Venus (vgl. Abb. 97), die etwas unbequem in einer riesigen – auf ihre mythische Geburt aus den Wellen verweisende – Meeresmuschel liegt, bis hin zu den Bronzeminiaturen tanzender Laren oder »Hausgötter« (vgl. Abb. 98) oder auch einer kleinen Bronzebüste des Merkur, die zum Austarieren zweier Waagschalen benutzt wurde. Manche sollten vermutlich Gefühle von ehrfürchtiger Scheu hervorrufen: beispielsweise der große Marmorkopf des Iuppiter, der in seinem Tempel auf dem Forum gefunden wurde (vgl. Abb. 99). Andere, so wie die ausgelassenen Karikaturen in den privaten Thermen im Haus des Menander (vgl. Abb. 51), oder manche der reichlich bombastischen phallischen Versionen des göttlichen Priapus (vgl. Abb. 36) müssen scherzhafte Parodien gewesen sein. Wieder andere, etwa eine bewusst altmodische Apollo-Bronze aus dem Haus des Iulius Polybius, wurden zweifellos ebenso als wertvolle *objets d'art* geschätzt wie als sakrale Bilder verehrt. Viele der standardisierten Darstellungen der Minerva mit langem Gewand und Helm oder der Diana im Jagdaufzug

Abb. 97. Römische Götter konnte man sich in vielerlei Gestalt vorstellen. Diese von einem kleinen Cupido begleitete Venus erinnert auf irritierende Weise an ein modernes Pin-up-Girl.

könnten mit ziemlicher Sicherheit als traditionell gegolten haben. Nicht so die Elfenbeinfigur der indischen Lakshmi (vgl. Abb. 11) oder die Miniaturen der hundsköpfigen ägyptischen Gottheit Anubis. Manche Pompejaner dürften sie günstigstenfalls für verwirrend exotisch, ungünstigstenfalls für unheimlich und gefährlich gehalten haben.

Wir tendieren heute dazu, die Bilder antiker Gottheiten als selbstverständlich hinzunehmen. Meist sind wir nur daran interessiert, das Schlüsselattribut, mit dem die betreffende Gottheit identifiziert werden kann (bei einem Blitz muss es Iuppiter sein), ausfindig zu machen, und das war's dann. Damit unterschätzt man aber die kulturelle und religiöse Aufgabe, die diesen Bildnissen in der antiken Welt zukam. Anders als heute stellte damals niemand die Existenz einer göttlichen

Abb. 98. (links) Bronzefigurinen der »Hausgötter« oder Laren; sie sind in ihrer charakteristischen Tunika (die angeblich aus Hundefell hergestellt war) und mit Opferschale und Füllhorn gezeigt.

Abb. 99. (rechts) Das majestätische Antlitz des Iuppiter. Dieser Kolossalkopf wurde in den Überresten des Tempels des Iuppiter, der Iuno und Minerva auf dem Forum gefunden.

Macht in der Welt in Frage. Der Atheismus wäre als intellektuelle oder religiöse Einstellung kaum verständlich gewesen, und als fast genauso exzentrisch hätte im 1. Jahrhundert n. Chr., außer bei den Juden und Christen, die Vorstellung gegolten, dass es nicht viele, sondern nur einen Gott gebe, auch wenn diese Idee später, selbst unter den Heiden, eine stärkere Verbreitung fand. Das heißt nun aber nicht, dass der Polytheismus nicht kontrovers diskutiert worden wäre. Die Römer konnten heftig miteinander streiten, zwar nicht darüber, ob die Götter existierten (das war eher ein Faktum als ein Glaube), wohl aber darüber, wie sie waren, in welcher Beziehung die verschiedenen Gottheiten zueinander standen und wie, wann und warum sie in das Leben der Menschen eingriffen. Es war beispielsweise durchaus möglich, danach zu fragen, ob die Götter eine menschliche Gestalt hätten (oder *wie* genau sie den Sterblichen ähnelten), oder ob sie sich überhaupt um das Leben der Menschen kümmerten. Wie offenbarten sie sich den Leuten? Wie launenhaft oder wohlwollend waren sie? Waren sie Freunde oder immer potentielle Feinde?

In diesem Sinne waren zahlreiche Darstellungen der Götter und Göttinnen, von denen sich die Pompejaner in ihrem Alltag umgeben sahen, sehr viel bedeutsamer, als wir annehmen. Sie mögen standardisiert, komisch, aufwendig oder exotisch gewesen sein – sie zeigten aber auch, wie man sich die göttlichen Bewohner der Welt materiell vorstellte. Größe, Form und Erscheinung, alles konnte wichtig sein. Eine Kolossalstatue wie die des riesigen Iuppiter war nicht nur ein bombastisches Werk, sondern auch eine Möglichkeit, über die Macht des Gottes nachzudenken und darüber, wie er sich – konkret oder metaphorisch – in physischer Form darstellen ließ. Die Antike legte großen Wert auf Bilder.

Keine Buchreligion

Die traditionelle Religion des antiken Roms und Italiens war in vielen wichtigen Punkten ganz anders als die meisten Religionen der modernen Welt. Die Tatsache, dass es viele Gottheiten gab und ihre Zahl nicht feststand (man konnte sowohl im eigenen Land stets neue Götter entdecken als auch aus dem Ausland mitbringen), sind nur zwei Aspekte, in denen sich die römische Religion so auffällig vom Judentum, Christentum oder Islam unterscheidet. Außerdem gab es keine Glaubenssätze, an die man sich halten musste, es gab kein Gegenstück zum christlichen Glaubensbekenntnis und keine offiziellen heiligen Texte, in denen die Lehre festgeschrieben war. Das bedeutete aber keine völlige religiöse Beliebigkeit. Zweifellos gab es sehr viel mehr Optionen als in einer modernen »Buchreligion«. Doch das Entscheidende ist, dass die Verbundenheit der Gemeinschaft mit ihrer Religion eher durch Taten und Zeremonien als durch Worte demonstriert wurde. Wie wir gleich sehen werden, war in Pompeji ebenso wie andernorts das Tieropfer das allerwichtigste Ritual.

Der Fokus des religiösen Systems lag deutlich stärker auf der Gemeinschaft als Ganzer als auf ihren einzelnen Mitgliedern. Zwar konnten sich viele Pompejaner und Pompejanerinnen auf eine Art persönlicher Beziehung mit einer oder mehreren Gottheiten berufen. Sie konnten den Einfluss der Götter auf ihr Leben feststellen und sich in Krisen, großen und kleinen, an sie wenden. Dafür sind in der Stadt viele schriftliche Zeugnisse erhalten. In einem der Theatergänge wird Venus in einem Graffito gebeten, sich einem jungen Paar gegenüber wohlwollend zu zeigen. »Methe, die Sklavin der Cominia aus Atella, liebt Chrestus. Möge die Venus von Pompeji freundlich zu ihnen sein und mögen sie fortan glücklich miteinander leben.« Zwei Männer im Hause des Iulius Polybius bezeugten ihr Gelübde an die Hausgötter: »Für das Wohlergehen, die Rückkehr und den Erfolg des Gaius Iulius Philippus brachten Publius Cornelius Felix und Vitalis, Sklave des Cuspius, hier den Hausgöttern ein Gelübde dar.« Dies war eine Standardformulierung, die auf allen Stufen der römischen Religion im öffentlichen und privaten Bereich verwendet wurde: ein Gelübde an die Götter, die, wenn das Gewünschte eintrat, eine Gabe oder ein Opfer erhalten sollten. Hier haben diese einfachen Sklaven wohl um die wohlbehaltene Rückkehr eines ihrer Herren gebeten, wo auch immer er gewesen sein mochte. Trotz all der uns vorliegenden Bekundungen privater Frömmigkeit waren es die Verbindungen zwischen der Religion und der Stadt oder dem Staat insgesamt, die den spezifischen Charakter der römischen Religion ausmachten.

Um es auf die einfachste Formel zu bringen: Nach offizieller Auffassung schützten und unterstützten die Götter Rom oder im kleineren Rahmen Pompeji, solange man ihnen die geschuldete Verehrung entgegenbrachte. Sollte man sie vernachlässigen, käme es mit Sicherheit zur Katastrophe. Unter diesem Aspekt dürften die Pompejaner – im Gegensatz zu der christlichen Vorstellung des 19. Jahrhunderts, die den Vesuvausbruch als Strafe für das Heidentum oder die heidnische Sittenlosigkeit der einheimischen Bevölkerung interpretierte – die endgültige Zerstörung ihrer Stadt viel eher als Zeichen dafür gewertet haben, dass jene heidnischen Götter nicht in der angemessenen Weise verehrt worden waren. Der römische Umgang mit den Göttern war durch einen gewissen Opportunismus geprägt. »Schenkst du den Göttern etwas, dann bekommst du ein Gegengeschenk« scheint manchmal die oberste Maxime der römischen Religion gewesen zu sein. Aber wir sollten es eher als die *Reziprozität* von Patronage, Ehre und Wohltätigkeit verstehen, ein Prinzip, dem wir bereits bei den Beziehungen zwischen der pompejanischen Oberschicht und dem Rest der Bevölkerung begegnet sind. Die Pompejaner sahen ihre Götter unter anderem als – überlebensgroße und unendlich viel mächtigere – *duoviri*.

Zu welcher städtischen Gemeinschaft die Götter genau gehörten, konnte eine schwierige Frage sein. Seit dem Bundesgenossenkrieg war die Religion von Pompeji sowohl römisch als auch pompejanisch. Wie auch sonst in der römischen Welt gab es einen Kompromiss zwischen Zentralisierungsbestrebungen und einem enorm hohen Grad an örtlicher Eigenständigkeit. Das bedeutete, dass eine Gottheit, die für uns immer dieselbe ist (Minerva, Apollo, Iuno oder wer auch immer), in unterschiedlichen Städten eine signifikant andere sein konnte. Ein gutes Beispiel dafür ist die Venus von Pompeji (*Venus Pompeiana*), die gebeten wurde, die Verbindung zwischen Methe und ihrem Chrestus zu segnen. Denn die pompejanische Venus hatte etwas klassisch Römisches, das man überall in der römischen Welt wiedererkennen konnte und das manchmal mit ihrer Rolle als Schutzgöttin der Kolonie Sullas verbunden war. Darüber hinaus besaß sie aber nicht nur spezifisch pompejanische Eigenschaften und Fähigkeiten mit lokalen Assoziationen, sondern auch einen zusammengesetzten Namen, »Venus Fisica«, der auf die oskische Periode zurückgehen könnte (seine Bedeutung ist uns, ehrlich gesagt, nicht so recht klar). Sogar noch auffälligere Unterschiede finden sich bei den religiösen Ritualen und Festen. Obwohl es einige Überschneidungen zwischen Rom und Pompeji gab, und obwohl Tieropfer überall in der römischen Welt verbreitet waren, waren zahlreiche Feste lokale Ereignisse, die sich nach einem örtlichen Kalender und örtlichen Gepflogenheiten richteten.

Hand in Hand mit dem grundlegenden politischen Axiom, demzufolge das Gedeihen der Gemeinschaft mit ihrer Götterverehrung verknüpft war, gingen die Struktur und der Charakter der Priesterschaft. In den meisten Fällen (einige Ausnahmen werden wir gegen Ende dieses Kapitels näher betrachten) waren Priester keine Menschen mit einer speziellen religiösen Berufung, sie waren keine religiösen Vollzeitmagistrate und hatten auch keinerlei pastorale Verantwortung für die moralischen und religiösen Bedürfnisse einer Gemeinde. Die Priester der Götter waren gewöhnlich mit den Männern identisch, die für die Stadt politisch tätig waren. Wie es Cicero, der selbst sowohl ein führender Politiker als auch Priester war, formuliert: »Von den vielen Dingen [...] die unsere Vorfahren unter göttlicher Inspiration schufen und einrichteten, ist nichts so vortrefflich wie ihre Entscheidung, den Götterkult und die höchsten Staatsinteressen denselben Männern anzuvertrauen.«

Das hat zur Folge, dass die Religion an mehreren Stellen des pompejanischen Lebens, wo wir sie nicht erwarten würden, eine Rolle spielt. Sie ist beispielsweise auf allen Stufen ein integraler Bestandteil der Politik – so wurde dem römischen Kaiser wie einem Gott mit eigenem Priester gehuldigt. Andererseits fehlt sie in manchen Bereichen, wo wir mit ihr rechnen würden. Die meisten Eheschließungen etwa wurden durch keine religiöse Zeremonie feierlich vollzogen. Eine Ehe kam nämlich normalerweise, wie die Römer es formulierten, »durch die Praxis« zustande, d.h. in unserer Terminologie »durch Zusammenwohnen«. Wenn man ein Jahr zusammenlebte, war man verheiratet.

Vor diesem Hintergrund ist das restliche Kapitel zu lesen, in dem wir uns mit den Spuren des religiösen Lebens in Pompeji befassen. Es steckt ein Körnchen Wahrheit in dem alten Scherz, dass die Archäologen alles als »religiös« etikettieren, was sie nicht gänzlich verstehen, ob es sich nun um besondere Löcher in der Erde oder aber an die Mauern geschmierte Phalli und Schlangen handelt. Dennoch wollen wir versuchen, die Orte und Objekte in der Stadt, die als religiös galten, ausfindig zu machen – wir beginnen mit den wichtigsten öffentlichen Tempeln, mit den Priestern und Ritualen und schließen mit dem Aspekt der pompejanischen Religion, der seit dem 18. Jahrhundert die

Fantasie der meisten Besucher beflügelt, dem Kult der ägyptischen Göttin Isis. Doch wir werden auch danach fragen, was die Leute im Tempel oder Schrein taten und sagten, und manchmal sogar überlegen, was dort in ihren Köpfen vorgegangen sein könnte. Dabei muss man sich vor allem bewusst sein, dass ihre Reaktionen eine riesige Bandbreite aufwiesen und von Zynismus und Langeweile bis zu Frömmigkeit reichten. Die Römer zeichneten sich in diesen Dingen durch keine größere Konformität aus als wir.

Städtische Tempel

Eines der deutlichsten Symbole der römischen Religion sind für uns die Tempel, die an ihren Säulen, dreieckigen Giebeln (oder »Giebelfeldern«) und den Stufen, die zu einer erhöhten Plattform (oder *podium*) führen, sofort zu erkennen sind. Über diese Plattform hatte der Besucher durch hohe Türen Zugang zum Inneren des Bauwerks und zu allem, was sich dort befinden mochte. Die Römer besaßen ein breites Spektrum von unterschiedlichen heiligen Räumen, angefangen bei Örtlichkeiten, wo, wie man vermutete, eine Gottheit gleichsam »persönlich« anwesend war, bis hin zu jenen, wo man die von den Göttern geschickten Zeichen beobachten konnte. Unter dem Haus der etruskischen Säule (vgl. S. 41 f.) sind wir bereits auf die Reste eines frühen ländlichen Heiligtums oder eines heiligen Hains gestoßen. Und wie wir im Verlauf dieses Kapitels noch sehen werden, gab es in den letzten Phasen der Stadt zahlreiche freistehende Altäre und auch sakrale Einfriedungen. Doch es ist die typische Form des Tempels, die die Stadtlandschaft von Pompeji und anderer römischer Städte prägt, ganz so wie heute die Pfarrkirche einem Dorf seinen religiösen Stempel aufdrückt.

Doch während das Dorf nur eine einzige Pfarrkirche hat, besaß Pompeji – wie man angesichts seiner vielen Götter auch erwarten würde – zahlreiche Tempel, allerdings nicht einen für jeden Gott oder jede Göttin, die in das Leben seiner Bewohner eingreifen konnten. Sie hatten jeweils eine andere Größe und einen unterschiedlichen

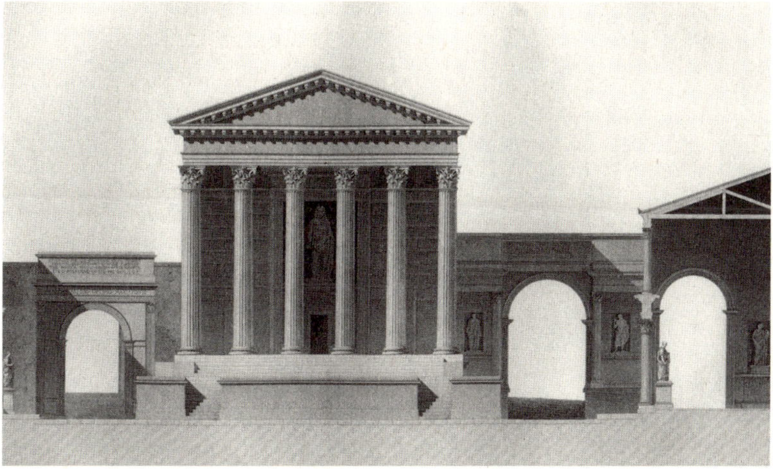

Abb. 100. Die aus dem 19. Jahrhundert stammende Rekonstruktion des Tempels des Iuppiter, der Iuno und Minerva zeigt, dass der Bau auf beiden Seiten von einem Bogen flankiert war. Die Zeichnung ist akkurat, der Tempel und seine Umgebung wirken aber vielleicht etwas zu großartig, monumental und etwas zu makellos.

Bekanntheitsgrad, und jeder verfügte über seine eigene Geschichte. Manche stammten aus den Anfangsjahren der Stadt. Der Apollo-Tempel am Forum wurde spätestens im 6. Jahrhundert v. Chr. errichtet. Ebenso der Tempel der Minerva und des Herkules (vgl. Abb. 101) auf dem sogenannten Dreiecksforum (so genannt nach dem dreieckigen Säulengang, der im 1. Jahrhundert n. Chr. um den Tempel gebaut worden war). Er mag zur Zeit des Vulkanausbruchs seit langem eine malerische Ruine gewesen sein – manche Archäologen führen allerdings sein trümmerhaftes Erscheinungsbild auf die aggressiven Grabungstechniken früherer Ausgräbergenerationen zurück (von den Bomben der Alliierten ganz zu schweigen).

Der überwiegende Rest der Bauten datiert aus dem 2. Jahrhundert v. Chr. oder später. In einem Fall können wir die genauen Umstände der Errichtung rekonstruieren. Der kleine Tempel der Fortuna Au-

Abb. 101. Blick vom Gelände vor der Stadtmauer zum Tempel der Minerva und des Herkules auf dem Dreiecksforum. Diese fantasievolle Rekonstruktion (man beachte den einsamen Wagenlenker auf Spritztour) vermittelt einen guten Eindruck von – durch das Gefälle bedingten – unterschiedlichen Niveaus, auf denen Pompeji erbaut war.

gusta wurde einer Gottheit gewidmet, deren Namenskombination fast unübersetzbar ist: der Schicksals- oder Glücksgöttin (Fortuna) und der Macht des Kaisers (das Adjektiv »Augusta« kann sich verwirrender- oder bequemerweise sowohl auf den ersten Kaiser Augustus höchstpersönlich oder in einem allgemeineren Sinne auf die kaiserliche Macht beziehen – auch nachfolgende Kaiser verwendeten nämlich »Augustus« als Teil ihrer Titel). Laut einer erhaltenen Inschrift wurde er von einem einheimischen Granden und dreimaligen *duumvir*, Marcus Tullius, gestiftet und auf seinem eigenen Grundstück, das er der Stadt schenkte, erbaut. Er achtete jedoch darauf, dass es kein Missverständnis bezüglich der genauen Größe des Grundstücks gab, das er der Stadt vermacht hatte. Hinter dem Tempel befand sich eine steinerne Grenzmarkierung, auf der zu lesen stand: »Privateigentum des Marcus Tullius, Sohn des Marcus«.

Manchmal sind die mit den Tempeln verbundenen Götter leicht zu identifizieren. So kann der Tempel in herausragender Lage an dem einen Ende des Forums nur der Tempel des Iuppiter, der Iuno und Minerva sein, da er wie in vielen, wenn nicht den meisten römischen Städten diesen privilegierten Platz innehat (vgl. Abb. 100). Die Göttin Fortuna Augusta ist auf der Inschrift namentlich erwähnt. Bei etlichen anderen sind wir wohl oder übel auf Vermutungen angewiesen. Der große Tempel am Meer, neben der Porta Marina, war höchstwahrscheinlich der Venus geweiht – aber dafür gibt es keinen sicheren Beweis, abgesehen von einer lädierten Statue und unserer Überzeugung, dass es irgendwo in der Stadt einen bedeutenden Tempel für die Schutzpatronin der Kolonie gegeben haben muss. Der winzige Tempel, der hinter der hohen Umfassungsmauer in der Nähe der Theater fast verschwindet, hat sich als echtes Rätsel erwiesen (vgl. Abb. 102). Manche Archäologen sind kürzlich zu der Theorie J.J. Winckelmanns, »des Vaters der Kunstgeschichte«, zurückgekehrt, der Pompeji in der Mitte des 18. Jahrhunderts besuchte und ihn als Tempel des Aeskulap, des Gottes der Heilkunst, bezeichnete – auch er hatte keinen sichereren Beweis als eine dort gefundene Statue, die diesen Gott dargestellt haben könnte. Andere haben ihn als Tempel des Iuppiter Meilichios (»der Honigsüße«, ein Titel, der mit den Göttern der Unterwelt ver-

Abb. 102. In den Ruinen des winzigen Tempels des Iuppiter Meilichios (oder des Aeskulap) legt ein früher Tourist eine Ruhepause ein – oder nutzt die Gelegenheit für einige romantische Überlegungen über die Vergänglichkeit der Zeit. Selbst dieses sehr kleine Bauwerk zeigt die übliche Struktur eines römischen Tempels: einen Raum (oder *cella*), der die Götterstatue oder -statuen beherbergte, und einen außen vor dem Bau befindlichen Altar.

bunden ist) identifiziert, und zwar aufgrund einer Inschrift, die sich auf einen gleichnamigen Tempel bezieht. Wenn dies nicht der Tempel des Meilichios ist, dann muss er noch anderswo in der Stadt gefunden werden (oder, wie manche glauben, vor der Stadt – sie bringen ihn mit einem Heiligtum vor den Stadtmauern in Verbindung). Bei zahlreichen dieser Vermutungen gibt es, wie wir noch sehen werden, eine Art Domino-Effekt – eine Erkenntnis kann leicht eine andere zu Fall bringen.

Das äußere Erscheinungsbild dieser Tempel mag uns im großen

und ganzen vertraut sein, doch was in ihrem Inneren vor sich ging, ist viel weniger bekannt und sehr viel überraschender. Die Tempel waren keine Orte, wo sich eine Gemeinde von Gläubigen versammelte oder wo religiöse Rituale vollzogen wurden. Die wichtigste Funktion jedes griechischen und römischen Tempels bestand darin, die Statue eines Gottes oder einer Göttin zu beherbergen. Wir sollten uns nicht vorstellen, dass im dunklen Innenraum dieser Bauwerke blutige Opfer dargebracht wurden. Dies geschah immer draußen unter freiem Himmel. Der Tempel war das Heim eines Götterbildes oder einer Kultstatue. Das gebräuchlichste lateinische Wort dafür ist *aedes*, nicht *templum*, und bedeutet schlicht und einfach »Haus«.

Doch die Statue dürfte nur selten allein dagestanden haben. In vielen Tempeln sammelte sich eine Menge von Gegenständen an, manchmal sehr kostbaren. So landeten hier häufig Weihgeschenke und Opfergaben für den Gott oder die Göttin, mit denen man ein Gelübde erfüllte. Jemand konnte beispielsweise dem Gott Aeskulap ein Geschenk versprechen, falls sich sein Krankheitszustand verbesserte – und nach seiner Genesung das Versprochene in seinem Tempel hinterlegen. Auch Statuen und andere Kunstwerke stellte man hier oft zur Schau. In Rom wurden in den Tempeln besonders gern reiche Kriegsbeutestücke oder die auf Bronzetafeln eingeschriebenen offiziellen Gesetzestexte aufbewahrt. Und im Umkreis der Götterstatue konnten auch alle möglichen anderen Aktivitäten stattfinden. Der römische Senat nutzte den Innenraum mehrerer Tempel für seine Sitzungen, einige der wohlhabendsten Bürger deponierten ihr Testament im Tempel der Göttin Vesta, und das Untergeschoss des Saturn-Tempels beherbergte den römischen Staatsschatz. Alle diese Wertgegenstände müssen von den Tempelwärtern (sie waren gleichzeitig Sicherheits-, Reinigungs- und Wartungskräfte) gut überwacht und nachts sorgfältig unter Verschluss gehalten worden sein und waren für die Besucher nur unter Aufsicht zugänglich.

Dasselbe Muster gab es auch in Pompeji. Auf den ersten Blick sind die Spuren spärlicher, als wir erwarten würden – sei es, weil diese Tempel, wie der der Venus, zum Zeitpunkt des Vesuvausbruchs gerade restauriert wurden, sei es, weil ihr wertvolles Inventar nach der Katastrophe das offensichtliche Ziel von Plünderern waren (so oder so, es ändert kaum etwas an den archäologischen Überresten). Andererseits könnte aber natürlich auch das loyale Wachpersonal einige der kostbareren Objekte bei der Flucht vor dem Bimssteinregen mitgenommen haben.

Dennoch sind aufschlussreiche Beweise aller Art auf die Nachwelt gekommen. Wir sind bereits dem Objekt begegnet, das bei der Eroberung von Korinth im Jahre 146 v. Chr. erbeutet wurde und das im Apollo-Tempel oder ganz in seiner Nähe zur Schau gestellt war. Auf dem Platz vor demselben Tempel gab es außerdem zwei herrliche Bronzestatuen des Apollo und der Diana (heute ist nur noch ihr Kopf erhalten) sowie eine Kopie des merkwürdigen *omphalos* (»Nabel der Welt«), der zu den heiligen Symbolen im berühmten Apollo-Tempel in Delphi gehörte – ein anderes Beispiel für Pompejis weiten kulturellen Horizont. Wir besitzen sogar einen Hinweis auf das Sicherheitssystem, das in diesem Tempel möglicherweise zur Anwendung kam. An der Stirnseite des Tempels der Fortuna Augusta sind noch die Überreste von Metallgittern zu entdecken, mit denen das Bauwerk verschlossen werden konnte (vgl. Abb. 103). Ein führender Pompeji-Experte versicherte mir einmal, dass diese eine Hinzufügung des 19. Jahrhunderts seien und die Touristen daran hindern sollten, auf das Monument hinaufzusteigen. Genau so sehen sie aus. Doch tatsächlich sollten sie die antiken Pompejaner fernhalten.

Selbst manche der am stärksten zerstörten Gebäude der Stadt können uns über das Leben in einem Tempel und seine Organisation mehr Informationen geben, als wir auf den ersten Blick vermuten würden; sie eröffnen uns interessante Einblicke in ihre Kultstatuen und die anderen Reichtümer, die sich einst dort befanden, und erzählen manchmal unerwartete Geschichten über das, was in Pompeji im Jahre 79 vor sich ging. Eine gutes Beispiel ist der Tempel des Iuppiter, der Iuno und Minerva, der zumindest seit der Ankunft der römischen Siedler die Göttertrias beherbergte, die Pompeji als römische Stadt definierte. Offen gesagt ist heute nicht mehr viel zu sehen (vgl. Abb. 104). Vorn sind seine Stufen und ein paar arg verstümmelte Säulen erhalten. Oben auf dem Podium kann man den Innenraum des

Abb. 103. Diese aus dem 19. Jahrhundert stammende Rekonstruktion des Tempels der Fortuna Augusta setzt die religiösen Rituale, die außerhalb des Tempels und in seinem Portikus stattfanden, auf zutreffende Weise ins Bild. Der Künstler hat die Metallgitter (die allerdings nicht hoch genug sind, um einen Vandalen fernzuhalten) hinzugefügt und das Äußere mit Girlanden aufgeputzt. Nur wirkt die Menge der Gläubigen im Vordergrund unwahrscheinlich pompös.

Tempels mit den spärlichen Überresten einer ehemaligen zweistöckigen Galerie noch deutlich erkennen. Am äußersten Ende sind die Nischen, die die Statuen der drei Gottheiten beherbergt haben dürften. In seinem gegenwärtigen Zustand erscheint der Tempel nüchtern und trostlos. Doch ein anschauliches Bild von seinem Aussehen in der Antike liefert uns einer der kleinen Friese im Hause des Caecilius Iucundus (vgl. Abb. 5). Die Skulptur sollte zwar den durch das Erdbeben verursachten Schaden (von dem sich dieser Tempel vielleicht nie mehr erholte) illustrieren, doch sie bietet uns auch eine hübsche – vielleicht etwas fantasievolle – Momentaufnahme des Bauwerks in seiner ursprünglichen Umgebung, dazu einige seiner Schmuckelemente. Der Altar steht draußen auf einer Plattform, die in die Tempelstufen eingelassen ist. Auf beiden Seiten der Stufen erhebt sich jeweils eine Reiterstatue, während uns der Bildhauer dadurch, dass er zwei der sechs Säulen wegließ, hinter dem Altar die in den Innenraum führenden Türen zeigt und darüber eine Girlande oder einen Kranz, der den Giebel zierte.

Wir besitzen noch andere Indizien für das ursprüngliche Erscheinungsbild des Bauwerks und seiner Nutzung. Zunächst einmal ist das Podium, auf dem der Tempel ruht, nicht massiv, sondern hohl und enthält einen Kellerraum, den man entweder über eine Treppe im Tempelinneren oder durch eine ebenerdige Tür an der Ostseite erreichen konnte. Licht erhielt er durch Schächte, die in den darüber liegenden Fußboden eingelassen waren. Allein diese Tatsache lässt auf eine praktische Funktion des Raumes schließen. Denn warum hätte man für Licht sorgen sollen, wenn niemals jemand hineinging? Er diente, so eine Vermutung, als Lager für die überzähligen Weihgaben im Obergeschoss: Wenn der Tempelwärter eine Entrümpelung für erforderlich hielt, pflegte er die frommen Opfergaben nicht wegzuwerfen, sondern verwahrte sie sorgfältig im Untergeschoss. Nach einer anderen Vorstellung befand sich hier die Kasse oder der Tresor des Stadtrates, so wie der Staatsschatz in Rom im Keller eines Tempels untergebracht war. Beides ist möglich. Leider gibt es aber kein Anzeichen dafür, dass sich hier zur Zeit des Vulkanausbruchs außer einigen Marmorskulpturen noch etwas anderes befunden haben könnte.

Es gibt auch klare Hinweise dafür, dass der Tempel einstmals sehr viel aufwendiger geschmückt war, als es heute den Anschein hat. Geometrische Marmormuster (das sog. *opus sectile*) waren in den Fußboden eingelegt, die Wände des Innenraumes in leuchtenden Farben ausgemalt. Diese Gemälde sind heute fast bis zur Unkenntlichkeit verblasst, doch als das Bauwerk im 19. Jahrhundert ausgegraben wurde und eine der Hauptattraktionen der Grabungsstätte war, konnte man sie noch sehr gut erkennen. Tatsächlich war dies der Ort, den der Dichter Shelley für sein Picknick auswählte, als er im Dezember 1818 Pompeji besuchte. Der Innenraum, selbst wenn er schon immer ziemlich dunkel war – offensichtlich gibt es abgesehen von der Türöffnung keine Lichtquelle –, muss mit seinem Säulengang und seinem reichen

Abb. 104. Die jetzt ziemlich desolaten Ruinen des Tempels des Iuppiter, der Iuno und Minerva. Wie verfallen dieser Teil des Forums zur Zeit des Vulkanausbruchs war, ist noch immer umstritten.

Inventar, seinen Statuen und Opfergaben einen eindrucksvollen Anblick geboten haben. Wenn die Türflügel offen waren, so dass man sehen konnte, was man tat, könnte der mehr als 10 × 15 Meter große Raum auch für Sitzungen des Stadtrates genutzt worden sein.

Allerdings nur dann, wenn nicht allzu viele Dinge den Platz versperrten. Die Ausgräber des 19. Jahrhunderts fanden ein paar Inschriften, die die Opfergaben dokumentieren, mit denen Gelübde eingelöst wurden (darunter ist eine Gabe für das »Wohlergehen« des Kaisers Caligula verzeichnet), sowie den Sockel einer Statue, die zu Ehren eines Spurius Turranius Proculus Gellianus errichtet worden war – dieser hatte in Rom und in der Stadt Lavinium mehrere Posten bekleidet. In welcher Beziehung er zu Pompeji stand und warum ausgerechnet er an diesem besonderen Ehrenplatz (falls es denn der ursprüngliche Standort war) eine Statue bekam, entzieht sich unserer Kenntnis. Im Inneren und in der Umgebung des Tempels förderten die Ausgräber auch Skulpturenteile in großen Mengen zutage. William Gells Beschreibung aus den 1830er Jahren vermittelt einen hübschen Eindruck von dem sonderbaren Durcheinander, das da zusammenkam: »Man entdeckte zahlreiche Finger aus Bronze [...] einen alten Mann mit phrygischer Mütze, der ein Kind an der Hand hält, einen halben Fuß hoch; eine Frau mit einem Kleinkind im Arm [...] eine Hand, einen Finger und den Teil eines Fußes aus Marmor; zwei Füße in Sandalen; einen Arm und viele weitere Fragmente von Kolossalstatuen.«

Die bedeutendsten dieser Funde waren ein kolossaler Marmortorso, der nur von einer Götterstatue stammen konnte, und zwei eindrucksvolle Köpfe: jener bärtige Marmorkopf von Iuppiter höchstpersönlich (vgl. Abb. 99) und ein kleinerer weiblicher Kopf (Iuno oder Minerva). Diese Köpfe werden oft für die einzigen Überreste der Kultstatuen der drei Gottheiten gehalten. In dem Fall müssen sie das gewesen sein, was wir heute als »akrolithische« Skulpturen (wörtlich »steinerne Extremitäten«) bezeichnen. Dahinter verbirgt sich eine beliebte antike Methode, mit der riesige Bildnisse angefertigt wurden, die zu groß, zu schwer und zu teuer gewesen wären, wenn man sie aus massivem Marmor hergestellt hätte. Und sie wären viel zu kostspielig gewesen, hätten sie ganz aus Bronze bestanden. Man konstruierte also einen Körper aus Holz oder Metall, der größtenteils in prächtige Kleider gehüllt wurde, und benutzte Marmor nur für die Oberfläche der Hände, Füße und Gesichter. Dies erklärt zum Teil, wieso Museen der antiken Kunst heute mit großen Marmorextremitäten eher überversorgt sind. Der Grund ist nicht nur, dass diese Körperteile leicht abbrechen (was sie tun), sondern in erster Linie weil Hände, Füße und Gesichter oft das Einzige waren, was aus Marmor gefertigt war.

Ein genauerer Blick auf diese Überreste lässt ein seltsames Bild vom Tempel des Iuppiter, der Iuno und Minerva zur Zeit der Katastrophe erstehen. Zunächst einmal können der männliche Kopf und der kolossale Torso nicht zusammengehören. Dann ist es ein Rätsel, weshalb diese Teile der wertvollen Kultstatuen einfach so herumlagen. Vielleicht war dies das Ergebnis einer gescheiterten Rettungsaktion zum Zeitpunkt des Vulkanausbruchs oder die Folge einer über-

Abb. 105. Eine der im Tempel des Iuppiter Meilichios gefundenen Statuen: das Terrakotta-Standbild eines Gottes, das sowohl Aeskulap als auch Iuppiter darstellen könnte.

stürzten späteren Plünderung. Doch wenn, was in diesem Fall wahrscheinlicher ist, das allgemeine Durcheinander im Tempel durch die (nach einem oder mehreren Erdbeben) gerade vorgenommenen Restaurierungsarbeiten verursacht wurde, weshalb ging man mit den alten Statuen so sorglos um? Hatten die Behörden wirklich nichts dagegen, dass Teile ihrer altehrwürdigen Bildnisse verstreut auf dem Tempelboden herumlagen? Was am merkwürdigsten ist: Auf dem Rücken des Marmortorsos gibt es eine weitere reliefierte Skulptur mit drei kleinen Gestalten. Der Marmor wurde offensichtlich noch einmal verwendet. Diese männliche Heldenbrust wurde, vor nicht allzu langer Zeit vermutlich, aus einem früheren Skulpturenrelief herausgemeißelt. Aufgrund all dieser Faktoren in Verbindung mit den

Abb. 106. Das Stieropfer. Dieser Altar vom Forum zeigt – wie in der römischen Kunst üblich – die Präliminarien der Tötung des Tieres, nicht das Töten selbst. Die sozialen und politischen Hierarchien kommen im Kontrast zwischen den halbnackten Sklaven, die sich um das Tier kümmern, und dem links das Gebet sprechenden Oberschichtpriester im reich drapierten Gewand deutlich zum Ausdruck.

zahlreichen anderen Fragmenten nehmen manche Archäologen an, dass das Bauwerk im Jahre 79 nicht bloß restauriert wurde, sondern sogar vorübergehend nicht als Tempel diente, sondern als Skulpturenlager, Werkstatt und Büro der Stätte genutzt wurde. Deshalb brauche man sich wegen der sorglosen Behandlung der alten Kultstatuen keine Gedanken zu machen. Was man hier vorgefunden habe, seien nur überzählige Fragmente im Depot, mögen manche Stücke auch noch so eindruckvoll sein.

Wir können uns dessen nicht sicher sein. Daraus würden sich aber verblüffende Konsequenzen für den kleinen Aeskulap-Tempel ergeben, und darum ranken sich dann alle möglichen Geschichten. Jener Tempel enthielt drei Terrakotta-Standbilder: ein lebensgroßes Paar und eine grob gearbeitete Büste der Minerva, die sich als solche sofort erkennen lässt. Winckelmann deutete die männliche Figur des Paares als Aeskulap (vgl. Abb. 105) und deshalb die weibliche als Hygeia, dessen Tochter, ebenfalls eine Heilgöttin – wobei Minerva als Zugabe fungierte. Aber gehen wir für einen Moment davon aus, dass der Tempel des Iuppiter, der Iuno und Minerva zur Zeit des Vesuvausbruchs tatsächlich außer Betrieb war. Gewiss hätten die Pompejaner seine Kultbilder irgendwo sicher verwahren wollen. Dieses Trio aus dem kleinen Tempel könnte also mit ebenso hoher Wahrscheinlichkeit auch Iuppiter, Iuno und Minerva darstellen. Was spricht dagegen, dass sie eben genau jene Statuen vom Forum waren, die man vorübergehend in dem weiter unten an der Straße gelegenen Tempel untergebracht hatte?

Zugegeben, sie sind nicht sehr imposant und sie sind aus Terrakotta, nicht aus Marmor. Und Minerva ist nur ein Brustbild. Doch in der Religion sind das Heilige und das Protzige nicht immer Synonyme. Manchmal haben die schlichtesten Objekte die größte religiöse Kraft. Vielleicht – wirklich nur vielleicht – haben wir am falschen Platz nach jenen Statuen des Iuppiter, der Iuno und Minerva gesucht.

Die Feier der Götter: öffentlich und privat

In einen ebenfalls auf dem Forum entdeckten Altar ist eine Szene mit dem symbolträchtigsten aller antiken Rituale eingemeißelt: das Tieropfer. Wir sehen es hier in seiner klassischen Form, so wie es von römischen Schriftstellern beschrieben und auf Tausenden von Bildern – sie reichen von Münzen bis hin zu Triumphbögen – überall in der römischen Welt verbreitet war. Es lohnt einen näheren Blick. Denn es gibt charakteristische Details, die dem modernen Betrachter nicht sofort ins Auge fallen. In der Mitte steht ein Dreifuß, der hier als tragbarer Altar dient. Der Mann, der das Opfer darbringt, ein Priester oder politischer Magistrat (beide vollzogen Opfer im Namen ihrer Gemeinde), spricht das Gebet, während er gleichzeitig Wein und Weihrauch spendet. Er trägt eine Toga, hat aber, wie beim Opfern vorgeschrieben, einen Teil des Tuchs über den Kopf gezogen. Ein Musiker im Hintergrund spielt die Doppelflöte, etliche Bedienstete hinter ihm (unter ihnen ein Kind) sind mit weiteren Gerätschaften ausgestattet, darunter der Art von modellierten Schalen und Krügen, die jetzt die Schaukästen im Museum von Neapel füllen. Auf der anderen Seite des Dreifußes wird der prachtvolle Stier von drei Sklaven herangeführt. Diese sind für das unmittelbar bevorstehende Tieropfer eigens gekleidet, der Oberkörper ist nackt. Einer hält eine Axt, mit der er das Tier schlachten wird.

Dies ist natürlich eine sehr idealisierte Opferdarstellung, vergleichbar mit einem Erinnerungsgruppenfoto, oder besser gesagt, es zeigte – da es in die Stirnseite eines Marmoraltars, auf dem das Opfer vollzogen wurde, gehauen war – den an dem Ritual Beteiligten ein perfektes Bild von dem, was sie taten. Der Stier benimmt sich nicht nur sehr gesittet, er ist auch sehr groß. Man schätzt, dass ein Tier von solcher Größe (unter der Prämisse, dass die menschlichen Teilnehmer an der Zeremonie durchschnittlich groß waren) gute 500 Kilo gewogen haben könnte. Ich vermute allerdings, dass es beim realen Opfer im allgemeinen weniger geordnet zuging und dass die Tiere kleiner und weniger teuer waren. Aber trotzdem bekommen wir einen Eindruck von dem Ereignis: Lärm, Musik, das nahe bevorstehende Blutvergießen. Wir sehen auch einige der hierarchischen und gesellschaftlichen Konventionen des Rituals. Der Mann, der das Opfer offiziell durchführt, steht, prächtig bekleidet, am Altar. Er spricht die rituellen Worte, ist aber an der Tötung nicht beteiligt und befleckt seine Hände nicht mit Blut. Diese schmutzige Arbeit muss von Sklaven verrichtet werden, die deshalb ihren Oberkörper entblößt haben. Selbst (oder besonders) bei rituellen Anlässen traten die Unterschiede in der römischen Gesellschaftsordnung deutlich zutage.

Was war der Sinn eines Opfers? Es war zum einen eine Gabe an die Götter. Nach der Tötung des Tieres wurde das Fleisch aufgeteilt. Einiges verzehrten die an der Zeremonie Beteiligten, einiges wurde verkauft, aber ein Teil wurde auch auf dem Altar verbrannt – der zum Himmel aufsteigende Geruch war das Geschenk an die Götter. Es bot auch die Möglichkeit, den göttlichen Willen zu erkunden: Experten (*haruspices*) inspizierten die Innereien des getöteten Tieres und suchten in ihnen nach Zeichen der Götter. Als zum Beispiel Iulius Caesar kurz vor seiner Ermordung ein Opfer darbrachte, stellte man angeblich fest, dass das Tier kein Herz hatte. Natürlich ein schlechtes Omen – obwohl skeptische Römer darauf hinwiesen, dass ein Tier ohne Herz nicht leben könne.

Zum anderen war das Opfer ein Sinnbild dafür, wie die Welt auf viel höherer Stufe geordnet war. Dass Tiere immer wieder von Menschen für die Götter geschlachtet wurden, war ein Emblem für die Hierarchie des Kosmos, wobei die Menschen zwischen den Tieren auf der einen Seite und den Göttern auf der anderen eine mittlere Position einnahmen. Der gemeinsame Verzehr des Fleisches und die kommunalen Bankette, die manchmal damit verbunden waren, stärkten die menschliche Gemeinschaft und ihre internen Hierarchien. (In der römischen Welt gab es nur sehr wenige staatliche Zuwendungen, die dem gesellschaftlichen Rang der Empfänger nicht dadurch Nachdruck verliehen, dass die Reichen mehr bekamen als die Armen – eine irritierende Verkehrung unserer eigenen Überzeugung, nach der den Bedürftigen mehr zuteil werden müsse.) Das Opfer war das, was bei den Römern einem Glaubensbekenntnis am nächsten kam – einem in die Tat umgesetzten Glaubensbekenntnis. Das Opfer abzulehnen, wie es die Christen taten, entsprach einer Ablehnung der traditionellen römischen Religion. Auch die vegetarische Ernährungsweise war mehr als eine moralische Entscheidung oder die Wahl einer bestimmten Lebensart. Wenn sie auf Fleisch verzichteten, stellten sich die Vegetarier auf gefährliche Weise gegen die durch das Opfer repräsentierte soziale und kosmische Ordnung.

Wir würden von den praktischen Einzelheiten der pompejanischen Opfer gerne mehr wissen. Wie wurden sie finanziert? Wie viele Menschen wohnten ihnen bei? Hatten die *duoviri* in ihrem Gefolge *haruspices*, wie in der spanischen Charta erwähnt? Wie viele Leute nahmen an den Fleischmahlzeiten teil und wo fanden sie statt? In Rom wurden bei manchen Anlässen Tische auf dem Forum aufgestellt. Könnte das in Pompeji genauso gewesen sein? Wie viel von dem Fleisch wurde von den Metzgern verkauft? Und war es, wie einige moderne Historiker behaupten, wirklich so, dass alles Fleisch, das verzehrt wurde, von einem Opfer stammte? Ich glaube das eher nicht. Aber wenn das als *macellum* (»Markt«) bekannte Bauwerk hauptsächlich ein Fleischmarkt war, dann hätte es sich zumindest in angemessener Nähe zu den Haupttempeln der Stadt befunden.

Außerdem würden wir gerne mehr darüber wissen, wann und wie oft geopfert wurde. Man konnte einem Gott ein Opfer darbringen, um ein Gelübde zu erfüllen oder um die Götter nach einer Katastrophe zu besänftigen. Es konnte im Zeichen bedeutender Ereignisse oder Gedenktage stehen: der Thronbesteigung eines Kaisers, des Jahrestags einer Tempelgründung, des Amtsantritts neuer ziviler Magistrate oder des besonderen Fests eines Gottes. Aber darüber, wie oft genau die typische Tierschlachtung in großem Stil stattfand – anstelle der billigeren »Miniversion« in Gestalt von Wein, Weihrauch und Korn, die auf einem Altar verbrannt wurden –, können wir nur spekulieren.

Interessanterweise zeigte der Bildhauer, der den beim Erdbeben schwankenden Tempel des Iuppiter, der Iuno und Minerva darstellte, ein direkt daneben stattfindendes Opfer (vgl. Abb. 5): Es hat sich als sehr schwierig erwiesen, diesen typischen großen Altar, der offensichtlich mit der Skulptur eines Schweines geziert war, mit irgendeinem Monument auf dem Forum in Zusammenhang zu bringen. Man muss dieses Opfer aber nicht unbedingt als konkretes Ereignis verstehen, noch viel weniger ist anzunehmen, dass während des Bebens gerade ein Opfer dargebracht wurde. Viel wahrscheinlicher ist, dass der Bildhauer die verschiedenen Aktivitäten ins Bild setzen wollte, die das Leben der Stadt zum Zeitpunkt seines Stillstands symbolisierten. Was eignete sich für das Forum, neben dem Tempel, besser als ein großer Stier, der von einem Mann mit nacktem Oberkörper und einer Axt in der Hand zum Schlachtopfer geführt wurde?

Antike religiöse Feste konnten auch mit Spaß verbunden sein. Wir haben kaum eine Vorstellung davon, wie die Beteiligten, in Pompeji oder andernorts, auf das Töten der Opfertiere reagierten. Der Dichter Horaz machte sich einige sentimentale Gedanken über das Zicklein, das er opfern wollte (»morgen wird dir geopfert ein Bock, / dem die Stirn starrt von Hörnern / zum ersten Mal, Liebe und Kampf zu versprechen – / doch umsonst …«; Horaz, *Ode* 3,13; Übers. B. Kytzler). Aber Horaz war darin wohl kaum ein typischer Vertreter. Und in jedem Fall muss das anschließende Festessen eine fröhliche Feier gewesen sein. Auch an zahlreichen anderen Formen des Götterkults hatten die menschlichen Beteiligten großes Gefallen. Wir haben bereits einen Blick auf die Schauspiele, auf das Theater und den Pantomimus als Bestandteil des pompejanischen »Spaß und Spiele«-Programms geworfen. Diese Darbietungen kamen sehr häufig im Rahmen eines religiösen Festes auf die Bühne. Das Drama hatte in Italien ebenso wie in Griechenland seine Wurzeln in religiösen Feiern. Viele frühe »Theaterstücke« wurden auf den Tempelstufen improvisiert, wobei die Götter der Aufführung aus dem Tempelinneren zuschauten. In Pompeji ist das große Theater durch eine monumentale Treppe direkt mit dem Dreiecksforum und dem dort befindlichen Tempel der Minerva und des Herkules verbunden, was auch hier auf den religiösen Aspekt des Dramas hindeutet.

Zufällig sind wir über das pompejanische Fest zu Ehren des Gottes Apollo am besten informiert. Höchstwahrscheinlich gab es aber auch für zahlreiche andere Götter entsprechende Feste. Dank des erhaltenen Epitaphs des Aulus Clodius Flaccus (vgl. S. 269) haben wir eine kurze Beschreibung vom Ablauf der »Spiele zu Ehren Apollos«, die Flaccus als *duumvir* bei drei Anlässen finanzierte. Wir haben uns bereits mit einigen der hier gebotenen Spektakel befasst: Stier-, Boxkämpfen und Pantomimen. Sein Epitaph hebt auch die »Prozession« als Teil der Veranstaltung hervor. Prozessionen waren ein weiteres typisches Element der antiken Religion. Priester, unterschiedliche Magistrate, Vereine und die Vertreter besonderer Handwerke zogen durch die Straßen. Bisweilen zeigte man auch Götterbilder, die man eigens aus den Tempeln holte, oder irgendwelche andere Darstellungen, die auf Festwagen oder jenen tragbaren schulterhohen Podesten präsentiert wurden. Begleitet von Musik, von Weihrauchgaben und von (falls der Sponsor großzügig war) in die Zuschauermenge geworfenen Geschenken, stellten sich bei diesen Feierlichkeiten die Stadt, ihre Magistrate und ihre Götter – vor sich selbst – zur Schau.

Per Definition sind Prozessionen etwas Vorübergehendes und ihre Route durch die Stadt lässt sich schwer nachverfolgen. Wie sollte jemand aufgrund irgendwelcher materieller Überreste die Wege, die der Festzug des Londoner Lord Mayor oder einer königlichen Hochzeit nahm, rekonstruieren können? Nach einer Theorie war, wie bereits gesehen, die Straße, die vom alten Tempel über das Dreiecksforum zum Hauptforum führt – sie war weitgehend für den Verkehr gesperrt und frei von so anrüchigen Etablissements wie Wirtshäusern –, eine der wichtigsten Prozessionsstraßen der Stadt. Nach dieser Theorie bewegten sich die Umzüge zwischen dem alten religiösen Zentrum mit dem Tempel der Minerva und des Herkules und dem neuen Mittelpunkt, dem Tempel des Iuppiter, der Iuno und Minerva. Vielleicht war es so. Doch wie immer ihre genaue Route verlaufen sein mag (und sie dürfte je nach Anlass variiert haben), liefern uns Skulpturen und Gemälde einige Hinweise darauf, wie die Veranstaltungen ausgesehen haben könnten.

Im vorausgehenden Kapitel haben wir einen Blick auf die Prozession geworfen, die zu den Spielen im Amphitheater führte. Ein außergewöhnliches Gemälde auf der Fassade von dem, was wahrscheinlich eine Tischlerei war, genau gegenüber der Schenke in der Via di Mercurio, hält die Szene sogar noch anschaulicher fest. Die meisten der an der Außenmauer dieses Bauwerks entdeckten Bilder sind mittlerweile verloren. Wie aus frühen Kopien zu erschließen, war hier eine Göttertrias dargestellt – Merkur (er wird oft mit Handel und Gewerbe in Verbindung gebracht), Fortuna (die Göttin des Glücks) und Minerva (sie gilt stets als Schutzpatronin der Handwerker und des Gewerbes) –, außerdem Daedalus, der legendäre Erfinder, der vor allem für den Bau des Labyrinths für König Minos und die Konstruktion der Flügel berühmt ist, die seinem Sohn Ikarus den Tod brachten. Glücklicherweise aber war eines dieser Bilder vor langer Zeit von der Wand abgenommen und dem Museum von Neapel übergeben worden (vgl. Tafel 5). Es zeigt eines jener tragbaren Podeste (lat. *fercula*), das dem ähnelt, auf dem die Schmiede bei der Prozession zum Amphitheater zu sehen sind. Auch dieses Gestell wird von vier Personen getragen. Es muss schwer sein, da die Männer Stöcke benutzen, um sich darauf zu stützen, und es wirkt um einiges aufwendiger als das frühere – es hat ein Schutzdach und einen mit Blumen und Blattwerk geschmückten Rahmen.

Auf dem *ferculum* werden drei Figurengruppen präsentiert. Am hinteren Rand ist die Göttin Minerva dargestellt. Dieser Teil des Bildes ist stark beschädigt, aber ein Teil des Gewands und des Schildes, ihres Markenzeichens, sind noch zu erkennen. In der Mitte sind drei Zimmerleute bei der Arbeit, der eine behobelt offenbar ein Holzstück, die beiden anderen betätigen gemeinsam eine Säge. Die Szene im Vordergrund ist viel rätselhafter: Ein Mann in einer kurzen Tunika mit einem

Kompass in der Hand steht über einem auf dem Boden liegenden nackten Mann. Nach einer reizvollen Hypothese soll es sich bei der stehenden Figur wiederum um Daedalus und bei diesem Bildausschnitt mithin um irgendeinen Mythos über die Handwerkskunst der Zimmerer handeln. Aber wer ist die Gestalt auf dem Boden? Ist es eine von Daedalus gefertigte Statue? Oder ist es sein Neffe Perdix, den Daedalus aus Konkurrenzneid tötete, weil der clevere Bursche Kompass und Säge erfunden hatte? Das, was wir hier sehen, muss in jedem Fall ein Gemälde sein, das die Zimmerleute bei einer Prozession trugen – ob es nun einen bestimmten Handwerksbetrieb repräsentierte oder das gesamte städtische Zimmerhandwerk. Es ist einer der wenigen Anhaltspunkte für das, was bei der »Prozession« des Flaccus anlässlich der Apollo-Spiele zur Schau gestellt worden sein könnte.

Stieropfer, Prozessionen, Theateraufführungen – all dies sind Rituale, die die Stadt als ganze betrafen. Wie aber verhielt es sich in den Stadtbezirken oder im privaten Umfeld? Es gibt in der Tat viele Hinweise auf die Präsenz der Götter in einzelnen Stadtvierteln sowie in großen und kleinen Privathäusern. An vielen Kreuzwegen standen Kultschreine und Altäre, und eines der typischsten und am leichtesten zu identifizierenden Merkmale des pompejanischen Hauses sind Schreine, die wir heute mit dem lateinischen Wort *lararium*, Kultschrein der Laren oder Hausgötter, bezeichnen (der Begriff wurde im Lateinischen nicht verwendet und kam erst Jahrhunderte nach der Zerstörung Pompejis in Gebrauch). Manche von ihnen sind sehr aufwendig gestaltet und befinden sich im Atrium oder im Peristyl großer Häuser. Im Hause des tragischen Dichters etwa haben wir gesehen, dass der Blick des Besuchers quer durch das Haus direkt auf den Kultschrein an der Rückwand des Peristylgartens gelenkt wurde. Viele andere sind jedoch viel schlichter und sind oft in der Küche oder im Servicebereich untergebracht. Wenn die entsprechenden Schmuckkomponenten fehlen, kann es schwierig sein, eine gewöhnliche Abstellfläche oder Nische von solch einfachen »Schreinen« zu unterscheiden – und vermutlich waren einige dieser Elemente, die auf modernen Plänen ohne große Bedenken als *lararium* ausgewiesen sind, nichts weiter als eine Ablage für normale Haushaltsgegenstände.

Abb. 107. Dieser Hausschrein, *lararium*, aus dem Hause der Vettier gehört zu den eindruckvollsten, die auf die Nachwelt gekommen sind. Über der sich windenden Schlange flankieren die Laren (ähnlich wie die Miniaturversionen aus Bronze, vgl. Abb. 98) eine Gestalt in der Toga, vielleicht den Herrn des Hauses oder seinen »Schutzgeist«.

Einer der eindrucksvollsten dieser Schreine steht in dem kleinen Atrium des Hauses der Vettier (vgl. Abb. 107). Das Gemälde an der Rückwand zeigt viele der für diese *lararia* typischen Gestalten. Links und rechts sind die Laren zu sehen, die, in kurze Tuniken gekleidet, Trinkhörner und Weinkübel in Händen halten. Diese Miniaturgötter wurden oft mit dem Schutz und Wohlergehen des Hauses assoziiert, manchmal auch mit dem eines Wohnviertels (wenn sie als »Laren der Kreuzwege« auftreten). In einem Stück des Plautus sorgt ein Lar, der auf der Bühne den Prolog spricht, dafür, dass ein im Haus versteckter Topf Gold gefunden wird. Und es waren die Laren, vor denen die beiden Mitglieder des Haushaltes des Gaius Iulius Philippus ihr Ge-

Abb. 108. Eine Verehrergemeinde. Wir wissen nicht genau, von welcher Art die religiösen Rituale waren, die in einem pompejanischen Haus vollzogen wurden. Dieses etwas skizzenhafte Gemälde scheint auf eine gemeinschaftliche Zeremonie hinzudeuten. Denn neben der großen Gestalt eines Laren sehen wir eine Gruppe von Menschen, jungen und alten, die sich um einen Altar versammelt haben.

lübde für die wohlbehaltene Rückkehr ihres Herrn ablegten. Mit ihnen waren jedoch im Gegensatz zu den meisten anderen Gottheiten keine Mythen verbunden, und selbst die Römer diskutierten über ihre Geschichte und ihre göttliche Wesenheit.

Zwischen den Laren steht in der Bildmitte ein Mann in der Toga, die er, wie beim Opferakt, über den Kopf gezogen hat. Aus einem Kästchen in seiner Linken spendet er Weihrauch. Man würde ihn natürlich für den Herrn des Hauses (*paterfamilias*) halten, doch manche Archäologen wollen in ihm – aus meines Erachtens nicht sehr überzeugenden Gründen – eher den *genius* oder »Schutzgeist« des Hausherrn sehen. Es macht vermutlich keinen allzu großen Unterschied.

Jedenfalls opfert der Mann den Laren. Darunter windet sich eine prachtvolle Schlange: ein Symbol für Wohlstand, Fruchtbarkeit und den Schutz des Hauses (so die übliche Deutung).

Oftmals standen die Statuetten von Göttern und Göttinnen auf dem Bord des *lararium*. Manchmal sind die Laren selbst dargestellt, doch man hat noch sehr viele andere Gottheiten entdeckt – was uns vielleicht einen Einblick davon vermittelt, wer die Lieblingsgötter der Pompejaner waren (oder zumindest derjenigen unter ihnen, die reich genug waren, um sich Statuetten, meist aus Bronze, leisten zu können). Nach den Laren ist Merkur das verbreitetste göttliche Sujet, dicht gefolgt von den ägyptischen Gottheiten (auf die wir am Ende dieses Kapitels näher eingehen werden). Dann kommen Venus, Minerva, Iuppiter und Herkules, und zwar in dieser Reihenfolge.

Die große Frage ist, welches Ritual, wenn es denn eines war, an diesen Schreinen stattfand. An den Kreuzwegschreinen wurden, wie wir wissen, Opfer dargebracht, da man zumindest in einem von ihnen Aschespuren und verbrannte Überreste entdeckt hat. Sie wurden vermutlich von den »Vorstehern« und den »Kultdienern« durchgeführt, deren Namen auf ein paar in der Nähe gefundenen gemalten Listen (vgl. S. 288 f.) aufgeführt sind. Was die Privathäuser angeht: Nach einer weitverbreiteten Meinung kam, wenn der *paterfamilias* den Göttern opferte, die gesamte Hausgemeinschaft – Besitzer, Sklaven und andere Abhängige – regelmäßig am *lararium* zusammen. Das scheint jedoch wenig realistisch. Nicht nur, weil dies zu sehr an die viktorianische Gepflogenheit der Familiengebete erinnert, sondern weil sich der Schrein manchmal auch in einem so winzigen Raum befand, dass sich dort unmöglich viele Menschen aus der Hausgemeinschaft versammelt haben können. Gleichwohl dürfte eine solche Szene auf dem ungewöhnlichen Gemälde zu sehen sein, das direkt neben dem *lararium* eines kleinen Hauses (vgl. Abb. 108) entdeckt wurde.

Zwischen zwei riesigen Laren bringt ein *paterfamilias* an einem Altar ein Opfer dar. Es ist kein aufwendiges Tieropfer, zeigt aber wie die entsprechende Szene vom Forum einen Flötenspieler. Gleich hinter dem *paterfamilias* steht seine Frau, während zu seiner Rechten weitere 13 Personen dargestellt sind. Mit Ausnahme des kleinen Jungen im

Vordergrund nehmen alle, die rechte Hand auf der Brust, die gleiche Haltung ein. Wieder läuft man Gefahr, das Bild zu konkret zu interpretieren. Diese Menschenmenge kann mit Sicherheit nicht in den beengten Raum, in dem das Gemälde gefunden wurde, hineingepasst haben. Doch es muss auf ein mit dem *lararium* verbundenes Ritual hinweisen, an dem die Mitglieder des Haushalts teilzunehmen pflegten – und auf den förmlichen Gestus, der von ihnen während der Zeremonie erwartet wurde, das römische Gegenstück zum »Händefalten« beim Gebet.

Wie bei den Prozessionen hat man bei der Rekonstruktion des häuslichen religiösen Lebens das Problem, dass ein Ritual wie dieses sehr selten irgendwelche archäologische Spuren hinterlässt – die Aschereste sind eine glückliche Ausnahme. Nur sehr gelegentlich lässt sich aus den vor Ort gefundenen Relikten eine religiöse Aktivität erschließen. Hinter einem Haus stießen Ausgräber auf eine Grube mit Bauschutt, auf der sich oben ein mit *FULGUR* (»Blitz«) beschrifteter Ziegel befand. Könnte er Teil der Zeremonie gewesen sein, mit der die Götter nach einem Blitzeinschlag besänftigt werden sollten? Bei den kürzlich erfolgten Ausgrabungen des Hauses und der Schenke des Amarantus wurden im Boden weitere merkwürdige Gruben entdeckt, die sowohl aus den römischen wie auch aus den vorrömischen Nutzungsphasen dieses speziellen Grundstücks stammen. Die späteren Gruben enthielten Schafs- und Hühnerknochen sowie verkohlte Feigen und Pinienkerne, die früheren unter anderem ein neugeborenes Ferkel, einige Getreidearten, vollständige Früchte sowie Feigen- und Traubenkerne. Die Ausgräber sahen darin den Beweis für ein Tieropfer (manche der Ferkelknochen waren verbrannt und Messerspuren deuteten für sie darauf hin, dass ein Teil des Tieres verzehrt worden war), zudem wurden ganze Früchte und Getreide dargebracht, deren Überreste man dann feierlich vergraben hatte. Dies wäre mit anderen Worten einer der seltenen Hinweise auf religiöse Riten innerhalb des Hauses – sofern dies nicht wieder einer der Fälle ist, wo man nach dem altbekannten Scherz auf die »Religion« zurückgreift, um ungewöhnliche Dinge zu erklären, die einem sonst unverständlich bleiben.

Politik und Religion: Kaiser, Kultdiener und Priester

Die römische Religion war ein flexibles und expandierfähiges System. Neue Götter und Göttinnen wurden aus dem Ausland importiert. Tatsächlich lässt sich eine hübsche Parallele ziehen zwischen der Art, wie die Römer ehemalige Sklaven in ihre Bürgerschaft integrierten, und der Art, wie sie neue Götter in ihr Pantheon eingliederten. Neue Götter wurden aber auch unter sterblichen Männern rekrutiert: Die Grenzen zwischen Menschen und Göttern wurden gelegentlich überschritten. Nach dem römischen Mythos wurden sowohl Herkules wie auch Aeskulap als Sterbliche geboren. Doch so etwas war nicht auf den Mythos beschränkt. Auch viele römische Kaiser wurden zu Göttern.

Der Prozess war komplex und nahm in den verschiedenen Teilen der römischen Welt zu unterschiedlichen Zeiten und Anlässen jeweils eine andere Form an. Mitunter erhob der römische Senat einen Kaiser nach seinem »Tod« offiziell unter die Götter und gewährte ihm einen Tempel und eine eigene Priesterschaft. In manchen Provinzen galt die religiöse Verehrung des Kaisers zu seinen Lebzeiten als Beweis der Loyalität gegenüber Rom. Manchmal wurde der Kaiser lediglich mit einem Gott verglichen und mit »gottgleichen«, aber nicht mit denselben Ehren wie ein Gott bedacht. Nichts davon ist so undurchdacht (oder abwegig), wie es oft dargestellt wird. In Rom war der Unterschied zwischen Menschen und Göttern hauptsächlich eine Frage der Macht. Es musste beinahe zwangsläufig eine Debatte darüber geben, wo in diesem Spektrum der allmächtige Alleinherrscher der römischen Welt seinen Platz hatte. Anders ausgedrückt: Wenn Götter gleichsam wie überdimensionierte *duoviri* betrachtet werden konnten, dann konnte oder musste der unendlich mächtigere Kaiser als Gott gesehen werden. Kurzum, die göttliche oder quasigöttliche Macht war eine Möglichkeit, die menschliche Autokratie zu verstehen und zu repräsentieren.

Die Kaiser und die römische Oberschicht konnten diesen religiösen Aspekt der kaiserlichen Macht auf alle möglichen Arten nutzen. Und so wie der »Kaiserkult«, wie er heute oft bezeichnet wird, als hilfreich galt, um die Loyalität der Provinzgemeinden in die rechten Bahnen zu lenken, so sorgte der erste Kaiser, Augustus, dafür, dass er höchstpersönlich in die nachbarschaftlichen religiösen Organisationen Roms Eingang fand. In die traditionelle Verehrung der »Laren der Kreuzwege« wurden die »Laren des Kaisers« mit einbezogen, um jene Sklaven und Ex-Sklaven, die die wichtigsten Teilnehmer an diesen lokalen Kulten waren, noch enger an das Kaisertum zu binden. Dennoch wurde über die Vorstellung, dass der Kaiser ein Gott sei, auch reichlich gescherzt und gewitzelt. Eine Satire über den Tattergreis Claudius, der versucht, im Himmel seinen Platz einzunehmen, die *Apocolocyntosis*, vielleicht ein Werk des Philosophen Seneca, ist einer der komischsten lateinischen Texte, die auf die Nachwelt gekommen sind. Und auf dem Totenbett soll Kaiser Vespasian über sich selbst gespöttelt haben: »Ach je«, sagte er, »ich glaube, ich werde jetzt ein Gott.«

Wie hat sich die Vergöttlichung der Kaiser auf die Stadt Pompeji ausgewirkt? Ganz wie in Rom sickerte der Kaiserkult in alle möglichen traditionellen Formen der Religion (manchmal wurde dabei auch kräftig nachgeholfen). Die Verschmelzung der Fortuna mit der Macht des Kaisers im Tempel des Marcus Tullius ist dafür ein typisches Beispiel. In Pompeji fehlen direkte Hinweise darauf, dass wie in Rom die Verehrung der vergöttlichten Kaiser zusammen mit den Kreuzwegkulten vollzogen wurde. Aber eine Reihe aufschlussreicher Inschriften zeigt, wie andere traditionelle Gottheiten durch die Gegenwart des Kaisers letztlich verdrängt werden konnten. Irgendwo in der Stadt – wo, wissen wir nicht – muss es ein Heiligtum für den Gott Merkur und seine Mutter Maia gegeben haben. Was sich von ihrem Kult erhalten hat, sind etliche Tafeln, die mit genauem Datum die Weihgaben verzeichnen, die die Kultvorsteher, überwiegend Sklaven und Ex-Sklaven, darbrachten. Auf den frühesten dieser Tafeln berichten sie von Weihgaben nur für Merkur und Maia (oder beschreiben sich als Diener nur von Merkur und Maia). Dann kommt der Kaiser Augustus hinzu: »Diener des Augustus, des Merkur und der Maia.« Nach dem Jahre 2 v. Chr. ist nur noch von Augustus die Rede. Bei keiner der späteren Weihgaben wird das ursprüngliche Götterpaar erwähnt.

Auch völlig neue kaiserliche Elemente fanden in die lokale Religion Eingang, neue Priester eingeschlossen. Wie wir bereits festgestellt haben, kamen die wichtigsten Priester der Stadt aus den Reihen der Oberschicht, Teilzeitmagistrate, die für die religiösen Angelegenheiten des Staates zuständig waren – manchmal dürften sie die Opfer geleitet, manchmal den Stadtrat hinsichtlich religiöser Entscheidungen und Aktivitäten beraten haben. Wie aus der Erwähnung eines »Priesters des Mars« zu erschließen, waren sie wohl einzelnen Göttern zugewiesen. Andere waren seit der Gründung der römischen Kolonie Mitglieder von dem, was sich nach dem in der Stadt Rom praktizierten Modell als »Priesterkollegien« bezeichnen lässt. Wir wissen von *augures*, die nach römischem Vorbild u.a. mit der Deutung göttlicher Zeichen befasst waren. Außerdem gab es *pontifices*, deren Aufgabe es war, in Fragen des Religionsrechts, des Kalenders und der Bestattungsriten Rat zu erteilen. Frauen wirkten, ausnahmsweise eine offizielle Funktion bekleidend, als staatliche Priesterinnen der Venus und Ceres. Die wohlhabende Eumachia war eine solche »staatliche Priesterin«, ebenso wie Mammia. Über ihre genauen religiösen Pflichten sind wir nicht informiert. So ist ungewiss, ob römische Frauen tatsächlich Opfer durchführen durften. Aber sie verfügten mit Sicherheit über ein beträchtliches Vermögen und finanzierten öffentliche Bauten. Wie wir einer fragmentarischen Inschrift haben entnehmen können, stand Eumachias stattliches Gebäude auf dem Forum neben einem, das Mammia gestiftet hatte.

Außerdem gab es noch eine Priesterschaft des regierenden Kaisers, die sich aus den prominentesten Bürgern, darunter Marcus Holconius Rufus, rekrutierte. Zu ihren Aufgaben muss es gehört haben, anlässlich wichtiger Ereignisse und Gedenktage des Kaiserhauses ein Opfer darzubringen. Doch wahrscheinlich war das kaiserliche Priesteramt auch der schnellste Weg, um von der imperialen Hierarchie in der Hauptstadt wahrgenommen zu werden. Weit unterhalb dieser Stufe angesiedelt waren die *Augustales*, die zwar noch viele andere Funktionen in der Stadt ausübten, darüber hinaus aber, wie ihr Name andeutet, auch für den Kaiserkult mitverantwortlich gewesen sein dürften.

Man errichtete auch neue Kultschreine oder Tempel. Neben dem

Tempel der Fortuna Augusta gab es im Osten des Forums einen weiteren, speziell dem Kaiserkult gewidmeten Tempel. Aus diesem stammt der Altar mit der Opferszene. Und es ist dieser Altar, der die Verbindung mit dem Kaiser Augustus bezeugt: Die Darstellung auf der Rückseite zeigt zwei der Ehrungen (Eichenkranz und Lorbeer), die Augustus im Jahre 29 v.Chr. vom Senat zuerkannt wurden. Auch weist das Gesicht des Opfernden eine mehr als flüchtige Ähnlichkeit mit ebendiesem Kaiser auf. So brachten vermutlich hier die Priester des Kaiserkultes dem Herrscher ihre Opfer dar.

Der Kaiser, so der generelle Eindruck, nahm in der religiösen Welt Pompejis also einen immer größeren Platz ein. Aber vielleicht nicht einen *ganz* so großen, wie von manchen Wissenschaftlern heute behauptet. Es ist wohl keine Überraschung, dass die Archäologen und Historiker, je stärker sie sich für den römischen Kaiserkult interessieren, auf Schritt und Tritt desto mehr konkrete Überreste ausfindig machen. Einfach gesagt: Man entdeckt gewöhnlich das, wonach man sucht. In Pompeji führte diese Begeisterung im Verein mit dem Mangel an ausreichenden Hinweisen auf die Funktion mehrerer Bauwerke im Osten des Forums dazu, dass wenigstens drei der Gebäude oder Gebäudeteile dem Kaiserkult zugeschrieben wurden.

Das betrifft nicht nur den Tempel mit dem Altar. Gleich daneben befindet sich ein Bau, der ohne ersichtlichen Grund oft als »kaiserliches Kultgebäude« etikettiert wird (die Alternativvorstellung, es sei eine Bibliothek gewesen, erscheint mir allerdings auch nicht besser). Außerdem soll sich hinter dem *macellum* ein weiteres kaiserliches Heiligtum befunden haben. Diese Annahme beruht hauptsächlich auf der im 19. Jahrhundert gemachten Entdeckung eines Marmorarms mit einer Kugel (ein Symbol für den Kaiser?) und zweier Statuen, die von manchen als Mitglieder der kaiserlichen Familie gedeutet werden – andere dagegen (es ist halt sehr schwierig, Gesichtern Namen zuzuordnen) halten sie für zwei einheimische Granden. Damit noch nicht genug: Nach Meinung einiger fantasievoller Wissenschaftler war der Betonklotz in der Mitte der Piazza der Sockel eines dem Kaiser geweihten großen Altars.

Wenn das alles zuträfe, könnte man das pompejanische Forum des

Jahres 79 n.Chr. nur als ein Denkmal der dynastischen und politischen Loyalität ansehen, dessen Ausmaße den autoritärsten Einparteiensysteme der modernen Welt imponieren würden. Glücklicherweise gibt es dafür nicht den geringsten Anhaltspunkt.

Mächtige Isis

Gab es in Pompeji Christen? Im Jahre 79 ist das nicht unwahrscheinlich. Aber wir haben keinen sicheren Beweis für ihre Existenz, mit Ausnahme eines üblichen römischen Wortspiels. Dabei handelt es sich um eine jener cleveren, aber ziemlich nichtssagenden Zeichenketten, die man vorwärts wie rückwärts lesen kann. Es ist (fast) ein Anagramm von PATER NOSTER (»Vater unser«), das zweimal überschrieben worden ist; außerdem gibt es zweimal das Buchstabenpaar A und O (wie das christliche »Alpha und Omega«). Manche spätere Beispiele desselben Spiels scheinen tatsächlich einen Bezug zum Christentum zu haben. Das oben erwähnte kann ebenfalls in diese Reihe gehören – oder auch nicht. Das mit Holzkohle geschriebene Graffito, das angeblich das Wort »Christen« aufwies, jetzt aber fast völlig verblasst ist, ist höchstwahrscheinlich eine Ausgeburt frommer Fantasie. Die Präsenz von Juden ist eindeutiger bezeugt. Man hat zwar keine Synagoge ausgegraben, aber es gibt zumindest eine Inschrift auf Hebräisch, ein paar mögliche Bezugnahmen auf die jüdische Bibel, darunter den berühmten Hinweis auf Sodom und Gomorra (vgl. S. 39), und etliche, vermutlich jüdische Namen – nicht zu vergessen das koschere *garum* (vgl. S. 38 f.).

Jenseits der Traditionen, auf die wir bereits einen Blick geworfen haben, standen den Pompejanern noch weitere religiöse Optionen offen. Bereits im 2. Jahrhundert v.Chr. gab es in Italien Religionen, die eine ganz andere Art der religiösen Erfahrung ermöglichten. Sie implizierten häufig Initiationsriten und die Art persönlichen emotionalen Engagements, das in der herkömmlichen Religion keine wesentliche Rolle spielte. Oftmals boten sie den Initiierten die Hoffnung auf ein Weiterleben nach dem Tod. Auch dies war in der traditionellen

Religion von untergeordneter Bedeutung: Die Toten lebten als Schatten weiter und konnten an ihren Gräbern von frommen Nachkommen Gaben empfangen – aber es war gewiss keine sehr erstrebenswerte Existenz. In jenen anderen Religionen dienten gewöhnlich Priester, gelegentlich auch Priesterinnen, für die dies mehr oder weniger ein Fulltime-Job war, die ihre Anhänger pastoral betreuten und – anders als die *augures* und *pontifices* in Pompeji – ein spezifisch religiöses Leben führten. Bisweilen trugen sie z.B. besondere Kleidung oder hatten den Kopf geschoren. Sie stammten häufig aus dem Ausland oder hoben sich zumindest mit eindeutig fremdländischen Symbolen von den anderen ab.

Es ist ein Leichtes, von diesen Religionen ein verzerrtes Bild zu zeichnen, ebenso einfach ist es, sie zu idealisieren. Weder waren sie die direkten Vorläufer des Christentums noch standen sie in völliger Opposition zur traditionellen Religion, verfolgten somit auch nicht das Ziel, den Menschen die emotionale und spirituelle Befriedigung zu verschaffen, die ihnen Iuppiter, Apollo usw. nicht geben konnten. Ihre Anhänger waren auch nicht überwiegend Frauen, Sklaven und andere benachteiligte Gruppen, die von der Aussicht auf ein glückseliges Leben nach dem Tode angezogen wurden, mit dem ihre erbärmlichen Lebensbedingungen im Hier und Jetzt ausgeglichen würden. Diese Religionen waren durchaus Teil des römischen Polytheismus, sie standen nicht außerhalb dieses Systems, mögen ihre Beziehungen zu den römischen Staatsbehörden auch wechselvoll und manchmal schwierig gewesen sein. So hatte beispielsweise der Kult des Bacchus (oder des Dionysos) und der östlichen Göttin Kybele (auch »Große Mutter« genannt) sowohl eine staatliche als auch eine eher mystische Variante. Der mystische Initiationskult des Bacchus wurde im Jahre 186 v.Chr. von den römischen Autoritäten stark eingeschränkt und fast mit einem totalen Verbot belegt. Priester der ägyptischen Gottheit Isis wurden mehrmals aus Rom vertrieben, doch der spätere Isis-Kult wurde von römischen Kaisern offiziell gefördert.

Mehrere dieser Religionen waren in Pompeji vertreten, auch wenn sie nicht streng durchorganisiert waren. Wir haben bereits einen Blick auf die Fresken in der Mysterienvilla geworfen, die – wiewohl rätsel-

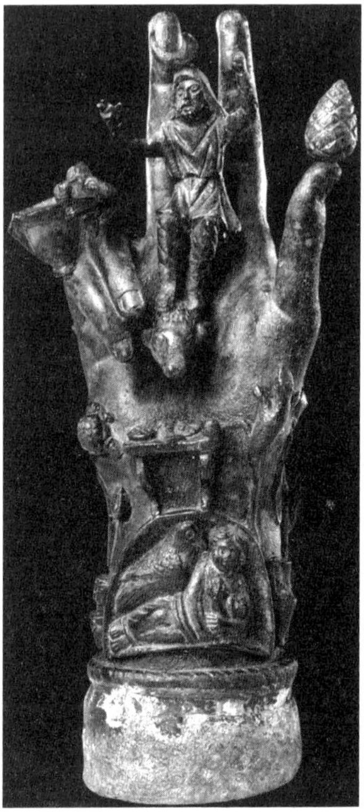

Abb. 109. Hände aus Bronze wie dieses in Pompeji gefundene Exemplar werden häufig mit dem östlichen Gott Sabazius assoziiert. Ihre Bedeutung und Verwendung sind unklar, immerhin ist die Hand mit Kultsymbolen (wie dem Pinienzapfen an der Daumenspitze) geschmückt. Nach einer Theorie wurden diese Hände auf Stangen aufgepflanzt und möglicherweise in Prozessionen mitgeführt.

haft und nicht vollständig zu deuten – sicherlich einige Aspekte des Bacchus-Kultes heraufbeschwören: die Offenbarung geheimnisvoller Dinge und das unbestimmte Gefühl, dass der Eingeweihte ein Martyrium auf sich nehmen muss. In einem Haus unweit des Amphitheaters förderte man verschiedene, mit dem Kult des östlichen Gottes Sabazius verbundene Objekte zutage (vgl. Abb. 109) – ob allerdings, wie oft behauptet, das Haus ein echtes Heiligtum des Gottes war, ist umstritten. Doch die bei weitem bedeutendste dieser Religionen in Pompeji war die Verehrung der Isis und anderer ägyptischer Gottheiten.

Isis hatte vielerlei Facetten, angefangen bei der Schutzherrin der Seefahrer bis hin zur Göttermutter. Doch ein wesentliches Element in

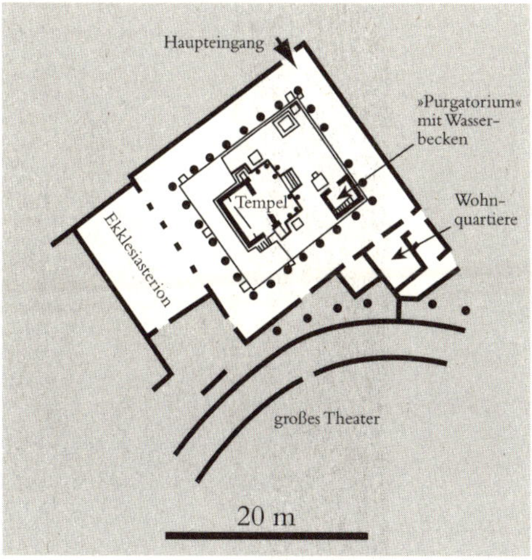

Plan 20. Der Isis-Tempel. Anders als die traditionellen Staatskulte in Pompeji verfügte der Isis-Tempel über einen Raum für die Verehrergemeinde und vermutlich über Wohnquartiere für die Priester.

ihrem Mythos war die Tatsache, dass sie ihren Ehemann Osiris, der von seinem Bruder Seth umgebracht und zerstückelt worden war, wieder zum Leben erweckt hatte. Isis setzte seinen Körper wieder zusammen und wurde später sogar von ihm schwanger – mit dem Horus-Kind. Ihre Geschichte und ihr Kult boten die Hoffnung auf ein Leben nach dem Tode. Etwas von der Anziehungskraft dieser Religion auf römische Anhänger ist in Apuleius' Roman, *Der goldene Esel* (2. Jahrhundert n.Chr.), eingefangen. Hier wird der Erzähler Lucius nach einer Reihe gefährlicher Abenteuer schließlich in den Isis-Kult eingeweiht. Er beschreibt den Beginn dieses Prozesses: rituelle Waschung, Abstinenz (weder Fleisch noch Wein), Geschenke von anderen Gläubigen, ein neues Leinengewand. Aber natürlich enthüllt er nicht das letzte Geheimnis: »Du fragst mich vielleicht recht voller Spannung, eifriger Leser, was dann gesprochen, was getan wurde. Ich würde es dir sagen, wenn ich's sagen dürfte; du würdest es erfahren, wenn du's hören dürftest. Aber gleiche Schuld würden sich die Ohren wie die Zunge zuziehen für diese ruchlose Neugier.« Im folgenden macht er dann aber doch deutlich, dass die Religion die Überwindung des Todes verspricht: »Ich bin an die Grenze des Todes gekom-

Abb. 110. Der kleine Isis-Tempel nimmt die Fantasie der heutigen Besucher noch genauso gefangen wie die der Besucher des 18. Jahrhunderts. Da er zur Zeit des Vulkanausbruchs voll funktionstüchtig war und in den nachfolgenden Jahren nicht geplündert wurde, stellt er auf sehr anschauliche Weise dar, wie ein religiöses Zentrum in der Stadt aussah.

men [...] durch alle Elemente bin ich gefahren und dann zurückgekehrt« (Übers. R. Helm).

Der Isis-Tempel in Pompeji ist eines der am besten erhaltenen und am wenigsten geplünderten Bauwerke der Stadt (vgl. Plan 20). Auf einem kleinen Grundstück gleich neben dem großen Theater gelegen, das ihn um einiges überragt, war er unlängst komplett wiederaufgebaut worden und im Jahre 79 n. Chr. voll funktionstüchtig. Von der Straße war er durch eine hohe Umfassungsmauer abgeschirmt, in die ein über zwei Stufen zu erreichender Haupteingang mit einer großen Holztür gebrochen war. Von ihr war noch so viel erhalten, dass die Ausgräber des 18. Jahrhunderts sehen konnten, dass sie dreigeteilt war. Normalerweise war wohl nur der mittlere Teil geöffnet, doch bei festlichen Anlässen dürfte die Tür weit offen gestanden haben.

Die Tür öffnete sich auf einen Säulenhof (vgl. Abb. 110). In der Mitte befand sich ein kleiner Tempel, umgeben von anderen Bauelementen und weiteren an den Hof angrenzenden Räumen. Der Tempel war aus Ziegel und Stein erbaut, sein Äußeres mit Gips verputzt und bemalt. Die Hofwände waren fast durchgehend mit Fresken versehen. Entlang dieser Wände sowie in den Tempelnischen befanden sich Statuen. Prompt stoßen wir hier wieder auf das alte Problem der Zuordnung und Rekonstruktion. Archäologen untersuchen diese Überreste nun schon seit Jahrhunderten und bemühen sich, sie mit dem, was antike Autoren über die Rituale und die Organisation des Isis-Kultes geschrieben haben, in Einklang zu bringen und die verschiedenen Teile zu benennen. So wird etwa der große Raum im Westen mit dem griechischen Begriff *ekklesiasterion* (»Versammlungsraum«) bezeichnet und gilt als der Ort, wo sich die Eingeweihten trafen. Das mag so gewesen sein. Die wesentliche Frage aber ist, wie sich dieser Komplex von den üblichen staatlichen Tempeln der Stadt unterscheidet und ob die verschiedenen Schmuckelemente und Funde in den einzelnen Bereichen auf unterschiedliche Funktionen schließen lassen.

Das erste, was Beachtung verdient, ist die Tatsache, dass die Anlage nicht für die Allgemeinheit offen stand und dass hier nicht jedermann willkommen war. Dies war eine Religion für Eingeweihte. Zweitens entsprach das Gebäude eher einem religiösen Gemeindehaus, in dem möglicherweise auch ein oder zwei Priester wohnten. Ob der Versammlungsraum nun tatsächlich für die Treffen der Kultmitglieder genutzt wurde oder nicht, hier gab es jedenfalls Räume, in denen Leute zusammenkommen und gemeinsam etwas tun konnten. Ferner befanden sich hier ein großes Esszimmer und eine Küche sowie Kammern, in denen man schlafen konnte. Wie wir andernorts gesehen haben, war die Beleuchtung ein Problem. In einem der hinteren Abstellräume wurden 58 Terrakotta-Lampen entdeckt.

Die genaue Funktion einiger Gebäudeteile ist hinreichend klar. Der Tempel selbst beherbergte ursprünglich die Kultstatuen von Isis und Osiris. Diese wurden allerdings nicht an ihrem eigentlichen Platz, auf dem Podium im Tempelinneren, gefunden. Doch ein prächtiger Marmorkopf, der im sogenannten *ekklesiasterion* in der Nähe anderer Marmorgliedmaßen (eine linke Hand, eine rechte Hand plus Arm und zwei Fußspitzen) entdeckt wurde, könnte ein Relikt der akrolithischen Kultstatue des Tempels gewesen sein. Der Altar des Tempels steht draußen im Hof und ihm gegenüber befindet sich ein kleines quadratisches Gebilde, das auf ein in den Boden eingelassenes Becken hindeutet. Ob die Archäologen recht haben oder nicht, wenn sie ihm den Namen *purgatorium* geben, sei dahingestellt; sehr wahrscheinlich verweist es auf die große Bedeutung der Waschungen und Reinigungen, die uns in antiken Diskussionen über Isis-Rituale begegnen. Und dafür war beileibe nicht jedes Wasser geeignet. Zumindest theoretisch badeten die Eingeweihten in eigens importiertem Nil-Wasser.

Was immer dort stattgefunden haben mag, durch die Art der dekorativen Ausgestaltung unterschieden sich sowohl das *ekklesiasterion* als auch der Raum daneben von allem anderen. Der Hof war mit ein paar Szenen der spezifisch ägyptischen Religion ausgeschmückt, aber vieles davon war anscheinend für den Tempelkult oder den Isis-Mythos nicht sonderlich relevant. Im Gegensatz dazu ist die Atmosphäre in jenen beiden Räumen eindeutig ägyptisch. Im »Versammlungsraum« befanden sich ursprünglich mindestens zwei große mythologische Tafelbilder. Eines davon war ein perfekter symbolischer Willkommensgruß für die neu in die Gemeinschaft Aufgenommenen: Es zeigt die griechische Heroine Io, die, auf der Flucht vor der Göttin Hera, von Isis höchstpersönlich in Ägypten empfangen wird (vgl. Tafel 18). Der andere Raum präsentiert Bilder mit Emblemen der Isis, mit der Göttin selbst und ihren Ritualen. Neben den 58 Lampen gab es hier eine Fülle verschiedener Kultgegenstände und ägyptischer Memorabilien, angefangen bei einer kleinen Sphinx bis hin zu einem eisernen Dreifuß.

Der generelle Eindruck ist der einer bunten kulturellen Mischung. Hier beispielsweise finden sich normale klassische Porträts (wie die Bronze des Pantomimen Norbanus Sorex) und Skulpturen traditio-

Abb. 111. Eine hübsche Illustration für den – die Traditionen Ägyptens, Griechenlands und Roms überspannenden – kulturellen Mix, wie er sich im Isis-Kult in Pompeji darstellt. Dieses Gemälde aus dem 19. Jahrhundert zeigt eine Statue der Göttin, die ägyptische Symbole in Händen hält. Doch die Figur selbst erinnert eindeutig an den Stil der früheren griechischen Plastik.

neller Gottheiten wie der Venus direkt neben »echten« ägyptischen Gegenständen, etwa einer mit Hieroglyphen beschrifteten Tafel, die aus dem Ägypten des 4. Jahrhunderts v. Chr. stammt – vermutlich sollte sie das »authentische« Ägypten heraufbeschwören. Dieser Mix zeigt sich auch in dem am besten erhaltenen Bildnis der Isis, das in diesem Komplex gefunden wurde (vgl. Abb. 111). Diese Statue wurde im 1. Jahrhundert n. Chr. in einem Skulpturenstil geschaffen, der mehrere 100 Jahre früher für die griechische Plastik charakteristisch war. Ägyptisch ist an ihr nichts außer der typischen Klapper (*sistrum*), die sie in der einen Hand hält, und dem Ankh, dem ägyptischen Kreuz, das sie einst in der anderen hielt. Man kann sich kaum des Eindrucks erwehren, dass sich dieser Kult völlig sicher zwischen zwei Extremen bewegte: zwischen der traditionellen Verankerung im bürgerlichen Italien und der mystischen ägyptischen »Andersartigkeit«. Diese Botschaft vermitteln auch alle jene ägyptischen Gottheiten, die sich im *lararium* eines Privathauses den Platz mit kleinen Figuren der Laren, des Herkules oder des Merkur teilen.

Die traditionellen Aspekte des Isis-Kults illustriert die Inschrift über dem Haupteingang, die auf die Restaurierung Bezug nimmt. Sie lautet: »Numerius Popidius Celsinus, Sohn des Numerius, baute den Tempel der Isis, der beim Erdbeben eingestürzt war, auf eigene Kosten wieder auf; zum Dank für seine Großzügigkeit nahmen die Dekurionen ihn ohne Entgelt in den Stadtrat auf, obwohl er erst sechs Jahre alt war.« Im Tempel gibt es noch weitere Beweise für die Wohltätigkeit dieser Familie. Celsinus' Vater, »Numerius Popidius Ampliatus der Ältere« stiftete eine Bacchus-Statue. Ihre Namen waren auch in den schwarz-weißen Mosaikfußboden des *ekklesiasterion* eingelassen, zusammen mit dem der Corelia Celsa (vermutlich der Ehefrau und Mutter).

Wie wir bereits gesehen haben, nutzte der ältere Popidius anscheinend die Restaurierung dieses Tempels, um seinem kleinen Sohn den Weg in die politische Elite Pompejis zu ebnen. Wir wissen zwar nicht mit Sicherheit, ob Popidius Ampliatus ein ehemaliger Sklave und daher von einem politischen Aufstieg in der Stadt ausgeschlossen war, doch ein Mann dieses Namens erscheint unter den »Kultdienern des Augustus«, die sich überwiegend aus Sklaven oder Ex-Sklaven rekrutierten. So spricht sehr vieles dafür. Von größerem Interesse ist indes die Tatsache, dass sich der Wiederaufbau des Isis-Tempels so nahtlos in das Spiel großzügiger Wohltätigkeit einfügt, das in Pompeji für die Beförderung in ein städtisches Amt charakteristisch war. Der Initiationskult der Isis mochte in mancherlei Hinsicht fremd und seltsam gewesen sein, aber er war – und darauf kam es an – ein öffentlicher Kult, der sich auf öffentlichem Grund und Boden vollzog, und stellte für den gesellschaftlichen Aufstieg ein ebenso probates Mittel dar wie der Kult der Fortuna Augusta. Für die Pompejaner war Isis eine von mehreren religiösen Optionen.

In den 1760er Jahren gehörte der Isis-Tempel zu den ersten Bauwerken, die man in Pompeji vollständig ausgegraben hat. Es war ein glücklicher Fund, der die Fantasie europäischer Reisender sofort gefangen nahm. Zwar fanden ihn einige Miesmacher enttäuschend klein, doch für die meisten hatte er einen doppelten Reiz: Er bot Einblick sowohl in das antike Ägypten als auch in das antike Rom. Als exotischer und ein wenig unheimlicher Bau lieferte er Mozart, der Pompeji im Jahre 1769 besuchte, etliche Anregungen für die *Zauberflöte*. 50 Jahre später inspirierte er Bulwer-Lytton zu der Figur des gemeinen hinterhältigen Schurken in seinem Roman *Die letzten Tage von Pompeji*, des Ägypters Arbaces – den er mit allen erdenklichen rassistischen Klischees ausstattete. Aber der Tempel lieferte auch die Folie für noch mächtigere Mythen. Es war nämlich der makellose, fast ursprüngliche Zustand des Tempels, der zur Entstehung unseres Mythos von Pompeji mit beitrug, des Mythos einer Stadt, die jäh aus dem Leben gerissen wurde.

Tatsächlich brannte hier noch das letzte Opfer auf dem Altar, als der Bimssteinregen herniederging. So heißt es jedenfalls.

Epilog

Stadt der Toten

Asche zu Asche

Frühe Besucher der Ruinen von Pompeji betraten die Stadt über ihre Friedhöfe. Wir kaufen heute unsere Eintrittskarten, Stadtpläne, Führer und Wasserflaschen in einem modernen »Besucherzentrum«, das ebenso gut der Eingang zu einer belebten Bahnstation wie zu einer begrabenen Stadt sein könnte. Unsere Vorgänger aus dem 18. Jahrhundert folgten gewöhnlich einer der in die Stadt führenden antiken Straßen, die von eindrucksvollen und anrührenden Gedenksteinen für die Toten gesäumt waren.

Die Römer hielten die Toten aus ihren Städten fern. Im Stadtzentrum oder innerhalb der Dörfer gab es keine Friedhöfe, die den Toten einen Platz im alltäglichen Leben einräumten. Genauso wie in Rom lagen auch in Pompeji die Grabdenkmäler früherer Generationen an den Straßen jenseits der Stadtmauern. Antike Reisende gelangten in die Stadt, nachdem sie an den oft imposanten Residenzen jener Menschen vorbeigekommen waren, die Jahrzehnte, vielleicht sogar Jahrhunderte vor ihnen gelebt hatten. Denn obwohl man in der Blütezeit Pompejis (zumindest seit der Ankunft der römischen Siedler im frühen 1. Jahrhundert v. Chr.) die Toten üblicherweise einäscherte, wurden ihnen trotzdem sehr ausgefallene Denkmäler errichtet. Die kleinen Urnen mit der Asche der Toten wurden in ein großartiges Ambiente eingebettet – hier gab es Altäre, elegante halbrunde Sitze oder Bänke (geeignete Ruheplätze auch für die Lebenden), mehrstöckige Grabbauten mit Säulen und Statuen der Verstorbenen.

Auf diese Weise wurden die frühen Touristen auf ihren Besuch eingestimmt. Pompeji war eine Stätte der menschlichen Tragödie, eine Stadt der Toten. Die Grabmäler, die sie bei ihrer Besichtigung als Erstes sahen (mögen sie auch denen gehört haben, die wahrscheinlich friedlich in ihrem Bett gestorben waren), boten Anlass, über die Vergänglichkeit der menschlichen Existenz nachzusinnen und darüber, dass wir alle, ob hoch oder niedrig gestellt, sterben müssen. Staub zu Staub und – für Pompeji angemessen – Asche zu Asche.

Aber natürlich gab es im antiken Pompeji hinsichtlich der Toten und der Art, wie man ihrer gedachte, enorme Unterschiede. Die Grabmäler spiegelten genau jene Hierarchien und Ungleichheiten, die uns im Leben der Stadt wiederholt begegnet sind. Wir haben bereits gesehen (vgl. S. 8–10), dass die kleine Gruppe gescheiterter Flüchtlinge, die etwa 500 Sesterze bei sich hatten, ironischerweise gleich neben dem Grab des Marcus Obellius Firmus umkam, eines Ädilen und *duumvir*, dessen Bestattung allein zehnmal so viel gekostet hatte. Seine Begräbnisstätte war typisch für die eindrucksvolleren Anlagen, wenn sie auch bei weitem nicht die prachtvollste war: eine einfache gemauerte Einfriedung, in der die Urne beigesetzt war, daneben ein Rohr aus Terrakotta, das die Gaben, die dem Toten von seinen Nachkommen dargebracht wurden, weiterleiten sollte. Die meisten Römer hatten, wenn sie nicht von den optimistischeren Ansichten einiger der neueren Religionen überzeugt waren, anscheinend ein ziemlich verschwommenes und trostloses Bild von dem, was nach dem Tode zu erwarten war. Dennoch konnten sie, wie hier, die Mühe auf sich nehmen, ihre Vorfahren mit etwas Nahrung zu versorgen – wie oft das Rohr Verwendung fand, entzieht sich allerdings unserer Kenntnis.

Anderer Mitglieder der pompejanischen Oberschicht, Männern wie Frauen, wurde mit protzigeren Monumenten als dem des Obellius Firmus gedacht. Tatsächlich ist das Grab der Priesterin Eumachia das größte, das bisher freigelegt wurde. Es erhebt sich hoch über der Straße auf einer eigenen Terrasse und ist mit einer Marmorskulptur geschmückt: Die dargestellten Amazonen (mythische Kriegerinnen) werfen – so muss es uns heute erscheinen – ein ironisches Licht auf das Geschlecht der Priesterin. Dort befindet sich neben den Grabstellen der Eumachia und einiger ihrer Verwandten und Kultdienerinnen auch ein großer Sitzbereich. Auf manchen Gedenkstätten waren die Ehren oder Wohltaten der Verstorbenen sowohl in Bildern als auch in

Abb. 112. Gräberstraße. Dieser Kupferstich zeigt den früheren Zugangsweg zur Stadt. Wenn die Besucher die Stadt durch die Porta Herculanea betraten, fiel ihr Blick als Erstes auf die Grabdenkmäler. Rechts ist gerade noch das halbkreisförmige Monument der Priesterin Mammia zu erkennen – dieses Grab wird von Goethe in seinem Bericht eines Pompeji-Besuchs besonders hervorgehoben.

Worten festgehalten. Wir haben bereits einen Blick auf das sorgfältig gemeißelte *bisellium*, den Ehrensitz, auf dem Grab des *Augustalis* Gaius Calventius Quietus geworfen (vgl. Abb. 72), eine stolze Betonung des gesellschaftlichen Status, wie sie sonst nur den reichsten aristokratischen Großgrundbesitzern anstand. Andere Monumente zeigen Skulpturen oder Gemälde von Gladiatorenkämpfen – sie sollten vermutlich die Veranstaltungen repräsentieren, die der Tote zu seinen Lebzeiten finanziert hatte.

Viele dieser Grabmäler wurden mit den üblichen volkstümlichen Graffiti beschmiert oder mit Werbeplakaten für Spiele und Shows versehen. Ihre glatten Wände dürften ein geeigneter Platz gewesen sein, um an einer gut sichtbaren Stelle am Straßenrand Botschaften und

Anzeigen zu hinterlassen. Man kann sich jedoch des Eindrucks kaum erwehren, dass dabei auch ein gewisses »Racheelement« zum Tragen kam. Es muss schon sehr befriedigend gewesen sein, diese penetranten Monumente des Reichtums, der Macht und privilegierten Stellung zu verschandeln.

Selbstverständlich waren den ärmeren Schichten der pompejanischen Gesellschaft solch luxuriöse letzte Ruhestätten versagt – wenn sie nicht gerade zu jenen Sklaven und Ex-Sklaven gehörten, die das Glück hatten, in den Grabstätten ihrer Herren Aufnahme zu finden. Im übrigen haben sich einige vielleicht einen kleinen Platz in einem großen Gemeinschaftsgrab leisten können. Die Asche manch anderer endete in billigen, direkt in die Erde eingelassenen Behältnissen, die mit einem einfachen Stein gekennzeichnet waren. Selbst das wird für Menschen am untersten Rand der Gesellschaft noch zu gut gewesen sein. Wie andernorts in der römischen Welt wurden auch in Pompeji ihre Körper wahrscheinlich kurzerhand vergraben oder verbrannt, ohne Bestattungsfeier und ohne irgendeine bleibende Erinnerung.

Streitigkeiten über den Tod hinaus

Es waren nicht nur die Ungleichheiten des pompejanischen Lebens, die in den außerhalb der Stadt gelegenen Friedhöfen ihre dauerhaften Spuren hinterließen. Manchmal gingen die Streitigkeiten und Dispute der in der Stadt Lebenden über den Tod hinaus. So liefert uns eine traurige Geschichte über den Beginn und das Ende einer Freundschaft einen der anschaulichsten Einblicke in die harte Wirklichkeit der antiken Gesellschaft. Sie ist auf einem großen Grabmal bezeugt, das sich vor der Porta Nuceria nicht weit vom Monument der Eumachia erhebt. Ein ehemaliger Sklave, Publius Vesonius Phileros, ließ es zu seinen Lebzeiten für sich und zwei weitere Personen im voraus errichten. Es ist ein schönes Beispiel für die Unbeständigkeit von Beziehungen und Gefühlen, die quer durch alle Schichten der hierarchisch geordneten Gesellschaft Pompejis ging. Phileros baute nämlich ein Grab, das auch die sterblichen Überreste seiner früheren Herrin, einer

Abb. 113. Das Grab des Publius Vesonius Phileros und seiner ehemaligen Freunde. Die Umstände bleiben rätselhaft, aber nachdem dieses Grab in Auftrag gegeben worden war, gerieten die beiden Männer in Streit – und prozessierten gegeneinander (wie uns die hinzugefügte Tafel an der Fassade wissen lässt). Was als Denkmal für eine Freundschaft geplant war, wurde zu einem 2000jährigen Mahnmal für ein Zerwürfnis.

Frau namens Vesonia, sowie seines »Freundes«, eines Freigeborenen mit Namen Marcus Orfellius Faustus, beherbergen sollte. Lebensgroße Statuen von allen dreien – leider sind ihre Köpfe verloren – scheinen aus einer Nische im oberen Teil der Fassade immer noch auf die Passanten herabzuschauen.

Nach Fertigstellung des Monumentes ließ Phileros noch zwei Änderungen vornehmen. Im vorgerückten Alter muss er noch *Augustalis* geworden und auf diesen Status so stolz gewesen sein, dass er auf der Platte, auf der bereits die Namen der drei Personen eingraviert waren, diesen Titel ergänzen ließ. Da nicht mehr genug Platz vorhanden war, erscheint *Augustalis* in kleineren Buchstaben. Die zweite Änderung bestand in der Hinzufügung einer weiteren Platte, auf der zu lesen ist, dass er sich mit seinem einstigen Freund Faustus später zerstritten hat. Die Inschrift lautet:

»Fremder, halte ein wenig inne, wenn es dir nicht zu viel Mühe macht, und erfahre, was es zu vermeiden gilt. Dieser Mann, der, wie ich hoffte, mein Freund war, bot Ankläger gegen mich auf und begann einen Prozess. Ich danke den Göttern und meiner Unschuld, dass ich von all dieser Pein befreit wurde. Mögen weder die Götter des Hauses noch die Götter der Unterwelt den von uns beiden aufnehmen, der über unsere Angelegenheiten Lügen verbreitete.«

Die Umstände werden wohl für immer ungeklärt bleiben. Warum hat man diesen Zusatz gemacht und nicht einfach den Namen des anderen Mannes von der ersten Platte entfernt und seine Statue beseitigt? Und können wir ganz sicher sein, dass Phileros der Schreiber war? Könnte nicht Phileros, sondern Faustus der Geschädigte gewesen sein, der dann diese Tafel an dem von seinem früheren Freund erbauten Monument anbringen ließ? Doch wie immer es um die genauen Einzelheiten bestellt sein mag, es ist die außergewöhnliche Geschichte einer Freundschaft zwischen zwei gewöhnlichen Pompejanern – einer Freundschaft, die nicht nur mit gegenseitigen Schuldzuweisungen, sondern vor den örtlichen Gerichten endete.

So können selbst die Denkmäler für die Toten wertvolle Aufschlüsse geben über das Leben in einer römischen Stadt.

Wie wär's mit einer Besichtigung?

Ein Besuch Pompejis ist fast niemals enttäuschend. Man braucht an Ausrüstung im Grunde nur drei Dinge: eine Karte der Stätte (man bekommt sie am Haupteingang bei der Porta Marina), eine Flasche Wasser (eine kleine reicht, da man sie an einem der zahlreichen Brunnen auffüllen kann) und ein Paar bequeme Sandalen oder Schuhe (die Straßen sind uneben und bedeuten für alle hohen Absätze den Ruin).

Es gibt drei öffentliche Eingänge. Am besten nimmt man die zwischen Neapel und Sorrent verkehrende Regionalbahn Circumvesuviana und steigt an der Station *Pompei scavi – Villa dei Misteri* aus. Dann betritt man die Stätte durch den Haupteingang, vorbei an den lästigen Stadtführern und Souvenirverkäufern. Halten Sie einen offiziellen Ausweis mit Foto bereit (Pass, Führerschein oder *bona fide* einen Studentenausweis), wenn Sie freien oder ermäßigten Eintritt beanspruchen möchten. Und schauen Sie bei Ihrer Ankunft, wann die Züge zurückfahren. Sie verkehren zwar regelmäßig, aber (trotz einer passablen traditionellen italienischen Bahnhofswirtschaft) erscheint einem nach einem Besichtigungstag selbst eine halbstündige Wartezeit als ziemlich lang.

Zutritt zur Stätte hat man auch beim Amphitheater oder an der Piazza Esedra zwischen dem Amphitheater und der Porta Marina. Doch dann sollte man eine andere Linie der Circumvesuviana (Richtung Poggiomarino) nehmen und bei der Station *Pompei santuario* aussteigen oder aber mit der italienischen Staatsbahn (Trenitalia FS) in nord-südlicher Richtung bis zur Station *Pompei* fahren. Wenn man keine gewichtigen Gründe für die anderen Eingänge hat, ist der an der Station *Pompei scavi* die beste Wahl; dort gibt es auch die beste Buchhandlung.

Man kann die Stätte bei der Mysterienvilla (vgl. unten Nr. 10) verlassen (aber nicht betreten oder wiederbetreten).

In der Nähe des Forums gibt es ein großes Selbstbedienungsrestaurant und einen Imbiss, wo sich die einzigen Toiletten im Zentrum der

Ausgrabungsstätte befinden (die Benutzung ist kostenlos, aber es wird gern gesehen, wenn man 50 Cent hinterlässt).

Der erfreulichste Teil eines jeden Besuches ist das schlichte Herumgehen in den Straßen der Stadt. Verbringen Sie nicht zu viel Zeit damit, schon auf dem Forum, das Sie gleich nach der Porta Marina erreichen, ins Schwitzen zu geraten. Es kommen noch schönere Dinge. Eine exzellente Idee ist es, die Via dell'Abbondanza entlangzugehen – und dabei die Fassaden, Wirtshäuser, Läden und den sich verändernden Charakter der Straße auf sich wirken zu lassen. Achten Sie auf die Maßnahmen zur Verkehrsberuhigung, die Art, wie das Wasser kanalisiert wird, die Löcher an den Bürgersteigen, wo die Tiere festgebunden wurden, usw. Und gehen Sie in jedes Haus, das geöffnet ist. Versuchen Sie auch, durch die Seitenstraßen zu schlendern, wo Sie den anderen Besuchern ausweichen können, und stellen Sie sich vor (auch wenn es ein Klischee ist), Sie seien ins 1. Jahrhundert n. Chr. zurückversetzt.

Da die Verwaltung der Stätte unterfinanziert ist, werden einige der Bauwerke, die Sie sich anschauen wollen, verschlossen sein. Zu einigen von ihnen können Sie dennoch Zugang erhalten: Auf einer Internetseite (*www.arethusa.net*) kann man für ein bestimmtes Haus, das dann eigens aufgeschlossen wird, eine zeitlich befristete Besichtigung buchen. (Das funktioniert meistens, allerdings nicht immer.) Die folgende Liste verzeichnet meine zehn Lieblingsgebäude, die für Besucher in der Regel geöffnet sind. Wenn Sie sich nicht wenigstens einige davon anschauen, haben Sie etwas verpasst.

1. *Das Haus des tragischen Dichters* (vgl. S. 115–125). Bulwer-Lyttons Haus des Glaucus.
2. *Das Haus des Octavius Quartio* (vgl. S. 156–158). Ein wundervoller Garten mit Wasserinstallationen und einem *triclinium* unter freiem Himmel.
3. *Das Haus der Venus Marina* (vgl. S. 213). Betrachten Sie die in der Muschel liegende Göttin der Liebe.
4. *Die Stabianer Thermen* (vgl. S. 333–338). Hier ist es am leichtesten, sich eine Vorstellung von der römischen Badekultur zu machen.

5. *Die Forums- und die Vorstadtthermen* (vgl. S. 340–342). Wenn Sie sich für Bäder interessieren, lassen diese sich hübsch mit den Stabianer Thermen vergleichen – und die erotischen Gemälde in den Vorstadtthermen sind für sich allein schon sehenswert.

6. *Das Bordell.* Mies, aber … (vgl. S. 324–329).

7. *Der Isis-Tempel* (vgl. S. 415–421). Der am besten erhaltene Tempel der Ausgrabungsstätte.

8. Das *Amphitheater* und die angrenzende *palaestra* (vgl. S. 354–360). Aber denken Sie daran, dass es von der Porta Marina bis hierher tatsächlich ein weiter Weg ist. Vermutlich müssen Sie im voraus entscheiden, ob Sie ihn auf sich nehmen wollen.

9. *Die Walkerei des Stephanus* (im Süden der Via dell'Abbondanza in I.6.7). Sie vermittelt einen guten Eindruck von einer kommerziellen Einrichtung.

10. *Die Mysterienvilla* (vgl. S. 180–184). Auch wenn die Gemälde retuschiert wurden, sind sie dennoch höchst eindrucksvoll. Es empfiehlt sich, dieses vor der Stadt gelegene Haus auf Ihrer Besichtigungstour als Letztes anzusteuern, vorbei an den Grabmälern, die die Straße säumen. Dort können Sie die Stätte dann direkt verlassen und zum Bahnhof zurückkehren.

Wenn Sie Pompeji gesehen haben, sollten Sie, wenn Sie Zeit haben, die nahe gelegene Stadt Herculaneum aufsuchen (ebenfalls mit der Circumvesuviana, einen kurzen Fußweg von der Station *Ercolano* entfernt). Das hier ausgegrabene Gelände ist deutlich kleiner als das in Pompeji, aber einige Materialien (insbesondere Holz) sind sehr viel besser erhalten, und es gibt auch nicht so viele Besucher.

Viele der besten Funde beider Ausgrabungsstätten sind im Archäologischen Nationalmuseum von Neapel im Stadtzentrum gezeigt; und noch viele weitere mehr befinden sich im Depot oder sind vorübergehend der Öffentlichkeit nicht zugänglich. Das Museum lässt sich von den U-Bahn-Stationen *Piazza Cavour* oder *Museo* leicht erreichen. Dienstags ist es geschlossen. Und bei meinem letzten Besuch hatte es nur ein kleines Café mit bescheidenem Angebot, aber besser als nichts.

Literaturhinweise

Über Pompeji gibt es enorm viel Literatur in allen möglichen Sprachen. Die folgende Bibliografie kann naturgemäß nur eine Auswahl darstellen. Sie enthält Anregungen für die weitere Beschäftigung mit den Hauptthemen des Buches sowie Hinweise auf ungewöhnliches Informationsmaterial, das ich hier erörtert habe. Nach Möglichkeit habe ich Werke aufgeführt, die auf Englisch leicht zugänglich sind – manchmal jedoch sind die besten oder die einzigen Darstellungen in anderen Sprachen verfasst.

Allgemeine Literatur

Es gibt eine Reihe neuerer archäologischer und historischer Handbücher über Pompeji. Besonders nützlich sind: J. Berry, *The Complete Pompeii* (London / New York 2007); F. Coarelli (Hrsg.), *Pompeii* (New York 2002); die Übersetzung aus dem italienischen Original ist jedoch miserabel; A.E. Cooley, *Pompeii* (London 2003); J.J. Dobbins / P.W. Foss (Hrsg.), *The World of Pompeii* (London / New York 2007); R. Ling, *Pompeii: history, life and afterlife* (Stroud 2005); P. Zanker, *Pompeii: public and private life* (Cambridge, MA, 1998). All diese Werke bieten des öfteren weitere Informationen zu den Themen, die ich diskutiere, und normalerweise habe ich in der nachstehenden Bibliografie nicht eigens auf sie hingewiesen. Zahlreiche der von mir zitierten antiken Dokumente (etwa Graffiti an den Wänden oder der Bericht des Plinius über den Vesuvausbruch) finden sich in A.E. Cooley / M.G.L. Cooley, *Pompeii: a sourcebook* (London / New York 2004) – allerdings habe ich eigene Übersetzungen aus dem Lateinischen vorgelegt, die sich von denen der Cooleys leicht unterscheiden. Hier verweise ich nur auf Dokumente, die in dieses *Sourcebook* nicht aufgenommen sind.

Ausstellungskataloge zählen zu den besten Stadtführern. J. Ward-Perkins / A. Claridge (Hrsg.), *Pompeii AD 79* (London, Royal Academy of Arts, 1976), ist noch immer nützlich. Neuere Entdeckungen und topaktuelle Interpretationen sind zu finden in A. d'Ambrosio / P.G. Guzzo / M. Mastroberto (Hrsg.), *Storie da un' eruzione: Pompei, Ercolano, Oplontis* (Neapel, Archäologisches Nationalmuseum [u.a.], 2003) – das Werk liegt gekürzt als englischer Ausstellungskatalog vor: P.G. Guzzo (Hrsg.), *Tales from an Eruption: Pompeii, Herculaneum, Oplontis* (Neapel, Archäologisches Nationalmuseum [u.a.], 2003).

Ebenfalls wichtig und zudem aufwendig illustriert sind M. Borriello / A. d'Ambrosio / S. de Caro / P.G. Guzzo (Hrsg.), *Pompei: abitare sotto il Vesuvio* (Ferrara, Palazzo dei Diamanti, 1997) und A. Ciarallo / E. de Carolis (Hrsg.), *Homo Faber: natura, scienza e tecnica nell' antica Pompei* (Neapel, Archäologisches Nationalmuseum, 1999), ins Englische übersetzt als *Pompeii: life in a Roman town* (Los Angeles, County Museum of Art, 1999). Zu einer bedeutenden Ausstellung aus jüngster Zeit in der National Gallery of Art in Washington gibt es einen von C.C. Mattusch herausgegebenen Katalog: *Pompeii and the Roman Villa: Art and Culture around the Bay of Naples* (Washington, DC, 2008).

Eine nützliche Website ist die der archäologischen Behörde in Pompeji (www.pompeiisites.org). Sie liegt auch auf Englisch vor und gibt Auskunft über alle großen Bauten sowie über neuere Ausgrabungsarbeiten in der Stadt (gelegentlich ist die italienische Version auf einem aktuelleren Stand). Eine gute Bibliografie, Forschungsberichte (zumindest bis zum Jahre 2007) und Links zu e-books, die von Pompeji handeln, finden sich auf www.pompeiana.org.

Einführung

Die Funde vor der Porta Nola und das Grabmal des Obellius Firmus sind ausführlich besprochen in S. de Caro, »Scavi nell' area fuori Porta Nola a Pompei«, *Cronache Pompeiane* 5 (1979), 61–101. Die Geschichte dieser und anderer potentieller Flüchtlinge ist in den obengenannten *Storie da un' eruzione* (*Tales from an Eruption*) beschrieben. Hervorragende Aufsätze über die Geschichte der Reisen nach Pompeji und des dortigen Tourismus sowie über ihre modernen Darstellungen in Literatur und Film finden sich in V.C.G. Coates / J.L. Seydl, *Antiquity Recovered: the legacy of Pompeii and Herculaneum* (Los Angeles 2007); einen anschaulichen Bericht liefert auch J. Harris, *Pompeii Awakened: a Story of Rediscovery* (London 2007). Primo Levis Gedicht (ins Deutsche übers. von Moshe Kahn) entstammt seiner Sammlung *Ad ora incerta* (*Zu ungewisser Stunde*) (Mailand 1984; dt. Ausgabe: München/Wien 1998).

Die Statur der antiken Pompejaner und andere Informationen, die sich aus ihren Skeletten ableiten lassen, werden diskutiert von M. Henneberg / R.J. Henneberg, in: J. Renn / G. Castagnetti (Hrsg.), *Homo Faber: studies on nature, technology and science at the time of Pompeii* (Rom 2002), 51–53, sowie in »Reconstructing medical knowledge in ancient Pompeii from the hard evidence of teeth and bones«, ebd., 169–187. Die Zähne und andere körperliche

Merkmale der Gruppe, die in dem großen Haus entdeckt wurde (Haus des Iulius Polybius, IX.13.1–3) sind Gegenstand des Aufsatzes von M. Henneberg / R.J. Henneberg, »Skeletal material from the House of C. Iulius Polybius in Pompeii, 79 AD«, in: A. Ciarallo / E. de Carolis (Hrsg.), *La casa di Giulio Polibio: studi interdisciplinari* (Pompeji 2001), 79–91. Eine maßgebliche Studie der pompejanischen Skelette ist E. Lazer, *Resurrecting Pompeii* (London / New York 2008). Vom Fischerjungen handeln A. Butterworth / R. Laurence, *Pompeii: the living city* (London 2005), 207. Das antike Rezept für die Zahnpolitur findet sich bei dem römischen Pharmakologen Scribonius Largus (*Compositiones* 60).

Ein großer Teil der wichtigen neueren Arbeiten ist den seismischen Aktivitäten in der Gegend von Pompeji seit dem Jahr 62 n.Chr. und den genauen Phasen des Vesuvausbruchs des Jahres 79 gewidmet. T. Fröhlich / L. Jacobelli (Hrsg.), *Archäologie und Seismologie: La regione vesuviana dal 62 al 79 DC* (München 1995) ist eine hervorragende Sammlung von Aufsätzen zu diesen Themen; einige von ihnen sind auf Englisch verfasst. Zum exakten Datum des Vulkanausbruchs vgl. M. Borgongino / G. Stefani, »Intorno alla data dell' eruzione del 79 d.C.«, *Rivista di Studi Pompeiani* (RStP) 10 (1999), 177–215, und G. Stefani, »La vera data dell' eruzione«, *Archeo* 206 (2006), 10–13. Moderne Wissenschaftler halten sich gewöhnlich (aber ohne überzeugende Gründe) an Tacitus (*Annales* 15,22), der das frühere Erdbeben ins Jahr 62 datiert, während es von Seneca (*Naturales quaestiones* 6,1–3) in das Jahr 63 verlegt wird. Die Auswirkungen der fortbestehenden seismischen Aktivitäten in Herculaneum und die damit verbundenen Änderungen im Küstenverlauf erforscht das Herculaneum Conservation Project der Britischen Schule in Rom (www.bsr.ac.uk/bsr/sub_arch/BSR_Arch_03Herc.htm).

Die Bombenschäden des Zweiten Weltkriegs sind Gegenstand einer ausgezeichneten Studie (mit spektakulären Fotos) von L. García y García, *Danni di guerra a Pompeii: una dolorosa vicenda quasi dimenticata* (Rom 2006). Das Graffito des Africanus aus dem Bordell wird (allzu optimistisch) interpretiert von J.L. Franklin, »Games and a Lupanar: prosopography of a neighbourhood in ancient Pompeii«, *Classical Journal* 81 (1986), 319–328. Die Kritzeleien der Kinder diskutiert A. Koloski-Ostrow, *The Sarno Bath Complex* (Rom 1990), 59; die Münzabdrücke untersuchen P.M. Allison / F.B. Sear, *Casa della Caccia Antica* (VII.4.48) (München 2002), 83f. Das Graffito des Bettnässers steht im *Corpus Inscriptionum Latinarum* (CIL) IV, 4957. Zu den Eingeweideparasiten, deren Eier im Haus VI.1.4 entdeckt wurden, vgl. www. archaeology. org/ interactive/pompeii/field/5. html

Kapitel 1

An nützlichen archäologischen Ausführungen zur vorrömischen Geschichte und Entwicklung der Stadt sind zu nennen: J. Berry (Hrsg.), *Unpeeling Pompeii: studies in Region I of Pompeii* (Mailand 1998), 17–25; M. Bonghi Jovino (Hrsg.), *Ricerche a Pompei: l'insula 5 della Regio VI dalle origini al 79 d. C.* (Rom 1984) (das Haus der etruskischen Säule als Stätte eines ländlichen Heiligtums, 357–371); P. Carafa, »What was Pompeii before 200 BC? Excavations in the House of Joseph II, etc«, in: S.E. Bon / R. Jones (Hrsg.), *Sequence and Space in Pompeii* (Oxford 1997), 13–31; S. de Caro, »Nuove indagini sulle fortificazioni di Pompei«, *Annali dell' Istituto Universitario Orientale [Napoli]. Sezione di Archeologia e Storia Antica* (AION) 7 (1985), 75–114; M. Fulford / A. Wallace-Hadrill, »Towards a history of pre-Roman Pompeii: excavations beneath the House of Amarantus (I.9.11–12), 1995–8«, *Papers of the British School at Rome* 67 (1999), 37–144 (unter Betonung der frühen Ursprünge des Straßenplans); S.C. Nappo, »Urban Transformation at Pompeii in the late 3rd and early 2nd c. BC«, in: R. Laurence / A. Wallace-Hadrill (Hrsg.), *Domestic Space in the Roman World: Pompeii and beyond* (JRA suppl., Portsmouth, RI, 1997), 91–120. R.M. Ammerman, »New Evidence for the Worship of Athena at the Doric temple in Pompeii's Triangular Forum«, *Journal of Roman Archaeology* (JRA) 17 (2004), 531–536, gibt eine gute Zusammenfassung von neueren, aus der Frühzeit stammenden Funden aus dem Tempel der Minerva und des Herkules. Die Wiederverwendung der Terrakotta-Skulpturen im Haus des goldenen Armbands (VI.17 [ins. occ.].42) ist Thema in E.M. Menotti de Lucia, »Le terrecotte dell' Insula Occidentalis«, in: M. Bonghi Jovino, *Artigiani e botteghe nell' Italia preromana: studi sulla coroplastica di area etrusco-laziale-campana* (Rom 1990), 179–246 (mit Illustrationen).

P. Zanker, *Pompeii* (op. cit.), hat die Studien über die Stadt im 2. Jahrhundert v. Chr. (und in den Anfangsjahren der römischen Kolonie) besonders stark beeinflusst. Auf die Auswirkungen, die der Krieg gegen Hannibal auf Pompeji hatte, verweist u.a. Nappo, »Urban transformation« (op. cit.). Mit dem Alexander-Mosaik im Hause des Fauns (VI.12.2) befasst sich A. Cohen, *Alexander Mosaic: stories of victory and defeat* (Cambridge 1996); F. Zevi, »Die Casa del Fauno in Pompeji und das Alexandermosaik«, *Römische Mitteilungen* 105 (1998), 21–65, betrachtet das Haus als Ganzes. Zur Identifizierung der Beutestücke des Mummius vgl. A. Martelli, »Per una nuova lettura dell' iscrizione Vetter 61 nel contesto del santuario di Apollo a Pompei«, *Eutopia* 2 (2002), 71–81. Mit weiterreichenden Fragen zur »Romanisierung« Italiens während dieses gesamten Zeitraums beschäftigt sich A. Wallace-Hadrill, *Rome's Cultural Revolution* (Cambridge 2008).

Die Belagerung Pompejis ist dokumentiert in F(lavio) und F(erruccio) Russo, 89 A.C. *Assedio a Pompei: La dinamica e le tecnologie belliche della conquista sillana di Pompei* (Pompeji 2005). Ciceros Kriegsdienst unter Sulla wird von Plutarch, *Das Leben Ciceros* 3 erwähnt (in einer Rede – *In M. Antonium oratio Philippica* 12,11,27 – erklärt Cicero allerdings, dass er unter dessen Rivalen Pompeius gedient habe). Den Platz der Veteranen im konkreten Stadtbild diskutiert J. Andreau, »Pompéi: mais où sont les vétérans de Sylla?«, *Revue des Études Anciennes* 82 (1980), 183–199; vgl. auch F. Zevi, »Pompei dalla città sannitica alla colonia sillana: Per un' interpretazione dei dati archeologici«, in: *Les élites municipales de l'Italie péninsulaire des Gracques à Néron* (Rom 1996), 125–138. Die Datierung des Tempels des Iuppiter, der Iuno und Minerva in die Anfangsjahre der römischen Kolonie ist vom Pompeii Forum Project vorgebracht worden (vgl. J.J. Dobbins, »The Forum and its dependencies«, in: *The World of Pompeii* [op. cit.], 150–183).

Zu den politischen Spannungen zwischen den Kolonisten und den Pompejanern der Frühzeit vgl. F. Coarelli, »Pompei: il foro, le elezioni e le circoscrizioni elettorali«, AION NR 7 (2000), 87–114; E. Lo Cascio, » Pompei dalla città sannitica alla colonia sillana: le vicende istituzionali«, in: *Les élites municipales*, 111–123; H. Mouritsen, *Elections, Magistrates and Municipal Elite. Studies in Pompeian Epigraphy* (Rom 1988), 70–89; T.P. Wiseman, »Cicero, *Pro Sulla* 60f.«, *Liverpool Classical Monthly* 2 (1977), 21f. Vom Weiterleben der oskischen Sprache handelt A.E. Cooley, »The survival of Oscan in Roman Pompeii«, in: A.E. Cooley (Hrsg.), *Becoming Roman, Writing Latin? Literacy and Epigraphy in the Roman West* (JRA suppl., Portsmouth, RI, 2002), 77–86. Zu dem auf Oskisch verfassten Graffito im Bordell vgl. CIL IV *ad* 2200.

Dass pompejanisches *garum* bis nach Gallien kam, dokumentieren B. Liou / R. Marichal, »Les inscriptions peintes sur l'amphore de l'anse St Gervais à Fos-sur-Mer«, *Archaeonautica* 2 (1978), 165. Einen skeptischen Blick auf die Darstellung des Spartacus wirft A. van Hooff, »Reading the Spartaks fresco without red eyes«, in: S.T.A.M. Mols / E.M. Moormann, *Omni pede stare: Saggi architettonici e circumvesuviani in memoriam Jos de Waele* (Neapel 2005), 251–256. Die Verbindungen von Nero und Poppaea mit der Stadt werden ausführlich behandelt von Butterworth/Laurence, *Pompeii* (op. cit.). Zur Identifizierung der Lampe, die »Nero« Venus zum Geschenk machte, vgl. S. de Caro, »La lucerna d'oro di Pompei: un dono di Nerone a Venus Pompeiana«, in:

I culti della Campania antica: atti del convegno internazionale di studi in ricordo di Nazarena Valenza Mele (Rom 1998), 239–244. Das satirische Graffito von Neros »Buchhalter« steht in CIL IV, 8075, und der Hinweis auf die unrühmlichen Anfangsjahre der Karriere des Suedius Clemens in Tacitus, *Historiae* 2,12. Die Verbreitung und Reproduktion der augusteischen Bildersprache (wie bei den in Pompeji gefundenen Bildern) ist ein wichtiges Thema in P. Zanker, *Augustus und die Macht der Bilder* (München ³1997).

Kapitel 2

Eine klassische (wenn auch etwas reißerische) Studie zum römischen Unrat ist A. Scobie, »Slums, sanitation and mortality in the Roman World«, *Klio* 68 (1986), 399–433. Eine jüngere Untersuchung zum selben Thema ist X.D. Raventos / V.J.A. Remola, *Sordes Urbis: La eliminición de residuos en la ciudad romana* (Rom 2000), mit einer Darstellung der Verhältnisse in Antiochia aus der Feder von W. Liebeschuetz (51–61) (das Werk ist ausführlich besprochen von A. Wilson, »Detritus, disease and death in the city, JRA 15, 2002, 478–484). Juvenals Schimpfkanonade findet sich in *Saturae* 3,268–277 (Übers. H. Schnur); die Anekdoten Suetons sind seinem Werk *De Vita Caesarum* 8,5 (Vespasian) entnommen; die Warnung vor dem »Scheißer« ist in CIL IV, 6641 notiert. Dem Pompeji-Besuch des Papstes im Jahre 1849 war eine Ausstellung gewidmet, zu der ein Katalog vorliegt: *Pio IX a Pompei: memorie e testimonianze di un viaggio* (Neapel 1987).

Von Straßenschildern und Orientierungshilfen handelt R. Ling, »A stranger in town: finding the way in an ancient city«, *Greece and Rome* 37 (1990), 204–214. Die Anhäufung von Wirtshäusern und das »Gaststättengewerbe« diskutiert S.J.R. Ellis, »The distribution of bars at Pompeii: archaeological, spatial and viewshed analyses«, JRA 17 (2004), 371–384. Zu der (nicht vorhandenen) Einteilung in Zonen und zu abweichendem Verhalten vgl. R. Laurence, *Roman Pompeii: space and society* (London / New York ²2007), bes. 82–101; ferner A. Wallace-Hadrill, »Public honour and private shame: the urban texture of Pompeii«, in: T.J. Cornell / K. Lomas (Hrsg.), *Urban Society in Roman Italy* (London 1995), 39–62. Die »privatisierte« Straße verläuft zwischen den Stadtblöcken I.6 und I.7.

Alle Aspekte der Wasserversorgung werden besprochen in N. de Haan / G. Jansen (Hrsg.), *Cura Aquarum in Campania* (*Bulletin Antieke Beschaving – Annual Papers in Classical Archaeology*, Leiden 1996). Die kürzlich erschienenen ausführlichen Untersuchungen zur Chronologie der Wasserversorgung und zum Aquädukt von C.P.J. Ohlig – *De Aquis Pompeiorum. Das Castellum Aquae in Pompeji: Herkunft, Zuleitung und Verteilung des Wassers* (Nijmegen 2001) – sind zusammengefasst und besprochen in A. Wilson, »Water for the Pompeians«, JRA 19 (2006), 501–508. R. Ling, »Street fountains and house fronts at Pompeii«, in: Mols/Moormann, *Omni pede stare* (op. cit.), 271–276, befasst sich mit dem Hauseigentümer, der aus einem verlegten Brunnen Nutzen zieht. Die Unterbrechung der Wasserversorgung am Vorabend des Vesuvausbruchs ist dokumentiert von S.C. Nappo, »L'impianto idrico a Pompei nel 79 d.C.«, in: *Cura Aquarum*, 37–45.

Die bahnbrechende Studie über die durch die Karren verursachten Fahrrillen wurde vorgelegt von S. Tsujimura, »Ruts in Pompeii: the traffic system in the Roman city«, *Opuscula Pompeiana* 1 (1991), 58–86. Detaillierte Ausführungen zum Einbahnstraßensystem finden sich in E.E. Poehler, »The circulation of traffic in Pompeii's Regio VI«, JRA 19 (2006), 53–74. Mit den Bürgersteigen befasst sich C. Saliou, »Les trottoirs de Pompéi: une première approche«, *Bulletin Antieke Beschaving* 74 (1999), 161–218. In S.C. Nappo, »Fregio dipinto dal ›praedium‹ di Giulia Felice con rappresentazione del foro di Pompei«, RStP 3 (1989), 79–96, sind sämtliche Forumsszenen publiziert. Das römische Gesetz zur Instandhaltung der Straßen ist die »Tabula Heraclea«, übersetzt in M.H. Crawford u.a. (Hrsg.), *Roman Statutes* (London 1996), Bd. 1, 355–391. Herodas, *Mimus* III, beschreibt die Tracht Prügel, bei der der Junge auf die Schultern seiner Kameraden gezogen wird (eine Methode, auf die auch Cicero, *Epistulae ad familiares* 7,25,1, anspielt). Eine Übersetzung von Augustus' Urteilsspruch im Fall von Knidos ist nachzulesen in M.G.L. Cooley (Hrsg.), *The Age of Augustus* (LACTOR 17, London 2003), 197f.

Kapitel 3

Fast alle jüngeren Untersuchungen zur Architektur der römischen Privathäuser beziehen sich auf A. Wallace-Hadrills klassisches Werk, *Houses and Society in Pompeii and Herculaneum* (Princeton, NJ, 1994). Ebenso grundlegend für die Nutzung der Räume innerhalb des Hauses sind die Arbeiten von P.M. Allison. Ihre bedeutendste Studie ist *Pompeian Households: an analysis of the material culture* (Los Angeles 2004), ergänzt durch einen hervorragenden »Online-Begleiter« auf www.stoa.org/projects/ph/home. Eine wichtige Aufsatzsammlung ist Laurence/Wallace-Hadrill (Hrsg.), *Domestic Space in the Roman World* (op. cit.).

Das Haus des tragischen Dichters (VI.8.5) wird von N. Wood, *The House of the Tragic Poet* (London 1996), ganz ausgezeichnet rekonstruiert. Wie sehr man im 19. Jahrhundert an diesem Haus interessiert war, thematisiert S. Hales, »Re-casting antiquity: Pompeii and the Crystal Palace«, *Arion* 14 (2006), 99–133. Der Garten des Hauses des Iulius Polybius (IX.13.1–3) ist beschrieben in W.F. Jashemski, *The Gardens of Pompeii, Herculaneum and the villas destroyed by Vesuvius*, Bd. 2 (New York 1993), 240–252; der Garten ein paar Häuser weiter (im Areal IX.12, das heute üblicherweise als Haus der arbeitenden Maler bezeichnet wird) in A.M. Ciarallo, »The Garden of the ›Casa dei Casti Amanti‹ (Pompeii, Italy)«, *Garden History* 21 (1993), 110–116. Petrons Beschreibung des Eingangs zum Haus des Trimalchio findet sich in *Satyrica* 28f.

Alle Aspekte des Hauses des Menander (I.10.4) und der zum Straßenblock gehörenden Nachbarhäuser sind von R. Ling u.a. in mehreren Bänden erschöpfend analysiert und vollständig publiziert. Von besonderem Interesse sind R. Ling, *The Insula of the Menander at Pompeii*, Vol. 1: *The Structures* (Oxford 1997) und P.M. Allison, Vol. 3: *The Finds, a contextual study* (Oxford 2006). G. Stefani (Hrsg.), *Menander: la casa del Menandro di Pompei* (Mailand 2003) ist ein gut illustrierter Ausstellungskatalog, in dem Funde aus dem Haus präsentiert werden. Das Haus des Iulius Polybius ist Thema von Ciarallo / de Carolis (Hrsg.), *La casa di Giulio Polibio* (op. cit.) – darin auch ein Artikel über die Beleuchtung. Dieses Haus sowie das der Venus im Bikini (I.11.6) und das Haus des Prinzen von Neapel (VI.15.8) sind in Allisons *Pompeian Households* mit berücksichtigt.

Mit den hölzernen Möbeln aus Herculaneum befasst sich S.T.A.M. Mols, *Wooden Furniture in Herculaneum: form, technique and function* (Amsterdam 1999). Der Spezialist für Toiletten ist G. Jansen, dessen Arbeit sehr nützlich zusammengefasst ist in G. Jansen, »Private toilets at Pompeii: appearance and operation«, in: Bon/Jones (Hrsg.), *Sequence and Space* (op. cit.), 121–134. Senecas Anekdote über Schwämme kann in *Epistulae ad Lucilium* 70,20 nachgelesen werden. Der Abfall aus Herculaneum wird gerade im Rahmen des Herculaneum Conservation Project der Britischen Schule in Rom analysiert. Die Architektur der repräsentativen Speiseräume in Pompeji und andernorts behandelt K.M.D. Dunbabin, *The Roman Banquet: images of conviviality* (Cambridge 2003).

Ein gute Einführung in die jüngeren Arbeiten über die römische Familie (mit speziellen Hinweisen auf pompejanisches Belegmaterial) ist B. Rawson / P. Weaver (Hrsg.), *The Roman Family in Italy: status, sentiment, space* (Oxford 1997). Für den Begriff »Hausvoll« plädiert A. Wallace-Hadrill. Die Institutionen der Patronage werden sorgfältig untersucht in A. Wallace-Hadrill (Hrsg.), *Patronage in Ancient Society* (London 1989). Die Idee des Stundenplans für die Nutzung des Atriums stammt von Laurence, *Roman Pompeii* (op. cit.), 154–166. Der in diesem Zusammenhang maßgebliche Abschnitt bei Vitruv ist *De architectura* 6,5; Martials Klagen stehen in *Epigrammata* 10,100.

Koloski-Ostrow, *The Sarno Bath Complex* (op. cit.) diskutiert die Anlage der Sarno-Thermen. F. Pirson untersucht die Mietwohnungen in der *insula Arriana Polliana* (VI.6) und im Anwesen der Iulia Felix (II.4.2) in Laurence/Wallace-Hadrill (Hrsg.), *Domestic Space*, 165–181. L.H. Petersen gibt eine auf Fakten beruhende Darstellung des Hauses des Octavius Quartio in *The Freedman in Roman Art and Art History* (Cambridge 2006), 129–136, im Gegensatz zu dem etwas hochnäsigen Ansatz von Zanker, *Pompeii* (op. cit.), 145–156 (er bezeichnet das Haus als Haus des Loreius Tiburtinus). Das umfassendste Material zum Haus des Fabius Rufus ist publiziert in M. Aoyagi / U. Pappalardo (Hrsg.), *Pompei*, Vol. I: *Insula Occidentalis (Regiones VI–VII)* (Neapel 2006). Zu Senecas Thermen-Kommentaren vgl. *Epistulae ad Lucilium* 56; auf den 1. Juli als Beginn des Mietverhältnisses verweist Petron, *Satyrica* 38; Trimalchios Beschimpfung seiner Frau ist in *Satyrica* 74 nachzulesen. Ciceros Vorstellungen von der Gartengestaltung finden sich in *De legibus* 2,2; *Epistulae ad Quintum fratrem* 3,7,7; *Epistulae ad Atticum* 1,16,18. Zu »Ich wünschte, ich könnte ein Ring sein …« vgl. E. Courtney, *Musa Lapidaria: a selection of Latin verse inscriptions* (Atlanta, Georgia, 1995), 82f.

Der ehrgeizigste Versuch, die Häuser Pompejis mit bestimmten Personen zu verbinden, stammt von M. della Corte, *Case ed Abitanti di Pompei* (Neapel [3]1965), kritisiert von Mouritsen, *Elections, Magistrates and Municipal Elite* (op. cit.), 9–27 und von P.M. Allison, »Placing individuals: Pompeian epigraphy in context«, *Journal of Mediterranean Archeology* 14 (2001), 53–74 (mit Zweifeln an der Eigentümerschaft des Hauses der Vettier). Der Zustand der Schenke des Amarantus im Jahre 79 n.Chr. ist Gegenstand von J. Berry, »The conditions of domestic life in Pompeii in AD 79: a case study of Houses 11 and 12, Insula 9, Region I«, *Papers of the British School at Rome* 52 (1997), 103–125; das Graffito des Gebäudes diskutiert A. Wallace-Hadrill, »Scratching the surface: a case study of domestic graffiti at Pompeii«, in: M. Corbier / J.-P. Guilhembet (Hrsg.), *L'écriture dans la maison romaine* (Paris, in Kürze erscheinend). Häusliche Walkereien erforscht M. Flohr, »The domestic *fullonicae* of Pompeii«, in:

M. Cole / M. Flohr / E. Poehler (Hrsg.), *Pompeii: cultural standards, practical needs* (in Kürze erscheinend). Das Türschild des Lucius Satrius Rufus und sein Kontext sind beschrieben in *Notizie degli Scavi* 1933, 322f.; die Verbrechen des Ladicula und des Atimetus sind in CIL IV, 4776 und 10231 notiert.

Kapitel 4

Seit der Wiederentdeckung der Stadt haben die pompejanischen Wandmalereien die Aufmerksamkeit der Wissenschaftler auf sich gezogen. Zu allen Aspekten, von der Technik bis zu den mythologischen Bildern, ist noch immer nützlich R. Ling, *Roman Painting* (Cambridge 1991). Mehrere Bücher von J.R. Clarke analysieren verschiedene Themen der Gemälde in Pompeji und andernorts: *Looking at Lovemaking: constructions of sexuality in Roman art, 100 BC – AD 250* (Berkeley [u.a.] 1998); *Art in the Lives of Ordinary Romans: visual representation and non-elite viewers in Italy, 100 BC – AD 315* (Berkeley [u.a.] 2003); *Looking at Laughter: humor, power and transgression in Roman visual culture, 100 BC – AD 250* (Berkeley [u.a.] 2008). Etliche der in diesem Kapitel behandelten Gemälde (darunter das »salomonische Urteil«, verschiedene Bilder aus dem Haus der Vettier und aus den Thermen im Haus des Menander) werden von Clarke ausführlicher besprochen.

Die Bilder (und die Maler) im Haus der arbeitenden Maler sind Gegenstand einer Reihe von Aufsätzen ihres Ausgräbers, A. Varone, zu denen auch ein kurzer auf Englisch verfasster Artikel gehört: »New finds in Pompeii. The excavation of two buildings in Via dell'Abbondanza«, *Apollo*, Juli 1993, 8–12. Vgl. auch »Scavo lungo via dell'Abbondanza«, RStP 3 (1989), 231–238; »Attività dell' Ufficio Scavi 1990«, RStP 4 (1990), 201–211; »L'organizzazione del lavoro di una bottega di decoratori: le evidenze dal recente scavo pompeiano lungo via dell'Abbondanza«, in: E.M. Moormann (Hrsg.), *Mani di pittori e botteghe pittoriche nel mondo romano (Atti del convegno), Mededeelingen van het Nederlands Instituut te Rome* 54 (1995), 124–136. Mit dem »Malergeschäft« befasst sich M. Tuffreau-Libre, »Les pots à couleur de Pompéi: premiers résultats«, RStP 10 (1999), 63–70. Der entschiedenste (aber nicht immer überzeugende) Versuch, die unterschiedlichen »Hände« zu bestimmen, stammt von L. Richardson, *A Catalog of Identifiable Figure Painting of Ancient Pompeii, Herculaneum and Stabiae* (Baltimore 2000). Die völlig unplausible Identifizierung eines süditalischen Künstlers in Fishbourne wird vorgebracht von B.W. Cunliffe, *Fishbourne: a Roman palace and its garden* (London 1971), 117.

Das Zebrastreifenmuster ist vollständig dokumentiert in C.C. Goulet, »The ›Zebra Stripe‹ design: an investigation of Roman wall-painting in the periphery«, RStP 12–13 (2001–2002), 53–94. Ein vollständiges Kompendium der Dekoration im Haus des Menander liefern R. Ling / L. Ling, *The Insula of the Menander at Pompeii*, Vol. 2: *The Decorations* (Oxford 2005). Der Erhaltungszustand des Frieses in der Mysterienvilla und seine verschiedenen modernen Interpretationen sind Thema von B. Bergmann, »Seeing Women in the Villa of the Mysteries: a modern excavation of the Dionysiac murals«, in: Coates/Seydl (Hrsg.), *Antiquity Recovered* (op. cit.), 230–269.

Die klassische Formulierung der Entwicklung der vier Stile findet sich in A. Mau, *Geschichte der decorativen Wandmalerei in Pompeji* (Berlin 1882). Zweifel an ihrer genauen Unterscheidbarkeit äußern Ling, *Roman Painting* 71 (der »eklektische« vierte Stil) und Wallace-Hadrill, *Houses and Society* (op. cit.), 30 (zur Schwierigkeit, den dritten und vierten Stil auseinanderzuhalten). Vitruvs Reaktionen sind in seinem Werk *De architectura* 7,5,4, beschrieben.

Der Einfluss der Funktion auf das Design ist ein Schwerpunkt in Wallace-Hadrill, *Houses and Society* (zu den Ausführungen über die Perspektive vgl. S. 28). Ciceros Ansichten über unpassende Statuen sind in *Epistulae ad familiares* 7,23 nachzulesen. Informationen über die jeweiligen Preise für die Farbpigmente finden sich bei Plinius, *Naturalis historia* 33,118 und 35,30. Vitruvs »Schreiber« ist in *De architectura* 7,9,2 erwähnt.

Die Bedeutung bestimmter Mythen an den pompejanischen Wänden wird hilfreich untersucht von B. Bergmann, »The Roman House as Memory Theater: the House of the Tragic Poet in Pompeii«, *Art Bulletin* 76 (1994), 225–256, und »The Pregnant Moment: tragic wives in the Roman interior«, in: N.B. Kampen (Hrsg.), *Sexuality in Ancient Art: near East, Egypt, Greece, and Italy* (New York / Cambridge 1996), 199–218; vgl. auch V. Platt, »Viewing, Desiring, Believing: confronting the divine in a Pompeian house«, *Art History* 25 (2002), 87–112 (zum Haus des Octavius Quartio).

B. Bergmann, »Greek masterpieces and Roman recreative fictions«, *Harvard Studies in Classical Philology* 97 (1995), 79–120, erhellt die Beziehungen zwischen griechischen »Originalen« und römischen Nachschöpfungen. Die Inschrift auf der Fassade des Hauses des Marcus Lucretius Fronto (V.4.a) ist in CIL IV, 6626 aufgeführt. Vom »Erstaunen« beim Anblick des Bildes mit dem alten Mann und seiner Tochter berichtet Valerius Maximus, *Facta et dicta memorabilia* 5,4, ext. 1. Timanthes' Iphigenie kommt in Plinius, *Naturalis historia* 35,74 und Cicero, *Orator* 74 zur Sprache, Achilles auf der Insel Skyros in Plinius, *Naturalis historia* 35,134. Die Geschichte von der Reaktion der Römerin auf das Gemälde Hektors erzählt Plutarch, *Das Leben des Brutus* 23. Das Graffito, das sich auf das Bild der Dirke bezieht, zitiert E.W. Leach, »The Punishment of Dirce: a newly discovered painting in the Casa di Giulio Polibio and its significance within the visual tradition«, *Römische Mitteilungen* 93 (1986), 157–182. Vom Krug aus dem 5. Jahrhundert handeln F. Zevi / M.L. Lazzarini, »Necrocorinthia a Pompei: un' idria bronzea per le gare di Argo«, *Prospettiva* 53–56 (1988f.), 33–49.

Kapitel 5

Einen guten Ausgangspunkt für Diskussionen über die antike Wirtschaft bieten W. Scheidel / I. Morris / R. Saller (Hrsg.), *The Cambridge Economic History of the Greco-Roman World* (Cambridge 2007) – das Buch ist auf dem neuesten Stand und nimmt u.a. Bezug auf Beweismaterial aus der grönländischen Eiskappe. Ein sehr »primitives« Modell der pompejanischen Wirtschaft wird vorgelegt in W. Jongman, *The Economy and Society of Pompeii* (Amsterdam 1988), überzeugend kritisiert von N. Purcell in *Classical Review* 40 (1990), 111–116.

Das Landhaus der Lucretii Valentes ist Gegenstand von M. De' Spagnolis Conticello, »Sul rinvenimento della villa e del monumento funerario dei Lucretii Valentes«, RStP 6 (1993f.), 147–166. Mit dem Haus der Mosaiksäulen befassen sich V. Kockel / B.F. Weber, »Die Villa delle Colonne a Mosaico in Pompeji«, *Römische Mitteilungen* 90 (1983), 51–89 (vgl. dazu *Notizie degli Scavi* 1923, 277, über die 14 Fußeisen). S. de Caro, *La villa rustica in località Villa Regina a Boscoreale* (Rom 1994) ist die wichtigste Veröffentlichung zu dem kleinen Landgut in der Nähe von Boscoreale (ausführlich rezensiert von R. Ling, »Villae Rusticae at Boscoreale«, JRA 9, 1996, 344–350). Schätzungen bezüglich der Überproduktion im Gebiet von Pompeji (und der Hinweis auf »die alte Geschichte«) stammen von Purcell, *Classical Review* 1990. Pompejis Weinhandel behandelt A. Tchernia, »Il vino: produzione e commercio«, in: F. Zevi (Hrsg.), *Pompei 79: raccolta di studi per il decimonono centenario dell' eruzione vesuviana* (Neapel 1979), 87–96; relevantes Material aus dem Haus des Menander ist abgebildet in Stefani (Hrsg.), *Menander* (op. cit.), 210–223. Die *amphorae* aus dem Haus des Amarantus sind dokumentiert in Berry, »The conditions of domestic life« (op. cit.). Das Frachtschiff mit Tongeschirr ist Thema von D. Atkinson, »A hoard of Samian Ware from Pompeii«, *Journal of Roman Studies* 4 (1914), 27–64. Den Weingarten unweit des Amphitheaters dokumentiert Jashemski, *Gardens of Pompeii*, Bd. 2 (op. cit.), 89f.; vom kommerziellen Anbau in der Stadt ganz allgemein handelt der erste Band von *Gardens of Pompeii* (New York 1979), bes. 201–288. Die kommerzielle Blumenzucht ist dokumentiert in M. Robinson, »Evidence for garden cultivation and the use of bedding-out plants in the peristyle garden of the House of the Greek Epigrams (V.I.18i) at Pompeii«, *Opuscula Romana* 31–32 (2006–2007), 155–159. Pompejanischen Kohl und pompejanische Zwiebeln erwähnt Plinius, *Naturalis Historia* 19,139–141; ebenso Columella, *De agricultura* 10,135; 12,10,1. Das Problem der Metallarbeit ist kurz angesprochen von W.V. Harris in Scheidel/ Morris/Saller (Hrsg.), *Cambridge Economic History*, 532; ausführlicher und optimistischer äußert sich B. Gralfs, *Metallverarbeitende Produktionsstätten in Pompeji* (Oxford 1988).

Die Ausgrabungen der Bäckerei im Haus der keuschen Liebenden beschreibt A. Varone, »New findings« und »Scavo lungo Via dell'Abbondanza« (op. cit.). Die Inschriften des Hauses sind publiziert von Varone, »Iscrizioni parietarie inedite da Pompei«, in: G. Paci (Hrsg.), *EPIGRAPHAI: miscellenea epigraphica in onore di Lidio Gasperini* (Tivoli 2000), Bd. 2, 1071–1093. Die Tierskelette und die Ställe analysieren A. Genovese / T. Cocca, »Internal organization of an equine stable at Pompeii«, *Anthropozoologica* 31 (2000), 119–123, sowie, mit Hilfe der mitochondrialen DNA, M. Sica u.a., »Analysis of Five Ancient Equine Skeletons by Mitochondrial DNA sequencing«, *Ancient Biomolecules* 4 (2002), 179–184. Eine Übersicht über die pompejanischen Bäckereien bietet B.J. Mayeske, »Bakers, bakeshops and bread: a social and economic study«, in: *Pompeii and the Vesuvian Landscape* (Smithsonian Institution, Washington, DC, 1979), 39–58.

J. Andreau, *Les affaires de Monsieur Jucundus* (Rom 1974) ist die wichtigste Studie zu den Täfelchen des Iucundus. Die Hierarchie der Zeugenlisten ist ein Schwerpunkt in Jongman, *Pompeii*. Eine niedrige Einschätzung der verschiedenen Alphabetisierungsgrade wird vorgenommen von W.V. Harris, *Ancient Literacy* (Cambridge, MA, 1989). Dagegen betont Wallace-Hadrill, »Scratching the Surface« (op. cit.) die Bedeutung der Schreib- und Lesefähigkeit, wie sie in Handel und Handwerk gang und gäbe war.

Garum ist so etwas wie das moderne wissenschaftliche Monopol von R.I. Curtis, der in seinem Aufsatz »A Personalized Floor Mosaic from Pompeii«, *American Journal of Archaeology* 88 (1984), 557–566, die Mosaiken des Umbricius Scaurus interpretiert; mit dem Laden befasst er sich in »The *Garum* shop of Pompeii«, *Cronache Pompeiane* 5 (1979), 5–23, und mit dem Handel im allgemeinen in »In Defense of Garum«, *Classical Journal* 78 (1983), 232–240.

Kapitel 6

Das politische Leben Pompejis (und der Charakter der Wahlplakate) ist Gegenstand von Mouritsen, *Elections, Magistrates and Municipal Elite* (op. cit.). P. Castrén, *Ordo populusque Pompeianus. Polity and Society in Roman Pompeii* (Rom 1975) hat eine ausführliche Liste von bekannten pompejanischen Familien, ihren Mitgliedern und ihren politischen Ämtern vorgelegt – noch immer wertvoll wegen ihrer Daten, trotz einiger dubioser Theorien über eine »Krise« in Pompeji während der Herrschaft des Kaisers Claudius. J.L. Franklin, *Pompeii. The Electoral Programmata, Campaigns and Politics, AD 71–79* (Rom 1980) versucht die Wahlkämpfe in den letzten Jahren der Stadt zu rekonstruieren. Sein Buch gibt vermutlich eine übertriebene Darstellung des fehlenden Wettbewerbs bei lokalen Wahlen und hat zu Jongmans Sicht in *Pompeii* (op. cit.) beigetragen, dass Wahlen in der Praxis vom *ordo* kontrolliert worden seien. Dies bestreitet H. Mouritsen, »A note on Pompeian epigraphy and social structure«, *Classica et Mediaevalia* 41 (1990), 131–149 – der sich ebenfalls gegen die These wendet, dass es nach dem Erdbeben in der Politik eine besondere »Unordnung« gegeben habe: »Order and Disorder in Later Pompeian Politics«, in: *Les élites municipales* (op. cit.), 139–144. Das Wahlsystem und die Wahlbezirke Pompejis sowie die Anlage des Forums behandelt Coarelli, »Pompei: il foro« (op. cit.). Die Empfehlung für Bruttius Balbus steht in CIL IV, 3702, der an Trebius und Soterichus gerichtete Aufruf in CIL IV, 7632.

Die Rolle von Frauen in Wahlkampagnen diskutieren F.S. Bernstein, »Pompeian Women and the Programmata«, in: R.I. Curtis (Hrsg.), *Studia Pompeiana et classica in honor of Wilhelmina F. Jashemski* (New Rochelle, NY, 1988), Bd. 1, 1–18, und L. Savunen, »Women and elections in Pompeii«, in: R. Hawley / B. Levick, *Women in Antiquity: new assessments* (London 1995), 194–203. Das Plakat der Taedia Secunda ist in CIL IV, 7469, zitiert, die Empfehlungen der »Bardamen« in CIL IV, 7862, 7863, 7864, 7866, 7873.

Die klassische Studie zur Wohltätigkeitskultur in der klassischen Welt ist P. Veyne, *Le pain et le cirque. Sociologie historique d'un pluralisme politique* (Paris 1976; dt. *Brot und Spiele. Gesellschaftliche Macht und politische Herrschaft in der Antike.* Aus dem Frz. übers. von K. Laermann, Frankfurt a.M. 1988). R.P. Duncan-Jones, »Who paid for public buildings in Roman cities?«, in: Ders., *Structure and Scale in the Roman Economy* (Cambridge 1990), 174–184, enthält Material, das für Pompeji zumindest relevant, wenn nicht sogar direkt auf die Verhältnisse in der Stadt bezogen ist (einschließlich der Bedeutung der finanziellen Zuwendungen von einheimischen Amtsträgern bei Übernahme ihrer

Funktion). Mit der alltäglichen Routine befasst sich Laurence, *Roman Pompeii* (op. cit.), 154–166. Die spanische Charta ist nachzulesen in Crawford u.a. (Hrsg.), *Roman Statutes*, Bd. 1, 393–454. Das Graffito über den *accensus* ist in CIL IV, 1882 notiert.

Von der Karriere des Marcus Holconius Rufus handelt J.H. D'Arms, »Pompeii and Rome in the Augustan Age and beyond: the eminence of the Gens Holconia«, in: Curtis (Hrsg.), *Studia Pompeiana et classica*, Bd. 1, 51–73. Seine Statue ist Gegenstand von P. Zanker, »Das Bildnis des M. Holconius Rufus«, *Archäologischer Anzeiger* 1989, 349–361, seine Bauprojekte (mit ihrem spezifisch augusteischen Charakter) sind ein Schwerpunkt in Zankers *Pompeii* (op. cit.). Die Position des »Militärtribunen auf Geheiß des Volkes« erwähnt Sueton, *De vita Caesarum* 2,46 (Augustus).

Pompejanische Organisationen diskutiert W. van Andringa, »Autels de carrefour, organisation vicinale et rapports de voisinage à Pompéi«, RStP 11 (2000), 47–86. Die Rolle der *Augustales* im größeren imperialen Kontext ist Thema von S.E. Ostrow, »The Augustales in the Augustan scheme«, in: K.A. Raaflaub / M. Toher, *Between Republic and Empire: Interpretations of Augustus and his Principate* (Berkeley [u.a.] 1990), 364–379 – er handelt auch von ihrer Geschichte in der Bucht von Neapel in »Augustales along the Bay of Naples: a case for their early growth«, *Historia* 34 (1985), 64–101. Das schwer erfassbare Beweismaterial aus Pompeji wird von Petersen, *The Freedman* (op. cit.), 57–83, vorgestellt (mit einer Diskussion des Wiederaufbaus des Isis-Tempels durch Numerius Popidius Celsinus, 52f.). Die These, dass das Gebäude der Eumachia eine Halle der Tuchmacher gewesen sei, wurde nachdrücklich vertreten von W.O. Moeller, *The Wool Trade of Ancient Pompeii* (Leiden 1976). Die Möglichkeit, dass der Bau als Sklavenmarkt gedient haben könnte, wird zur Debatte gestellt von E. Fentress, »On the block: *catastae*, *chalcidica* and *cryptae* in early imperial Italy«, JRA 18 (2005), 220–234.

Kapitel 7

Die römische Esskultur im allgemeinen ist Gegenstand zahlreicher neuerer Untersuchungen. Eine gute Ergänzung zu Dunbabin, *The Roman Banquet* (op. cit.) ist W.J. Slater, *Dining in a Classical Context* (Ann Arbor 1991), eine Sammlung von Aufsätzen, die verschiedene Aspekte der Esskultur beleuchten. Pompejanische Bilder von Trinkgelagen und Banketten im Haus der keuschen Liebenden (IX.12.6) und andernorts untersuchen Clarke, *Art in the Lives of*

Ordinary Romans (op. cit.), 228–233 (mit speziellem Augenmerk auf die Frage, inwieweit die Gemälde typisch griechische Ess- und Trinkgewohnheiten darstellen) und M.B. Roller, *Dining Posture in Ancient Rome: bodies, values and status* (Princeton, NJ, 2006), 45–84 und 139–153. Den Schatz aus dem Haus des Menander katalogisiert K.S. Painter, *The Insula of the Menander at Pompeii*, Vol. 4: *The Silver Treasure* (Oxford 2001). Die Verbindungen zwischen Tod und Dinnerpartys erkundet K. Dunbabin, »Sic erimus cuncti … The skeleton in Graeco-Roman Art«, *Jahrbuch des deutschen archäologischen Instituts* 101 (1986), 185–255; eine Zusammenfassung findet sich in *The Roman Banquet*. Das Grabgemälde mit den Silbersachen stammt aus dem (ausführlich illustrierten) Grab des Vestorius Primus. Die Bronzestatue aus dem Haus des Iulius Polybius ist abgebildet in d'Ambrosio/Guzzo/Mastroberto, *Storie da un' eruzione* (op. cit.), 424, und in Boriello [u.a.], *Pompei: abitare sotto il Vesuvio* (op. cit.), 231. Die Ernährung der Armen wird gut erläutert in P. Garnsey, *Food and Society in Classical Antiquity* (Cambridge 1999). Zu den Tierknochen aus dem Haus der Vestalinnen vgl. www.archaeology.org/interactive/pompeii/field/5.html. Das Siebenschläfer-Gefäß wird von Varro, *De agricultura* 3,15 beschrieben. Apicius, *De re coquinaria* 7,9 nennt ein Siebenschläfer-Rezept; sein »Sardellenauflauf ohne Sardelle« ist in 4,2,12 aufgeführt. Trimalchios Gastmahl ist bei Petron, *Satyrica* 26–78, nachzulesen; zu den Banketten des Elagabalus vgl. *Scriptores Historiae Augustae, Elagabalus* 19,25. Plutarchs Tischgespräch ist eine wahre Fundgrube für außergewöhnliche Informationen über griechische und römische Bankettgewohnheiten. Plinius' Essensarrangements sind in *Epistulae* 5,6 geschildert.

Pompejanische Wirtshäuser und ihr Speiseangebot analysieren S.J.R. Ellis, »The Pompeian Bar: archaeology and the role of food and drink outlets in an ancient community«, *Food and History* 2 (2004), 41–58, und J. Packer, »Inns at Pompeii: a short survey«, *Cronache Pompeiane* 4 (1978), 5–53. Eine Ausstellung des Jahres 2005 präsentierte die Mehrzahl der Funde aus dem Wirtshaus an der Via dell'Abbondanza, publiziert unter dem Titel *Cibi e sapori a Pompei e dintorni* (Neapel 2005), 115–128 (mit hervorragender Diskussion). Die Bilder in der Schenke des Salvius und im Wirtshaus in der Via di Mercurio sind Gegenstand von Clarke, *Art in the Lives of Ordinary Romans* (op. cit.), 160–170 und 134–136; vgl. auch *Looking at Laughter* (op. cit.), 205–209. Die Bemerkungen des Horaz stehen in *Epistulae* 1,14,21 f., die Juvenals in *Saturae* 8,171–176. Die Gesetzgebung von Nero und Vespasian ist dargestellt in Cassius Dio, *Römische Geschichte* 62,14,2; 65,10,3. Plinius' Ausführungen über den Falerner Wein entstammen seiner *Naturalis historia* 14,62.

Nützliche Untersuchungen zu verschiedenen Aspekten der römischen Sexualität sind C. Edwards, *The Politics of Immorality in Ancient Rome* (Cambridge 1993), M.B. Skinner, *Sexuality in Greek and Roman Culture* (Oxford 2005) und C. Williams, *Roman Homosexuality: ideologies of masculinity in classical antiquity* (Oxford 1999). Unterschiedliche Herangehensweisen an das »Bordellproblem« zeigen T. McGinn, »Pompeian brothels and social history«, in: *Pompeian brothels, Pompeii's Ancient History, Mirrors and Mysteries, Art and Nature at Oplontis, & the Herculaneum »Basilica«* (JRA suppl., Portsmouth, RI, 2002), 7–46 und, mit etwas mehr Zurückhaltung, Wallace-Hadrill, »Public honour and private shame« (op. cit.). Aspekte der römischen Prostitution in einem umfassenderen Kontext werden diskutiert von T. McGinn, *The Economy of Prostitution in the Roman World: a study of social history and the brothel* (Ann Arbor 2004). Ausführliche Studien zum »eigens errichteten« Bordell und seinen Graffiti liefern A. Varone, »Organizzazione e sfruttamento della prostituzione servile: l'esempio del lupanare di Pompei«, in: A. Buonopane / T. Cenerini (Hrsg.), *Donna e lavoro nella documentazione epigrafica* (Faenza 2003), 193–215. Zum römischen Grabstein für die pflichtbewusste Ehefrau vgl. M.R. Lefkowitz / M.B. Fant, *Women's Life in Greece and Rome* (London 1982), Nr. 134. Das Armband, das ein Herr einer Sklavin schenkte, ist abgebildet und interpretiert in d'Ambrosio/Guzzo/Mastroberto (Hrsg.), *Storie da un' eruzione*, 470, 473–478. Praestinas fehlende Zuneigung zu Marcellus ist in CIL IV, 7679 festgehalten.

Als Einführung in moderne Arbeiten über die Geschichte und Archäologie der römischen Badekultur ist zu empfehlen *Roman baths and bathing: proceedings of the First International Conference on Roman Baths* (JRA suppl., Portsmouth, RI, 1999). G.G. Fagan, *Bathing in Public in the Roman World* (Ann Arbor 1999) und J. Toner, *Leisure and Ancient Rome* (Oxford 1995), 53–64, sind beides hervorragende Studien zu verschiedenen Aspekten der antiken Badesoziologie (die geistreiche Bemerkung vom »Loch in der Ozonschicht« stammt von Toner). F. Yegül, *Baths and Bathing in Classical Antiquity* (Cambridge, MA, 1992) analysiert die Struktur römischer Bäder im gesamten Reichsgebiet (mit ausführlichen Beschreibungen der pompejanischen Überreste). Das maßgebliche Werk über die Vorstadtthermen ist L. Jacobelli, *Le pitture erotiche delle terme suburbane di Pompei* (Rom 1995), vgl. dazu die nützliche Diskussion in Clarke, *Looking at Laughter* (op. cit.), 194–204 und 209–212.

Die Grabinschrift mit dem Lobpreis von »Wein, Sex und Bädern« lässt sich in CIL VI, 15258 nachlesen, der aus der Türkei stammende Text auf einem

Löffel in CIL III, 12274c. Die Geschichte von Augustus' Mutter erzählt Sueton, *De vita Caesarum* 2, 94 (Augustus). Martials Spott über den Leistenbruch steht in *Epigrammata* 12,83. Die üble Auspeitschung beschreibt Aulus Gellius, *Noctes Atticae* 10,3. Hadrians pfiffige Großzügigkeit ist Thema einer Anekdote in den *Scriptores Historiae Augustae, Leben des Hadrian* 17. Zur mangelnden Hygiene vgl. Martial, *Epigrammata* 2,42 und Celsus, *De medicina* 5,26,28d (im allgemeinen ist Celsus aber hinsichtlich der Heilkraft von Bädern durchaus optimistisch). Die Doppelrolle des Thermenbetreibers ist in den *Digesta* Justinians 3,2,4,2 erwähnt.

Kapitel 8

Den Glücksspielen widmen sich N. Purcell, »Literate Games: Roman urban society and the game of *alea*«, *Past and Present* 147 (1995), 3–37 sowie J. Toner, *Leisure* (op. cit.), 89–101. Von dem lauten Schnaufen berichtet Ammianus Marcellinus, *Res gestae* 14,6.

Mit der Bandbreite des römischen Theaters befasst sich R.C. Beacham, *The Roman Theatre and its Audience* (London 1991). C. Edwards, *The Politics of Immorality* (op. cit.), 98–136, untersucht die moralische Ambivalenz der »Theaterkultur«. Mimus und Pantomimus sind Gegenstand von E. Fantham, »Mime: the missing link in Roman literary history«, *Classical World* 82 (1989), 153–163 (hier findet sich die hübsche Bemerkung zu den »schwedischen Masseusen«) und von E. Hall / R. Wyles (Hrsg.), *New Directions in Ancient Pantomime* (Oxford 2008). Von der Karriere und den Porträts des Gaius Norbanus Sorex handelt M.G. Granino Cecere, »Nemi: l'erma di C. Norbanus Sorex«, *Rendiconti della Pontificia Accademia Romana di Archeologia* 61 (1988f.), 131–151. J.L. Franklin, »Pantomimists at Pompeii: Actius Anicetus and his troup«, *American Journal of Philology* 108 (1987), 95–107, versucht, eine Pantomimentruppe und ihren Fan-Club zu rekonstruieren.

Die Architektur des pompejanischen Amphitheaters erläutern D.L. Bomgardner, *The Story of the Roman Amphitheatre* (London / New York 2000), 39–54, und K. Welch, *The Roman Amphitheatre from its origins to the Colosseum* (Cambridge 2007), 192–198. Die pompejanischen Belege für Gladiatorenspiele und ihre Organisation sind zusammengestellt und gut illustriert in L. Jacobelli, *Gladiators at Pompeii* (Rom 2003). K. Hopkins / M. Beard, *The Colosseum* (London 2005; dt.: *Das Kolosseum*, aus dem Engl. übers. von U. Blank-Sangmeister unter Mitarb. von A. Raupach, Stuttgart 2010) sind etwas skeptisch, was die Häufigkeit und die aufwendige Ausstattung gewöhnlicher Gladiatorendarbietungen angeht, insbesondere außerhalb von Rom – eine Sichtweise, die ich hier übernommen habe. B. Maiuri, »Rilievo gladiatorio di Pompei«, *Rendiconti dell' Accademia Nazionale dei Lincei* (*scienze morali* usw.), Reihe 8, Bd. 2 (1947), 491–510, analysiert sorgfältig das Relief, auf dem eine Prozession, Gladiatorengefechte und Tierkämpfe dargestellt sind. Die klassische Passage Juvenals über die Dame und den Gladiator steht in *Saturae* 6, 82–113.

Kapitel 9

Die Überschrift für dieses Kapitel wurde in Anlehnung an K. Hopkins, *A World Full of Gods: Pagans, Jews and Christians in the Roman Empire* (London 1999), gewählt; das Werk beschreibt unter anderem den Versuch zweier imaginärer moderner Zeitreisender, die in die antike Welt zurückkehren, um die pompejanische Kultur und (vor allem) ihre Religion zu verstehen. Der Ansatz in diesem Kapitel (einschließlich des Modells des Opfers und der »ausländischen« Kulte) entspricht im wesentlichen dem von M. Beard / J. North / S. Price, *Religions of Rome* (Cambridge 1998), wo viele der hier behandelten religiösen Themen weiterverfolgt werden können. Der zweite Band (*A Sourcebook*) enthält die meisten der antiken literarischen Texte, die ich zitiert oder auf die ich verwiesen habe. J. Scheid, *Introduction to Roman Religion* (Edinburgh 2003) ist gleichfalls sehr nützlich. Opfer werden von Horaz, *Carmina* 3,13, anschaulich geschildert.

Einen ausgezeichneten Überblick über das Beweismaterial und die Literatur zu all den verschiedenen Kulten, Schreinen und Tempeln in Pompeji bietet L. Barnabei, »I culti di Pompei: Raccolta critica della documentazione«, in: *Contributi di Archeologia Vesuviana* III (Rom 2007), 11–88. Zur neuen Identifizierung des Tempels des Iuppiter Meilichios vgl. F. Marcatelli, »Il tempio di Escalapio a Pompei«, in: *Contributi di Archeologia Vesuviana* II (Rom 2006), 9–76. Zu den Skulpturen im Tempel des Iuppiter, der Iuno und Minerva finden sich hilfreiche Ausführungen in H. G. Martin, *Römische Tempelkultbilder: eine archäologische Untersuchung zur späten Republik* (Rom 1987), 222–224. Eine andere Interpretation der pompejanischen Venus liefert J.B. Rives, »Venus Genetrix outside Rom«, *Phoenix* 48 (1994), 294–296. Das *ferculum* der Zimmerleute diskutiert Clarke, *Art in the Lives of Ordinary Romans* (op. cit.), 85–87.

Mit der häuslichen Religion und den Laren befasst sich P. Foss, »Watchful

Lares. Roman household organization and the rituals of cooking and eating«, in: Laurence/Wallace-Hadrill (Hrsg.), *Domestic Space in the Roman World* (op. cit.), 196–218. *Lararia* sind katalogisiert in G.K. Boyce, *Corpus of the Lararia of Pompeii* (Rom 1937), ihre Bilder Gegenstand der neueren Studie von T. Fröhlich, *Lararien- und Fassadenbilder in den Vesuvstädten. Untersuchungen zur »volkstümlichen« pompejanischen Malerei* (Mainz 1991). Den Ziegel mit der »Fulgur«-Inschrift diskutiert A. Maiuri, »›Fulgur conditum‹ o della scoperta di un bidental a Pompei«, *Rendiconti dell' Accademia di Archeologia, Lettere e Belle Arti, Napoli*, 21 (1941), 55–72. Die »Opfergaben« neben dem Haus des Amarantus kommentieren M. Fulford / A. Wallace-Hadrill, »The House of Amarantus at Pompeii (I.9.11–12): an interim report on survey and excavations in 1995–6«, RStP 7 (1995 f.), 77–113. Die Praktiken der antiken häuslichen Religion im allgemeinen, Rom eingeschlossen, behandeln J. Bodel / S. Olyan (Hrsg.), *Household and Family Religion in Antiquity* (Oxford 2008).

Die wenig plausible Anhäufung von mit dem Kaiserkult verbundenen Gebäuden in zahlreichen modernen Rekonstruktionen des Forums wird von I. Gradel, *Emperor Worship and Roman Religion* (Oxford 2002), 103–108, einer kritischen Analyse unterzogen. Andere nützliche Aufsätze (deren Verfasser allerdings bisweilen allzu begierig sind, Spuren des Kaiserkultes zu entdecken, wo es nur wenige oder gar keine gibt) sind zusammengestellt in A. Small (Hrsg.), *Subject and ruler: the cult of the ruling power in classical antiquity* (JRA suppl., Portsmouth, RI, 1996).

R.E. Witt, *Isis in the Graeco-Roman World* (London 1971) ist noch immer eine hilfreiche Einführung in die Geschichte der Isis im Römischen Reich. Dem Isis-Tempel war eine wichtige Ausstellung in den frühen 1990er Jahren gewidmet, publiziert unter dem Titel *Alla ricerca di Iside: analisi, studi e restauri dell' Iseo pompeiano nel Museo di Napoli* (Neapel 1992). Empfehlenswert ist auch E.A. Arslan (Hrsg.), *Iside: il mito, il mistero, la magia* (Mailand 1997).

Epilog

I. Morris, *Death-ritual and social structure in classical antiquity* (Cambridge 1992) gibt einen Überblick über die Bestattungspraktiken in Griechenland und Rom. *Pompei oltre la vita: nuove testimonianze dalle necropoli* (Pompeji 1998) ist der Katalog zu einer Ausstellung über pompejanische Gräber. Petersen, *The Freedman* (op. cit.), 60–83, beschäftigt sich mit den Grabstätten von Freigelassenen. Zu Gräbern als Häusern (und den Fall des Phileros) vgl. A. Wallace-

Hadrill, »Housing the dead: the tomb as house in Roman Italy«, in: L. Brink / D. Green (Hrsg.), *Commemorating the Dead. Texts and Artifacts in Context* (Berlin / New York 2008), 39–77. Die Inschrift vom Grab des Phileros wird neu untersucht von E. Rodríguez Almeida in *Topografia e vita romana: da Augusto a Constantino* (Rom 2001), 91–103.

Dank

Für Besuche und Studien ist Pompeji ein wunderbarer Ort. Meine eigene Arbeit dort wurde in jeder Phase von den Mitarbeitern der Soprintendenza Archeologica di Pompei (unter Pietro Giovanni Guzzo) unterstützt; sie scheuten keine Mühe, um den Gastforschern behilflich zu sein; und über Pompeji, das antike wie das moderne, habe ich insbesondere von Mattia Buondonno eine Menge gelernt. Maria Pia Malvezzi und Andrew Wallace-Hadrill von der British School at Rome haben ebenfalls enorme Anstrengungen unternommen, um die Untersuchungen, auf denen dieses Buch beruht, möglich zu machen. Die Besichtigungen Pompejis gestalteten sich noch angenehmer durch Zoe und Raphael Cormack – und, natürlich, durch Robin Cormack, dessen Adleraugen und pompejanische Fachkenntnisse mir halfen, in der Ausgrabungsstätte mehr zu entdecken, als ich mir je erträumt hätte. Einige der scharfsinnigsten Beobachtungen in diesem Buch habe ich ihm zu verdanken.

Viele Freunde zu Hause und im Ausland haben meine Arbeit auf alle mögliche Weise unterstützt. Mein besonderer Dank gilt Rebecca Benefiel, John Clarke, Louise Guron, Edith Hall, Henry Hurst (und den Studenten seines Pompeji-Seminars von 2008), Bradley Letwin, Michael Larvey, Roger Ling, Martin Millett, Clare Pettitt, Mark Robinson und Nicholas Wood (wegen seiner hervorragenden Rekonstruktionen vom Haus des tragischen Dichters). Bei der Erkundung von Pompeji gehörten Diskussionen mit Andrew Wallace-Hadrill zu den denkwürdigsten, lustigsten und lehrreichsten Augenblicken.

Ein Teil des Buches wurde während meines Forschungsaufenthaltes in der Getty Villa in Los Angeles geschrieben, wo ich von den Fachkenntnissen von Ken Lapatin und Claire Lyons ebenso profitieren konnte wie von der kompetenten Unterstützung durch Kristina Meinking. Wie immer haben mir – mehr als ihnen vielleicht bewusst ist – die Mitarbeiter und Kollegen der Faculty of Classics und der Classical Faculty Library (unter Lyn Bailey) geholfen; das gilt auch für das Team bei Profile Books – Claire Beaumont, Peter Carson, Penny Daniel, Andrew Franklin, Kate Griffin und Ruth Killick.

Kapitel 9 wäre viel bescheidener ausgefallen, hätte es nicht die Gespräche über die römische Religion (und vieles andere mehr) gegeben, die ich mit Simon Price in den letzten 30 Jahren – seit unserer ersten Begegnung in Cambridge im Jahre 1978 – führen durfte. Das Buch ist Simon gewidmet.

Verzeichnis der Pläne und Zeichnungen

Abbildungsverzeichnis

Abkürzungen:

MANN Archäologisches Nationalmuseum Neapel
SAP Soprintendenza Archeologica di Pompei

Farbtafeln

Abbildungen

Darüber hinaus wurden die folgenden Illustrationen mit Genehmigung des Ministero per i Beni e le Attività Culturali abgedruckt:

Soprintendenza Archeologica di Pompei: Farbtafeln 6, 10. Abbildungen 2, 8, 12, 15, 17, 19, 20, 30, 33, 35, 36, 38, 43, 52, 57, 66, 75, 79, 86, 104, 108. Museo Archeologico Nazionale di Napoli: Farbtafeln 5, 12, 13, 15, 22. Abbildungen 1, 3, 7, 11, 16, 46, 49, 56, 62, 68, 71, 73, 74, 93, 95, 98, 99, 105. Soprintendenza Archeologica di Napoli: Farbtafel 23.

Register

Kursiv gedruckte Zahlen verweisen auf Bildunterschriften, fettgedruckte auf Karten/Pläne.

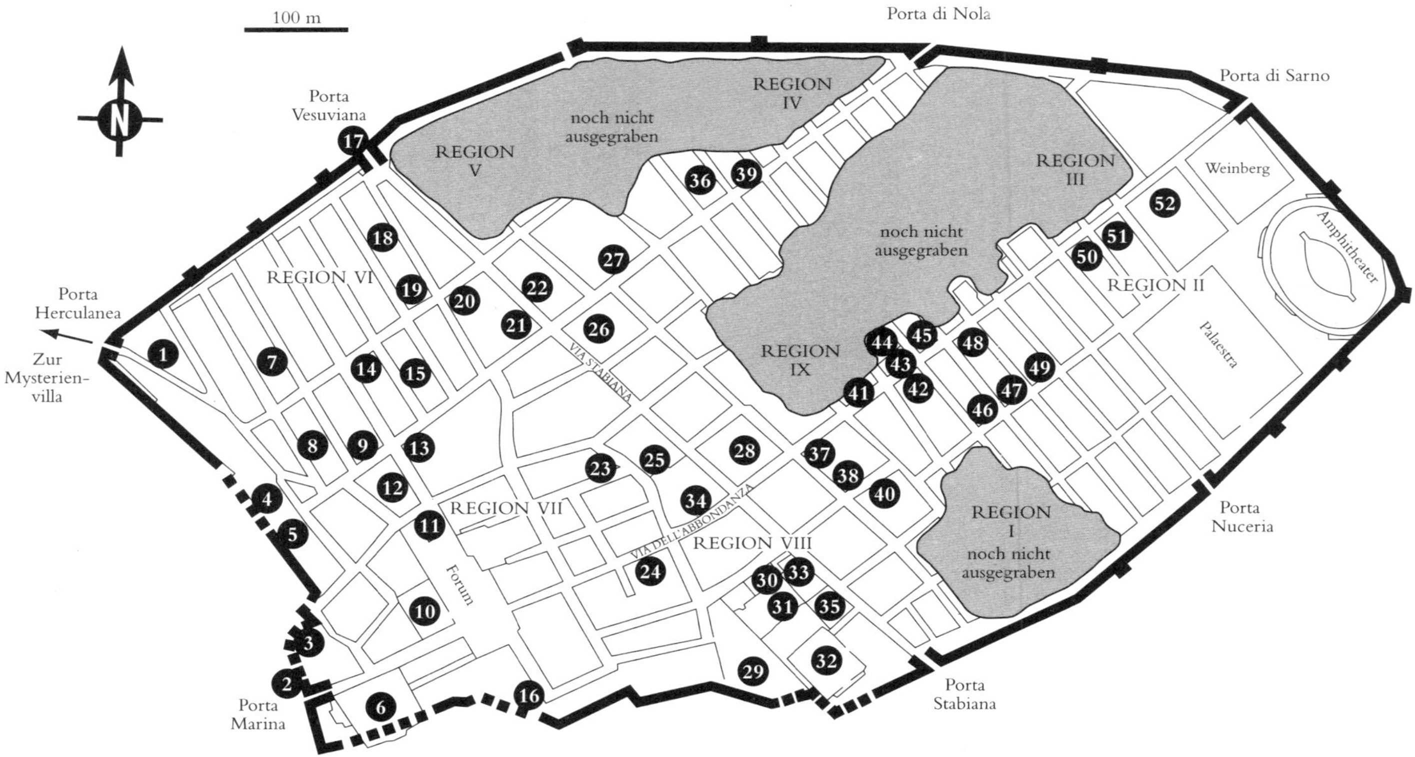
100 m
Porta di Nola
Porta di Sarno
Porta Vesuviana
Porta Herculanea
Zur Mysterien-villa
Porta Marina
Porta Stabiana
Porta Nuceria
REGION V
noch nicht ausgegraben
REGION IV
REGION III
noch nicht ausgegraben
REGION IX
REGION VI
REGION VII
REGION VIII
REGION II
REGION I
noch nicht ausgegraben
Weinberg
Amphitheater
Palaestra
Forum
VIA STABIANA
VIA DELL'ABBONDANZA
N
1
2
3
4
5
6
7
8
9
10
11
12
13
14
15
16
17
18
19
20
21
22
23
24
25
26
27
28
29
30
31
32
33
34
35
36
37
38
39
40
41
42
43
44
45
46
47
48
49
50
51
52

Plan 21. Die Stadt Pompeji

Häuser

Haus des Amarantus *s.* Schenke des Amarantus
22 Haus des Lucius Caecilius Iucundus (V.1.26)
37 Haus des Casca Longus (I.6.11)
38 Haus der Ceii (I.6.15)
Haus der keuschen Liebenden *s.* Bäckerei der keuschen Liebenden
24 Haus des Arztes (VIII.5.24)
34 Haus des Epidius Rufus (IX.1.20)
7 Haus der etruskischen Säule (VI.5.17–18)
5 Haus des Fabius Rufus (VII.16 [ins. occ.].22)
15 Haus des Fauns (VI.12.2)
4 Haus des goldenen Armbands (VI.17 [ins. occ.].42)
42 Haus der indischen Statuette (I.8.5)
45 Haus des Iulius Polybius (IX.12.1–3)
51 Haus der Venus Marina (III.3.3)
36 Haus des Marcus Lucretius Fronto (V.4a)
40 Haus des Menander (I.10.4)
50 Haus des Octavius Quartio (III.2.2)
21 Haus des Orpheus (VI.14.20)
44 Haus der arbeitenden Maler (IX.12)
18 Haus des Prinzen von Neapel (VI.15.7–8)
9 Haus des tragischen Dichters (VI.18.3–5)
27 Haus des Tricliniums (V.2.4)
3 Haus des Umbricius Scaurus (VII.16 [ins. occ.].12–15)
48 Haus der Venus im Bikini (I.11.6)
1 Haus der Vestalinnen (VI.1.7)
19 Haus der Vettier (VI.15.1)
8 *Insula Arriana Polliana* (VI.6)
52 *Praedia* (Anwesen) der Iulia Felix (II.4.2)

Schenken, Wirtshäuser und kommerzielle Gebäude

43 Bäckerei der keuschen Liebenden (IX.12.6)
46 Schenke des Amarantus (I.9.11–12)
41 Schenke der Asellina u.a. (IX.11.12)
47 Schenke des Euxinus (I. XI.10–11)
14 Schenke an der Via di Mercurio (VI.10.1)

20 Schenke des Salvius (VI.14.36)
25 Schenke des Sittius (VII.1.44–5)
23 Bordell (VII.12.18–20)
49 *garum*-Laden (I.12.8)

Andere öffentliche Gebäude usw.
(Zu den Gebäuden rund um das Forum *s.* Plan 13)
35 bedecktes Theater
31 großes Theater
32 + 39 Gladiatorenunterkünfte
17 Wasserschloss

Tempel
10 Apollo-Tempel
13 Tempel der Fortuna Augusta
30 Isis-Tempel
11 Tempel des Iuppiter, der Iuno und Minerva
29 Tempel der Minerva und des Herkules (Dreiecksforum)
6 Venus-Tempel
33 Tempel des »Iuppiter Meilichios«

Thermen
26 Zentrale Thermen
12 Forumsthermen
16 Sarno-Thermen
28 Stabianer Thermen
2 Vorstadtthermen